Reinhard Schulz

ALLGEMEINES WOHNMOBIL HANDBUCH

Die Anleitung für das wohnmobile Leben

DER WOHNMOBIL-VERLAG
D-98634 Mittelsdorf/Rhön

Bibliografische Information der Deutschen Bibliothek

Die Deutsche Bibliothek verzeichnet diese Publikation in der Deutschen Nationalbibliografie.
Detaillierte bibliografische Daten sind im Internet über <http://dnb.ddb.de> abrufbar.

Titelbild: "Mit der Freiheit am Ziel",
in Szene gesetzt von Erwin Schellenberger

8. Auflage 2016

Druck:
www.schreckhase.de

Vertrieb:
GeoCenter, 70565 Stuttgart

Herausgeber:
WOMO-Verlag, 98634 Mittelsdorf/Rhön
GPS: N 50° 36' 38.2" E 10° 07' 55.6"
Fon: 0049 (0) 36946-20691
Fax: 0049 (0) 36946-20692
eMail: verlag@womo.de
Internet: www.womo.de

Autoren-eMail: Schulz@womo.de

Alle Rechte vorbehalten.
Alle Angaben ohne Gewähr.

ISBN 978-3-86903-058-6

EINLADUNG

„Da steht es nun vor der Haustür, das neue Familienmitglied. Ein Riesen-Baby!
Für den schnellen Einkauf um die Ecke recht unhandlich! Und ob ich damit überhaupt in eine Tankstelle 'reinkomme?
Dieser riesige Alkoven, der innen so heimelig wirkt – passt der auch unter jeder Brücke durch?
Gemütlich, der Innenraum. Aber beim ersten Bremsversuch rutschte mir schon der Tisch ins Kreuz und die Kinder schrien entsetzt auf – wie wird das erst auf langer Tour?

Die Technik der Einrichtung hat mir ja der Verkäufer erklärt, und ich habe immer recht zuversichtlich genickt – aber ehrlich, die Hälfte habe ich schon wieder vergessen.
Na schön, jetzt habe ich ja dieses "Allgemeine Wohnmobil-Handbuch". Ich setze mich ganz einfach in meine gemütliche Rundsitzgruppe und beginne zu schmökern."

Wenn Sie so Ihr wohnmobiles Leben beginnen, kann eigentlich nichts schief gehen. Das wünscht Ihnen jedenfalls

  Ihr

  Reinhard Schulz

P.S.
Alle Angaben für dieses Buch wurden mit viel Mühe und Sorgfalt recherchiert. Eine Garantie können wir jedoch in keinem Fall übernehmen, weshalb wir auch jegliche Haftungsansprüche zurückweisen müssen.
Für Informationen über Neuigkeiten oder Änderungen sowie sachliche Kritik sind wir stets dankbar.

Sehr geehrter Leser, lieber WOMO-Freund!

Die richtige Literatur ist für einen gelungenen WOMO-Urlaub unverzichtbar – das beweisen Sie mit dem Kauf dieses Büchleins.
Aber aktuelle Informationen altern schnell und machen dann wenig Freude.
Sie können helfen, Aktualität und Qualität dieses Buches zu erhalten bzw. zu verbessern, indem Sie uns mitteilen, welchen unserer Empfehlungen Sie gefolgt sind (freie Stellplätze, Campingplätze, Adressen usw.) und uns darüber berichten (auch wenn sich gegenüber unseren Beschreibungen nichts geändert hat).
Bitte füllen Sie das Info-Blatt am Buchende aus!
Als Dank für Ihre Mühe wird Sie unser Verlag stets über alle Neuerscheinungen informieren.
Außerdem gewähren wir Ihnen bei Buchbestellungen direkt beim Verlag für ein vorher eingesandtes, vollständig ausgefülltes Info-Blatt oder entsprechender eMail ein Info-Honorar von 10%.

Hinweis:

Die statistischen Angaben in diesem Buch stammen von unserer sechsten (!) großen Leserumfrage, bei der 2283 Fragebögen zurückgesandt wurden.
Dadurch konnten wir u.a. 87.557 Übernachtungen auswerten, von denen unsere Leser 17.950 x (20,5 %) in Deutschland, aber 68.272 x (79,5 %) ihr Haupt im Ausland betteten!

Von besonderem Interesse war immer wieder der Schlafplatz! Während man im Ausland zu 38,8 % einen Campingplatz aufsuchte, gab es in Deutschland nur 24,2 % Campingplatzschläfer – sicher ein Verdienst der deutschen Gemeinden, die immer mehr schöne Stellplätze einrichten. 3200 von ihnen haben wir im **Kapitel 5** aufgelistet – aber auch die statistischen Daten der 17 beliebtesten Urlaubsländer – schauen Sie nach in **Kapitel 7**.

Beachten Sie auch: In unserem Handbuch finden Sie – im Gegensatz zu den Wohnmobilzeitschriften – keine Werbung! Wir sind niemandem verpflichtet – außer dem Wohlergehen unserer Leser. Von uns empfohlende Produkte wurden in der Regel selbst ausprobiert und für gut empfunden, andere haben wir (höflicherweise) nicht erwähnt.

INHALT

KAPITEL 1: "Wir bekommen Zuwachs"
Wohnmobilkauf oder -miete... S. 6

KAPITEL 2: "Jetzt werde ich Profi". Einweisung
in die Elektro-, Gas- und Wasserinstallation................. S. 24

KAPITEL 3: "Einzug". Wie wohnen fünf Personen
in einer 10 qm-Wohnung? .... S. 63

KAPITEL 4: "Auftanken"
Der Start zum Probewohnen .... S. 67

KAPITEL 5: "Wohin?"
Tipps und Tricks fürs wohnmobile Wochenende .... S. 70

KAPITEL 6: "Nachlese"
Sinnvolles Zubehör.. S.144

KAPITEL 7: "Urlaubsvorbereitung"
Das große Abenteuer will geplant sein S.163

KAPITEL 8: "Auf großer Tour"
Tipps und Tricks für alle Lebenslagen S.202

KAPITEL 9: "Das Essen ist fertig"
Gourmet-Rezepte für die Wohnmobil-Küche................. S.244

KAPITEL 10: "Wann sind wir endlich da?"
Mit Kindern in den Wohnmobilurlaub............................. S.263

KAPITEL 11: "Unser bester Freund!"
Mit dem Hund in den WOMO-Urlaub.............................. S.270

KAPITEL 12: "Wohin in Frühjahr und Herbst?"
Tipps und Tricks für die "Unsaison" S.274

KAPITEL 13: "Etwas für Verrückte!?"
Mit dem Wohnmobil zum Wintersport............................ S.278

KAPITEL 14: "Gemeinsam sind wir stark"
Wohnmobilclubs S.290

KAPITEL 15: "WUPS"
Der WOMO-Urlaubspartner-Service.............................. S.299

KAPITEL 16: "Was gibt's Neues?"
Wohnmobil- und Camping-Zubehör-Händler,
Adressen der Wohnmobilhersteller & -importeure,
Gastankstellen, Internet-Adressen S.301

ZUM SCHLUSS – IN EIGENER SACHE. S.328

STICHWORTVERZEICHNIS S.329

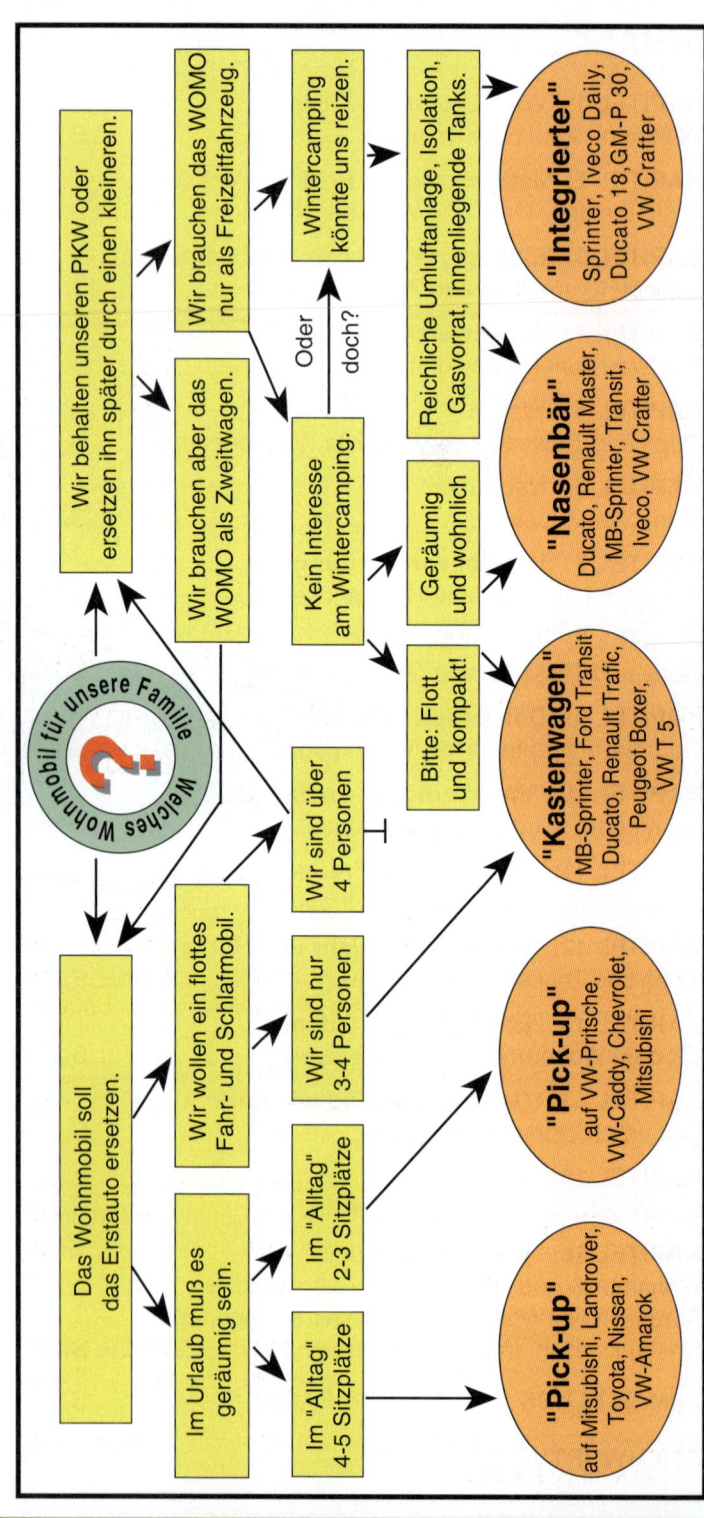

Kapitel 1: "Wir bekommen Zuwachs"

Wohnmobilkauf oder Miete

Irgendwo müssen wir ihn aufgeschnappt haben, diesen Virus! War es im letzten Urlaub, als wir unsere Klamotten immer von der Ferienwohnung zum Strand schleppten – an dem wie selbstverständlich einige WOMOs parkten?

Korsika: Golf von Santa Manza, Vogelperspektive

Oder war es bei der verregneten Herbstwanderung, als wir in der Gaststätte noch nicht einmal einen Platz bekamen?
Oder gar beim Wintersport? Als unsere Kinder plötzlich verschwunden waren – und sich nur unter Tränen von ihren neuen Freunden in einem kuschelig warmen Wohnmobil trennten?
Sie waren es auch, die immer wieder anfingen:
„Das war toll!" „Die haben da sogar übernachtet!"
Und: „Während der Fahrt kann man im Bett liegen und Barbie spielen." Und: „Pinkeln kann man auch...."

Um meine Autorität zu retten, hatte ich schließlich den **Familienrat** einberufen: „Wie stellt Ihr Euch das eigentlich vor?" begann ich meine Rede. „So ein Kasten kostet ein irres Geld, steht das ganze Jahr im Weg herum und seine Unterhaltung ist auch nicht billig!"
„Können wir nicht den PKW verkaufen?" meinte zur Überraschung der Kinder mein bisher recht zurückhaltendes Eheweib.
„Dafür kostet der Urlaub nichts mehr!" meldete sich unser jüngstes Finanzgenie.

„Na gut (Angriff ist die beste Verteidigung), machen wir einen Plan". So oder so ähnlich hat es wohl bei allen von uns angefangen. Einiges wollen wir dem Neuling empfehlen, damit er nicht alle die Fehler macht, die wir bei uns selbst oder Bekannten erlebt haben:

1. Sind Sie ein Wohnmobil-Typ?

Genießen Sie den Komfort Ihres Urlaubs-Hotels, die Bedienung, die gemachten Betten, die elegante Umgebung, mehrfachen Garderobenwechsel für Mittagsmahl und Discoabend? Legen Sie Wert darauf, dass man sich im Urlaub um Sie bemüht, dass ein Animateur Ihnen die Zeit vertreibt?

Brauchen Sie Tennisplatz und geheiztes Meerwasserschwimmbad, reservierten Sonnenschirm und Strandpromenade? Dann verschenken Sie schnell dieses Büchlein und blättern Sie so lange in Hotelprospekten, bis der "Wohnmobilanfall" vorüber ist, Sie ersparen sich und Ihrer Familie damit viel Ärger und eine Menge Geld.

Sie wollen sich Ihre Idee so schnell nicht ausreden lassen? Dann **mieten** Sie um Gottes willen zunächst ein Wohnmobil und fahren Sie mit der ganzen Familie (und Hund) in ein verlängertes Wochenende; kochen, schlafen, WOHNEN Sie auf engen 10 Quadratmetern. Helfen Sie aber auch der Hausfrau, denn Urlaub ist für alle da, und die Arbeit wird auf alle verteilt – das ist Wohnmobil-Sitte!

Korsika, Frühstück am Strand von Biguglia (WOMO-Reihe, Band 3)

Und Sie, gnädige Frau, kreischen nicht hysterisch auf, wenn auf dem einsamen Waldparkplatz, den Sie als Schlafplatz ausgewählt haben, plötzlich beunruhigende Geräusche zu hören sind?

Sie sind kein Urlaubs-Luxus-Verwöhnmich-Mensch? Sind Sie der Naturbursche, der mal was erleben will, weg von allen Verhätschelungen der Zivilisation; der Länder und ihre Menschen kennenlernen möchte, wo sie noch nicht vom Massentourismus verdorben sind? Stört es Sie auch nicht, dass Sie dafür einige tausend Kilometer im Urlaub fahren müssen, nicht immer auf gepflegten Autobahnen und mit durchaus bescheidenem Tempo? Sind Sie gerne bereit, sich an den täglichen Arbeiten zu beteiligen? Macht es Ihnen auch nichts aus, ein kackegefülltes Campingklo zu entleeren?

Peloponnes, Waldparkplatz bei Elea (WOMO-Reihe, Band 19)

Ach so, Sie ziehen ohnehin den bewachten Campingplatz vor? Dann dürfen wir Sie doch herzlich bitten, noch einmal den **Wohnwagen** als Urlaubsdomizil in Erwägung zu ziehen! Denn: Auf Campingplätzen hat der Wohn**mobil**fahrer nur Nachteile! Er wohnt (meist) auf beengterem Raum, darf die sanitären Einrichtungen des Platzes mitbezahlen, obwohl er sie gar nicht braucht und muss für jede Ausfahrt sein Fahrzeug packen.
Habe ich Sie falsch verstanden? Sie möchten tagsüber herumfahren, aber für jede Nacht einen anderen Campingplatz aufsuchen?
Diese Variation ist denkbar. Berücksichtigen Sie aber, dass in vielen Urlaubsländern die Campingplätze in der Hauptsaison **ausgebucht** sind. Ohne Voranmeldung läuft da meist nichts. Und beliebt sind Sie als "Zugvogel" auch nicht, denn man traut Ihnen ohne weiteres zu, dass Sie nur zur reichlichen Ver- und Entsorgung den Campingplatz angefahren haben.
Wie gesagt: Wohnmobilfahrer sollten das genießen, was nur sie besitzen – die totale Unabhängigkeit. Die Freiheit, dort zu

Wir bekommen Zuwachs 9

verweilen und zu nächtigen, wo es ihnen gefällt und weiterzureisen, wann es ihnen behagt.

Wer diese Freiheit aufgibt, gibt ein Menschenrecht auf: die Freizügigkeit!

Gegner dieser Idee werden argumentieren: Da könnte ja jeder kommen! Richtig!! Jeder, der im Rahmen geltender Gesetze die Freiheiten nutzt, die ihm sein Wohnmobil bietet, kann da kommen. Und wo man ihm die Gegend vergrault, da wird er einfach weiterziehen an einen anderen Platz, wo man ihn mit Freuden begrüßt.

Die Zahl dieser Plätze wird täglich größer – Freiheit hat sich noch nie aufhalten lassen...

2. Haben Sie Zeit fürs Wohnmobil?

Ein 30.000 Euro-Wohnmobil kostet, inclusive Kreditzinsen, Wertverlust, Steuer, Versicherung und Kundendienst, etwa 6.000 Euro im Jahr. Dafür könnten Sie ein Wohnmobil zwei Monate lang mieten! Diese Rechnung macht Ihnen, auf Wunsch, gerne jeder Wohnmobil-Vermieter auf. Nun liegt es uns ferne, Ihnen den Wohnmobilkauf aus- und das Mieten einzureden. Aber wenn Ihre Ferien auf ein Mindestmaß reduziert sind, diese auch noch außerhalb der Hauptsaison gemacht werden können (wenn die Mietkosten halb so hoch sind), dann sollten Sie die Mietalternative ins Auge fassen – denn rein rechnerisch "lohnt" sich der Wohnmobilkauf fast nie!

3. Haben Sie Geld fürs Wohnmobil?

Wenn ich so viel Geld hätte, wie ich mir fürs Wohnmobil Zeit nehmen würde! Jedes Wochenende könnten wir ins Grüne fahren, der Besuch in Omas kleiner Wohnung wäre kein Problem und die Mitternachtssonne am Nordkap kein Traum

Griechenland im Frühling (WOMO-Reihe, Band 1)

mehr... **Sie muss kein Traum bleiben!**
Wohnmobile sind teuer, viel zu teuer. Nimmt man den Preis für das Basisfahrzeug und setzt in Gedanken einen Wohnwagen drauf, dann ist das vergleichbare Wohnmobil meist einen runden 5.000er zu teuer. Was hilft's, wenn die Hersteller von den geringen Stückzahlen reden, wir sollen zahlen. Der Blick ins Sparbuch belehrt uns: Entweder ist unsere Familie zu groß oder der Kontostand zu niedrig.

Aber bitte, schauen Sie unbedingt auf die **richtige Größe** des Wohnmobils, es sei denn, Sie haben wirklich nur ein Reise- und Schlafmobil ins Auge gefasst!

Ganz grob über den dicken Daumen gepeilt, kann folgende Regel aufgestellt werden:

- Der **VW-Bus-Typ** (Typ I) mit Betten im Hub- oder Hochdach ist ideal für ein Pärchen, das auf den "Luxus" eines Toiletten- und Duschraumes glaubt verzichten zu können. Er reicht auch noch für die junge Familie mit 1-2 kleinen Kindern, wenn ab und zu ein Campingplatz aufgesucht wird.
Preise: 30.000 - 70.000 Euro, mittlerer Preis: 4.000 Euro.

VW-Bus (Typ 1), Campingplatz Ekshärad (WOMO-Reihe, Band 54)

- Der **Nasenbär** (Typ II) mit zwei Schlafplätzen im **Alkoven** und weiteren im Wohnraum ist auf jeden Fall vorzuziehen. Er bietet Raum zum Wohnen, ist gemütliche Unterkunft auch für verregnete Tage und hat (fast) immer eine bessere Isolation, was ihn (relativ) wintertauglich macht. Preise: 35.000 - >100.000 Euro, mittlerer Preis 45.000 Euro.
- Der **Teilintegrierte** (Typ III), meist mit festem Bett im Wohnraum, aber ohne Alkoven. Er ist das Lieblingsstück erfahrener Wohnmobilisten, deren Kinder inzwischen eigene Wege gehen. Preise: 31.000 - 64.000 Euro, mittlerer Peis: 47.000 Euro.

Typ IV, Credo Emotion von Concorde

☞ Der **Integrierte** (Typ IV) stellt die Luxusklasse dar. In den meisten Fällen zeigt die Raumaufteilung schon, welche Käufergruppe anvisiert wird: Das betuchte, kinderlose Ehepaar! Preise: 45.000 - 220.000 (470.000) Euro, mittlerer Preis: 60.000 Euro.

Als oberste Maxime muss gelten: Jedem Familienmitglied mindestens 60 Zentimeter Bett! Daran darf nicht gerüttelt werden – oder Sie kommen total entnervt aus Ihrem "Urlaub". Alles zu teuer? Nicht verzweifeln – erst mal wählen!

4. Wohnmobilwahl

Wir haben versucht, mit unserem Schaubild alle Eventualitäten abzudecken, um Ihnen einen groben Fehlkauf vermeiden zu helfen. Zunächst müssen Sie die prinzipielle Frage klären: „Brauchen wir außer dem Wohnmobil einen Zweitwagen oder können wir den PKW verkaufen?" Diese Frage entscheidet sich durch die Anforderungen, die Sie an Ihren Alltagswagen stellen müssen – und die Wünsche, die Sie mit Ihrem Wohnmobil verbinden. Können Sie sich einen (wenn auch kleinen) Alltagswagen leisten, so sind Sie im wesentlichen aus dem Schneider. Die Wahl Ihres Wohnmobils richtet sich jetzt nur noch nach Ihren Urlaubsvorstellungen: Verbringen Sie Ihren Urlaub stets im Sommer, in warmen Gefilden, wo Sie sich nur zum Schlafen im Fahrzeug aufhalten, und haben Sie nur zwei Erwachsene und maximal zwei Kinder unterzubringen, so sind Sie mit einem Wohnmobil vom Typ I "VW-Bus-Ausbau" mit Hoch- oder Aufstelldach bestens bedient. Diese Fahrzeuge sind (relativ) schnell, wendig, sparsam im Verbrauch und passen in (fast) jede Parklücke. Ein "Wohn"mobil im eigentlichen Sinne seiner Bedeutung haben Sie damit aber nicht erworben,

sondern ein Reise- und Schlafmobil!
Der Innenraum ist so beengt, dass Regentage mit Kindern zur Zerreißprobe für Ihre Nerven werden können. Bedenken Sie, dass die reine Stehfläche kaum mehr als einen Quadratmeter beträgt. Das bedeutet, dass zum Beispiel die morgendliche Prozedur des Anziehens (von Waschen usw. wollen wir lieber schweigen) nur im Schichtbetrieb erledigt werden kann:
Einer zieht sich an, die anderen schauen derweil zu. Ähnlich spielt sich auch der Toilettengang ab! Sie sehen – nur eine verschworene Gemeinschaft kann so hausen – oder ein verliebtes Pärchen.
Wesentlich komfortabler geht es im **"Nasenbären"** zu, dem Kastenaufbau auf den max. 3,49-t-Fahrgestellen der Marken Mercedes, Ford, VW, Fiat, Peugeot, Renault, usw. In der Regel wird das Fahrerhaus durch einen sogenannten Alkoven überbaut. Dieses Wort stammt aus dem Arabischen und bedeutet sehr präzise "Bettnische".

Typ II, Esprit von Dethleffs

Die meist in **Holzrahmenbauweise** erstellten Wohnaufbauten haben vier wesentliche Vorteile:
- Sie sind zwischen zwei und 2,35 Meter breit und ermöglichen damit den Einbau von **Querbetten**, das spart Platz.
- Sie sind **besser isoliert**. Das ist die Grundvoraussetzung fü die Benutzung im Winter.
- Sie sind mit einem **Toilettenraum** ausgestattet.
- Sie haben – und das ist die Hauptsache – Wohnraum! Und das Schönste ist – sie kosten nicht unbedingt mehr als ein Bus-Ausbau!

Natürlic haben sie auch Nachteile:
- Sie sind (meist) höher, immer jedoch länger und breiter als Bus-Ausbauten.

☛ Damit sind sie als alltägliche Familienkutsche nicht geeignet. Bedenken Sie, dass eine deutsche DIN-Parklücke kaum länger als sechs Meter ist. Wie wollen Sie da mit einem 5,50-7,50m-Gefährt längs einparken? Und wenn die Parkbuchten nebeneinander liegen – wie wollen Sie da aussteigen?

☛ Sie fahren sich meist behäbiger, dafür haben sie größeren Treibstoffdurst – denn die Bewegung von größerer Masse erfordert auch mehr Energie!

Zwischen dem "VW-Bus-Typ" und dem "Nasenbären" sehen wir den **Kastenausbau** größerer Lieferwagen (bis 3,49 t) angesiedelt (in der Regel mit Hochdach). Bei diesen Fahrzeugen wird die Originalkarosserie belassen (deshalb sind sie auch die bevorzugten Basisfahrzeuge für Selbstausbauer), lediglich Fenster und Dachlüfter lassen das Wohnmobil erkennen.

Das Blechkleid ist **windschnittig und stabil** (was man von manch windigem Holzaufbau nicht immer sagen kann), **rostet** jedoch im Gegensatz zur Alu-Beplankung und macht größere Probleme bei der lückenlosen Isolierung. Durch den fehlenden Alkoven reduziert sich meist die Zahl der Schlafplätze.

Typ III, Dethleffs, Advantage

Typ III ist im Kommen! Der **Teilintegrierte** ist eigentlich ein "Nasenbär ohne Nase", sprich ohne Alkoven. Das reduziert bei gleicher Länge die Zahl der Schlafplätze um zwei, was ihn vor allem für das bequeme, ältere Paar interessant macht. Festes Bett (mit Lattenrost) und Toilettenraum mit separater

Dusche machen ihn schon zu einem kleinen, aber preiswerten Luxusfahrzeug.

Der Adel jedoch fährt integriert!

Zwar sind die Zeiten vorbei, als am Bug eines Integrierten – neben dem Mercedesstern, versteht sich – stets der Name "Hymer" prangte. Längst haben sich weitere Firmen ins vermeintliche Kunden-Schlaraffenland vorgewagt, wie z.B. Bürstner, Carthago, Concorde, Dethleffs, Eura Mobil, Knaus, Laica, Mobilvetta, Niesmann+Bischoff oder Weinsberg, aber etwas besonderes sind sie immer noch.

Warum eigentlich?

Streiten kann man, ob sie eleganter sind als Nasenbären oder "plumpe Kisten". Auch darüber, ob ein Alkoven praktischer ist als das patente **Absenkbett** der meisten Integrierten, das sich bei Bedarf (jedoch nicht während der Fahrt) vom Führerhaushimmel bis auf Lenkradhöhe herunterziehen lässt. Der Rest ist Geschmackssache – und über Geschmack sollte man nur mit dem streiten, den man loswerden möchte!

Vielleicht noch zwei Punkte:

☞ Integrierte haben oft nur **eine einzige Fahrzeugtür**. Das kann man positiv oder negativ werten.

Bei Nasenbären (und Teilintegrierten) kann man beim Wintercamping das Führerhaus (das keine Isolierscheiben besitzt) vom Wohnraum durch einen **Isoliervorhang** trennen – Integrierte sieht man dann mit Isoliermatten auf den Fensterscheiben herumstehen – dafür kann beim Integrierten das Führerhaus mit in den Wohnraum einbezogen werden .....

Kehren wir zurück zum Zweitfahrzeug! Kann man "ohne" aus-

Typ V, Trail 280 S von Tischer

kommen? Wer die Reiseführer unserer WOMO-Reihe kennt, der weiß, dass wir, mit zunehmender Kinderschar, jahrelang ein **Pickup-Wohnmobil** (Typ V) auf einer VW-Pritsche benutzten – als alleiniges Fahrzeug, wohl gemerkt!

Nach dem Urlaub wurde der Wohnaufbau auf seinen Spinnenbeinen in die Garage gestellt und mit dem Pritschenfahrzeug zum Einkaufen, zum Kindergarten und ... ins Theater gefahren. Platzmangel trat immer dann auf, wenn die ganze Familie befördert werden sollte, denn eine Pritsche hat ja nur drei Sitzplätze!

Ein Ausweg wäre der Pickup-Aufbau auf einer Doppelkabine gewesen. Er bietet Sitzplätze in Hülle und Fülle – aber im eigentlichen Wohnaufbau wieder weniger Platz. So entschlossenen wir uns schließlich zum Kauf eines größeren Wohnmobils – und mussten nach wenigen Tagen erkennen, dass dazu ein Zweitfahrzeug gehört!

Der kleinen Familie, die sich nicht geniert, täglich mit einem "Baustellenfahrzeug" unterwegs zu sein, können wir jedoch die "Pickup-Alternative" wärmstens empfehlen. Freude (und Freunde) macht sie allemal, denn für kleine Umzüge oder größere Kaminholzfuhren ist die Pritsche bestens geeignet. Das "Baustellenimage" schreckt Sie doch ab? Dann müssen Sie wohl auf den "VW-Bus-Typ" zurückgreifen. Mit dem Aufstelldach passt er noch in fast jede Tiefgarage, im Verkehrsstrom

Selbstausbau am sardischen Badeplatz "Coda Cavallo" (Womo-Reihe, Band 7)

schwimmt er flott mit und Platz für vier hat er genug – zum Fahren und zum Schlafen, wohlgemerkt.
Aber vielleicht gehören Sie auch zum nervenstarken Typus unserer Freunde Allmendinger, die zu fünft im VW-Joker zum Nordkap fuhren – und alle heil wieder zurückkammen.
„Aber was helfen alle wohlgemeinten Ratschläge, das Geld reicht nicht!?"
Auswege?!

a) Selbstausbau

Sie sind selbstbewusst, haben gehörig handwerkliches Geschick und viel Zeit? Dann bieten Ihnen der Buchhandel (siehe z.B.: shop.womo.de/catalog/ unter "WOMO-Zubehör") Anleitung und Ausrüstung für ein reiches Betätigungsfeld.
Als (gebrauchte) Ausbaufahrzeuge empfehlen sich außer dem VW-Bus (und vergleichbaren Japanern) die 3,4 to Kastenwagen von Fiat (Ducato), der baugleich mit dem Peugeot J 5 ist, der VW LT 28-35 (bald: Crafter), der Ford Transit, die Modellreihe mit dem Nobelstern, die als Sprinter bekannt ist, aber auch neuerdings Renault Trafic und Master.
Diese Fahrzeuge werden fast ausnahmslos gewerblich genutzt und deshalb von Jahr zu Jahr mit recht erfreulicher Geschwindigkeit preiswerter. Dies liegt nur in zweiter Linie an erhöhtem Verschleiß durch stets wechselnde, unbekümmerte Fahrer und ungünstigen Kurzstreckenverkehr. Hauptgrund ist der Zwang zum Neukauf, denn nur durch ständige Abschreibung kann die florierende Firma dem Finanzamt ein Schnippchen schlagen. So ist ein Fiat Ducato (Neupreis ab 25.000 Euro) nach zwei Jahren und mit 50.000 km schon für 12.000 Euro zu haben. Wesentlich langsamer "altert" der Preis eines VW-Busses (mit Seitenfenstern) oder VW-Transporters. Dafür gibt es für ihn ein besonders reichliches Angebot an fertigem Mobiliar, das man nur noch selbst einbauen muss.
Insgesamt sollten Sie dreierlei bedenken:
- Der Selbstausbau eines Gebrauchten ist sicher der preisgünstigste Weg zum eigenen Wohnmobil, er erfordert aber für ein ansehnliches Ergebnis viel Zeit und weit mehr als "Heimwerkergeschick" und Heimwerkerwerkzeug.
- Das Fahrzeug für Ihren Selbstausbau darf nicht zu alt sein. Stellen Sie sich nur vor: Nach Wochen emsigster Arbeit folgt eine kurze Urlaubsfreude und dann das "Aus" beim TÜV. Klären Sie diesen Punkt durch Inspektion in einer Fachwerkstatt VOR dem Kauf!
- Sie sind mit Ihrem Selbstausbau eine Dauerehe eingegangen – vielleicht ohne es zu wollen. Das merken Sie spätestens beim Versuch, Ihr Prachtstück zu verkaufen:

Eigenausbauten werden meist nur weit unter ihrem wirklichen – und fürchterlich weit unter ihrem ideellen Wert an den Mann gebracht. Diese Tatsache können Sie aber vielleicht bei unserem nächsten Vorschlag nutzen.

b) Gebrauchtmobilkauf

„Ein neues Wohnmobil zu kaufen, ist völlig unnötiger Luxus!" Dieser Spruch lässt sich kaum von der Hand weisen, wenn man den Wertverlust betrachtet, den ein solches Fahrzeug schon nach kürzester Zeit erleidet.

Am schlimmsten ist das erste Jahr: Pro Monat verringert sich sein Wert um ein Prozent vom Neupreis, dazu kommt pro 2.000 gefahrene Kilometer ein weiteres Prozent. Ein 25.000-Euro-Mobil kostet also nach genau 12 Monaten und 16.000 Kilometern noch ganze 20.000 Euro. Die nächsten Jahre sind nicht viel besser, zehn Prozent vom Neuwert schwinden jährlich dahin – zur Freude der Kaufwilligen und zum Ärger derer, die, z.B. weil sie sich "verkauft" haben oder weil ihnen der Wohnmobilurlaub doch nicht behagt, um- oder aussteigen wollen. Wenn man jetzt noch einige Tricks beachtet, kann man recht günstig zu einem Begleiter ins Wohnmobil-Abenteuer kommen:

Heku-Wohnmobil, Alter: 13 Jahre, Tacho: 233.000 km

- ☞ Kaufen Sie im Herbst! Viele Vermieter wollen jetzt schon ihre Gebrauchten abstoßen, die meisten Käufer zieren sich aber noch bis zur erwachenden Reiselust im Frühjahr.
- ☞ Wohnmobile kleinerer Herstellerfirmen, oft Einzelstücke, sind nicht schlechter, müssen aber wegen geringerem Bekanntheitsgrad (auch Image genannt) noch günstiger abgegeben werden – profitieren Sie davon.
- ☞ Gewarnt sei jedoch vor "Exoten", zum Beispiel wuchtigen amerikanischen Motorhomes. Ihr Kaufpreis ist meist die einzige Freude. Treibstoffverbrauch, Ersatzteilpreise und der daraus resultierende Wiederverkaufsalptraum sind nur

etwas für starke Nerven (oder dicke Geldbeutel).
- Selbstausbauten, wir sprachen schon davon, sind meist sehr günstig zu haben. Greifen Sie zu, wenn Sie den Eindruck haben, dass hier mit Liebe UND Sachverstand ein Unikat angeboten wird, das Ihnen vielleicht mehr ans Herz wachsen wird als ein Wohnmobil von der Stange.
- Ein gelungener Kompromiss ist auch eine neue Pickup-Wohnkabine für einen gebrauchten Pritschenwagen. Diese absetzbaren Kabinen werden u.a. angeboten von:

* Bimobil von Liebe, 85667 Oberpframmern,
   Tel.: 08106-9969-0, Fax: 9969-69, www.bimobil.com
* Nordstar, 66386 St. Ingbert,
   Tel.: 06894-870488, Fax: 870480, www.nordstar.de
* Tischer GmbH, 97892 Kreuzwertheim,
   Tel.: 09342-8159, Fax: 5089, www.tischer-pickup.com
* Wohnkabinencenter, Ulmenstr. 11, 58285 Gevelsberg
   Tel.: 02332-83609, www.wohnkabinencenter.de

Einige Regeln für Ihr Kaufverhalten, die Ihnen helfen sollen, viel Geld und Kummer zu sparen:
Bevor Sie Ihre Kaufbemühungen starten, muss sich die ganze Familie auf einen bestimmten **"Wohnmobiltyp"** geeinigt haben (siehe 4.), davon dürfen Sie sich auch vom dynamischsten Verkäufertyp nicht abbringen lassen.
Gebrauchte Wohnmobile werden: Von Privat, von Wohnmobilvermietern, von Vertragshändlern und Herstellerfirmen selbst (die zu ihrem Leidwesen beim Neuwagenverkauf oft Gebrauchte "hereinnehmen" müssen) angeboten. Beachten Sie die Inserate in Ihrer Lokalzeitung und in Campingzeitschriften. Seit einigen Jahren werden nach dem Vorbild der Automärkte auch schon **Wohnmobilmärkte** organisiert, die Termine finden Sie in den Campingzeitschriften und in Ihrer Tageszeitung. Wenn Sie glücklich vor einem Wohnmobil Ihrer Vorstellung stehen, dann drücken Sie Ihrer liebsten Begleiterin einen Notizblock in die Hand und melden Ihr alle Ihre Prüfergebnisse!
Die Prüfung des Basisfahrzeuges unerscheidet sich nicht von der eines PKWs:
- Motorhaube öffnen: Aussehen des Motors. Fahrzeugunterseite: Prüfung des Unterbodens auf Rostschäden (oder auffällige Terosonpinseleien, die diese verbergen sollen), Undichtigkeiten von Kühler, Bremsanlage, Motorblock, Stoßdämpfern.
- Funktionsprüfung: Elektrik, Scheibenwaschanlage.
   Probefahrt: Startverhalten, Bremsverhalten (Lenkung loslassen), Handbremse, Kupplungsspiel, Lenkungsspiel,

Getriebegeräusche. Jetzt erst lohnt es sich, dem Aufbau mehr als einen Blick zu widmen:

☞ **Außenhaut:** Kratzer und leichte Dellen sind kein Grund zur Beanstandung (die haben Sie nach dem ersten Urlaub schon kräftig vermehrt). Achten Sie auf Alufraß und echte Unfallschäden. War die Außenhaut beschädigt, ist oft Wasser eingedrungen, dies beeinträchtigt auf Dauer die Isolationsfähigkeit der Wand. Kratzer in den empfindlichen Plastikfenstern lassen sich nicht vermeiden, sind jedoch für den Käufer ein Preisminderungsgrund.

☞ **Wohnbereich:** Klemmt die Tür, dann kann der ganze Aufbau verzogen sein, empfängt Sie ein muffiger Geruch, dann hat der Schimmel schon seinen Einzug gehalten – und Schimmelpilze sind Dauermieter!

Prüfen Sie alles, was sich prüfen lässt – Wasserversorgung, Gas-, Elektro-, Umluftanlage, schauen Sie in alle Kästen, öffnen Sie jede Klappe. Wie sieht die Zweitbatterie aus?

Sie werden von zunehmender Euphorie befallen? Lassen Sie sich nichts anmerken, Gefühle sind schlechte Verhandlungsgehilfen.

Drei Dinge sind noch zu klären:

☞ Sind TÜV und Gasprüfbescheinigung (erforderlich alle zwei Jahre) neu? Ist die **grüne** Umweltplakette vorhanden?

☞ Welche Urlaubsreisen hat der Besitzer schon gemacht? Schlechte Wegstrecken mit vollbeladenem Wagen schaffen auf Dauer den besten Rahmen!

☞ Was soll die Prachtkalesche kosten? Schauen Sie in die Fahrzeugpapiere und ziehen Sie fürs erste Jahr 20 %, für die weiteren je 10 % vom (schriftlich belegten) Neupreis ab.

Lassen Sie sich nicht mit neuen Preislisten täuschen, Wohnmobile sind zum Teil erheblich teurer geworden, manche Hersteller haben in ihrer "Startphase" erhebliche Nachlässe gewährt. Berechtigte Gründe für höhere Preise sind notwendiges und gut erhaltenes **Zubehör**: Markise, Fahrrad-Träger, Dachgalerie, Solaranlage, Antennenschüssel, Radio. Auch hier legt ein ehrlicher Verkäufer seine Kaufpreise offen.

c) Neukauf

„Gebrauchte hin, unnötiger Luxus her – ich will ein neues Wohnmobil!"

Aber auch beim Neukauf lässt sich mancher Euro – oder mancher Tausender – sparen:

Da ist zunächst der **Zeitpunkt der Kaufes**. Im **Herbst** wird auf Halde produziert und vor den großen Ferien schlagen sich die Kunden um die knappe Ware – die dann auch noch "hopplahopp" gefertigt wird. Steigen Sie also im Herbst ein,

Fact Five 510 BD von Wochner

profitieren Sie von der Ruhe der Nachsaison und günstigen Sonderkonditionen.

Sie haben keinen Gebrauchten in Zahlung zu geben? Da müsste ein runder Tausender extra, vielleicht in Form der kostenlosen Dachgalerie oder einer Gratismarkise "drin" sein. Zu den **Messen** kommen die Hersteller mit vielen Fahrzeugen angereist. Sie haben gar keine Lust, sie auch wieder nach Hause zu transportieren. Preise für Ausstellungsstücke schließen aber auch meist die Inkaufnahme von Schäden ein, die von den Besuchern verursacht werden.

Sogenannte "Messepreise" jedoch sind reine Preisnachlässe auf Neufahrzeuge nach dem Motto: Wer den Listenpreis zahlt, ist selber schuld!

Werfen Sie auch (mehr als) einen Blick auf die Angebote der "Neuen". Oft finden Sie die "Newcomer" im **Freigelände**, dort, wo das Ausstellungsgelände preiswerter ist – und preiswerter sind sie allzumal als die arrivierten Großen – die alle auch mal klein angefangen haben. Bedenken Sie jedoch: Bekannte Marken verkaufen sich auch besser!

Ein Tipp noch – **Zuladung!**

Haben Sie schon einmal berechnet, was Sie "urlaubsfertig" wiegen? Alle Personen, alle Klamotten, alle Konserven, Frischwasser und der viele Kleinkram. Machen Sie das mal und schauen Sie dann auf die mögliche Zuladung Ihres Lieblingsmobils! Streichen Sie es lieber aus Ihrer Liste, wenn die "Lücke" zwischen Leergewicht und zulässigem Gesamtgewicht geringer als 500 kg ist (800 kg wären ordentlich).

Auch die Frage nach der Antriebsmaschine erhitzt viele Gemüter. Wir finden: Lassen Sie sich den **Diesel** nicht ausreden! Der höhere Anschaffungspreis amortisiert sich in vielerlei Hinsicht. Diesel ist in nahezu allen Ländern wesentlich billiger als Benzin, der Kraftstoffverbrauch Verbrauch ist viel, viel geringer, Dieselmotoren sind **robust und langlebig** und erhöhen den **Wiederverkaufswert** des Fahrzeugs.

Wir bekommen Zuwachs

Die Nachteile des Diesels, nämlich sein lärmendes Nageln und das Versulzen bei frostigem Wetter sind längst kein Thema mehr, denn in neuen Fahrzeugen sind inzwischen Dieselheizungen und bessere Dämmmatten eingebaut. Die neuen common-rail-Turbodieselmotoren räumen auch gründlich mit dem Vorurteil auf, Wohnmobile seien "lahme Enten"!

Ein letzter Tipp: **Außenmaße!**

Herrlich sind sie auf dem Messestand anzusehen, die rollenden Urlaubspensionen. Der Verkäufer rät Ihnen zu "Bequemlichkeit" und "Komfort" (und denkt an seine Provision!); kaum einer von ihnen ist je mit einem WOMO gereist.

Lassen Sie sich von einem alten Profi raten:
Kaufen Sie, was Sie wollen, aber möglichst –

nicht breiter als 2,25 m und nicht länger als 6,50 m!!!

Übrigens: Das "Durchschnitts-WOMO" unserer Leser hat folgende Maße: 6,44 m Länge, 2,26 m Breite, 2,98 m Höhe – aber mit einem Durchschnittsalter von 54 Jahren ist man eben schon weise!

Spätestens auf dem ersten Feldweg zum idyllischen Strandplätzchen mit kratzigen Ästen rechts und links, aber auch bei der Parkplatzsuche werden Sie an mich denken!

z. Zt. unser WOMO: Länge 6,39 m, Breite 2,23 m, Höhe 2,84 m

d) Mieten - Wohnmobilehe auf Probe

Zwei Personengruppen sei diese Form des Urlaubs dringend angeraten: Denen, für die sich beruflich, aus Zeitgründen, der Kauf nicht lohnt und solchen, die, aus den vielen anfangs aufgeführten Gründen, ein preiswertes Probewohnen einer teuren "Ehe" mit all den Mühen und Kosten einer "Scheidung" sprich eines Notverkaufes voranstellen sollten.

Auch hier gilt: Mieten Sie stets das Fahrzeug, für das sich der Familienrat nach Abwägung aller Notwendigkeiten entschlossen hat, kein noch so günstiges "Sondermodell".

Eiserne Regel: Jedem Urlauber seine sechzig Zentimeter Bett.

Vermieter sind:
- **Privatleute**; sie inserieren meist in den Tageszeitungen und in Campingzeitschriften.
- **Gewerbliche Vermieter**; auch ihre Inserate findet man leicht in der Presse.
- **Vermietportale**, Vermittler von privaten oder Firmenwohnmobilen deutschland- oder weltweit, wie zum Beispiel www.erwinhymerworld.de, www.reisemobil-portal.e, www.erento.com

Wo liegen die Vor- und Nachteile für Sie, den Kunden?

Die privaten Vermieter sind mit Abstand die **günstigsten**! Für diesen Preisvorteil muss man allerdings oft mit älteren Fahrzeugen (mit dem damit verbundenen Reparaturrisiko) vorliebnehmen.

Auch die Vermietportale warten nicht immer mit dem neuesten Material auf, bieten aber, im Gegensatz zu ortsgebundenen Vermietern, eine gewaltige Auswahl an Fahrzeugen an, vielteicht auch in Ihrer Nähe oder an Ihrem Urlaubsort! Gewerbliche Vermieter stoßen ihren Fahrzeugpark aus steuerlichen Gründen (und weil Reparaturen nur Ärger machen) oft schon nach einem Jahr ab. Sie haben also die **Garantie** eines neuwertigen und werkstattgepflegten Fahrzeuges. Die Großen unter ihnen bieten Ihnen zusätzlich **Zustieg** am Ort Ihrer Wahl, so lässt sich mancher Wohnmobil-Kilometer sparen, indem man das Fahrzeug für seinen ganz privaten Sommernachtstraum eben nicht in München, sondern erst in Hamburg übernimmt.

Preise?

Da ist alles "drin" zwischen vierzig und achthundert Euro – pro Tag, versteht sich! Während ein VW T 5 für die junge Familie in der Nebensaison (meist inclusive 250 km Fahrtstrecke pro Tag) für 50-70 Euro pro Tag zu haben ist, muss man in der Hauptsaison schon 85 Euro dafür hinblättern. Ein Kastenwagen-Ausbau oder ein kleiner Nasenbär, der vier Personen nicht nur Bett und Tisch, sondern auch etwas "Auslauf" bietet, ist für 70-120 Euro zu leihen, je nach Saison und für den Luxus eines Clou 670 dürfen Sie bis zu 250 Euro berappen. Zusätzlich zu diesen Basispreisen werden Sie – je nach Vermieter – mit zusätzlichen Beträgen beglückt: Da gibt es **Service- bzw. Übergabepauschalen** von 50-120 Euro (unabhängig von der Mietdauer), mit der komplette Bereitstellung und Einweisung abgegolten werden und wenn Sie nach der Reise keine Generalreinigung durchgeführt haben, ist eine kostenpflichtige Nachreinigung fällig (70-150 Euro).

Beim Wohnmobilmieten gilt wie überall: **Vergleichen lohnt sich** – wobei Sie ein besonderes Augenmerk auf die Kosten für Kaution und Vollkasko bzw. Selbstbeteiligung haben sollten.

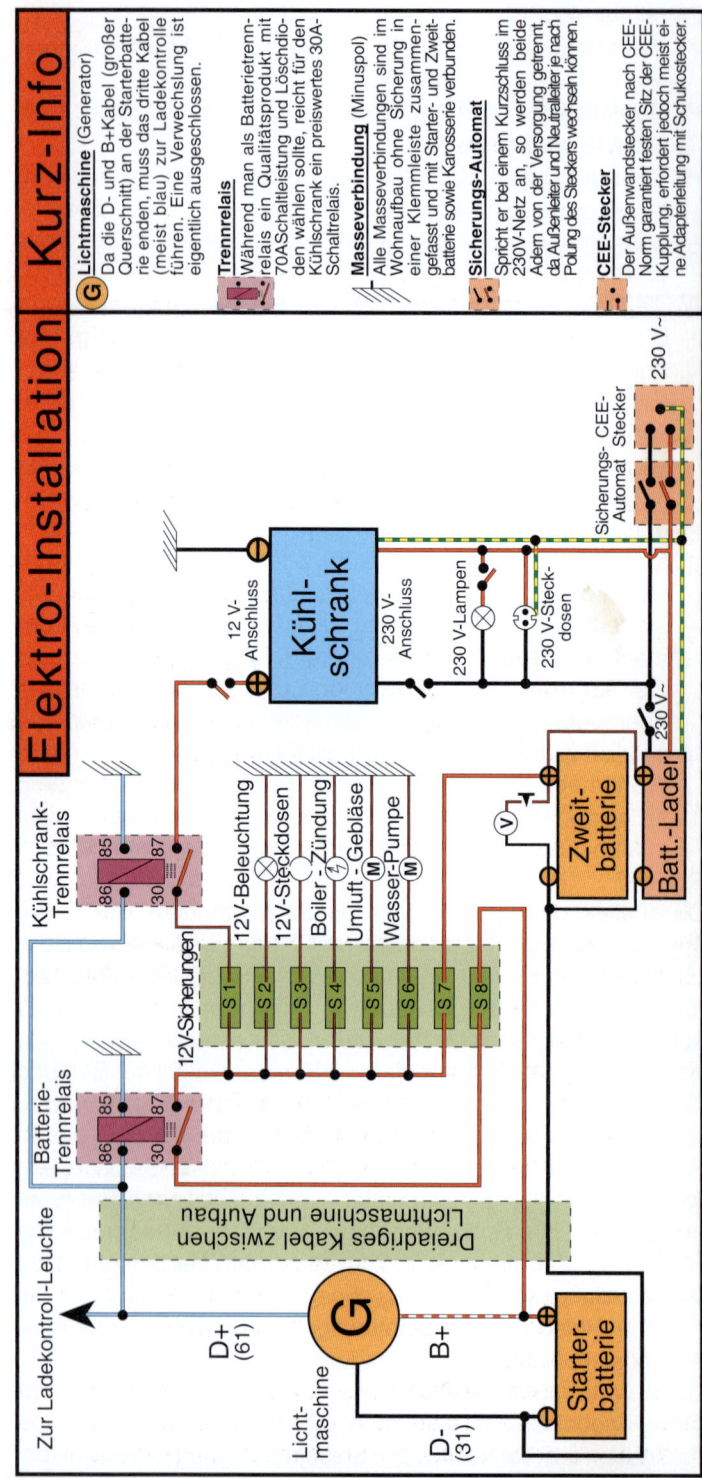

Elektro-Installation — Kurz-Info

Lichtmaschine (Generator)
Da die D- und B+Kabel (großer Querschnitt) an der Starterbatterie enden, muss das dritte Kabel (meist blau) zur Ladekontrolle führen. Eine Verwechslung ist eigentlich ausgeschlossen.

Trennrelais
Während man als Batterietrennrelais ein Qualitätsprodukt mit 70A Schaltleistung und Löschdioden wählen sollte, reicht für den Kühlschrank ein preiswertes 30A-Schaltrelais.

Masseverbindung (Minuspol)
Alle Masseverbindungen sind im Wohnaufbau ohne Sicherung in einer Klemmleiste zusammengefasst und mit Starter- und Zweitbatterie sowie Karosserie verbunden.

Sicherungs-Automat
Spricht er bei einem Kurzschluss im 230V-Netz an, so werden beide Adern von der Versorgung getrennt, da Außenleiter und Neutralleiter je nach Polung des Steckers wechseln können.

CEE-Stecker
Der Außenwandstecker nach CEE-Norm garantiert festen Sitz der CEE-Kupplung, erfordert jedoch meist eine Adapterleitung mit Schukostecker.

24 Kapitel 2

Kapitel 2: „Jetzt werde ich Profi!"

Einweisung in die Elektro-, Gas- und Wasser-Installation

Wohnmobile sind autark – zumindest für einige Zeit! Damit diese Zeit so lang wie möglich anhält, zum Beispiel an einem Traumbadestrand, fährt man mit vollen Vorratsbehältern für Speisen und Getränke, Trinkwasser, Gas und Strom los und muss erst dann in die Zivilisation zurückkehren, wenn erstere Behälter leer beziehungsweise die Behälter für Müll, Abwasser und Fäkalien voll sind – so einfach ist das!

Unnötig zu erklären, dass man um so länger in seiner Idylle verweilen kann, je größer dimensioniert die angesprochenen Behälter sind – wobei der kleinste immer die ausschlaggebende Rolle spielt. **Alles klar?**

Gut! Dann müssen wir nur noch dafür sorgen, dass keine unnötigen Reparaturmaßnahmen die Muße des Urlaubers stören, oder, wenn sie schon unumgänglich sind, schnell erledigt werden können – ohne fremde Hilfe, versteht sich....

Dafür wollen wir uns kundig machen. Denn wer seinen Laden kennt, der erkennt Probleme schon im Ansatz und stellt sie ab – nur der Laie muss warten, bis es zu spät ist.

Elektro-Installation

Unser Wohnmobil hat sein eigenes Strom-Kraftwerk – in Form der **Lichtmaschine** des Motors – Wasser und Gas müssen wir bunkern.

Wenden wir uns also zunächst dieser selbsterneuerbaren Energiequelle zu, weil wir auf sie zur Not verzichten können.

Das glauben Sie nicht?

Wofür brauchen wir denn schon Strom:

Beleuchtung am Abend?

Dafür könnten wir Ihnen ein gemütliches Windlicht oder eine windsichere **Petroleumlampe** empfehlen, die, gefüllt mit fast "unstinkendem" Duftpetroleum, nicht nur vor dem Wohnmobil, sondern auch im Inneren für Erleuchtung sorgt.

Betrieb des Kühlschranks?

Der würde Ihre Zweitbatterie innerhalb weniger Stunden leerlutschen wie ein Kind seine Eistüte. Also zünden wir schnell den Gasbetrieb und vergessen auch hier den Strom.

Die Wasserpumpe!

Na endlich haben Sie mich erwischt. Aber nur, weil Sie vom Luxus verhätschelt sind – sonst würden Sie Ihre Waschschüssel aus dem Kanister füllen – mit frischkaltem Quellwasser – und

nicht den Gasboiler anknipsen.
Richtig, da ist die zweite Stelle, die ohne Strom nicht auskommt – die Zündung des Truma-Boilers.
Aber wenden wir uns nun der Grafik zu, denn da hat das Auge was zum Festhalten!
Wir beginnen an dem großen **G** im Kreis. Das ist unsere **Lichtmaschine**, die bei laufendem Motor – über einen Keilriemen angetrieben – nicht nur "Licht macht", sondern überschüssige Energie an die Bleiakkus, fälschlicherweise auch als Autobatterien bezeichnet, abgibt. Allerdings nur, wenn sie mit ihnen leitend verbunden ist, und zwar mit zwei Kabeln. Oft allerdings ersparen sich die Autohersteller das Minuskabel, denn ihr Produkt ist ja aus Blech und übernimmt damit die leitende Aufgabe des zweiten Kabels.
Da die meisten Wohnmobile aber einen Holzaufbau besitzen, muss hier zur alten Tradition der **Doppelkabel** zurückgekehrt werden, wie wir sie von unserer häuslichen Installation kennen. Setzen wir unseren Weg also an der **Starterbatterie** fort. Dort beginnt meist das Werk der Wohnmobilausrüster, indem sie sich einfach an die Polklemmen "ranmachen".
In allen möglichen Farben, von Normierung keine Spur, verliert sich die Doppelader dann im Aufbau, entschlüpft unserem forschenden Auge. Erspähen wir vorher noch eine sogenannte **"fliegende Sicherung"**, dann dürfen wir einen misstrauischen Blick in ihr Inneres werfen, denn sie wird extrem hoch belastet, muss mit einer 30-40-A-Sicherung ausgerüstet sein und neigt trotzdem dazu, entweder schlicht durchzubrennen oder sich so stark zu erhitzen, dass nur ein spärlicher Rest der ursprünglichen Spannung an der Zweitbatterie anliegt.
Grund? Fliegende Sicherungen sind nur für geringe Stromstärken gedacht. Bauen Sie ein "richtiges" **Sicherungskästchen** ein!
Sie erblicken überhaupt keine Sicherung – weder eine fliegende noch eine im Kästchen? Um so besser, dann ist sie (viel sicherer) in der Nähe Ihrer **Zweitbatterie** oder in einem eleganten **CONTROL-BOARD** untergebracht:

Auf unserer Grafik sind die beiden Batterien über das Minus-Kabel direkt verbunden, das Plus-Kabel läuft zunächst über die angesprochene Sicherung (S8) und dann über die Klemmen

30 und 87 eines **Relais** zu den anderen Sicherungen.
Sie wissen nicht, was ein Relais ist? Ganz einfach ein Schalter, den Sie nicht selbst zu bedienen brauchen. Beide Relais in unserer Grafik werden von der Lichtmaschine bedient. Läuft die Lichtmaschine (weil der Motor an ist), dann sind die Relais-Schalter geschlossen, steht der Motor, dann sind die Kontakte 30 und 87 unterbrochen – wie in unserer Grafik.
Das hat aber gleich wei Folgen:
☞ Die Zweitbatterie wird nicht geladen.
☞ Der Kühlschrank wird nicht mit Strom versorgt.
Das ist beabsichtigt, denn wer könnte bei stehendem Motor schon die Versorgung übernehmen? Doch nur die Starterbatterie – und die wollen wir doch bitte für die Rückkehr in die Zivilisation schonen!
Die Zweitbatterie hingegen können wir bis zu ihrem bitteren Ende traktieren, was uns allerdings schwer fallen dürfte, denn der ärgste Verbraucher, der Kühlschrank hinter der Sicherung S1, ist ja durch das Kühlschranktrennrelais ebenfalls "tot" – ein Fall für den Gasbetrieb.

☀ Gewöhnen Sie sich aber trotzdem an, beim Zünden des Gasbetriebes den **12-V-Schalter auf "Aus"** zu stellen, denn bei der nächsten Fahrt erwacht der Strombetrieb des Kühlschrankes ohne Ihr Zutun zu heftiger Tätigkeit – was nicht etwa die Kühlung verbessert, sondern sie durch übermäßige Hitzeproduktion schlicht außer Kraft setzt.

Nord-Norwegen, Idyll ohne Stromanschluss (WOMO-Reihe, Band 21)

Sie werden jetzt einwenden, dass in Ihrem Wohnmobil die Sicherungen ganz andere Bezeichnungen oder (meist) gar keine haben. Na fein, dann holen Sie sich ein Klebeetikett, kleben es auf den Deckel des Sicherungskästchens und machen Ihre

☀ **eigene Beschriftung**. Wie? Ganz einfach!

Sie nehmen immer eine Sicherung heraus und schauen nach, was alles nicht funktioniert. Haben Sie eine Sicherung gefunden, die alles tot legt, dann ist es die **Hauptsicherung** (bei uns S7). Haben Sie eine Sicherung entdeckt, die keinen Sinn zu haben scheint, dann ist es entweder die Kühlschranksicherung (S1) oder die Sicherung, die den Weg zur Starterbatterie absichert (S8). Wir kommen aber noch einmal darauf zu sprechen.

Portugal, Ria de Aveiro: Auch hier gibt's nur 12 Volt (WOMO, Band 23)

Damit hätten wir das 12-V-Reich unseres Wohnmobils erobert. Bleibt nur noch der Campingplatz- oder Haustürbetrieb mit 220-V-Anschluss, dann sind wir "strommäßig" fit.

☀ Nach neuer Norm ist unser Wohnmobil mit einem **CEE-Einspeisestecker** versehen. Dieser Stecker scheint aber bisher nur in unserem eifrigen Deutschland bekannt zu sein – und dort nicht überall. Als Ausweg bietet der Campinghandel auch flugs Zwischenkabel an, die auf der einen Seite eine CEE-Kupplung, auf der anderen den allseits bekannten Schuko-Stecker haben. Da manche Händler diese Kabel nur zu Wucherpreisen abgeben, schaut der Hobby-Elektriker nach dem Preis für eine CEE-Kupplung und baut sich den Rest mittels eines kurzen Verlängerungskabels selbst.

Die früheren Wohnmobil-Schuko-Steckdosen hatten zwei integrierte Schmelzsicherungen – in dem CEE-Einspeisestecker ☀ sucht man sie vergeblich. Dafür hat uns die neue Norm einen **Sicherungs-Automaten** spendiert, der oft an der

Rückwand des Kleiderschrankes versteckt ist – manchmal aber auch in das Kontroll-Paneel integriert wurde. Hinter ihm gabelt sich das 220-V-Netz einmal: Ein Strang versorgt das **Ladegerät**, das die Zweitbatterie auch bei stillstehendem Motor wieder mit Energie vollpumpt, der zweite Strang nährt die 220-V-Verbraucher, wie Schuko-Steckdosen, 220-V-Beleuchtung und Kühlschrank über den 220-V-Schalter.

Schön, die Verkabelung ist klar. Kommen wir zur Bedienung der Stromverbraucher:

Über Beleuchtung und Steckdosen brauchen wir nicht zu sprechen – ihre Funktion gleicht der im 220-V-Haushalt.

Auch die Inbetriebnahme des Kühlschrankes, des Gasboilers und des Umluftgebläses (bzw. der Trumatic C, dem kombinierten Warmwasser-Heiz-Gerät) setzt keine übermäßigen Geisteskräfte voraus, weil nur ein Schalter bedient werden muss.

Bleibt die **Wasserpumpe**.

Hier könnte Verwirrung entstehen, wenn Sie nicht wissen, ob Ihr Wohnmobil mit einer **Tauchpumpe** oder einer **druckgesteuerten Wasserpumpe** ausgestattet ist.

Verwirrung? Halb so wild!

Eine Tauchpumpe steckt, wie der Name schon sagt, im Wasserkanister oder -tank drin und nimmt surrend bis pfeifend ihren Betrieb auf, wenn sie mit 12 V versorgt wird. Der 12-V-Stromkreis wird entweder dadurch geschlossen, dass Sie einen Hand- oder Fußtaster betätigen oder – unbemerkt – einen Elektrokontakt beim Aufdrehen des Wasserhahnes schließen.

Byrasen, Wanderparkplatz in Süd-Schweden (WOMO-Reihe, Band 54)

Gleich ein Wort zu diesen drei Möglichkeiten: Die wassersparendste ist ohne Zweifel der Fußtaster, denn Sie können ja schlecht den Wasserhahn abdrehen, während Sie Ihre seifigen Hände reiben. Da Wassersparen zur Haupttugend wohnmobilen Daseins gehört, sei hier die Möglichkeit der einfachen und preiswerten **Umrüstung** erwähnt, denn ein Fußtaster kostet weniger als 3 Euro.

Die "druckgesteuerte Wasserpumpe" findet man leicht, wenn man den hämmernden Geräuschen nachgeht, die sie im Betrieb produziert. Meist neben dem Wassertank an die Wand geschraubt, überträgt sie gern die Vibrationen ihrer Membran, obwohl sie vom Fachmann auf Gummifüßen schallschluckend montiert sein sollte. Sie besitzt einen eingebauten Druckschalter, der immer dann den 12-V-Stromkreis schließt, wenn der Wasserdruck in der Pumpe absinkt – und das geschieht ja dann, wenn Sie einen der Wasserhähne öffnen. Leider geschieht es auch durch geringste Undichtigkeiten, und sei es nur, weil die im Wasser gelöste Luft durch die Schlauchporen entweicht.

Damit Sie nicht aus den schönsten Urlaubsträumen aufgeschreckt werden, weil unter Ihnen das Wasserwerk loshämmert, besitzt jede Druckwasserpumpe noch einen **separaten 12-V-Schalter**, den Sie auch ausknipsen sollten, wenn Sie das Wohnmobil längere Zeit verlassen – denn einen geplatzten oder abgerutschten Schlauch interpretiert die "dumme Pumpe" als Befehl zur schleunigsten Wasserlieferung. Nachdem sie Ihnen brav die gesamte Tankladung ins Wohnmobil gepumpt hat, läuft sie auch noch so lange (trocken) weiter, bis sie ihr lautes Leben ausgehustet hat. Schade, dass so wenige Hersteller beleuchtete Schalter einbauen.

Vorschlag: **Umrüsten!**

Beleuchteten **12-V-Schalter**, gesehen bei Conrad Electronic für 1,74 Euro (www.profi.conrad.de).

Vorteil er Druckwasserpumpe:
- Man braucht nur eine Stromversorgung, nämlich direkt an der Pumpe – das spart Strom durch kurze Leitungswege.

Nachteile:
- Hoher Preis
- Lärmbelästigung
- Gefahr ungewollten "Eigenbetriebs" wegen vergessenen Ausschaltens.

Da nun viele Wohnmobile mit einer Druckwasserpumpe ausgerüstet sind und der Laie an ihr nicht viel reparieren kann, sollte man sich für den **Notfall** mit einer kleinen Tauchpumpe (unter 10 Euro im Camping-Shop) und einigen Metern Wasserschlauch ausrüsten, vor allem dann, wenn man seinen Wasservorrat nur in einem fest eingebauten Tank herumschleppt. So weit, so gut! Wie erkennen wir nun auftretende Probleme, zum Beispiel, dass die Zweitbatterie nicht geladen wird oder der Kühlschrank beim 12-V-Betrieb nicht funktioniert?

Beide Punkte sind Probleme **"ersten Ranges"**, sollten also schon im Anfangsstadium erkannt und abgestellt werden. Dies kann aber nur durch dauernde Kontrolle geschehen – und diese sollte deshalb ein Vergnügen sein oder doch "im Vorbeigehen" erledigt werden können.

Voraussetzung ist die Ausstattung Ihres Control Boards mit einem kleinen **Voltmeter** (oder dessen Kauf und der eines Wippenschalters oder -tasters (z.B. bei Conrad Electronic, 92240 Hirschau, zusammen ca. 10 Euro).

Diese beiden Teile werden an einer auffälligen Stelle im Wohnbereich eingebaut (oder im Führerhaus) und mit der Zweitbatterie verbunden, wie es unsere **Grafik** zeigt.

Beim Stillstand des Motors (Sie erinnern sich, das Batterietrennrelais trennt die Starterbatterie ab), können wir jetzt die Spannung unserer Zweitbatterie ablesen – und diese ist ein Maß für ihren **Ladezustand**. Als Richtwerte gelten:

12,7 Volt	....	100 %
12,5 Volt	....	75 %
12,3 Volt	....	50 %
12,1 Volt	....	25 %

Natürlich ist unser kleines "Voltmeterle" kein Präzisionsgerät. Für genaue Auskünfte empfehlen wir deshalb, ein **Digital-Multimeter** anzuschaffen (Conrad Electronic, 92240 Hirschau, ab 20 Euro) oder die Messung mit einem Säureheber vorzunehmen (Kaufhaus, Baumarkt, um 3 Euro). Hier gilt:

1,30 - 1,27 kg/Liter	....	100 %
1,26 - 1,21 kg/Liter	....	50 %
1,20 - 1,10 kg/Liter	....	0 %

Außergewöhnliche Dienste leistet unser Billiggerät aber, wenn der Motor (und damit die Lichtmaschine) ihren Dienst aufnimmt. Schlagartig muss an der Starterbatterie der **Spannungszustand** auf etwa 14,4 Volt ansteigen, denn eine Autobatterie kann ja nur geladen werden, wenn die Ladespannung höher ist als die Eigenspannung. Durch den langen Kabelweg und dessen Eigenwiderstand bedingt, "kommen an unserer Zweitbatterie noch etwa 14 Volt an". Dieser Anstieg ist bestens zu erkennen.

Nehmen Sie jetzt die Sicherungen nacheinander heraus, die bisher "keinen Sinn hatten", so haben Sie beim plötzlichen

Zeigerabfall die S8 unserer Grafik, die **Starterbatteriesicherung**, entlarvt.

Ist der Anstieg geringer als auf 14 Volt, wird die Zweitbatterie nicht genügend geladen, wie Sie unserem dritten Test entnehmen können:

Schalten Sie bei laufendem Motor die 12-V-Versorgung des Kühlschrankes ein. Dessen hoher Stromverbrauch bewirkt einen **Spannungsabfall** an der Zweitbatterie, was unser Voltmeter mit einem Absinken auf etwa 13,5 Volt quittiert. Damit haben wir nicht nur den Beweis, dass der Kühlschrank "tut", zumindest was seinen Stromverbrauch anbetrifft, sondern gleichzeitig die Auskunft, was für die Ladung der Zweitbatterie noch übrigbleibt: Unter 13,5 Volt wird es kritisch!

Sie müssten noch eine Sicherung "ohne Sinn" übrig haben, nämlich die **Kühlschranksicherung**: in der Grafik S1.

Nehmen Sie sie heraus, dann muss der Zeiger des Voltmeters wieder von 13,5 auf 14 Volt ansteigen.

So, jetzt haben Sie alle Sicherungen beschriftet! Diese **"Ordnung im Sicherungskästchen"** stellt bei späteren Kontrollen sicher eine große Hilfe dar.

Was aber ist zu tun, wenn einer unserer Tests **negativ** ausfällt? Hat die Zweitbatterie bei Motorstillstand weniger als 12 Volt, so hatten wir entweder vergessen, einen 12-V-Verbraucher auszuschalten (z.B. den separaten Schalter der Druckwasserpumpe), oder die Batterie hat sich (bei längerem Nichtgebrauch des Wohnmobils) von selbst entladen. Dabei kann man von einer **Selbstentladung** von mindestens 0,5 – 1,0 % der Nennkapazität pro Tag ausgehen, das heißt, eine gute, "volle" Batterie ist nach **drei Monaten** leer.

Ja, werden Sie jetzt sagen, unser Wohnmobil wird aber doch öfters über Wochen und Monate stillgelegt?!

Nun, dann müssen Sie eben etwas gegen die Selbstentladung seiner Batterien unternehmen. Dafür brauchen Sie nicht tief in die Tasche zu greifen:

Bei Camping Profi GmbH (www.campingprofi.de) haben wir unter der Bezeichnung "Battery Conditioner" ein kleines **Automatik-Ladegerät** entdeckt, das für uns nur als Batterie-Erhaltungsgerät arbeiten soll, das heißt, es soll in einem Wechsel von Laden und Entladen die Batterien frisch halten.

Wichtiger Hinweis:
Gelbatterien brauchen ein spezielles Ladegerät und viel mehr Beachtung als sog. Nass- oder Bleibatterien. So müssen sie vor und nach jeder Tour 20 Std. geladen werden, um nicht zu "verhungern". Wir empfehlen deshalb die von uns getesteten Solarbatterien, z. B. die Moll 80100.

Peloponnes, Mitropoli, autoark mit 150 W Solarpower (WOMO, Band 19)

Ihr Wohnmobil steht weit weg von einer Steckdose? Auch dafür gibt es inzwischen eine Lösung:

Die **Solarmodule** werden doch immer preiswerter – **zapfen wir einfach die Sonne an**!

Bei Amazon (www.amazon.de) gibt es ein 20-Watt-Modul schon für 38 Euro. Eine Schottky-Diode für 3 Euro braucht man noch (oder einen kleinen Solarladeregler für 15 Euro) und einen 12-V-Universalstecker (2 Euro). Das Modul wird unter die **Windschutzscheibe** gelegt (die lässt die wichtigen Sonnenstrahlen durch), der Stecker in die nächste 12-V-Steckdose (zur Ladung der Wohnraumbatterie) bzw. den Zigarettenanzünder (zur Ladung der Starterbatterie) des WOMOs gesteckt – und **die Sonne lädt die Batterien kostenlos auf.**

Sie wissen nicht, was die Schottky-Diode soll? Sie lässt Strom nur in eine Richtung passieren und verhindert dadurch, dass sich nachts über das Solarmodul die Batterie wieder entlädt.

Sie haben schon ein eingebautes Automatik-Ladegerät? Dann wünschen wir Ihnen eine Steckdose in Reichweite ....

Wie aber muss man eine zu geringe Spannung der Zweitbatterie während des Urlaubs deuten?

Starten Sie den Motor!

Steigt die Spannung **jetzt** auf etwa 14 Volt? Dann hatten Sie entweder Ihre Zweitbatterie überlastet (das kann im Winter leicht durch häufigen Gebrauch der Umluftanlage passieren) oder die Zweitbatterie ist schlicht **altersschwach** – was schon nach drei bis fünf Jahren der Fall sein kann.

Im ersten Fall hilft ein kleiner Ausflug mit dem Wohnmobil

(ohne Benutzung des 12-V-Kühlschrankes oder der Fahrzeugscheinwerfer), und die Lichtmaschine lädt wieder nach.

Im zweiten Fall allerdings werden Sie wohl die ec-Karte für einen Neukauf zücken müssen....

Natürlich können Sie einige Tage auch **ohne Zweitbatterie** auskommen!

Klemmen Sie die defekte Batterie ab und verbinden Sie die beiden rechten Klemmen von Sicherung 7 und 8 mit einem starken, isolierten Draht. Jetzt leben Sie aus der Starterbatterie! Das macht sie bei sparsamem Gebrauch einige Tage ganz willig. Werfen Sie aber öfter einen Blick auf Ihr Voltmeter: Unter 12 Volt darf die Spannung nicht sinken, sonst können nur noch das Starthilfekabel und ein freundlicher Spender helfen.

Steigt beim Starten des Motors die Spannung nicht an, dann kommen Sie vielleicht billiger weg:

Entweder die Sicherung S 8 ist durchgebrannt oder das Kabel zur Starterbatterie hat sich an einer Stelle gelöst. Hier hilft nur Nachsuchen und Auswechseln bzw. Befestigen.

Fällt allerdings der **Kühlschranktest** negativ aus, dann sehen wir schwarz! Es ist wohl theoretisch möglich, dass sich auch hier ein Kabel gelöst hat oder die Sicherung S1 durchgebrannt ist. Aber wenn Sie diese Möglichkeiten ausgeschlossen haben, dann bleibt nur der Weg zum Campinghändler, der in den Kühlschrank eine neue 12-V-Patrone einsetzt.

Wie schön, dass der Absorber-Kühlschrank auch mit Gas betrieben werden kann! Das aber ist bei vielen Kritikern sein einziger Vorteil:

„Der **ABSORBER** sorgt lediglich für eine schnelle und lautlose Gasentsorgung!" „Beim Gasbetrieb des Kühlschranks brauchen wir die Heizung nicht einzuschalten!" „Gut, dass man durch ein Guckloch den Gasbetrieb kontrollieren kann – an der Kühlleistung sicher nicht!"

Zugegeben – recht zynische Stimmen! Aber bei den meisten hört eben der Humor auf, wenn abends die Butter aus dem Kühlschrank fließt. Dabei hat der Absorber durchaus die Leistung erbracht, die man von ihm erwarten kann: Er kühlt, gegenüber der Außentemperatur, um maximal 25 Grad herab (langjähriger Messwert).

Dabei kommt es nicht in erster Linie darauf an, wie heiß die Sonne Anatoliens brennt, sondern welche direkte **Umgebungs**temperatur das Aggregat belastet – und hier steckt eben der Teufel im Funktionsprinzip: Wie soll auch ein Gerät gut kühlen, wenn an seiner Rückwand ununterbrochen ein Feuer brennt? Dieses Feuer in Form eines regulierbaren Gasflämmchens aber ist der einzige Antrieb des genialen "kontinuierlich arbeitenden Kühlapparates nach Platen-Munters".

Diese Erfindung der beiden schwedischen Ingenieure ist von solch einer Raffinesse, dass wir versuchen wollen, Ihnen das **Funktionsprinzip** anhand einer Grafik zu erläutern:

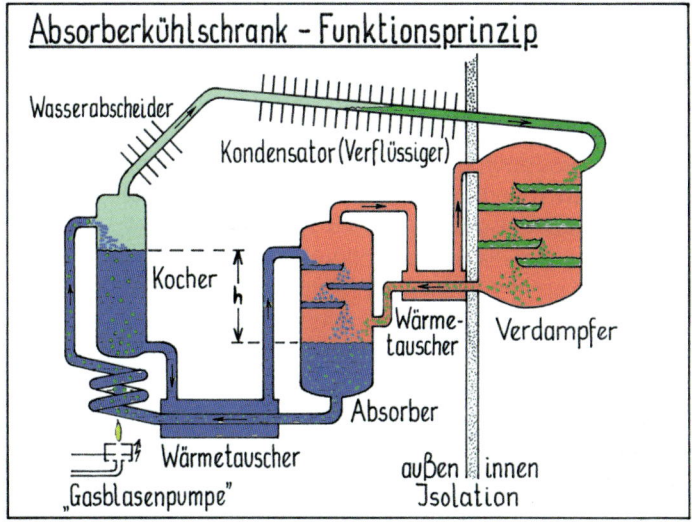

Das gesamte Kühlsystem kommt ohne mechanische Pumpen und Ventile aus, besteht aus Stahlrohren und hat einen Innendruck von etwa 20 Atmosphären (= 20 bar, = 2 MPa). Im Kocher befindet sich Salmiakgeist, eine Lösung von Ammoniakdampf in Wasser. Wird diese Lösung erhitzt, so entweicht der Ammoniakdampf und steigt nach oben, das Wasser bleibt zurück. Im Kondensator (Verflüssiger) wird der Ammoniakdampf von der Außenluft so weit abgekühlt, dass er wieder flüssig wird und nach unten tropft – über die Schälchen des Verdampfers im Kühlschrankinneren.

Hier passiert nun etwas, was Sie alle kennen, wenn Sie nach dem Joggen verschwitzt herumstehen: Der Schweiß verdunstet – Sie frieren! Das gleiche passiert mit dem flüssigen Ammoniak: Er verdunstet, kühlt sich dabei ab und entzieht den Lebensmitteln dabei Wärme. Er kann jedoch nur so lange verdunsten – und jetzt kommt das Geniale an der Sache, bis der Verdampfer mit Ammoniakdampf gefüllt ist – dann wäre es aus mit der Kühlerei!

Damit der Apparat aber die Bezeichnung "kontinuierlich arbeitend" verdient, wird jetzt das leichteste Gas der Welt, der Wasserstoff, zu Hilfe genommen. Er ist, neben Wasser und Ammoniak der Dritte im "Kühlverein":

Wasserstoff im Verdampfer vermischt sich mit dem Ammoniakgas. Dieses Gemisch ist schwer und sinkt nach unten, gelangt in den Absorber. Dort befindet sich Wasser – und da sich Ammoniak im Gegensatz zu Wasserstoff darin gut löst,

verbleibt das Ammoniak im Wasser, der leichte Wasserstoff steigt wieder in den Verdampfer zurück. Nun müssen wir nur noch dafür sorgen, dass dem Kondensator nicht das Ammoniak und dem Absorber nicht das Wasser ausgeht!
Dafür ist unser Flämmchen da – in einer Doppelfunktion:
Als Heizung und als Gasblasenpumpe!
Als Heizung sorgt es für den Austrieb des Ammoniaks aus dem Salmiakgeist – siehe den Anfang unseres "Kühlkreisverkehrs". Als Gasblasenpumpe bewirkt es den Wasserkreislauf vom Kocher zum Absorber: In den Schlangen der Gasblasenpumpe wird der Salmiakgeist, der vom Absorber kommt, so warm, dass sich in ihm Gasblasen bilden, die ihn nach oben reißen. Dadurch steht die Flüssigkeit (Salmiakgeist) im Kocher höher als die Flüssigkeit (Wasser) im Absorber und kann von allein wieder zurückfließen – der Kreis ist geschlossen.

Wird Ihnen jetzt klar, warum Sie Ihr Wohnmobil für ausreichende Kühlung stets **waagerecht** ausrichten müssen? Vielleicht tun Sie es in Zukunft mit etwas weniger Schimpfen und etwas mehr Ehrfurcht (vor den Herren von Platen und Munters), denn sie ermöglichen uns seit Jahren den Genuss eines kühlen Bieres weitab jeder Steckdose!
Aber die Zeit schreitet voran! Ich meine jetzt nicht die sogenannten "lageunabhängigen" Absorberkühlschränke, bei denen die Kühlung noch bis etwa 8 Grad Schräglage funktioniert. Die Solartechnik macht für den Camper auch endlich die **KOMPRESSOR**-Kühlschränke interessant, bereits 14 % aller WOMOs sind mit ihnen ausgerüstet:

Absorberkühlschrank: 85,0%, Kompressorkühlschrank: 14%

Ihr – verglichen mit dem Absorber – primitives Innenleben setzt den Antrieb einer Kompressorpumpe voraus, die das Kältemittel im Außenteil verdichtet. Dabei entsteht Wärme, die im Kondensator an die Außenluft abgegeben wird. Das Kondensat fließt ins Innere des Kühlschrankes, wo es durch eine Düse austritt und verdampft – dabei kühlt es sich ab, entzieht den Lebensmitteln Wärme und wird wieder in die Kompressorpumpe gesaugt.
Wie gesagt: Primitiv – jedoch **viel leistungsfähiger** als der Absorber. Auch im tiefsten Süden steht der Eiswürfelbereitung für die Strandparty nichts im Wege.
Aber wir brauchen Strom für die Pumpe – und den kann in der idyllischen Einsamkeit nur die Sonne liefern – es sei denn, Sie möchten die Idylle mit einem Stromgenerator entweihen!? Bevor die Sonne aber **KOSTENLOS** Ihren Kühlschrank betreibt,

müssen Sie immer noch recht tief in die Tasche greifen: Eine komplette Solaranlage ist erst oberhalb runder 500 Euro zu haben (siehe Solaranlage). Bleiben wir also noch eine Weile bei unserem "kontinuierlich arbeitenden Absorber" – denn die Tendenz der Einstandspreise für den Solarstrom zeigt weiter nach unten – und bedauerlicherweise haben die meisten von uns ja schon einen Absorber-Kühlschrank.

Zufrieden mit dem Absorberkühlschrank: 89,4%

Zufrieden mit dem Kompressorkühlschrank: 92,9%

Kommen Sie übrigens bitte **nicht** auf die Idee, Ihren Absorber mit einer Solaranlage kombinieren zu wollen: Er verbraucht so viel Strom, dass die zusätzlich nötigen Solarplatinen teurer sind als ein Kompressorkühlschrank!

Eine preiswerte **Zwischenlösung** haben wir jedoch mit Erfolg getestet: Kaufen Sie sich eine kleine **Solarplatine** und einen oder zwei kleine 12-Volt-Axial-**Lüfter**, die nicht mehr als 1-2 Watt verbrauchen. Die Solarplatine flach aufs Dach, die Lüfter saugend hinter das untere oder/und blasend hinter das obere Lüftungsgitter – und ab geht's mit der warmen Luft – und zwar um so schneller, je heißer die Sonne brennt.

Praktisch, nicht wahr?

Schaltplan: Solare Kühlschrankunterstützung

Schottky-Diode verhindert nächtliche Entladung.

Solargenerator

Oberer Lüfter bläst warme Luft aus.

Unterer Lüfter saugt Frischluft an.

Zweitbatterie

Preise für getestete Anlage:
Solargenerator (20 Watt): 38 Euro, Lüfter (1,4 Watt): je 9 Euro, Diode: 2 Euro

Wir haben es sechs Wochen im sommerlichen Griechenland getestet! Das System arbeitete **ohne Regler** oder Schutzdioden täglich bis zu zehn Stunden – es war eine reine Freude. Im Winter bzw. nach dem Einmotten des Wohnmobils kann es auch helfen, die beiden Akkus fit zu halten. Dann sollten Sie

Gas-Installation | Kurz-Info

LEGENDE

① Gasflasche
② Schlauchbruchsicherung
③ **SecuMotion**: Druckminderventil, Manometer und Gasströmungswächter
④ Absperrventil
⑤ Hauptventil
⑥ Verteilerblöcke mit Geräteventilen
⑦ Kocher
⑧ Kühlschrank
⑨ Gastank
⑩ Reglerheizung
⑪ Außenfüllstutzen
⑫ Boiler/Heizung
⑬ sep. Gasheizung
⑭ Gasleuchte
⑮ Gassteckdose
⑯ Gasgrill

① Gasflasche festzurren, Druckschlauch gut anziehen – das verlängert das Camperleben!
② Schließt sofort, wenn der Druckschlauch platzt.
③ SecuMotion: Sicherer Gasbetrieb während der Fahrt in ganz Europa.
④ Vor dem Flaschenwechsel und beim Gastankbetrieb schließen.
⑤ Sperrt alle Verbraucher im Innenraum.
⑥ Die Symbole auf den Absperrhähnen zeigen, wo die Rohre enden.
⑦ Wie alle Verbraucher im Wohnmobil mit Bimetall-Zündsicherung.
⑧ Bescheidene Kühlleistung im warmen Süden - der Absorber im Gasbetrieb.
⑨ Die platzsparende Unterboden-Alternative - ist sie 500 Euro wert?
⑩ Verhindert die Reglervereisung beim winterlichen Fahrtbetrieb.
⑪ Unverzichtbar bei schwer zu erreichendem Direktfüllanschluss.
⑫ Warmwasserkomfort wie zu Hause, meist kombiniert mit Gebläseheizung (Trumatic C 6002 oder Webasto Dual Top RHA-100 Dieselheizung).
⑬ Auslaufmodell: Trumatic S 3002 K Häufiger nur noch in italienischen WOMOs.
⑭ Spendet helles Licht - aber auch Hitze und Kondenswasser!
⑮ Hier kann auch (alle 2 Jahre) die Gasanlage „abgedrückt" werden.
⑯ Nur was für Snobs? Es verbrennt kein Fett - und man kann im Freien kochen!

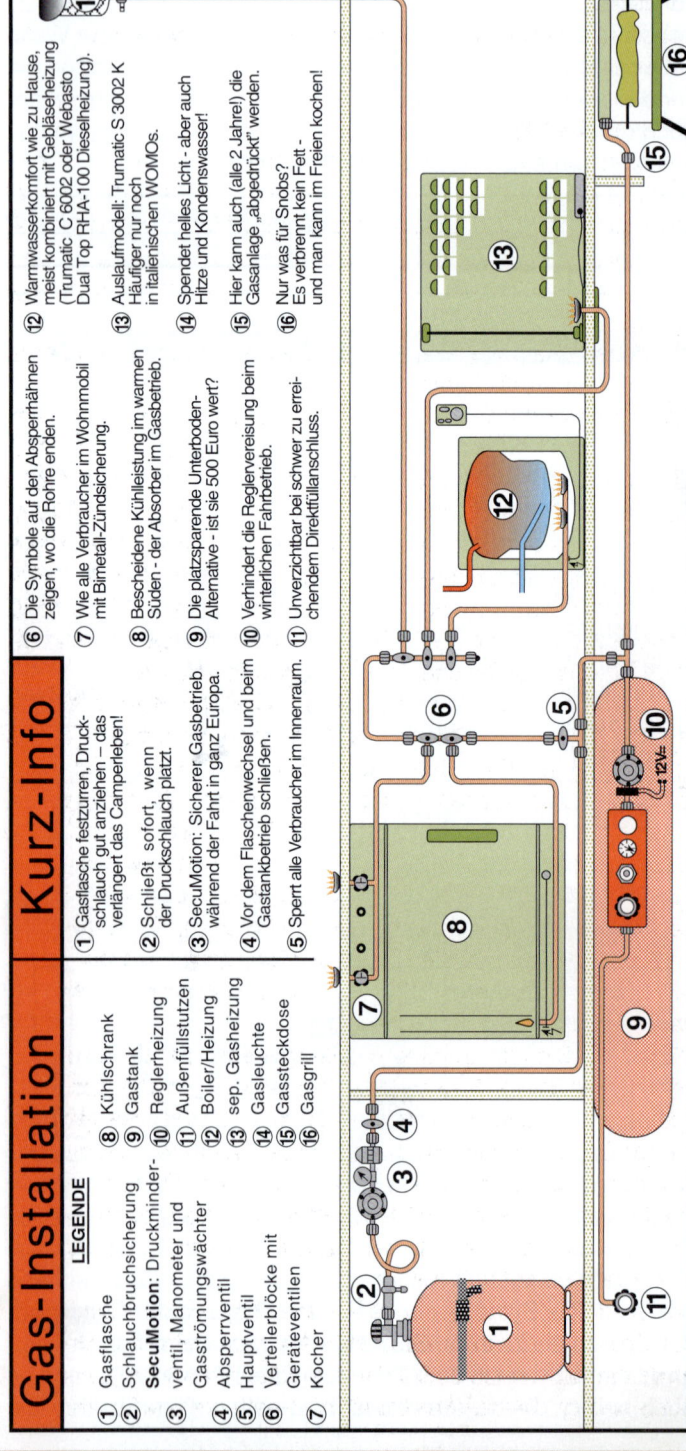

jedoch noch eine Schottky-Diode integrieren (siehe Elektro-Installation).
Und damit wären wir auch schon beim zweiten Teil unseres Profi-Lehrganges:

Gas-Installation

Mancher Camper geht nur mit zitternden Fingern an die Bedienung der Gasgeräte. Nun kann ein gewisser **Respekt** vor gefährlichen Dingen sicher nicht schaden. Aber Sie zittern doch auch nicht, wenn Sie am Steuer sitzen – und Autofahren ist sicher gefährlicher als die Benutzung einer ordnungsgemäß verlegten Gasanlage!

Wir wollen uns beim "Gang durch die Gasversorgung" wieder von unserer Grafik leiten lassen:

Gasflasche oder Gastank – dieser Frage werden wir uns am Schluss unseres Lernganges zuwenden. Gehen wir zunächst davon aus, dass Sie wie die meisten einen (von außen bedienbaren) Gasflaschenkasten besitzen. Wenn Sie ihn öffnen, erblicken Sie eine (hoffentlich) ordentlich festgezurrte, graue **Propangasflasche** mit dem Campingsymbol. War Ihr Verkäufer dazu zu knickerig, müssen Sie mit runden 40 Euro ins Gasgeschäft "einsteigen". Preiswertere Auswege werden wir beim Thema Gasflasche oder Tank mitdiskutieren.

Am Stutzen der Gasflasche soll der **Regler** mit dem Manometer fest (aber nur mit der Hand) angezogen werden. Diese Anweisung ist für ruhig neben dem häuslichen Gasherd stehende Gasflaschen gewiss ausreichend. Damit sich im rüttelnden und schüttelnden Wohnmobil die Verbindung nicht löst, haben wir "zur Sicherheit" noch ein kleines bisschen mit einem Gasflaschenschlüssel (Campingfachhandel, 10 Euro) nachgezogen. Sie könnten auch eine Rohrzange nehmen – aber vorsichtig, nicht die Gummidichtung abquetschen.

ACHTUNG! **Linksgewinde** – wie bei allen Anlagen mit brennbaren Gasen.

Dürfen wir Sie jetzt zu einem kleinen ersten **Test** bitten?
Öffnen Sie bitte im Wohnmobil und (eventuell) im Gasflaschenkasten alle **Absperrventile**. Dann drehen Sie den **Haupthahn** an der Gasflasche auf und beobachten dabei den Zeiger des **Manometers**. Er muss kräftig ausschlagen. Was, an Ihrem Regler befindet sich kein Manometer? Dann schauen Sie neidisch bei unserem Test zu und tauschen Sie ihn baldmöglichst aus (Preis unter 15 Euro).

Wenn wir jetzt den Gasflaschenhahn wieder zudrehen, muss der Zeiger auch nach Minuten wie festgenietet **auf seinem Platz verharren**, sonst ist Ihre Gas-Installation an irgend einer Stelle undicht. Meist ist es die Verbindung Gasflasche – Regler, denn die wird ja häufig auf- und zugedreht.

Wenn hier alles in Ordnung ist, müssen Sie mit **Lecksuchspray** (Campingshop, 3-4 Euro) eine Rohrverbindung nach der anderen ansprühen, auf entweichende Bläschen achten und die undichte Verschraubung festziehen. Diesen einfachen **Test auf Dichtigkeit** sollten Sie regelmäßig machen und nicht auf den Prüftermin warten, der nur alle zwei Jahre fällig ist!

Wenn Sie auch noch überprüfen wollen, ob die **Zündsicherungen** in Ordnung sind, dann drehen Sie die Bedienungsknöpfe der Geräte auf "max.", ohne sie jedoch niederzudrücken. Auch jetzt darf der Zeiger nicht absinken.

So, die Anlage ist dicht, dann wollen wir sie mal abschreiten! Noch vor dem ersten Zentimeter Schlauch haben wir eine **Schlauchbruchsicherung** eingebaut. Für ganze 10 Euro (Camping-Shop) haben Sie die Gewissheit, dass bei einem größeren Schlauch- oder Rohrdefekt die Gaszufuhr schlagartig unterbrochen wird.

Dann kommt – damit Sie bequem die Gasflasche wechseln können, ein Stück **Gasschlauch**. Auf ihn sollten Sie ein Auge haben: Wird er auch nicht zu stark gebogen oder gar geknickt? Scheuert er an einer Kante? Hat er bereits Risse?

Dann sorgen Sie sofort für Abhilfe, ein Ersatzschlauch kostet weniger als 4 Euro (Camping-Shop).

In unserer Grafik ist im Gasflaschenkasten ein **Absperrventil** (4) eingezeichnet, das Sie vielleicht vermissen. Dann haben Sie aber mit Sicherheit ein Hauptventil (5) im Fahrzeuginneren. Alle anderen Ventile sperren einzeln die Wege zu den Geräten und sollten mit den entsprechenden Symbolen gekennzeichnet sein. Falls das nicht der Fall ist, würde ich an Ihrer

Nordspanien, Playa de Moreira (WOMO-Reihe, Band 2):
„Hoffentlich geht uns an diesem Idyll nicht das Gas aus!"

Stelle einen **Malwettbewerb** für Ihre Kinder organisieren – auf Selbstklebeetiketten. Diese kleben Sie dann neben die Ventile. Wie verhält sich nun der sicherheitsbewusste Gasverbraucher während der Fahrt – ein oft diskutiertes Thema! Alle Geräte, die in Ihr Wohnmobil eingebaut sind, müssen auch **während der Fahrt** betrieben werden können – ob Sie das nun persönlich vorhaben oder nicht. Natürlich soll Ihnen Ihre Lieblingsfrau das Steak nicht schon während der Fahrt grillen, aber heizen, kühlen oder Warmwasser bereiten ist prinzipiell möglich.

Einst ließen wir – von langen Anfahrtsstrecken mal abgesehen – **auch den Kühlschrank** während der Fahrt "auf Gas" laufen, um nicht dauernd die Umstellerei zu vergessen. Unser neuer Dometic-Kühlschrank mit AES-System (Automatic Energy Selector) ist unser "automatisches Gedächtnis": Während der Fahrt 12 V, am Netz 220 V, im Stand ohne Netzanschluss Gasbetrieb. Das bringt mich auf den Fährtransport, denn auf **Autofähren** ist jeglicher Gasbetrieb verboten. Das sollten Sie bedenken, wenn Sie ihre tiefgefrorenen Bratwürste mit nach Korsika nehmen wollen. Haben Sie ein langes Stromkabel dabei (siehe "Fähren")?

Wenden wir uns nun den einzelnen Gasverbrauchern zu, nachdem wir noch unsere Blicke an den **verzinkten Stahlrohren** entlangschweifen ließen: Sie dürfen keinesfalls verrostet sein – auch nicht an einer kleinen Stelle. Das kann schnell passieren, wenn z.B. die scharfe Pusztasauce im Konservenschrank ausgelaufen oder die Batteriesäure übergekocht ist.

Abhilfe: Gasflasche zudrehen, Rohrstück anheben und sauberschmirgeln, mit Spiritus oder Benzin entfetten, mit Zinkfarbe streichen. Handelt es sich nicht um oberflächlichen Rost, aus Sicherheitsgründen das ganze **Rohrstück austauschen** (lassen)!

Die Funktion des Absorber-Kühlschrankes haben wir schon besprochen. Seine Inbetriebnahme ist kein Hexenwerk, obwohl mancher ungeduldige Camper daran schon verzweifelt ist:

Jeder Gasverbraucher im Wohnmobil hat eine **THERMO-ELEKTRISCHE ZÜNDSICHERUNG**. Diese trägt eine große Verantwortung, denn sie soll zuverlässig die Gaszufuhr absperren, wenn einmal die Gasflamme vom Fahrtwind ausgeblasen oder durch überkochende Milch ausgelöscht wurde. Die sinnreiche Konstruktion besteht im wesentlichen aus einem Thermoelement mit Magnetspule: Durch Zünden der Gasflamme entsteht Wärme am Thermoelement und ein Thermostrom ($U = 16$ mV) an der Magnetspule hält das Gasventil offen. Erlischt das Gas, fehlt die Wärme, folglich auch der Strom – und das Ventil schließt sich wieder. Um vor dem

Zünden die Gaszufuhr zu starten, muss von Hand das Gasventil geöffnet werden werden. Dies geschieht beim Kühlschrank durch **Eindrücken des Gasreglers**, den man tunlichst auf "max." gedreht hat. Jetzt strömt Gas aus, vermengt sich mit Luft zu einem explosiven Gemisch.

Sie zünden es durch Niederdrücken der "Piezoelektrischen Zündung", von der wir Ihnen nur so viel erzählen wollen, dass durch Druck auf bestimmte Kristalle (z.B. Quarz oder Turmalin) elektrische Ladung auf ihnen auftritt, die man zur Erzeugung eines kleinen Funkens bewegen kann.

Dieser kleine Funken reicht aber, um das Gasgemisch zur Explosion zu bringen. Ergebnis: Es gibt einen dumpfen Knall und die Druckwelle bläst das Gasflämmchen aus, kaum, dass es entzündet war.

Ausweg: Sie drücken den Gasregler, den Sie auf "max." gedreht haben und halten ihn ca. 5 Sekunden nieder. Während Sie weiter den Gasregler niederhalten, drücken Sie nun **2-3 mal** schnell hintereinander auf die Zündung, denn nach der ersten Explosion tritt gerade so viel Gas aus, dass das Flämmchen problemlos seinen Betrieb aufnehmen kann.

Hinweis: Neuere Kühlschränke mit Zündautomatik erledigen das perfekte Zünden für Sie nach Betätigung eines Kippschalters und zünden auch nach, wenn die Flamme einmal erlischt. Ist allerdings das Gas alle, dann dauern die (erfolglosen) Zündversuche bis zum Sankt-Nimmerleinstag!

Zur **Betriebskontrolle** haben Sie mehrere Möglichkeiten:
Vom Hersteller von Kühlschränken ohne Zündautomatik vorgesehen ist ein kleines **Guckloch**, das das bläuliche Gasflämmchen zeigt, sich aber "sinnigerweise" im Innenraum des Kühlschrankes befindet. Da Sie (vermutlich) keine Lust haben,

die sorgsam gestapelten und mühsam gekühlten Lebensmittel herauszuräumen, raten wir Ihnen:

- **Riechen** Sie am "Auspuff" des Kühlschrankes, dem kleinen, quadratischen Alublech mit den Schlitzen an der Außenwand des Wohnmobils (bzw. am oberen Lüftungsgitter). Der typische Geruch ist unverkennbar. An dieser Stelle ist auch bald eine deutliche **Erwärmung** zu verspüren (weniger stark bei Elektrobetrieb).
- Halten Sie Ihr Ohr an das untere Lüftungsgitter. In ruhigen Gegenden können Sie das **Rauschen des Brenners** vernehmen.
- Das obere **Lüftungsgitter wird** bei Gasbetrieb mit der Zeit ebenfalls recht **warm**. Was Sie dagegen – und vor allem gegen die Abnahme der Kühlleistung tun können, haben wir Ihnen schon beim Thema Elektro-Installation gesagt.

Das vordringlichste zur Erreichung optimaler Kühlung ist und bleibt aber ein total waagerechter Stand des Wohnmobils – ob der Kühlschrank nun "lageabhängig" ist oder nicht.

Dazu brauchen Sie **Unterlegbretter** oder -keile, Kurbel- oder Hydraulikstützen oder einen Spaten – sowie eine **Wasserwaage** zur Kontrolle Ihrer Bemühungen (siehe Kapitel 6). Wir wüschen Ihnen jedenfalls viel Spaß. Der Kühlschrank hat schon immer dafür gesorgt, dass es dem Camper nicht langweilig wird.

Ist die Kühlleistung bei waagerechtem Stand nicht zufriedenstellend, sind **folgende Punkte** zu überprüfen:

- Liegen die Ab- und Zuluftgitter möglichst nach **Norden**, also nicht im Sonnenschein?
- Ist der Kühlschrank nicht zu **vollgestopft**?
- Ist überhaupt ein **Abgasrohr** montiert?
- Liegt überall, auch an der schlecht sichtbaren Unterseite der Tür, das **Dichtgummi** an?
- Geht während der Fahrt die Zündung kaputt, kann man das untere Lüftungsgitter abnehmen und den Brenner mit einem Streichholz in Gang setzen, wenn innen eine zweite Person die Zündsicherung niederdrückt.
- Bei entferntem Lüftungsgitter kann man die Gasflamme sehen. Brennt sie nur schwächlich und lässt sich vom geringsten Lufthauch ausblasen, so ist wahrscheinlich das **Einlassventil verstopft**.

Abhilfe:

- Gaszufuhr schließen.
- Gaszuleitungsrohr vor dem Brennertopf mit Gabelschlüssel lösen, mit zweitem Gabelschlüssel am Brennertopf gegenhalten.

„Jetzt werde ich Profi!"

☛ Rohr abziehen, aus dem Einlass des Brennertopfes das Ventil herausnehmen (sieht aus wie ein winziger Fingerhut mit kleinem Loch). Ventil auswaschen oder durchpusten, **niemals** das Löchlein erweitern!

☛ Ventil einsetzen, Zuleitungsrohr wieder anschrauben, Gaszufuhr wieder öffnen.

Keine Komplikationen gibt es bei der Inbetriebnahme des **Kochers**. Zwar ist er nach dem gleichen Prinzip abgesichert wie der Kühlschrank. Da Sie ihn aber mit einem Streichholz in Gang setzen, müssen bzw. sollten Sie nicht warten, bis sich ein explosives Gemisch gebildet hat, sondern:

☛ Knopf auf "max." drehen, niederdrücken, sofort anzünden, Knopf noch weitere 5-15 Sekunden gedrückt halten, bis der Thermostrom das Gasventil offen hält, loslassen.

Natürlich gibt es auch hier schon Geräte mit Elektronikzündung!

Ohne Murren arbeitet in der Regel auch der **Truma-Boiler** (bzw. das Kombigerät Trumatic C). Dies ist auch besser so, denn sein elektronisch gesteuerter Bedienteil ist – vom Autausch einer Schmelzsicherung abgesehen, nichts für Hobby-Bastler:

☛ Gewünschte Wassertemperatur einstellen, Schiebeschalter betätigen, eine grüne Leuchtdiode zeigt den Start des elektronischen Zündvorgangs an. Leuchtet das grüne Lämpchen weiter, können wir nach einigen Minuten mit dem Abwasch beginnen. Schaltet es jedoch gemeinerweise auf rot, müssen wir uns **auf die Suche** machen:

☛ Ist **Wasser** im System? Haben Sie (nach winterlicher Einmottung) auch die Wasserleitungen "geflutet" und nicht nur den Tank gefüllt? Drehen Sie den Mischer auf ganz warm, drehen Sie den Wasserhahn auf, lassen Sie die Wasserpumpe so lange laufen, bis Wasser ohne Luftblasen austritt.

☛ Ist der **Gashahn** offen? Und zwar nicht nur der für den Gasboiler, sondern auch das Absperrventil und der Hahn an der Gasflasche?

☛ Ist überhaupt noch **Gas in der Flasche**? Ihr Manometer zeigt es Ihnen. Falls Sie kein Manometer haben: Versuchen Sie, den Kocher in Betrieb zu nehmen.

☛ Erfreut oder ärgert Sie **überhaupt keine Leuchtdiode**, dann müssen Sie den Deckel der elektronischen Bedieneinheit abnehmen und eine gläserne Schmelzsicherung (DIN 41661, 1 A träge) auswechseln.

Es empfiehlt sich, jetzt gleich eine auf den Bestellzettel zu schreiben und sie nach dem Kauf mit Klebestreifen auf den Deckel der Bedieneinheit zu **kleben** – nur so haben Sie bei Bedarf gleich eine Ersatzsicherung zur Hand!

Sonst gibt es am Boiler nichts zu bedienen. Vielleicht dürfen wir Sie noch ersuchen, beim Abspritzen des Wohnmobils nicht gerade in den **Boilerkamin** zu zielen?

Truma-Boilerkamin

Jetzt sind Sie natürlich auf der Suche nach diesem Boilerkamin ziemlich weit unten an der Außenseite des Wohnmobils – haben Sie Ihn? Dann schauen Sie doch mal nach dem kleinen **Löchlein** knapp darunter. Es ist das Ende des **Boiler-Kondenswasserrohres** – und gleichzeitig offensichtlich ein magischer Anziehungspunkt für eierlegende Insekten.

Wir können Ihnen nur dringend raten, ab und zu nach diesem Löchlein zu schauen: Manchmal ist es außen mit Lehm verkittet und wimmelt innen von Räupchen! **Vorsichtig freistochern** – denn gestautes Kondenswasser führt mit Sicherheit zu Zündproblemen.

Ohne Boiler kommt man gut über die Runden, schließlich gibt es ja noch den alten Pfeifkessel. Ohne **HEIZUNG** wird die ganze Camperei aber zu einer recht unerfreulichen Geschichte – vor allem am winterlichen Skilift!

Auch in Frühling und Herbst, ja sogar bei Übernachtungen im sommerlichen Zentralspanien oder auf Alpenpässen haben wir schon mal morgens die Heizung angeworfen. Es kann also gewiss nicht schaden, wenn man ihr und ihrer Pflege besondere Aufmerksamkeit widmet:

Das Prinzip der **Trumatic-S-Gasheizung** (mit separatem Umluftgebläse) ist einfach. Unten verbrennt Gas in kleinen Brennertöpfchen, die heißen Verbrennungsgase werden durch ein trickreiches **Labyrinth eines Alu-Gehäuses** geführt, an das sie nahezu ihre gesamte Hitze abgeben, die dieses wiederum an die Luft des Wohnraumes abstrahlt. Wie die heimische Heizung erkennt man die Trumatic S an einem Schornstein auf dem Dach.

Die Inbetriebnahme ist einfach – ähnelt sie doch der beim Kühlschrank. Während man bei den jetzigen Modellen nur den Gasmengen- und damit Temperaturregler aufdrehen und 5-10 Sekunden niederhalten muss (die Zündung besorgt dann eine Automatik), musste man bei früheren Ausführungen zusätzlich eine piezoelektrische Zündung bedienen. Mit der **automatischen Zündung** kam auch der Komfort der **selbsttätigen**

Nachzündung, wenn Sturm oder Fahrtwind die Flamme ausgeblasen haben.

Wichtig ist deshalb die Kontrolle dieses kleinen **Zündungskästchens** am unteren Rande der Verkleidung. In ihm befinden sich zwei **Mignon-Batterien**, die man tunlichst im Jahresrhythmus auswechseln sollte, auch wenn Ihnen der Verkäufer schwört, dass seine Batterien nicht auslaufen. Außerdem sollte man auf einen **Austauschsatz** nicht verzichten, denn ohne Zündautomatik stehen Sie völlig hilflos (und frierend) vor einem sonst voll funktionsfähigen Ofen. Der Zündvorgang wird durch ein kleines Lämpchen am Automatikkästchen angezeigt, das im Takt des Zündfunkens **mitblinkt** – und Wohnmobilprofis merken schon an der Geschwindigkeit der Zündfolge, wann neue Batterien gebraucht werden.

Nein, nein, normalerweise reichen die Batterien wirklich für ein Jahr! Aber wenn Sie auf der Loipe sind und das Gas geht zu Ende – woher soll denn das kleine Kästchen wissen, dass die Flamme nicht vom Wind ausgeblasen wurde? Also zündet es brav vor sich hin, bis die Batterien leer sind.

Kamin der Trumatic-C

Mehrfach war schon die Rede vom Kombigerät **Trumatic C**, das Warmwasserboiler und Heizung in sich vereint (seine Existenz erkennen Sie an einem runden Kaminauslass an der Fahrzeugwand. Sein Heizteil arbeitet (wie die später erwähnte Heizung Trumatic E) mit vollautomatischem, stufenlos regelbarem Gebläse.

Vorteil: Das Gerät erwärmt sich kaum und kann deshalb platzsparend im Staufach untergebracht werden.

Nachteil: Das Gebläse braucht Strom (0,2 - 1,8 A, also 2,4 - 22 Watt).

Gasflaschen entleeren sich bei uns prinzipiell bei Nacht. Damit Sie sich beim Gasflaschenwechsel keine Lungenentzündung holen, können Sie eine **Truma DuoControl** einbauen (145 Euro, Campinghändler), die **automatisch** auf die Reserveflasche (so vorhanden) umschaltet. Wenn Sie 80 Euro mehr anlegen, zeigen Ihnen bunte Leuchtdioden im Wageninneren an, ob Sie noch aus der ersten Flasche zehren oder schon die zweite angezapft haben (außerdem ist "Eis-Ex" integriert). Warme Luft steigt nach oben, weil sie leichter ist als kalte – das haben Sie in der Schule gelernt. Dieses Naturgesetz gilt natürlich auch fürs Wohnmobil. Deshalb ist bei jeder Truma-

Heizung ein **UMLUFTGEBLÄSE** eingebaut, das die warme Luft absaugt und über Pappröhren in die Fußbereiche verschiedener Wohnmobilwinkel pustet. Was dabei an Aufwand getrieben werden sollte, darüber gehen leider die Ansichten der Hersteller weit auseinander:

Die einen begnügen sich mit zwei kurzen Rohrstücken und verstellbaren Endstücken meist in Knöchelhöhe von Bad und Sitzgruppe – diese Magerausstattung reicht für Herbst und Frühling durchaus. Andere bemühen sich um das Prädikat **"wintertauglich"** und belüften bzw. beheizen zusätzlich die Rückenlehnen, die Wohnmobilecken, die Staufächer und den Alkoven, was zu heimeliger Atmosphäre und trockenerem Innenraum führt – wenn man genügend lüftet.

Süd-Norwegen, Fjäll, Winter im August (WOMO-Reihe, Band 15)

Angetrieben wird die Umluftanlage mit 12 Volt aus der Zweitbatterie (auf Wunsch auch mit 220 Volt) und über ein **Reglerkästchen** bedient, das in greifbarer Nähe der Sitzgruppe montiert sein sollte. Hier hat man (bei Trumatic S) die Wahl zwischen automatischer Gebläsedrehzahlregelung und manueller Einstellung über einen Drehknopf, bei der Trumatic C geht alles automatisch.

Aber auch hier keine Freude ohne Schattenseiten!

Die Umluft der Trumatic S "zieht" bei Maximalleistung etwa **1 Ampère**, also 12 Watt und hat dadurch nach drei Tagen eine mittlere Zweitbatterie "geschafft" – stellen Sie sich also darauf ein, bei längerem Verweilen am Skilift die Umluftanlage nur bei dringendem Bedarf zu benutzen. Oder sollten Sie sich doch für ein Solarpaneel entschieden haben? In klarer Gebirgsluft arbeitet es besonders eifrig!

Problematischer wird es mit den Heizungstypen **Trumatic C (und E)** und der **Webasto Dual Top RHA-100** (topmoderne Dieselheizung mit Warmwasserbereitung): Sie schalten ohne genügende Stromzufuhr schlicht auf Störung nd lassen ihren Besitzer frieren.

Aber Ungemach bringt die grauen Zellen auf Touren:

- Heizung höher einstellen (dafür mehr lüften), denn diese Heizungen sind mit einer automatischen Neuzündung (bei Diesel sogar mit Vorglühen) ausgerüstet, die einen erheblichen Strombedarf hat. Bei höherer Einstellung wird aber nicht abgestellt – und muss nicht neu gezündet werden.
- Heizung nachts vollständig abstellen und erst vor dem Aufstehen kräftig heizen.
- Ist die Zweitbatterie bereits leer, kann man für den Rest der Nacht die Sicherungen S7 und S 8 miteinander verbinden und dadurch aus der Starterbatterie zehren. Aber nur für eine Nacht – sonst stehen Sie im Sommer noch am Lift.

Die zuletzt angeführten Heizungen haben eine Reihe von Vorteilen:

- Sie sind klein, können im Staufach (weil sie sich nicht selbst aufheizen) oder sogar unter dem Fahrzeugboden montiert werden.
- Die "Webasto" hilft Gas sparen, weil sie mit dem Treibstoff betrieben wird, der fürs Fahrzeug benutzt wird.

„Wohnmobile können bei winterlicher Fahrt **nicht ausreichend** von der Motorheizung gewärmt werden!"

Macht gar nichts, werden Sie sagen, dafür haben wir ja die Gasheizung.

Sie haben natürlich recht – aber es ist schon ein gewaltiger Unterschied, ob ein laues Lüftchen Ihren Schornstein umfächelt oder ein 120-Stundenkilometer-Orkan. Und diesen produzieren Sie bei flotter Autobahnfahrt!

Werfen Sie also bitte einen Blick auf Ihren **Wohnmobilschornstein**. Hier darf sich bei der Fahrt weder durch Dachlüfter, Gepäckwanne oder Skiständer die Luft stauen, sonst wird sie in den Kamin hineingepresst.

Dies hat peinliche Folgen:

Die Flamme im Brenner wird nach unten gedrückt – und vergnügt sich dort mit dem **Kabel der Zündautomatik**. Nachdem sie die Isolation des Zündkabels durchgebrannt hat, schlagen die Zündfunken schon außerhalb der Brennerkammer an jedes erreichbare Metall und der Ofen springt nicht an. Auch Knicke und Brüche in der Isolation können das gleiche bewirken. Rechtzeitig vor jeder Fahrt sollte deshalb stets eine **Zündprobe** durchgeführt werden.

Das Auswechseln des Zündkabels ist zwar kein Hexenwerk, falls man bequem an den Brennertopf herankommt.
So, jetzt wissen Sie auch, warum der Typ Trumatic S von Trumatic C abgelöst wurde, denn mit dessen abgeschlossenem System fährt man wesentlich störungsärmer!

„Wie schön, dass wir eine gemütliche Gasheizung haben!"

Lesen wir weiter in unserem Handbuch – vielleicht bei **Gaslicht**? Nicht ohne Grund verschwindet die Gasleuchte immer mehr aus dem Wohnmobil. Das liegt nicht so sehr am sparsamen Stromverbrauch der neuen Lampen mit Transistor- oder gar LED-Leuchten, sondern an drei erheblichen Nachteilen der an sich gemütlicheren Gasfunzel des Herrn Auer von Welsbach:

☞ Sie produziert außer Licht unglaublich viel **Hitze**.
☞ Als Verbrennungsprodukte entstehen **Kohlendioxid und Wasserdampf**, der an allen kalten Flächen kondensiert.
☞ Der für die Verbrennung notwendige **Sauerstoff** wird dem Innenraum entzogen.

Wer noch eine Gasleuchte sein eigen nennt, der möge den Glühstrumpf wie ein rohes Ei behandeln, denn er besteht aus einem Baumwollgewebe, das mit dem Salz Ceroxid getränkt ist. Bei der ersten Entzündung verbrennt die Baumwolle, und es bleibt ein Hauch von einem **Salzgerüst**, das jede Berührung mit Zerfall bestraft. Ein (stabil verpackter) Reserveglühstrumpf gehört folglich ins Reisegepäck.

Gezündet wird die Gaslampe wie ein Feuerzeug; in Wohnmobilen müssen Gaslampen mit einer Bimetallsicherung ausgestattet sein.

Wir beenden unsere "Gasexpedition" an der **Gassteckdose**, die der Techniker alle zwei Jahre gern benutzt, um Ihre Gasanlage abzudrücken – wenn er dafür nicht unseren Manometertest anwendet. Zusätzlich überprüft er noch die

Zündsicherungen, indem er der Reihe nach alle Verbraucher zündet, nach kurzer Zeit wieder ausdreht und auf das metallische Klicken der Bimetallstreifen wartet. Obwohl das allein keine Auskunft darüber gibt, ob die Zündsicherung auch richtig schließt, sollten Sie doch Ihre Ohren daran gewöhnen, auf dieses Geräusch zu achten.

Der eigentliche Grund für die Installation der Gassteckdose ist der bequeme Anschluss eines **Gasgrills**, den Sie auch auf den meisten Campingplätzen betreiben dürfen, wo Holzkohlengrills wegen Gestank oder Funkenflug verpönt sind.

Jetzt könnte ich Ihnen den Spaß am Holzkohlengrill vollends nehmen, indem ich Ihnen von dem karzinogenen Benzpyren erzähle, das jeder Holzkohlengrill reichlich produziert, wenn Fett ins Feuer tropft. Ich will mich jedoch darauf beschränken, zu betonen, dass dies beim Gasgrill natürlich nicht passieren kann, weil die Flammen üblicherweise an seiner **Oberseite** züngeln. Das hat den weiteren Vorteil, dass Sie den Topf mit dem Vorsüppchen darauf stellen können oder die Beilagen fürs Grillhähnchen im Freien kochen können – was bei sommerlicher Hitze sicher begrüßt wird. Gasgrills gibt's ab ca. 50 Euro.

Gasgrill, Holzkohlengrill – oder Pfannenknecht?

Kehren wir zurück an den Beginn aller Gasrohre:
Die **GASFLASCHE**.

Ihr neues Wohnmobil glänzt an dieser Stelle durch gähnende Leere? Dann müssen Sie nicht unbedingt eine (graue) Campinggasflasche erwerben. Der preiswertere Ausweg ist eine (meist rote) Leihflasche von Ihrem Flaschner.
Dieser Ausweg hat zwei Haken:

- Sie müssen für die Leihflasche meist Pfand bezahlen.
- Die (graue) Camping-Propangasflasche können Sie überall in Deutschland beim Campinghandel, in vielen Kaufhäusern, Baumärkten und bei manchen Gastankstellen (siehe Kapitel 15) leer gegen voll **tauschen** – die rote Leihflasche nur bei Ihrem Flaschner.

"Nur in Deutschland?" werden Sie entsetzt fragen.

Ja, leider klappt das Tauschsystem nur im Dunstkreis deutscher Grenzen.

Aber keine Bange, für (fast) alle Probleme gibt es Lösungen:

Gasvorrat: 22,4 Liter

Reicht im Sommer für 57 Tage

- Sie haben im Gasflaschenkasten Platz für zwei 11-kg-Flaschen? Dann haben Sie gar keine Probleme, denn für vier Personen rechnet man im Sommer einen Verbrauch von knapp 3 kg/Woche.
- Sie packen sich in den Stauraum eine zweite 11-kg-Flasche.
- Sie haben keinen Platz für eine zweite Flasche? Dann besorgen Sie sich im Campingfachhandel einen **Flaschenfüllset** (ca. 20 Euro, Abb. A). Es handelt sich um vier verschiedene Messingnippel, deren Innengewindeseiten identisch sind und ohne Druckminderventil auf Ihre Gasflasche passen. Bei Bedarf suchen Sie sich im Ausland eine Füllstation, eine der anderen Nippelseiten passt sicher.
- Wir haben in der Praxis die Erfahrung gemacht, dass meist überhaupt kein Nippel benötigt wird, weil die Füllstellen die Flasche nicht anschrauben, sondern nur anklemmen. Aber die vier Dinger beruhigen Ihre Nerven – was sind da schon 20 Euro?!

Sie befürchten, keine Füllstelle zu finden? Dann rüsten Sie Ihre Eventualitätenkiste mit einem Flaschenventil aus, mit dem Sie die kleinen, blauen Camping-GAZ-Flaschen an Ihren Regler anschließen können (Camping-Shop, 19 Euro). Die kleinen Flaschen werden zwar meist zu unverschämten Preisen, aber eben fast überall verkauft und voll gegen leer getauscht.

"Jetzt werde ich Profi!"

Aber auch auf dem Gasmarkt scheint Europa (langsam, ganz langsam) zusammen zu wachsen! Seit dem 1.1.2007 dürfen neue WOMOs nur noch mit einer "wandmontierten Gasdruckregeleinrichtung" produziert werden, die auf neudeutsch SecuMotion heißt.

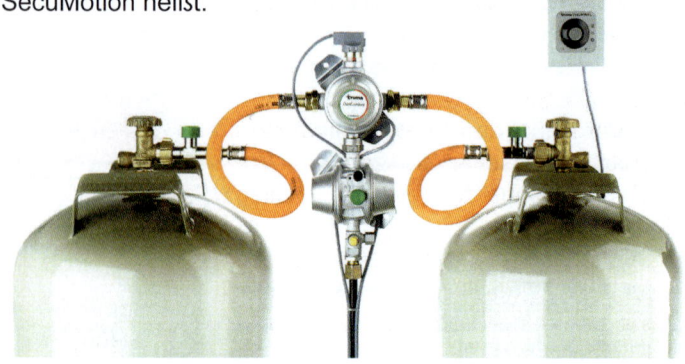

Secumotion mit Truma DuoControl CS (siehe auch S. 39)

Bei ihr sitzt der Druckregler nicht mehr direkt an der Flasche, sondern an der Wand das Flaschenkastens, ein Gasströmungswächter schließt sich, wenn bei einem Unfall die Gasleitung abreißt. Von der Flasche führt ein Hochdruckschlauch mit Schlauchbruchsicherung zum Regler; mit dieser Anlage dürfen Sie in ganz Europa während der Fahrt heizen und kühlen. Geraten Sie im Ausland in Gasnot, dann brauchen Sie nur den landestypischen Hochdruckschlauch zu erwerben (oder das umseitig abgebildeten Europa-Flaschenset B) – und schon können Sie eine ausländische Flasche anschließen.

Leider kann man die teuer erworbene, ausländische Flasche meist nur mit Problemen wieder los werden....

Deshalb bringt sich der erfahrene Camper erst gar nicht in Gas-Not – er fährt mit **GAS-TANK**! Allerdings sollten Sie vor einer Nachrüstung folgende Vor- und Nachteile des Gastanks abwägen:

- Der **Einbau** eines 60-l-Gastanks schlägt mit fast 800 Euro zu Buche. Wenn Sie sich selbst an den Einbau heranwagen, wovon wir allen Hobbybastlern abraten möchten, dann sparen Sie bis zu 400 Euro.

Dies ist (zunächst) der einzige Nachteil!

- (Propan-)Gas bekommen Sie an vielen **Gastankstellen** preiswert und problemlos, auch in den meisten europäischen Urlaubsländern (siehe Kapitel 15).
- Der Gastank verbraucht **keinen Platz** – zumindest nicht im wertvollen Innenraum.
- Beim Wintercamping haben Sie es zur nächsten Gastankstelle sicher nicht so weit wie zu Ihrem Flaschner oder Campinghändler.

- Für Gastankstellen gibt es **europaweite Verzeichnisse** (bei den Gastankstellen und unter www.gas-tankstellen.de, nach Tauschmöglichkeiten für die graue Campinggasflasche müssen Sie oft mühsam suchen.
- Das preiswerte Gastanken gefällt Ihnen besser als die teure Umrüstung? Dann kaufen Sie doch für ca. 300 Euro (Wynen-Gas, 41747 Viersen, Tel. 02162-356699; www.tankflasche.de) eine **Tankflasche** (Foto). Sie hat das Aussehen und die Maße einer 11-kg-Flasche – darf aber an jeder Gastankstelle preiswert gefüllt werden, weil sie mit einem automatischen Füllstopp ausgerüstet ist.

- Erfreuliches ist aus der deutschen Gaslandschaft zu berichten: Seit einigen Jahren nimmt die Zahl der Gastankstellen wieder zu. Wir haben deshalb alle Gastankstellen für Sie aufgelistet und nach Autobahnnähe oder "Binnenland" geordnet (Kapitel 15).
- Einen kleinen "Schönheitsfehler" hat das Autogas! Offensichtlich ist seine Reinheit nicht immer von gleicher Qualität, so dass z.B. manche Kühlschränke zum starken Rußen neigen (Wynen hat entsprechende Filter im Angebot).
- Es gibt für alles Auswege, auch für zu hohen Gasverbrauch! Gerade Langzeiturlauber in kalten Zonen sollten (beim WOMO-Neukauf) eine Dieselheizung ins Auge fassen, die auch warmes Wasser macht (z.B. Webasto, Eberspächer).

Wasser-Installation

Strom und Gas, das gab es in den ersten Wohnmobilen nicht – ein Wasserkanister oder -tank war jedoch von Anfang an dabei. Kochen?
Dafür hatte man einen Spirituskocher, der jede Kartoffelsuppe zu einem lang ersehnten Ereignis machte....
Aber kommen wir zur **modernen** Wasseranlage. Normalerweise erblicken wir von ihr nur Anfang (Einfüllstutzen) und Ende (Wasserhahn bzw. Mischbatterie), der Rest hat ganz einfach zu funktionieren!
Mit Hilfe unserer Grafik wollen wir die zwei möglichen Systeme, die wir schon bei der Elektroinstallation angesprochen haben, "abgehen" und die Schwachstellen aufsuchen:
Links die **Druckwasserversorgung** mit der druckgesteuerten Pumpe neben dem fest eingebauten Tank. Wenn wir Wasser

Wasser-Installation | Kurz-Info

LEGENDE

1. Einfüllstutzen
2. Be-, Entlüftung
3. Frischwassertank
4. Pumpen-Trennschalter
5. Druckgest. Pumpe
6. Überdruck-/Ablassventil
7. Warmwasserboiler
8. Mischbatterie
9. Geruchsverschluss
10. Abw.-Kanister (Winter)
11. Frischwasserkanister
12. Tauchpumpe
13. Rückschlagventil
14. Fußtaster
15. Abwassertank
16. Ablassventil

① Hier sollte man eine Öse zur Befestigung des Zapfschlauches montieren.

② Der Lüftungsschlauch garantiert einwandfreien Wasserfluss beim Auftanken und Pumpen.

③ Abstandsleisten zur Außenwand und zum Boden mindern die Frostgefahr.

④ Nur zum Stilllegen der Anlage. Pumpe(5) läuft beim Öffnen der Hähne durch Absinken des Drucks von selbst an. Direkt am Saugschlauch oder vor der Pumpe Wasserfilter montieren.

⑥ Hier tritt beim Aufheizen des Boilers (7) durch Ausdehnung Wasser aus. Auch zum Entleeren der Anlage bei Frostgefahr. Warmwasserleitung (rot) nie fallend verlegen, sonst kann der Boiler über (6) nicht restlos entleert werden.

⑧ Gleichmäßige Wassertemperatur - da spart man Wasser.

⑨ Abwasser stinkt schnell! Der Siphon hält die Gerüche durch eine Wassersperre zurück.

⑩ Bei Frostgefahr sollte auch das Abwassersystem ins warme Wageninnere verlegt werden: Schlauch am Siphon abziehen oder Schlauchkupplung montieren.

⑫ Tauchpumpen sind billig, leise und robust; sie lassen sich bequem auswechseln. Die Bedienung über einen Fußtaster (14) ist besonders wassersparend. Das Rückschlagventil (13) sorgt dafür, dass der Wasserspiegel nicht wieder bis zum Kanister absinkt.

54 Kapitel 2

durch den Einfüllstutzen gießen, soll die Luft im Tank Platz machen – dafür der **Ent**lüftungsschlauch. Beim Wasserverbrauch verwandelt er sich in einen **Be**lüftungsschlauch – sonst würde die Pumpe sich schwertun.

Der Einfüllstutzen kann von einem unbedarften oder in der Ferienzeit gestressten Tankwart schon einmal mit dem Stutzen für den Treibstoff verwechselt werden. Bevor Sie sich überhaupt klarmachen, welche katastrophalen Folgen das hätte: Sorgen Sie dafür, dass der Tankwart **nie** den Schlüssel zu Ihren Wasservorräten bekommt!

Wassertanks sind groß und sicher untergebracht, aber sie lassen sich schlecht reinigen – und überhaupt nicht zum Wasserhahn tragen.

Fürs erste Problem gibt es diverse Mittelchen zur **Entschleimung und Entkeimung**, meist auf der Basis von chlorabspaltenden Salzlösungen, zum Beispiel Certinox oder Keim-Ex im Campingfachhandel. Den gleichen Zweck erfüllt auch **Dan-Klorex**, das Sie in jedem Supermarkt im Regal neben Ajax und Domestos finden – nur viel billiger! Beide Mittel sind aber nicht zur Trinkwasserentkeimung gedacht, sondern zur Reinigung des Tanks. Anschließend muss mehrfach (mindestens drei mal) gut mit klarem Wasser **durchgespült** werden – sonst wird Ihre Kehle beim nächsten Zähneputzen mit desinfiziert!

Leider ist manchen Tankherstellern immer noch nicht aufgegangen, dass man fürs Durchspülen eine **Abfluss**öffnung braucht (und auch für das herbstliche Wasserablassen)!

Folglich sollten Sie beim Wohnmobilkauf bereits auf den **Einbau** drängen oder ihn selber nachholen, sonst wird es mit der Tankreinigung nie etwas.

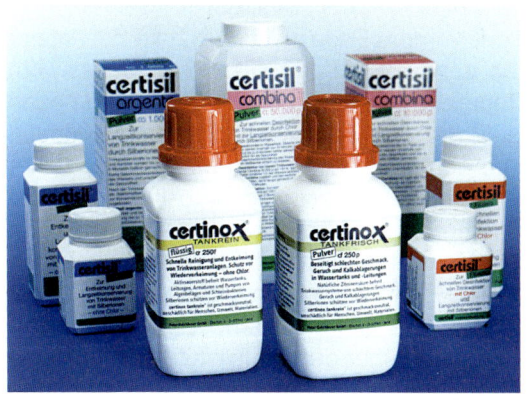

Lauter gute Sachen fürs saubere Trinkwasser

Sie haben an der Oberseite des Tanks eine große Reinigungsöffnung? Dann können (und sollten) Sie auf die scharfe Chemie verzichten und vor Beginn des Urlaubes mit Ihren gewohnten Spülmitteln und einer kräftigen Bürste gegen Algenbewuchs ans

Werk gehen. Anschließend mit Saugschwamm Restwasser entfernen, nochmals klarspülen und trockenwischen.

Einfacher geht alles bei herausnehmbaren Wasserkanistern, die man zum Spülen bequem umdrehen kann – vom **Füllen** ganz zu schweigen. Aber auch für Tankbesitzer gibt es Lösungen:

- An Tankstellen reicht nach dem Tanken meist ein **freundliches Wort**, um den Schlauch der Waschhalle bis zum Füllstutzen ziehen zu dürfen.
- An öffentlichen Wasserhähnen, Brunnen und gefassten Quellen, die man bis auf drei Meter anfahren kann, bedient man sich des bekannten **WOMO-Zapfschlauches**, der leicht selbst zu fertigen ist:

Das Ausgangsmaterial sind drei (oder mehr) Meter **Garten-**

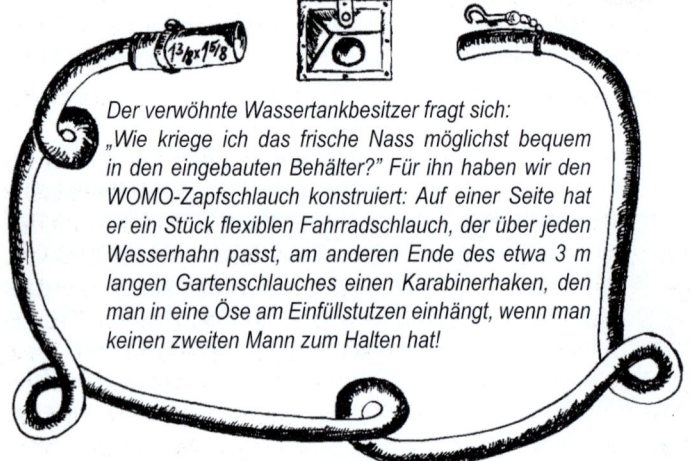

Der verwöhnte Wassertankbesitzer fragt sich: „Wie kriege ich das frische Nass möglichst bequem in den eingebauten Behälter?" Für ihn haben wir den WOMO-Zapfschlauch konstruiert: Auf einer Seite hat er ein Stück flexiblen Fahrradschlauch, der über jeden Wasserhahn passt, am anderen Ende des etwa 3 m langen Gartenschlauches einen Karabinerhaken, den man in eine Öse am Einfüllstutzen einhängt, wenn man keinen zweiten Mann zum Halten hat!

schlauch. Über das vordere Ende zieht man zehn Zentimeter **Fahrradschlauch** der Größe 1 3/8 x 1 5/8 Zoll, also vom heute üblichen Tourenrad. Dafür brauchen Sie keinen neuen Schlauch zu kaufen! Jeder Fahrradhändler hat genügend kaputte Schläuche herumliegen, von denen er Ihnen sicher ein Stück abtreten wird. Sie befestigen das Schlauchstück mit einer **Schlauchklemme**. Nun können Sie den Schlauch bei Bedarf über jeden Wasserhahn und auch über die meisten Brunnenrohre ziehen. Profis befestigen sich zehn Zentimeter vor dem hinteren Ende des Gartenschlauches einen **Karabinerhaken** und schrauben über den Einfüllstutzen eine kleine **Öse**. Hier befestigen Sie den Karabinerhaken und können Ihre Frau die Scheiben putzen lassen, während Sie alleine Wasser tanken, ohne dass der Schlauch aus dem Einfüllstutzen rutscht.

Wer sich den Eigenbau sparen will – von Gardena gibt es ein

Zapfschlauch in Aktion (Hafen von Porto Vecchio); WOMO-Reihe, Band 3

Adapterstück für (fast) alle Wasserhähne und einen praktischen Faltschlauch, der wenig Platz wegnimmt.
Wie es der Zufall will, ist das Brunnenrohr dick wie ein Männerarm? Dann stecken Sie aufs Fahrradschlauchstück einen **Trichter** und halten ihn unter den Wasserspender. Schließlich gibt es noch die Wasserstellen, die man nicht nahe genug anfahren kann. Für die hat der Wassertankbesitzer einen **(Falt-)Kanister** mit und den bewussten Trichter und schleppt das frische Nass portionsweise zum Tank. Der Trichter sollte einen abgewinkelten Ausguss besitzen. Leider gibt es noch keine viereckigen Trichter im Handel. Sie können jedoch mit einem Heißluftgebläse Ihren runden Trichter an einer Seite erweichen und flachdrücken. Jetzt sitzt er viel fester im Einfüllstutzen und schüttet Ihnen nicht die Sommersandalen voll.
Unser Freund Ralf Gréus (vielen von Ihnen als WOMO-Autor bekannt) braucht keinen Trichter, denn er hat immer seine praktische **Gießkanne** dabei!

Über die druckgesteuerte Pumpe haben wir schon gesprochen. Wir wollen uns wünschen, dass sie nie ihren Geist aufgibt. Um Verschmutzungen vorzubeugen, ist bei den meisten ein **Filtersieb** am Einlass montiert. Falls Sie dieses vermissen, können Sie immer noch ein Stück **Gaze** über den Schlauchstutzen im Wassertank ziehen und mit Nähgarn o.ä., jedoch keinesfalls mit Draht befestigen – es sei denn, sie hätten **Silberdraht**, denn der rostet nicht und wirkt überdies noch desinfizierend.
An der tiefsten Stelle der Wasserinstallation erblicken Sie ei-

nen kleinen, **roten Hebel (oder Knopf)**. Er erfüllt gleich zwei Aufgaben:
- Beim Aufheizen des Warmwasserboilers entweicht hier überschüssiger Druck.
- Im Herbst (und bei jeder Stillegung) können Sie durch ihn die Anlage entleeren, denn entweder wird das Wasser mit der Zeit faulig oder es gefriert und zerstört zumindest den Boiler und die Pumpe – und das sind die teuren Teile.

Das Entleeren hört sich jedoch einfacher an, als es in der Praxis ist. Meist liegen die Rohre nicht so schön ordentlich, wie wir sie eingezeichnet haben. Hauptsache ist, dass die Warmwasserleitungen vom Boiler zur Mischbatterie stets steigend verlegt werden, denn Wasser fließt freiwillig nun mal nur nach unten. Auch das **Entleeren der Druckwasserpumpe** ist ein Kapitel für sich, besitzt sie doch keine Abflussöffnung an ihrer Unterseite.

Entleerungsregeln:
- Tank mit Pumpe entleeren oder Tank-Entleerungshahn öffnen und Tank leerlaufen lassen.
- Pumpen-Trennschalter öffnen (ausschalten).
- Alle Wasserhähne öffnen, Mischbatterie auf Mittelstellung bringen.
- Überdruck-/Ablassventil öffnen (Hinweis: Die Trumatic C hat ein automatisches Ablassventil, das sich bei < 5°C automatisch öffnet).
- Wenn alles Wasser abgelaufen ist, den Abflussschlauch von der Pumpe abnehmen (in unserer Grafik rechts). Jetzt den Pumpenschalter wieder schließen. Die Pumpe pumpt ihren Inhalt (etwa eine Tasse voll) heraus, also ein Töpfchen unterstellen oder Schwammtücher bereithalten.
- Abflussschlauch wieder befestigen, alle Hähne und Ventile schließen, damit sich keine Insekten zur Überwinterung einnisten.

Wiederinbetriebnahme:
- Kontrollieren, ob Tank-Entleerungshahn und Überdruck-/Ablassventil geschlossen sind.
- Tank füllen.
- Zunächst nur einen **Warm**wasserhahn öffnen (oder/und die Mischbatterie auf heiß stellen).
- Pumpen-Trennschalter schließen (einschalten). Jetzt füllt sich der Warmwasserboiler, aus dem Hahn entweicht zunächst Luft, es sprudelt und zischt, schließlich fließt das Wasser ruhig und blasenfrei.
- Jetzt diesen Warmwasserhahn schließen, an den restlichen Hähnen ebenso verfahren.

- Die Pumpe muss nach Schließen aller Hähne abschalten, sonst ist ein Leck im System.
- In den Tank können jetzt über zehn Liter Wasser nachgeschüttet werden.
- Fördert die Pumpe kein Wasser, dann Pumpen-Trennschalter wieder ausschalten. Einlaufschlauch an der Pumpe abnehmen und aus Spritzflasche o.ä. die Pumpe mit Wasser füllen; Einlaufschlauch wieder anschließen. Jetzt müsste es klappen, denn die Druckpumpen sind schlechte "Ansauger".

Ein Wort zu den **Armaturen**:
Es handelt sich zumeist um Billigartikel aus kurzlebigem Plastik. Nur wenige Hersteller haben sich bis jetzt durchringen können, haushaltsübliche Armaturen einzubauen. Dies sollten Sie natürlich **nachholen**, wenn über kurz oder lang ein Wasserhahn zu Bruch geht – und wenn Ihre Anlage druckwassergesteuert ist, denn dann stören keine elektrischen Kontakte den Umbau.
Nach wenigen Tagen Urlaub belästigen üble Gerüche unse-

Leider noch nicht die Regel: WOMO-Bad mit Haushaltsarmaturen

re Riechorgane. Nachdem wir uns gegenseitig verdächtigt haben, werden die Schuldigen entlarvt: Es stinkt aus Wasch- und Spülbecken, denn im **Unterflurabwassertank** beginnt bei sommerlichen Temperaturen der organische Anteil seines Inhalts zu gären.
Es hilft natürlich momentan, die Stöpsel in die Abflussöffnun-

gen zu drücken. Beim nächsten Öffnen werden Sie dann aber um so übler angestunken.

☀ Abhilfe leisten die im Fachhandel erhältlichen **Geruchsverschlüsse** (Siphons) aber nur, wenn Sie ein kleines Löchlein in die obere Ecke des Abwassertanks bohren, durch das der Überdruck entweichen kann.

☀ Als **Geruchskiller** eignet sich auch eine halbe Tasse Dan-Klorix, die man in den Ausguss schüttet, nachdem man den entleerten Abwassertank wieder verschlossen hat.

Da wir gerade beim Abwassertank sind: Irgendwann würde sich auch beim größten Behälter das Spülwasser im Becken stauen – wir müssen rechtzeitig zur **Entsorgung** schreiten. Damit uns diese Aufgabe nicht im ungünstigsten Zeitpunkt überrascht, haben die Zubehör-Elektroniker ganze Batterien von Leuchtdioden oder Drehspulinstrumenten aufgeboten, die den **Füllungszustand** von Frisch- und Abwassertank mehr oder minder genau anzeigen.

Wohin aber nun mit dem Abwasser?

Zunächst einmal sollten Sie ein Ablassventil besitzen, an das Sie mühelos einen **Abwasserschlauch** anflanschen können, zum Beispiel mit einer Bajonett-Kupplung. Mit diesem Schlauch können Sie dann viel sicherer und sauberer das Schmutzwasser an den Ort seiner Bestimmung leiten:

DIESER ORT SOLLTE IN DER REGEL EINE KLÄRANLAGE SEIN!

Falls Sie jetzt entsetzt durchschnaufen, dann blättern Sie doch einfach weiter zum Kapitel 8, Thema Entsorgung – und Sie werden sehen:

Eine Kläranlage ist viel näher, als Sie glauben.

Wir aber machen jetzt einen kleinen Sprung auf unserer Grafik nach rechts und betrachten eine "einfache" Wasserinstallation mit **Tauchpumpe**. Für kleinere Wohnmobile ohne Dusche ist sie ideal, denn die Bestandteile sind preiswert, einfach zu reinigen und bequem an allen Wasserstellen zu füllen. Die kleine Tauchpumpe kann beim herbstlichen Einmotten leicht herausgenommen werden und verliert dabei von selbst ihren Wasserinhalt. Der Fußtaster hilft beim Wassersparen, weil die Hände zum Abstellen des Wassers nicht gebraucht werden und das **Rückschlagventil** sorgt dafür, dass das Wasser im Steigrohr nicht jedesmal bis auf Tankniveau herabsinkt – das spart Zeit und Strom. Hat man Platz für mehrere Kanister, dann braucht man lediglich die Tauchpumpe vom leeren in den nächsten vollen Kanister zu legen. Achten Sie aber darauf, dass Sie nur Kanister mit **großen Reinigungsöffnungen** kaufen, durch die bequem Ihre Hand samt Bürste passt, sonst verschenken Sie den größten Vorteil gegenüber unzugänglichen Wassertanks – die **einfache Reinigung**.

Die großen Öffnungen haben einen einzigen Nachteil: Ihre Deckel haben meist kein Gewinde (warum eigentlich nicht?). Bevor Ihnen also in der ersten Kurve der Deckel vom Kanister hüpft und das Wasser lustig hinausplätschert, klemmen Sie einen **Tennisball** zwischen Tragebügel und Deckel – diese Technik hat bei uns in Jahren noch nie versagt.

Falls Sie sich neu ausstatten: Es gibt auch etwas teurere Kanister mit großem Schraubverschluss speziell für Tauchpumpen.

Nur noch ein kurzer Blick auf die gestrichelten Abwasserkanister. Sie sind die einzige, einwandfreie **Abwasser(zwischen)entsorgung** im Winter. Schauen Sie also, wie Sie dafür Platz finden, wenn es Sie juckt, das Winterabenteuer (Kapitel 12) zu wagen. Kein Camper kann seinen plätschernden Abwasserschlauch auf dem Liftparkplatz damit entschuldigen, dass ihm der Abwassertank eingefroren sei!

Ein separates Wassersystem besitzen nur die älteren, tragbaren **CAMPINGTOILETTEN** der Familien Porta Potti und Bi-Pot.

Im **Oberteil** ist die wohlbekannte Schüssel umgeben von einem Wasserreservoir, das man randvoll mit klarem Wasser (es kann auch aus einem Bach oder sauberem Fluss sein) füllen sollte, denn je voller, desto leichter fördert die kleine Saug-Spül-Pumpe. Das **Unterteil** beginnt mit einem (ziemlich) kleinen Loch in der Kloschüssel und ist durch einen Schieber geruchsdicht verschlossen.

Laut "Standard-Gebrauchsanweisung" der Sanitärkonzentrateproduzenten öffnet man vor der ersten Benutzung den Schieber und gießt eine Portion Toilettenchemikalie in das Unterteil (siehe jedoch unbedingt Kap. 4 und Kap. 8 "Toilettenentsorgung").

Und da der Schieber jetzt schon offen ist, kann es gleich losgehen: Wir dürfen Ihnen die "Offene Schieber-Technik" dringend anraten! Gewiss, sie erfordert Übung, weil Sie Ihren Enddarm, genau zielend, vertikal über die Schieberöffnung positionieren müssen. Aber Übung macht den Meister, und nach kurzer Zeit haben Sie ein präzises "Sitzgefühl" für die richtige Stelle.

Die "Geschlossene Schieber-Technik" erfordert keine Übung, sondern Putzeifer. Denn wenn Sie Ihrer Last ledig sind und den Schieber öffnen, tut sich meist gar nichts. Jetzt müssten Sie mit List und Tücke die Portion durch das Loch drücken.... "Schleifspuren" beseitigen wir mit Toilettenpapier, denn die manchmal mitgelieferten Bürstchen im (Pardon) Zahnbürstenformat setzen sich schnell zu.

Der Klogang kann zu unliebsamen Überraschungen führen, wenn durch Fäulnisprozesse im Unterteil oder geringem Außendruck (Gebirge) der Fäkalbehälter **Überdruck** hat. Öffnen Sie erst den Schieber, dann den Deckel, sonst sprießen Ihnen Sommersprossen ganz eigener Art!

Neuere Wohnmobile sind in der Regel mit einer Thetford Cassetten-Porta Potti ausgestattet. Diese ist an die zentrale Wasserversorgung angeschlossen, hat ein Überdruckventil und ist an der WOMO-Wand befestigt, so dass der Fäkaltank bequem von außen zu entnehmen ist.

Was Sie mit seinem Inhalt anstellen sollen – und weshalb Sie völlig auf Toilettenchemikalien verzichten können, erkläre ich Ihnen in Kapitel 8.

Toilette am Strand von Korinos (WOMO-Reihe, Band 1)

Wir sind am Schluss unserer Einweisung, liebe Wohnmobil-Freunde. Falls Probleme auftreten sollten, die wir nicht angesprochen haben (die gibt es auch), dann wenden Sie sich vertrauensvoll an den Camper neben Ihnen. Vielleicht finden Sie gemeinsam eine Lösung, schließen eine neue Freundschaft – und **wir würden uns freuen, wenn Sie uns Problem und Problemlösung bei Gelegenheit mitteilen würden.**

Kapitel 3: „Einzug"

Wie wohnen fünf Personen in einer 10-qm-Wohnung?

Bis jetzt haben Sie, mein Herr, die Szene beherrscht, sind in Staukästen und im Kleiderschrank herumgekrochen, haben Kabel, Schläuche und Rohre verfolgt. Nun sollten Sie mal ein Bierchen herbeischleppen und der Gnädigen, Ihrer Lieblingsfrau, das Feld überlassen, denn zu zweit kraucht es sich schlecht auf engem Raum. Mit weiblichem Blick wird Sie Dinge entdecken, die Sie noch gar nicht bemerkt haben – weil sie nämlich fehlen!

„Wo kommen denn die Handtücher hin?" wird Sie gleich mit säuselnder Stimme fragen, die geradezu brenzlig nach Arbeit riecht.

„Und wo sollen wir abends unsere Sachen hinhängen?"

Aus dem Alkovenbett jammert eine Kinderstimme: „An meinem Kopfende ist keine Lampe!" Und: „Gibt es hier keine Steckdose für den MP3-Player?"

Ja, lieber Wohnmobilfreund, vor den Urlaub haben die Götter die Arbeit gesetzt. Aber trösten Sie sich: Das Wohnmobil, das total auf Sie zugeschneidert wäre, soll es ja gar nicht geben – wir wollen es uns selbst gemütlich machen!

Beginnen wir mit den "Aufhängern". Von ihnen kann es gar nicht genug geben. Starten Sie nun aber ja nicht eine wilde Bohraktion, denn nach dem ersten Wochenende möchten Sie sicher einiges ändern. Für das Bad und alle anderen glatten Wände empfehlen wir prinzipiell **SAUGHAKEN**. Sie halten kleinere Gegenstände wie Waschlappen, Handtücher und die Zahnspangendose sicher, hinterlassen beim Ortswechsel keine Spuren und sind oft wieder zu verwenden.

KLEBEHAKEN (Tiger) halten auch an rauheren Wänden und sind tragfester. Meist bricht eher der Haken ab, als dass sich die Klebfläche löst. Auch sie können, wenn auch schwieriger, wieder entfernt werden, ohne Rückstände zu hinterlassen. Dazu schneidet man mit einer Rasierklinge zwischen Haken und Wand den Klebeschaum durch und entfernt die Schaumreste mit Spiritus. Von Uhu gibt es Klebepolster, die die abgeschnittenen Haken wiederverwendbar machen.

Beide Hakentypen sind jedoch aus Platz- und Gewichtsgründen für einen Kleiderberg am Abend nicht geeignet. Praktisch sind da die **TÜRHAKENLEISTEN**, die mit zwei Profilen über Kleiderschrank- und/oder Duschraumtür gehängt werden. Sie sind meist 60 Zentimeter breit, können aber mit einer Eisensäge leicht auf das benötigte Maß gebracht werden. Mit sechs Haken pro Leiste kommen Sie schon recht weit (gesehen im Baumarkt und in Kaufhäusern für 8 Euro).

Strümpfe und Unterwäsche der Kinder, aber auch T-Shirts und Shorts liegen nachts meist malerisch in der Gegend herum – sie lassen sich auch wirklich nicht sicher aufhängen. Nähen Sie aus Gaze oder Gardinenstoff (Store) geräumige **Taschen** mit Henkel. Dahinein werden die Kinder mit Begeisterung ihre Klamotten stopfen – und Sie haben Ordnung.

Gut geeignet sind auch die **GEWEBEBEUTEL**, in denen in der Weihnachtszeit die 5-kg-Sonderangebote an Orangen in die Supermärkte kommen.

Falls Sie jetzt gerade beim Nähen sind: Jedes Kind braucht am Kopfende des Bettes eine **Hängetasche** für Krimskrams. Hierfür nehmen Sie besser einen stabileren Leinenstoff, unterteilen ihn zwei- bis dreimal und versehen ihn mit Aufhängeschlaufen. Ihr Göttergatte kann dann auf Befehl die Haken befestigen.

Jedem Schläfer seine **LAMPE**! Diese Regel sollten Sie schon um des lieben Friedens willen beachten. Im Campinghandel gibt es preiswerte Decken- und Wandstrahler ab 8 Euro für Glühbirnen von 5-25 W, Halogenlampen mit 10 W sowie LED-Leuchten mit sensationell geringen 0,5-2,5 W und 100.000 Std. Lebensdauer. Achten Sie beim Kauf darauf, dass sie sich leicht zum Leser drehen lassen, damit er Schlafwillige nicht stört.

Die länglichen **Transistorleuchten** strahlen (glauben Sie der Werbung nicht) kaltes Licht ab, produzieren bei nur 7 Watt Verbrauch (kleinere gibt es nicht) die Helligkeit einer 40-Watt-Birne und sind nicht verstellbar. Dies ist ideal für die Küche und über dem Essplatz, in der Schmökerecke gefallen sie uns nicht.

Wofür Sie sich auch entscheiden, meist müssen Sie Kabel verlegen. Da es sich nur um 12 Volt handelt, dürfen Sie auf eine Erdung verzichten. Zu Beginn jeder Beschäftigung klemmen Sie die Zweitbatterie zumindest am Plus-Pol ab. Dann suchen Sie sich die nächstgelegene Abzweigmöglichkeit für Ihr zweiadriges Kabel (1,5 qmm Querschnitt reichen). Das kann eine nahegelegene Leuchte sein oder eine Steckdose. Im schlimmsten Fall müssen Sie bis zum Sicherungskästchen zurück.

Über Ihr Zusatzkabel gehört zur Sicherheit eine flache Abdeckleiste in U-Form. Da Sie diese Leiste anschrauben, brauchen Sie das Kabel nicht weiter zu befestigen, sondern stopfen es einfach unter die Leiste.

Sind alle zufrieden? Hat Muttern immer noch Angst vor den bösen Räubern?

Dann müssen wir den Räubern Angst machen!

Über Alarmanlagen werden wir Sie in Kapitel 6 unterrichten!

Hier nur soviel: Nicht schlecht ist ein manueller **Panikschal-**

ter in Bettnähe. Mit ihm sollte man aber nicht nur die Hupe der Alarmanlage, sondern auch die Beleuchtung einschalten können. Unter Beleuchtung verstehen wir jedoch eine "Rundum- Beleuchtung", also außer den Scheinwerfern noch den Rückfahrscheinwerfer und sogenannte Vorzeltleuchten an beiden Fahrzeugseiten. Den Spanner möchte ich sehen, der dann nicht flitzt! Ihre KFZ-Werkstatt berät Sie sicher gern.

Vater spielt immer noch mit dem Kronkorken seiner Bierflasche. Warum wirft er ihn nicht in den – richtig! Wir haben noch keinen **MÜLLEIMER**! Im Campinghandel gibt es sie in reicher Auswahl, von klein bis winzig. Überlegen Sie einmal, wie viel Platz allein zwei leere Dosen Eintopf und fünf Cola-Dosen brauchen....

Nehmen Sie am besten zwei: Einen kleinen für das Fahrerhaus und den größten, der noch an die Innenseite der Wohnmobiltür passt – oder finden Sie einen besseren Platz? Hinein gehört immer ein Plastikbeutel, schon wegen der glitschigen Spaghettireste und der tropfenden Teebeutel ....

Füllen Sie die Beutel nur so weit, dass sie noch verknotet werden können und stellen Sie sie dann ins Fahrerhaus. So denken Ihre Füße mit daran, am nächsten Mülleimer wieder Platz zu bekommen.

Da wir gerade im Fahrerhaus sind: Hier ist, zum Beispiel im Ducato, genau in der Mitte ein schöner Platz für eine **Flaschentrage**: Ein U-förmig gewinkeltes L-Profil aus Alu oder stabilem Plastik als Bodenhalterung, und schon sind sechs Flaschen (voll oder als Leergut) verräumt und erinnern uns durch ihre Anwesenheit an die Rückgabe.

Die Hausfrau steht derweil schon im Duschraum und macht Trockenübungen. Die sind auch in den meisten Fällen nötig, denn der eingebaute **DUSCHVORHANG** reicht selten für mehr als den Schutz der Eingangstür. Für bleibende Duschfreuden gilt: Vorhang rings herum, weit überlappend, lediglich ein Schlitz zum Regulieren von Wassermenge und -temperatur muss vorhanden sein. Gehen Sie ans (Näh-)Werk!

Jetzt nimmt die Sache schon Formen an. Noch ein kombiniertes **INNEN-/AUSSEN-THERMOMETER** an die Wand, möglichst nicht gerade neben oder über der Heizung, und dann geht es an die Füllung der Küchenregale und Staufächer. Ihr Boden sollte mit **ANTIRUTSCHMATTEN** (Kaufhaus/Campingshop) belegt werden, sonst saust in jeder Kurve der Haushalt durch die Schränke.

Ein beliebtes Thema in der Camper-Frauen-Runde: Was lässt man das ganze Jahr im Wohnmobil, was räumt man vor jeder Tour hinein? Nach einem gemeinsamen Blick in unsere große Packliste (Kapitel 7) weiß man schnell:

Ständiger Wohnmobilhaushalt

Ins Geheimfach gehören:
* Fotokopien (oder Speicherstick) aller wichtigen Papiere

Zum ständigen Wohnmobilhaushalt gehören:
* WOMO®-Handbuch/Gebrauchsanleitungen
* WOMO®-Knackerschreck
* Tagebuch
* Kaffee-, Teekanne/Pfeifkessel
* Filtertüten/Filter
* Geschirr/Gläser/Bestecke
* Töpfe/Pfannen/Sieb
* (Gas-)Grill
* Nähzeug/Schere/Klebstoff
* Wäscheleine/Klammern
* Gasflaschen
* Handfeger/Klappspaten
* Zündhölzer/Feuerzeug
* Petroleumlampe/Petroleum
* Kerzen/Taschenlampen
* Toilette/Klopapier/Toilettenchemikalien – oder nicht!?
* Spülmittel/Spülbürste/Putzmittel
* WOMO®-Zapfschlauch
* Wasserentkeimungsmittel
* Müllbeutel

Ein Wochenende auf dem Lande

Medikamente:
* Autoverbandskasten, erweitert um:
* Mittel gegen Reisekrankheit
* Wunddesinfektionsmittel (Merfen-Orange)
* Sprühpflaster

Lebensmittel (eiserne Reserve in gut schließenden Gefäßen):
* Zitronenteepulver/Teebeutel
* Pulverkaffee
* Dosenbrot
* Reis/Nudeln
* Gewürze/Zucker/Salz

Toilettenartikel:
* 12-V, Akku- oder Nassrasierer
* Hygieneartikel/Windeln
* Creme/Sonnencreme/Babycreme
* Seife/Rei in der Tube
* Zahnbürsten/Zahnpasta/Becher
* Autan gegen Mücken
* Schlafsäcke/Kopfkissen/Spannlaken
* Schlafanzüge

Wenn Sie diese Aufstellung um Ihre ganz persönlichen Bedürfnisse erweitert haben, dann reicht wirklich ein Karton Konserven, um eine **Spritztour ins Wochenende** zu veranstalten, ohne Ihren Haushalt zu plündern – Sie müssen nur noch .....

Kapitel 4: „Auftanken"

Der Start zum Probewohnen

Wir sind jetzt Profis – in der Theorie! Das Wohnmobil ist eingeräumt – aber noch nie benutzt!
Jetzt wollen wir auftanken, an den Start rollen, abfliegen....
Sicher, es soll nur ein kleiner **Gewöhnungstest** werden, aber mit allen Bedingungen einer richtigen, großen Fahrt – nur mit der **Sicherheitsleine** der nahen, komplett eingerichteten Wohnung.
Einen Tag Vorbereitung brauchen wir schon:

Vater fährt beim Flaschner vorbei und holt eine gefüllte **Gasflasche** ab. Oder haben Sie sich für die **Tankflasche** entschieden? Dann haben Sie sicher schon in Kapitel 15 die Adresse Ihrer nächsten Gastankstelle gefunden und fahren Gas tanken.
Auf dem Rückweg halten Sie beim Campinghändler:
Werden **Chemikalien** für die Toilette gebraucht? Soll's die grüne "Bio"-Flasche sein oder der ganz neue "Enzymhit"?
WOMO-Tipp: Versuchen Sie es doch zunächst ganz ohne Chemie, nur mit einem Esslöffel Schmierseife (Supermarkt). Im Kap. 8, bei "Toilettenentsorgung", erzählen wir Ihnen, welche ungeahnten Vorteile das hat!
Wasserentkeimungsmittel stehen noch auf dem Einkaufszettel. Was nehme ich nur, wie wirken die, vergiften die mich?
Prinzipiell gibt es nur zwei Entkeimungsverfahren:
Das erste, das **Katadyn-Verfahren**, beruht auf der Oligodynamie, der keimtötenden Wirkung geringster Konzentrationen von **Silber**ionen. Die angebotenen Mittel tragen u. a. die Namen Micropur, MultiSil oder Certisil Argento, sind gesundheitlich völlig unbedenklich und wirken sicher. Sie verhindern auch die Nachverkeimung, wenn das Wasser längere Zeit im Tank verbleibt, laut Prospekt bis zu 6 Monaten lang.
Ja, aber einen Haken hat die Katadyn-Entkeimung. Man muss etwa 5-6 Stunden nach Zugabe der Tropfen oder Pulverportion warten, bis das Mittelchen gewirkt hat. Das hat uns bis heute von der Verwendung abgehalten! Stellen Sie sich einmal vor, Sie gehen auf eine Bergtour, finden dort ein klares Bergbächlein und müssen 5 Stunden warten, bis Sie Ihre aufgefüllte Feldflasche wieder an die Lippen setzen dürfen...
Alle anderen Entkeimungsmittel enthalten **chlorabspaltende Präparate.**
„Da mache ich nicht mit!" höre ich jemanden vorschnell sagen. **Bedenken Sie bitte:** Aus nahezu allen Wasserhähnen

Deutschlands quillt gechlortes Wasser. Es ist geradezu gesetzliche Verpflichtung der Wasserwerke, dem Kunden an seinem verchromten Badezimmerquell mindestens ein Milligramm Chlor im Liter Wasser zu garantieren, um Gesundheitsschäden durch verkeimtes Trinkwasser auszuschließen. Und da wollen Sie ausgerechnet in der bakterienausbrütenden südlichen Sonne.....

Wir verwenden seit Jahren unsere selbst aus konzentrierter Natrium-Hypochlorit-Lösung angemischten "Chlor-Tropfen". Im Campingladen erhalten Sie Chlorpräparate u.a. unter dem Namen ROMIN keimfrei. Konzentriert wirken sie ätzend und dürfen nicht in Kinderhand gelangen. Richtig verdünnt sind sie unschädlich für Ihre Gesundheit, (für unsere Geschmacksnerven) geschmacklos und – wirken in Sekundenschnelle!

Wer ganz auf Nummer sicher gehen will, dem empfehlen wir ChloroSil (12 Euro für insgesamt 1.000 l Wasser bzw. 23 Euro für insgesamt 10.000 l Wasser; www.multiman.de).

Sein Inhalt ist eine Kombination aus beiden Entkeimungsmitteln: Hypochlorit für die Sofortentkeimung und Silberionen, um die Nachverkeimung zu verhindern.

Mutter hat derweil Urlaubstypisches eingekauft, verschiedene Fertiggerichte, damit für den großen Urlaub Geschmacksentscheidungen getroffen werden können – zur Sicherheit aber auch ein paar saftige Schnitzel, die Sie jetzt im heimischen Eisfach vorfrostet.

Im Hausflur stehen zwei Waschkörbe voller Klamotten.

„Wie oft sollen wir uns denn in drei Tagen umziehen?" fragt der Hausherr spöttisch, erntet aber nur verständnislose Blicke der holden Weiblichkeit.

„Gut, dann können wir gleich **verstauen** üben!"

Die schweren Sachen, die kommen so weit unten hin wie möglich, das ist gut für den **Schwerpunkt**.

Aber nach vorn oder hinten?

Hier hilft ein Blick in den KFZ-Schein, denn dort sind die zulässigen Achslasten eingetragen. Probieren Sie einfach folgendes: Bei Nasenbären mit langem hinteren Überhang stopfen Sie die schweren Sachen, also Konserven und Getränke, so weit wie möglich nach vorne. Bei Fahrzeugen, die (trotz Wohnaufbau) noch einen hochstehenden Sterz haben, mehr nach hinten.

Die Belohnung für Ihre Trimmübungen erhalten Sie dann (vielleicht) auf der **öffentlichen Waage**, denn dort entscheidet sich nicht nur, ob Sie das zulässige Gesamtgewicht eingehalten, sondern auch die Last gut auf beide Achsen verteilt haben.

Vorher müssen aber die **Wasserbehälter** gefüllt werden!

Nehmen Sie heute noch den heimatlichen Gartenschlauch –

oder probieren Sie schon Ihren neuen **Zapfschlauch** aus? Das **Entkeimungsmittel** geben Sie am besten zu Beginn des Tankens zu – dann verteilt es sich am schnellsten. Na, was hat die Waage gesagt? Ziemlich nahe am Limit, nicht wahr?

Aber warten Sie nur, bis Ihre Frau für die große Fahrt packt, da kommen noch einige Pfunde dazu. Dadurch werden der Spritverbrauch ansteigen und die Bremsstrecke, dafür wird das Fahrzeug langsamer und in den Kurven bekommen Sie ganz eigenartige Beklemmungen, wenn Sie zu schnell eingestiegen sind.

Es wäre also nicht schlecht, jetzt ganz allein eine kleine Probestrecke zu absolvieren, sozusagen als **Generalprobe**. Dabei können Sie ohne Ablenkungen durch Frau und Kinder die neuen Fahreigenschaften testen – und morgen als überlegener Fahrzeuglenker auftreten. Aber vergessen Sie nicht, alle Klappen und Türen im Innenraum zu schließen – sonst .... das hören Sie dann schon!

Sie fühlen sich sicher? Dann ist **Ihre Frau** mit einer Probefahrt dran – auch allein, ohne den ständigen Besserwisser. Oder haben Sie Angst, dass Sie sich als der souveränere WOMO-Pilot entpuppt?

Alles O.K.?
Dann ran an die Leine, will sagen **Stromkabel**! Denn ein Absorber-Kühlschrank sollte über Nacht vorgekühlt werden, sonst sind Ihre Bratwürste aufgetaut, bevor er seine "gewaltige" Kühlleistung entfaltet.

Ungeduldig sitzen die Kinder schon auf ihren Plätzen und Vater spielt nervös mit den Autoschlüsseln – da kommt Mutter mit dem letzten Tablett: Marmelade, Butter, Schinken und Käse und, nicht zu vergessen, die tiefgekühlten Bratwürste.
Ist die Haustür auch abgeschlossen?
Viel Spaß beim ersten Ausflug in eine neue Welt!

Kapitel 5: „Wohin?"

Tipps und Tricks fürs wohnmobile Wochenende

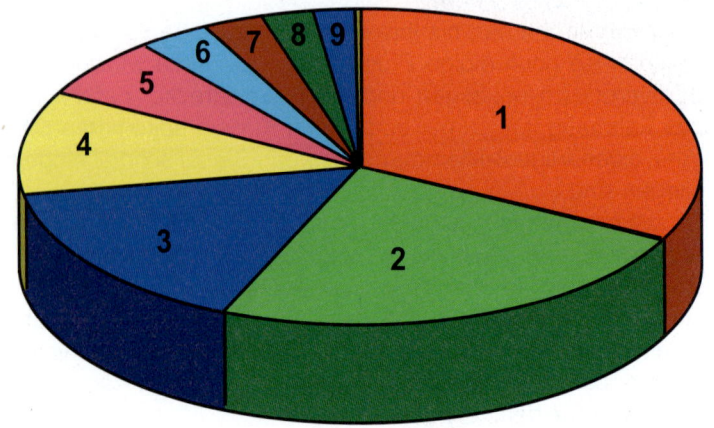

Wochenendplätzchen (Leserumfrage)
1: 32,9 % offiziell. Stellplatz   2: 24,2 % Campingplatz
3: 15,3 % gewöhnl. Parkplatz 4: 10,7 % am Meer/See
5: 6,4 % Wanderparkplatz   6: 3,1 % bei Gaststätte
7: 3,0 % vor Schwimmbad   8: 2,4 % bei Sportplatz
9: 1,8 % vor Friedhöfen   10: 0,2 % Kinderspielplatz

Wir müssen die 2283 (zweitausendzweihundertdreiundachtzig) Wohnmobilfamilien, die an unserer sechsten (!) Statistikumfrage teilgenommen haben, wirklich loben. Mit geradezu preußischer Genauigkeit haben sie die Plätze von **17950 Übernachtungen** in einem einzigen Jahr in Deutschland notiert – das Ergebnis ist oben zu besichtigen!
Wie interpretieren wir es?
Die Campingplatz-Betreiber haben keinerlei Grund zur Klage. Fast jede vierte Nacht (4344) verbringt die deutsche Wohnmobilfamilie zwischen Wohnwagen und Hauszelten – die Gründe wollen wir untersuchen!
Deutlich überholt wird diese Gruppe von den offiziellen Stellplatz- und Parkplatzschläfern, wobei wir mit Bedacht die Wanderparkplätze und die Parkplätze an Seen und am Meer ausgegliedert hatten.
Dadurch wollten wir feststellen, wo es unsere "Campingplatzverweigerer" mehr hinzieht: In die idyllische, einsame Natur oder in den Dunstkreis der Ortschaften bzw. in die Gemeinschaft anderer WOMO-Urlauber.

Wir lieben die Idylle!

Zählen wir alle Übernachtungsstellen zusammen, die eindeutig nach "einsamer Idylle" aussehen, also Wanderparkplätze, Grillplätze, Seen und Meer, so erhalten wir (außerhalb der Campingplätze) einen Anteil von 22 % gegenüber 78 % der "Stadtschläfer"!

Wir haben dafür nur eine Erklärung – und Sie werden uns sicher zustimmen: Man hat einfach **Angst**, sich in die freie Natur zu stellen; Angst, einem Überfall zum Opfer zu fallen.

Deshalb war eine unserer weiteren Fragen genau diesem Punkte gewidmet:

Wurden Sie beim (freien) Übernachten belästigt – von der Polizei oder von Privatpersonen?

Wir waren begreiflicherweise auf diese Antworten besonders gespannt! Und das Ergebnis muss jeden Wohnmobilfahrer froh (und mutiger) stimmen:

Belästigungen von der Polizei
oder durch Privatpersonen: 21 von 4.344 (0,48 %)
Überfälle 0 von 4.3344 (0,00 %)

Wir haben uns nun die **Belästigungen** genauer angeschaut und auch näher erläutern lassen:
Die "unerfreulichen Kontakte" bezogen sich lediglich auf 16 Personen, wovon die übergroße Zahl nur einmal von der Polizei kontrolliert wurde ("Ausweis bitte!") oder sich über anklopfende Zecher, lärmende Nachtschwärmer, aber auch schon über anklopfende Neugierige mockierte.
Erstaunlich fanden wir weniger, dass von den 4344 Übernachtungen außerhalb der Campingplätze immerhin 4323 ungestört blieben, sondern dass eine geringe Zahl von Wohnmobilisten geradezu "astronomische" Störzahlen zu beklagen hatte:
Da brachte es doch ein Camper auf sage und schreibe 4 Störungen bei etwa 100 Übernachtungen, ein zweiter legte sich immerhin 2 Mal mit der Polizei an, ungefähr bei jeder achten Übernachtung.
Von Geldstrafen oder gar Anzeigen wurde uns nichts berichtet, ein gutes Zeichen und wohl auch eine Folge der immer größer werdenden Zahl von **offiziellen WOMO-Übernachtungsplätzen.**
Unser Urteil: Insgesamt überaus positiv!
Wenn ich mir vorstelle, dass ich (statistisch betrachtet) zweihundertundsieben Mal in freier Natur übernachten kann, bis mich einer dumm anquatscht, dann kann ich daraus nicht die Schlussfolgerung ziehen, dass ich lieber auf einen Campingplatz gehen sollte. Trotzdem ist bekanntlich Vorsicht die Mutter der Porzellankiste.
Für das **einsame** Übernachten in "freier Wildbahn" sollte man deshalb eine Regel und einige einfache Vorsichtsmaßnahmen einüben:

Regel: Aversionen gegen Fremde abbauen!

Falls es sich um ein Privatgrundstück handelt (Parkplatz, Wiese), dann versuchen Sie, den Besitzer ausfindig zu machen. Sie glauben gar nicht, wie freundlich die meisten Menschen reagieren, wenn man sie nett anspricht. Wir haben noch keinen Landwirt gefunden, der uns weggeschickt hätte (Merke: Das Gesetz der Gastfreundschaft gilt auch noch in Deutschland!). In der Regel gab es am nächsten Morgen auch noch preiswert frische Milch und Eier sowie für die ganze Familie eine Führung durch den Bauernhof.

Vorsichtsmaßnahmen

- Übernachtungsplatz **immer** bei Tageslicht aussuchen und möglichst erst zum Schlafen anfahren.
- Rollos ganz herunterziehen, von außen die Verdunklung kontrollieren.
- Fahrzeug immer in freier Abfahrtsrichtung parken.
- **WOMO®-Knackerschreck** zwischen die Türen des Fahrerhauses spannen (Beschreibung und Bestellzettel am Buchende).
- Keine Nivellierstützen herabkurbeln.
- Fahrersitz und Durchgang zum Führerhaus freihalten.
- Wertgegenstände aus dem Fahrerhaus entfernen.
- Zündschlüssel stecken lassen, 1. Gang einlegen.
- Brillenetui am Kopfende des Bettes befestigen.
- Panikschalter in Reichweite des Bettes montieren. Er sollte die Alarmanlage und/oder Scheinwerfer, Rückfahrscheinwerfer, und Hupe aktivieren (siehe Kap. 6).
- Einen "richtigen" Wachhund hat nicht jeder dabei. Deshalb empfehlen wir gerne den "elektronischen Hund" (Conrad, 92240 Hirschau, Best. Nr. 754153-62, 75 €), eine täuschend echt klingende Radar-Alarmanlage, die die bösen Buben durch die WOMO-Wand erkennt; mit Fernbedienung (z.B. vom Bett aus).
- Die größte Sicherheit aber bieten Freunde mit einem zweiten Wohnmobil nebenan. Gute Gelegenheiten, welche kennenzulernen, sind die Wohnmobilclubs (siehe Kapitel 13) und "WUPS" (Kap. 14).

So, genug der Vorsicht, wir wollen das Wochenende genießen! Was Sie darunter verstehen, soll Ihr Geheimnis bleiben. Wir kennen jedoch die Trends:
- Spazierengehen, wandern, radwandern.
- Baden, surfen, grillen, faulenzen.
- Städte besichtigen, essen gehen.

Das sind (auch in dieser Reihenfolge) die beliebtesten Unternehmungen.

Für weiter entfernte Ziele empfehlen wir eine intensive Planung unter Einschaltung der **Fremdenverkehrsverbände**. Sie glauben ja gar nicht, wie viel bunt bedrucktes Papier darauf wartet, **kostenlos** an Sie versandt zu werden. Sicher, das sind Reklameschriften, aber sie enthalten Wanderkarten, Stadtpläne, Hinweise auf Wandertouren, Badeseen, Sehenswürdigkeiten, Gaststätten mit Spezialitäten, an denen Sie sonst ahnungslos vorbeitrotten würden. Vieles kann man inzwischen per **Internet** anfordern. Lassen Sie sich bedienen:

Fremdenverkehrsverbände in Deutschland

Gesamte Bundesrepublik

Deutscher Tourismusverband e.V. (DTV), Schillstraße 9, 10785 Berlin
Tel.: 030 - 856 215-0, Fax: 030 - 856 215 119
Email: kontakt@DeutscherTourismusverband.de; www.DeutscherTourismusverband.de

BADEN - WÜRTTEMBERG

Baden-Württemberg Tourismus, Esslinger Str. 8, 70182 Stuttgart
Tel.: 07 11 - 23 85 80, Fax: 07 11 - 23 858-98 oder -99
Email: info@tourismus-bw.de
Net: www.tourismus-bw.de

Oberschwaben

Oberschwaben Tourismus GmbH, Neues Kloster 1, 88427 Bad Schussenried
Tel.: 0 75 83 - 331060, Fax: 0 75 83 - 331020
Email: info@oberschwaben-tourismus.de, Net: www.oberschwaben-tourismus.de

Gebietsgemeinschaft Allgäu-Bodensee-Oberschwaben,
Ravensburger Str. 3, 88339 Bad Waldsee
Tel.: 0 75 24 - 94 13 43, Fax: 0 75 24 - 94 13 45
Email: info@bad-waldsee.de, Net: www.bad-waldsee.de

Arbeitsgemeinschaft Hegau, Verkehrsamt,
August-Ruf-Str. 13, 78224 Singen
Tel.: 0 77 31 - 8 52 62, Fax: 0 77 31 - 85 26 3
Net: www.singen.de

Tourismus Untersee, Im Kohlgarten 2, 78343 Gaienhofen
Tel.: 0 77 35 - 919055, Fax: 0 77 35 - 919056
Email: info@tourismus-untersee.eu, Net: www.tourismus-untersee.eu

Touristikgemeinschaft Schwäbische Alb,
Marktplatz 1, 72566 Bad Urach
Tel.: 0 71 25 - 94 81 06, Fax: 0 71 25 - 94 81 08
Email: info@schwaebischealb.de, Net: www.schwaebischealb.de

Hohenlohe + Schwäbisch Hall Tourismus e.V.,
Münzstraße 1, 74523 Schwäbisch Hall
Tel.: 07 91 - 755-7444, Fax: 07 91 - 755-7447
Email: info@hs-tourismus.de, Net: www.hs-tourismus.de

Regio Stuttgart Marketing- und Tourismus GmbH,
Rotebühlplatz 25, 70178 Stuttgart
Tel.: 07 11 - 2 22 80, Fax: 07 11 - 22 28 21 7
Email: info@stuttgart-tourist.de, Internet: www.stuttgart-tourist.de

Touristikgemeinschaft Kraichgau-Stromberg, Melanchthonstr. 3, 75015 Bretten
Tel.: 0 72 52 - 95 76 10, Fax: 0 72 52 - 95 76 12
Email:info@kraichgau-stromberg.com, Net: www.kraichgau-stromberg.com

Touristikgemeinschaft Odenwald, Scheffelstraße 1, 74821 Mosbach
Tel.: 0 62 61 - 8 41 390, Fax: 0 62 61 - 844 750
Email: info@tg-odenwald.de, Net: www.tg-odenwald.de

Regionalverband mittlerer Oberrhein, Haus der Region,
Baumeisterstr. 2, 76137 Karlsruhe, Tel.: 0 72 1 - 35 50 20, Fax: 35 502 22
Email: rvmo@region-karlsruhe.de, Net: www.region-karlsruhe.de

Touristikgemeinschaft Stauferland e.V.,
Marktplatz 37/1, 73525 Schwäbisch Gmünd
Tel.: 0 71 71 - 60 34 25 0, Fax: 60 34 299
Email: info@stauferland.de, Net: www.stauferland.de

Schwarzwald

Schwarzwald Tourismusverband e.V.
Ludwigstr. 23, 79104 Freiburg i. Br.
Tel.: 07 61 - 89 64 60, Fax. 07 61 - 89 64 670
Email: mail@schwarzwald-tourismus.info, Net: www.schwarzwald-tourismus.info

Elztal und Simonswäldertal Tourismusgesellschaft,
Im Bahnhof Bleibach, 79261 Gutach
Tel.: 0 76 85 - 1 94 33, Fax: 0 76 85 - 90 889-89
Email: info@zweitaelerland.de, Net: www.zweitaelerland.de

Schwarzwaldhof bei St. Märgen (WOMO-Reihe, Band16)

Tourismus GmbH zwischen Feldberg und Belchen,
Meinrad-Thoma-Straße 21, 79674 Todtnau, Tel.: 0 76 71 - 969 69-5,
Fax: 0 76 71 - 636, Email: todtnau@bergwelt-suedschwarzwald.de,
Net: www.bergwelt-suedschwarzwald.de

Kaiserstuhl - Tuniberg Tourismus e.V., Marktplatz 16, 79206 Breisach
Tel.: 0 76 67 - 94 01 55, Fax: 0 76 67 - 94 01 58
Email: info@kaiserstuhl.cc, Net: www.kaiserstuhl-tuniberg-tourismus.de

Kaiserstühler Verkehrsbüro, Adelshof 20, 79346 Endingen
Tel.: 0 76 42 - 68 99 90, Fax: 0 76 42 - 68 99 99
Email: info@endingen.de, INet: www.endingen.de

Hochschwarzwald Tourismus GmbH, Freiburger Straße 1,
79856 Hinterzarten, Tel.: 0 76 52 - 12 06 0, Fax: 0 76 52 - 12 06 89219
Email: info@hochschwarzwald.de, Net: www.hochschwarzwald.de

BAYERN

Bayern Tourismus Marketing GmbH
Arabellastraße 17, 80925 München, Tel.: 089 - 21 23 97 0, Fax: 089 - 21 23 97-99
Email: tourismus@bayern.info, Internet: www.bayern.by

Allgäu/Bayerisch-Schwaben

Tourismusverband Allgäu / Bayerisch-Schwaben e.V., Fuggerstr. 9, 86150 Augsburg
Tel.: 08 21 - 4 50 40 10, Fax: 08 21 - 3 83 31, Email: tourismus@bayern.info
Net: www.bayern.by/allgaeu-bayerisch-schwaben.de

Pfronten im Allgäu (WOMO-Reihe Band 24)

Tourismusverband Ostallgäu, Schwabenstr. 11, 87616 Marktoberdorf
Tel.: 0 83 42 - 91 13 13, Fax: 0 83 42 - 91 15 44
Email: tourismus@ostallgaeu.de, Net: www.ostallgaeu.de

ARGE Ferienland Donau-Ries, Landratsamt Donau-Ries,
Pflegstr. 2, 86609 Donauwörth, Tel.: 09 06 - 74 0, Fax: 09 06 - 74 273
Email: info@lra-donau-ries.de, Internet: www.donau-ries.de

ARGE Schwabenstädte in Bayern, Kaiser-Max-Str. 3a, 87600 Kaufbeuren
Tel.: 0 83 41 - 437-850, Fax: 0 83 41 - 437 858
Email: tourist-info@kaufbeuren.de, Net: www.kaufbeuren.de

Touristik Verband Ries, Marktplatz 2, 86720 Nördlingen
Tel.: 0 90 81 - 8 41 16, Fax: 0 90 81 - 8 41 13
Email: tourist-information@noerdlingen.de, Net: www.noerdlingen.de

ARGE Deutsche Donau, Landratsamt Neuburg-Schrobenhausen,
Ottheinrichplatz A118, 86633 Neuburg a. D.
Tel.: 0 84 31 - 5 72 15, Fax: 0 84 31 - 5 73 08
Email: info@deutsche-donau.de, Net: www.deutsche-donau.de

ARGE Allgäuer Land vor den Alpen, Rathausplatz 29, 87435 Kempten
Tel.: 08 31 - 2 52 52 37, Fax: 08 31 - 2 52 54 27
Email: touristinfo@kempten.de, Net: www.kempten.de

Franken

Tourismusverband Franken e.V.
Wilhelminenstr. 6, 90461 Nürnberg, Tel.: 09 11 -94 15 10, Fax: 09 11 -94 15 110
eMail: info@frankentourismus.de, Net: www.frankentourismus.de

Tourist-Information Spessart-Mainland,
Bayernstr. 18, 63739 Aschaffenburg
Tel.: 0 60 21 - 39 42 71, Fax: 0 60 21 - 39 42 58
Email: tourismus@spessart.mainland.de, Net: www.spessart-touristinfo.de

Tourist-Information Bad Kissingen, Am Kurgarten 1, 97688 Bad Kissingen
Tel.: 09 71 - 80 48-0, Fax: 09 71 - 80 48-119
Email: tourismus@badkissingen.de, Net: www.badkissingen.de

Tourist-Information Rhön, Spörleinstr. 11, 97616 Bad Neustadt
Tel.: 0 97 71 - 9 41 18, Fax: 0 97 71 - 9 43 00
Email: tourist@rhoen-grabfeld.de, Internet: www.rhoen-grabfeld.de
Email: bayern@rhoen.de, Internet: www.rhoen.de

Tourist-Information Fränkisches Weinland,
Am Congress Centrum, 97070 Würzburg
Tel.: 09 31 - 37 23 35, Fax: 09 31 - 37 36 52
Email: tourismus@fraenkisches-weinland.de, www.fraenkisches-weinland.de

Main-Spessart Informationszentrale für Touristik, Marktplatz 8, 97753 Karlstadt
Tel.: 09353-793-0, Fax: 09353-793-1900
eMail: info@lramsp.de, www.main-spessart.de

Tourist-Information Haßberge, Marktplatz 1, 97461 Hofheim i. Ufr.
Tel.: 0 95 23 - 9 22 970, Fax: 0 95 23 - 922 979
Email: info@hassberge-tourismus.de, Net: www.hassberge-tourismus.de

Tourist-Information Frankenwald, Adolf-Kolping-Str. 1, 96317 Kronach
Tel.: 0 92 61 - 6 01 50, Fax: 0 92 61 - 60 15 15
Email: zentrale@frankenwald-tourismus.de, Net: www.frankenwald-tourismus.de

Tourismuszentrale Fichtelgebirge e.V., Rathaus, 95686 Fichtelberg
Tel.: 0 92 72 - 96 90 30, Fax: 0 92 72 - 96 90 366
Email: info@tz-fichtelgebirge.de, Net: www.tz-fichtelgebirge.de

Tourismus-Zentrale Fränkische Schweiz, Oberes Tor 1, 91320 Ebermannstadt
Tel.: 0 91 91 - 86-1054, Fax: 0 91 91 - 86-1058
Email: info@fraenkische-schweiz.com, Net: www.fraenkische-schweiz.com
Tourist-Information Frankenalb, Waldluststr. 1, 91207 Lauf a.d. Pegnitz

Tel.: 0 91 23 - 95 06060, Fax: 0 91 23 - 95 08005
Email: info@frankenalb.de, Net: www.frankenalb.de

Tourist-Information Das Neue Fränkische Seenland,
Hafnermarkt 13, 91710 Gunzenhausen
Tel.: 0 98 31 - 50 01 20, Fax: 0 98 31 - 50 01 40
Email: tourismus@fraenkisches-seenland.btl.de, Net: www.fraenkischeseen.de

Tourist Information Romantisches Franken, Am Kirchberg 4, 91598 Colmberg
Tel.: 0 98 03 - 9 41 41, Fax: 0 98 03 - 9 41 44
Email: info@romantisches-franken.de, Internet: www.romantisches-franken.de

Tourist-Information Naturpark Altmühltal
Notre Dame 1, 85072 Eichstätt
Tel.: 0 84 21 - 98 76 0, Fax: 0 84 21 - 98 76 54
Email: tourismus@naturpark-altmuehltal.de, Net: www.naturpark-altmuehltal.de

Tourist-Information Steigerwald, Hauptstr. 1, 91443 Scheinfeld
Tel.: 0 91 62 - 12 42 5, Fax: 0 91 62 - 12 43 3
Email: tourismus@reis-nea.de, Net: www.steigerwald.org

Tourist Information "Oberes Maintal - Coburger Land",
Kronacher Str. 30, 96215 Lichtenfels, Tel.: 0 95 71 - 1 82 83, Fax: 0 95 71 - 1 82 88
Email: info@OberesMaintal-CoburgerLand.com;
Net: www.OberesMaintal-CoburgerLand.com

Oberbayern
Tourismusverband München - Oberbayern
Radolfzeller Str. 15, 81243 München, Postfach 60 03 20, 81203 München
Tel.: 089 - 82 92 18-0, Fax: 089 - 82 92 18-28
Email: touristinfo@oberbayern.de, Net: www.oberbayern-tourismus.de

Fremdenverkehrsamt der Landeshauptstadt München,
Fraunhoferstraße 6, 80469 München, Net: www.muenchen.de

Berchtesgadener Land Tourismus GmbH,
Bahnhofplatz 4, 83471 Berchtesgaden, Tel.: 0 81805-865200
Email: info@berchtesgadener-land.com, Net: www.berchtesgadener-land.com

Tourismusgemeinschaft Staffelseegebiet, Untermarkt 13, 82418 Murnau
Tel.: 0 88 41 - 476-0, Fax: 0 88 41 - 476-289
Email: info@murnau.de, Net: www.murnau.de

Kur- und Tourismusverein Berchtesgadener Land e.V.,
Maximilianstraße, 83471 Berchtesgaden, Tel.: 0 86 52 - 9445300, Fax: 967381
Email: tourist-info@berchtesgaden.de, Net: www.tourismus-berchtesgaden.de

Chiemsee-Alpenland Tourismus GmbH & Co. KG, Felden 10, 83233 Bernau
Tel.: 0 80 51 - 96555-0, Fax: 0 80 51 - 96555-30
Email: info@chiemsee-alpenland.de, Net: www.chiemsee-alpenland.de

Tegernseer Tal Tourismus GmbH,
Hauptstr. 2, 83684 Tegernsee
Tel.: 0 80 22 - 92738-0, Fax: 0 80 22 - 92738-22
Email: info@tegernsee.com, Net: www.tegernsee.com

Gästeinformation Tölzer Land an Isar und Loisach,
Prof.-Max-Lange-Platz 1, 83646 Bad Tölz
Tel.: 0 80 41 - 50 52 06, Fax: 0 80 41 - 50 53 75
Email: info@toelzer-land.de, Net: www.toelzer-land.de

Tourismusverband Pfaffenwinkel, Bauerngasse 5, 86956 Schongau
Tel.: 0 88 61 - 77 73, Fax: 0 88 61 - 20 06 78
Email: info@pfaffen-winkel.de, Net: www.pfaffen-winkel.de

Tourismusverband Starnberger Fünf-Seen-Land,
Wittelsbacher Str. 2c, 82319 Starnberg
Tel.: 0 81 51 - 90 60 0, Fax: 0 81 51 - 90 60 90
Email: info@sta5.de, Net: www.sta5.de

Tourismusverband Ammersee-Lech e.V.,
Hauptplatz 152, 86899 Landsberg a. Lech
Tel.: 0 81 91 - 128 247, Fax: 0 81 91 - 128 180
Email: info@ammersee-lech.de, Net: www.ammerseelech.de

Tourismusgemeinschaft Inn-Salzach e.V., Kapellplatz 2a, 84503 Altötting
Tel.: 0 86 71 - 50 62 28, Fax: 0 86 71 - 8 58 58
Email: info@inn-salzach.com, Net: www.inn-salzach.com

Naturheildorf Bad Feilnbach,
Bahnhofstr. 5, 83075 Bad Feilnbach
Tel.: 0 80 66 - 887 11, Fax: 0 80 66 - 887 16
Email: info@bad-feilnbach.de, Net: www.bad-feilnbach.de

Tourist Information Rosenheim,
Kufsteiner Str. 4, 83022 Rosenheim
Tel.: 0 80 31 - 3659061, Fax: 0 80 31 - 3659060
Email: touristinfo@rosenheim.de, Net: www.rosenheim.de

Ostbayern
Tourismusverband Ostbayern e.V.
Im Gewerbepark D 02/04, 93059 Regensburg
Tel.: 09 41 - 58 53 90 oder 0800-1212111 (kostenlos), Fax: 09 41 - 5 85 39 39
Email: info@ostbayern-tourismus.de, Net: www.ostbayern-tourismus.de

Kur- und Gästeservise, Rathausstr. 8, 94072 Bad Füssing
Tel.: 0 85 31 - 97 55 80, Fax: 0 85 31 - 2 13 67
Email: tourismus@badfuessing.de, Internet: www.bad-fuessing.de

Tourismusverband im Landkreis Kelkheim e.V.,
Donaupark 13, 93309 Kelheim, Tel.: 0 94 41 - 20 73 30, Fax: 0 94 41 - 20 73 39
Email: info@tourismus-landkreis-kelheim.de,
Net: www.tourismus-landkreis-kelheim.de

Fremdenverkehrsverein Pfarrkirchen u. Umg. e.V., Stadtplatz 1, 84347 Pfarrkirchen
Tel.: 0 85 61 - 30615, Fax: 0 85 61 - 30657
Email: tourist-info@pfarrkirchen.de, Internet: www.urlaub-im-rottal.de.

BERLIN
Berlin Tourismus & Kongress GmbH, Am Karlsbad 11, 10785 Berlin
Tel. 030 - 250025, Fax: 030 - 25002424
Email: info@visitberlin.de, Net: www.visitberlin.de, www.berlin.de/tourismus

BRANDENBURG

TMB Tourismus-Marketing Brandenburg GmbH
Am Neuen Markt 1, 14467 Potsdam, Tel.: 03 31 -298 73-0, Fax: 03 31 - 2 98 73 73
Email: tmb@reiseland-brandenburg.de, Net: www.reiseland-brandenburg.de

Potsdam Tourismus Service, Am neuen Markt 1, 14467 Potsdam
Tel.: 03 31 - 27 55 88 99, Fax: 03 31 - 27 55 829
Email: tourismus-service@potsdam.de, Net: www.potsdamtourismus.de

Tourismusverein Lübben (Spreewald) und Umgebung e.V.
Ernst von Houwald Damm 15, 15907 Lübben
Tel.: 0 35 46 - 22500, Fax: 225023
Email: spreewaldinfo@t-online.de, Net: www.spreewald-luebben.de

tmu Tourismus Marketing Uckermark GmbH, Stettiner Str. 19, 17291 Prenzlau
Tel.: 0 39 84 - 835883, Fax: 0 39 84 - 835885
Email: info@tourismus-uckermark.de, Net: www.tourismus-uckermark.de

Tourismusverband Ruppiner Seenland e.V., Fischbänkenstr. 8, 16816 Neuruppin
Tel.: 0 33 91 - 65 96 30, Fax: 0 33 91 - 35 79 07
Email: info@ruppinerreiseland.de, Net: www.neuruppinerreiseland.de

Tourismusverband Dahme-Seen e.V.,
Bahnhofsvorplatz 5, 15711 Königs Wusterhausen
Tel.: 0 33 75 - 2 52 00, Fax: 0 33 75 - 25 20 11
Email: info@dahme-seen.de, Net: www.dahme-seen.de

Tourismusverband Prignitz e.V.,
Großer Markt 4, 19348 Perleberg
Tel.: 0 38 76 - 30741920, Fax: 0 38 76 - 30741929
Email: info@dieprignitz.de, Net: www.landkreis-prignitz.de

Tourismusverband Elbe-Elster-Land, Markt 20, 04924 Bad Liebenwerda
Tel.: 03 53 41 - 30 65 2, Fax: 03 53 41 - 12 67 2
Email: info@elbe-elster-land.de, Net: www.elbe-elster-land.de

Tourismusverband Niederlausitz e.V., Frankfurter Str. 2, 03149 Forst (Lausitz)
Tel.: 0 35 62 - 692 35 35, Fax: 0 35 62 - 692 35 34
Email: info@niederlausitz.de, Net: www.niederlausitz.de

Tourismusgemeinschaft Barnimer Land e.V., c/o Barnimer
Wirtschaftsförderungs GmbH
Alfred-Nobil-Str. 1, 16225 Eberswalde, Tel.: 0 33 34 - 59100, Fax: 0 33 34 - 59222,
Email: info@barnimerland.de, Net: www.barnimerland.de

Tourismusverband Seenland Oder-Spree e.V.,
Ulmenstraße 15, 15526 Bad Saarow,
Tel.: 0 33 631 - 868100, Fax: 0 33 631 - 868102
Email: info@seenland-os.de, Net: www.seenland-os.de

BREMEN

Bremer Touristik Zentrale Gesellschaft für Marketing & Service mbH
Findorffstr. 105, 28215 Bremen
Tel.: 04 21 - 30 80 10, Fax: 04 21 - 30 800 30
Email: btz@bremen-tourism.de, Net: www.bremen-tourism.de

HAMBURG

Tourismus-Zentrale Hamburg
Steinstr. 7, 20095 Hamburg
Tel.: 040 - 30 05 13 00, Fax: 040 - 30 05 1333
Email: info@hamburg-tourismus.de, Net: www.hamburg-tourismus.de

HESSEN

Hessen Touristik Service e.V.
Abraham-Lincoln-Str. 38-42, 65189 Wiesbaden, Fax: 06 11 - 95017-8140
Email: info@hessen-tourismus.de, Internet: www.hessen-tourismus.de

Touristikregion Kassel-Land e.V.
Raiffeisenweg 2, 34466 Wolfhagen
Tel.: 0 56 92 - 987 326-0, Fax: 0 56 92 - 987 326-1
Email: info@region-kassel-land.de, Net: www.region-kassel-land.de

Touristikzentrale Waldeck - Ederbergland, Südring 2, 34497 Korbach
Tel.: 0 56 31 - 95 43 59, Fax: 0 56 31 - 95 43 78
Email: info@waldecker-land.de, Net: www.waldecker-land.de

Tourismusverband Eschwege-Mainhard-Wanfried,
Hospitalplatz 16, 37269 Eschwege
Tel.: 0 56 51 - 33 19 85
Email: tourist-info@werratal-tourismus.de, Net: www.werratal-tourismus.de

Touristik Service Kurhessisches Bergland, Parkstr. 6, 34576 Homberg
Tel.: 0 56 81 - 77 54 80, Fax: 0 56 81 - 710 614
Email: khb@schwalm-eder-kreis.de, Net: www.kurhessisches-bergland.de

Touristik-Service Waldhessen,
Leinenweberstraße 1,36251 Bad Hersfeld
Tel.: 0 66 21 - 944 100, Fax: 0 66 21-944 101
Email: info@komm-in-die-mitte.de, Net: www.kommindiemitte.de

Fremdenverkehrsverband Marburg-Biedenkopf e.V.,
Im Lichtenholz 60, 35043 Marburg
Tel.: 0 64 21 - 40 50, Fax: 0 64 21 - 40 51500
Email:landkreis@marburg-biedenkopf.de, Net: www.marburg-biedenkopf.de

Fremdenverkehrsverband Freizeitregion Lahn-Dill e.V.,
Karl-Kellner-Ring 51, 35576 Wetzlar
Tel.: 0 64 41 - 4 07 0, Fax: 0 64 41 - 4 07 1050
Email: info@lahn-dill-kreis.de, Net: www.lahn-dill-kreis.de

Region Vogelsberg Touristig GmbH
Vogelsbergstr. 137a, 63679 Schotten
Tel.: 0 66 44 - 96 48 48, Fax: 0 66 44 - 96 48 49
Email: info@vogelsberg-touristik.de, Internet: www:vogelsberg-touristik.de

Rhön-Info-Zentrum, Wasserkuppe 1, 36129 Gersfeld
Tel.: 0 66 54 - 91 83 40, Fax: 0 66 54 - 91 83 42 0
Email: tourismus@rhoen.de oder tourismus@rhoen.de, Net: www.rhoen.de

Lahn-Taunus Touristik e.V.,
Bahnhofstraße 1, 56130 Bad Ems
Tel.: 0 2603 - 9415-15, Fax: 02603 - 9415-60
Email: info@lahn-taunus. de, Net: www.lahn-taunus.de

Westerwald Touristik Service e.V.
Kirchstraße 48a, 56410 Montabaur
Tel.: 02602 - 30 01-0
Email: info@westerwald.info, Net: www.westerwald.info

Rheingau-Taunus Kultur und Tourismus GmbH,
An der Basilika 11a, 65375 Oestrich-Winkel
Tel.: 0 67 23 - 99 55-0, Fax: 0 67 23 - 99 55 50
Email: tourist@kulturland-rheingau.de, Net: www.kulturland-rheingau.de

Taunus Touristik-Service e.V., Hohemarkstr. 192, 61440 Oberursel
Tel.: 0 61 71 - 50 78 0, Fax: 0 61 71 - 50 78 21
Email: ti@taunus.info, Internet: www.taunus.info

Wirtschaftsförderung und Tourismus GmbH im Main-Kinzig-Kreis
Barbarossastr. 28, 63571 Gelnhausen, Tel.: 0 60 51 - 85-0, Fax: 0 60 51 - 85-77
Email: info@mkk.de, Internet: www.main-kinzig-kreis.de

Odenwald Tourismus GmbH, Marktplatz 1, 64711 Erbach
Tel.: 0 60 61 - 96 59 70, Fax: 0 60 61 - 96 59 720
Email: tourismus@odenwald.de, Net: www.odenwald.de

MECKLENBURG - VORPOMMERN

Tourismusverband Mecklenburg-Vorpommern e.V.
Platz der Freundschaft 1, 18059 Rostock
Tel.: 0381 - 40 30 500, Fax: 03 81 - 40 30 555
Email: info@auf-nach-mv.de, Net: www.tmv.de

Tourismusverband Vorpommern e.V.,
Fischstr.11, 17489 Hansestadt Greifswald
Tel.: 0 38 34 - 89 11 89, Fax: 0 38 34 - 89 15 55
Email: info@vorpommern.de, Net: www.vorpommern.de

Tourismusverband Mecklenburgische Schweiz e.V.,
Am Bahnhof 4, 17139 Malchin
Tel.: 0 39 94 - 29 97 80, Fax: 0 39 94 - 29 97 88
Email:info@mecklenburgische-schweiz.com, www.mecklenburgische-schweiz.com

Regionaler Fremdenverkehrsverband Mecklenburgische Seenplatte e.V.,
Turnplatz 2, 17207 Röbel
Tel.: 03 99 31 - 53 80, Fax: 03 99 31 - 53 829
info@mecklenburgische-seenplatte.de, www.mecklenburgische-seenplatte.de

Tourismuszentrale Rügen GmbH, Ringstraße 113-115, 18528 Bergen
Tel.: 03 83 8 - 80 77 80, Fax: 03 83 8 - 25 44 40
Email: info@ruegen.de, Net: www.insel-ruegen.de

Verband Mecklenburgische Ostseebäder e.V.,
Uferstraße 2, 18211 Ostseebad Nienhagen
Tel.: 03 82 03 - 77 61 0, Fax: 03 82 03 - 77 61 20
Email: info@ostseeferien.de, Net: www.ostseeferien.de

Tourismusverband Fischland/Darß/Zingst, Barther Str. 16, 18314 Löbnitz
Tel.: 03 83 24 - 64 00, Fax: 03 83 24 - 64 03 4
Email: info@tv-fdz.de, Net: www.darss.net

Tourismusverband Mecklenburg-Schwerin e.V.,
Alexandrinenplatz 5-7, 19288 Ludwigslust
Tel.: 0 38 74 - 66 69 22, Fax: 0 38 74 - 66 69 20
Email: info@mecklenburg-schwerin.de, Net: www.mecklenburg-schwerin.de

Usedom Tourismus GmbH, Waldstraße 1, 17429 Seebad Bansin
Tel.:03 83 78 - 47 71 0, Fax: 03 83 78 - 47 71 18
Email: info@usedom.de, Net: www.usedom.de

Fremdenverkehrsverein "Feldberger Seenlandschaft",
Prenzlauer Straße 2, 17258 Feldberg
Tel.: 03 98 31 - 250-0, Fax: 03 98 31 - 20807
Email: info@feldberg.de, Net: www.feldberger-seenlandschaft.de

Mecklenburger Kleinseenplatte Touristik GmbH,
Auf der Burg, 17255 Wesenberg
Tel.: 03 98 32 - 2 06 21, Fax: 03 98 32 - 20 383
Email: info@klein-seenplatte.de, Net: www.klein-seenplatte.de

NIEDERSACHSEN

TourismusMarketing Niedersachsen GmbH
Essener Straße 1, 30173 Hannover, Tel.: 0511 - 270 488 0, Fax: 0511 - 270 488 88
Email: info@tourismusniedersachsen.de, www.reiseland-niedersachsen.de

Die Nordsee GmbH - Sieben Inseln Eine Küste
Olympiastr. 1, 26419 Schortens
Tel: 0 44 21 - 95 60 99-0, Fax: 0 44 21 - 95 60 99-9
Email: kontakt@die-nordsee.de, Net: www.die-nordsee.de

Nordsee-Tourismus-Service GmbG, Zingel 5, 25813 Husum
Tel.: 0 49 41 - 89 75 75, Fax: 0 49 41 - 84 83
Email: info@nordseetourismus.de, Net: www.nordseetourismus.de

Ostfriesland Tourismus GmbH, Ledastraße 10, 26789 Leer
Tel.: 0491 - 91 96 96 90, Fax: 0491 - 91 96 96 65
Email: urlaub@ostfriesland.de, Net: www.ostfriesland.de

Emsland Touristik GmbH., Ordeniederung 1, 49716 Meppen
Tel.: 0 59 31-44 22 66, Fax: 0 59 31-44 36 44
Email: info@emsland.com, Net: www.emsland.de

Lüneburger Heide
Tourismusverband Lüneburger Heide GmbH, Wallstraße 4, 21335 Lüneburg
Tel.: 0 41 31 - 73 73 0, Telefax: 0 41 31 - 42 60 6
Email: info@lueneburger-heide.de, Net: www.lueneburger-heide.de

Harz
Harzer Tourismusverband e.V.
Marktstraße 45, 38640 Goslar, Tel.: 0 53 21 - 34 04 - 0, Fax: 0 53 21 - 34 04 - 66
Email: info@harzinfo.de, Net: www.harzinfo.de

Südharztouristik, Ilgerstraße 51, 99768 Harztor
Tel.: 036 331 - 3 20 33, Fax: 036 331 - 3 20 35
Email: info@ilfeld.de, Internet: www.suedharztouristik.de

Wolfenbüttel Marketing & Tourismus Service GmbH
Stadtmarkt 7 a, 38300 Wolfenbüttel, Tel.: 0 53 31 - 86 420, Fax: 0 53 31 - 86 425
Email: wmts@wolfenbuettel.de, Net: www.wolfenbuettel-tourismus.de

Weserbergland, Mittelweser
Tourismusverband Weserbergland - Mittelweser
Deisterallee 1, 31785 Hameln, Tel.: 0 51 51 - 93 00 00, Fax: 0 51 51 - 93 00 33
Email: info@weserbergland-tourismus.de, Net: www.weserberg-tourismus.de

Hannover Region
Tourismus Region Hannover e.V.
Vahrenwalder Str. 7, 30165 Hannover, Tel.: 0511 - 3661-981, Fax: 0511 - 3661-997
Email: info@tourismusregion-hannover.de, Net: www.tourismusregion-hannover.de

Osnabrücker Land
Tourismusverband Osnabrücker Land e.V.,
Krahnstraße 52, 49074 Osnabrück
Tel.: 05 41 - 95 11 10, Fax: 05 41 - 9 51 11 22
Email: tv@osnabruecker-land.de, Net: www.osnabruecker-land.de

NORDRHEIN-WESTFALEN

Tourismusverband NRW e.V., Völklinger Str. 4, 50219 Köln
Tel.: 0211 - 91320-500, Fax: 0211 - 91320-555
Email: info@nrw-tourismus.de, Net: www.dein-nrw.de

Westfalen
Dortmund Tourismus e.V., Max-von-der-Grün-Platz 5-6, 44137 Dortmund
Tel.: 0231 - 18 999-0, Fax: 02 31 - 18 999-333,
Email: info@dortmund-tourismus.de, Net: dortmund-tourismus.de

Ruhrgebiet
Ruhr Tourismus GmbH, Centroallee 261, 46047 Oberhausen
Tel.: 01 805 - 18 16 20
Email: info@ruhr-tourismus.de, Net: www.ruhr-tourismus.de

Sauerland
Sauerland Tourismus e.V., Johannes-Hummel-Weg 1, 57392 Schmallenberg
Tel.: 0 29 74 - 96980, Fax: 0 29 74 - 969833
Email: info@sauerland.com, Net: www.sauerland.com

Siegerland, Wittgensteiner Land
Touristikverband Siegerland-Wittgenstein e.V.,

Koblenzer Str. 73, 57072 Siegen
Tel.: 02 71 - 3 33 10 20, Fax: 02 71 - 3 33 10 29
Email: tvsw@siegen-wittgenstein.de, Net: www.siegen-wittgenstein.de

Teutoburger Wald
Teutoburger Wald Tourismus, Jahnplatz 5, 33602 Bielefeld
Tel.: 0521 - 96733-25, Fax: 0521 - 96733-19
Email: info@teutoburgerwald.de, Net: www.teutoburgerwald.de

Tecklenburger Land Tourismus, Tecklenburger Str. 10, 48565 Steinfurt
Tel.: 02551 - 69-0, Fax: 02551 - 692400
Email: post@kreis-steinfurt.de, Net: www.kreis-steinfurt.de

Touristikzentrale Paderborner Land, Königstr. 16, 33142 Büren
Tel.: 0 29 51 - 97 03-00, Fax: 0 29 51 - 97 03-04
Email: info@paderborner-land.de, Net: www.paderborner-Land.de

Kulturkreis Höxter-Corvey GmbH, Schloss Corvey, 37671 Höxter
Tel.: 0 52 71 - 69 40 10
Email: empfang@schloss-corvey.de, Net: www.hoexter-tourismus.de

Münsterland
Münsterland e.V., Airportallee 1, 48268 Greven
Tel.: 02571 - 94 9300, Fax: 02571 - 94 9399
Email: info@muensterland.com, Net: www.muensterland-tourismus.de

Bergisches Land
Naturarena Bergisches Land GmbH,
Eichenhofstr. 31, 51789 Lindlar
Tel.: 02266 - 46337-0, Fax: 02266 - 46337-37
Email: info@naturarena.de, Net: www.dasbergische.de

Bergisches Land Tourismus Marketing e.V.
Kölner Str. 8, 42651 Solingen
Tel.: 0212 - 88 16 06 73, Fax: 0212 - 88 16 06 66
Email: info@die-bergischen-drei.de, Net: www.bergisches-land.de

Rund um das Siebengebirge
Rhein-Sieg-Kreis,
Amt für Wirtschaftsförderung, Kaiser-Wilhelm-Platz 1, 53721 Siegburg
Tel.: 0 22 41 - 13 23 90, Fax: 0 22 41 - 13 31 16, Net:www.rhein-sieg-kreis.de

Region Bonn/Rhein-Sieg
Tourismus & Congress GmbH, Platz der vereinten Nationen, 53113 Bonn
Tel.: 02 28 - 91 04 10, Fax: 02 28 - 91 04 111
Email: info@bonn-region.de, Net:www.bonn-region.de

Die Nördliche Eifel
Nordeifel Tourismus GmbH, Bahnhofstr. 13, 53925 Kall
Tel.: 02441 - 99 457-0, Fax: 02441 - 99 457-29
Email: info@nordeifel-tourismus.de, Internet: www.nordeifel-tourismus.de

Eifel Tourismus GmbH, Kalvarienbergstr. 1, 54595 Prüm
Tel.: 06551 - 96560, Fax: 06551 - 965696
Email: info@eifel.info, Internet: www.eifel.info

Niederrhein
Niederrhein Tourismus GmbH, Willy-Brandt-Ring 13, 41747 Viersen
Tel.: 02162 - 81 79 03, Fax: 02162 - 81 79 180
Email: info@niederrhein-tourismus.de, Net: www.niederrhein-tourismus.de

RHEINLAND - PFALZ

Rheinland-Pfalz Tourismus GmbH
Löhrstr. 103 - 105, 56068 Koblenz, Tel.: 02 61 - 91 52 00, Fax: 02 61 - 9 15 20 40
Email: info@rlp-info.de, Net: www.rlp-info.de

Rhein / Rheinhessen / Lahn
Rheinhessen-Touristik GmbH, Friedrich-Ebert-Str. 17, 55218 Ingelheim

Tel.: 0 61 32 - 44 17 0, Fax: 0 61 32 - 44 17 44
Email: info@rheinhessen.info, Net: www.rheinhessen.info

Rheintal
Rhein-Touristik Tal der Loreley e.V., 56346 St. Goarshausen
Tel.: 06771 - 59 90 93, Fax: 06771 - 59 90 94
Net: www.tal-de-rloreley.de

Touristik-InformationNassauer Land e.V., Obertal 9 a, 56377 Nassau/Lahn
Tel.: 02604 - 95 25 0, Fax: 02604 - 95 25 25
Email: info@nassau-touristik.de, Net: www.nassau-touristik.de

Koblenz-Touristik
Bahnhofplatz 7, 56068 Koblenz, Tel.: 02 61 - 30 38 80, Fax: 02 61 - 30 38 811
Email: info@koblenz-touristik.de, Net: www.koblenz-touristik.de

Mittelstandsförderung im Landkreis Neuwied GmbH,
Marktstr. 80, 56564 Neuwied, Tel.: 0 26 31 - 28 212, Fax: 0 26 31 - 28 058
Email: info@mfg-neuwied.de, Net: www.mfg-neuwied.de

Osteifel / Vulkaneifel / Südliche Eifel
Ahrtal-Tourismus e.V.
Hauptstraße 8, 53474 Bad Neuenahr-Ahrweiler
Tel.: 0 26 41 - 91 71 0, Fax: 0 26 41 - 91 71 51
Email: info@ahrtaltourismus.de, Net: www.ahrtal.de

Rhein-Mosel-Eifel-Touristik, Bahnhofstr. 9, 56068 Koblenz
Tel.: 02 61 - 10 84 19, Fax: 02 61 - 300 27 97
Email: info@remet.de, Net: www.remet.de

Rhein-Nahe-Touristik, Oberstr. 45, 55422 Bacharach,
Tel.: 06743 - 91 93 03, Fax: 06743 - 91 93 04
Email: info@rhein-nahe-touristik.de, Net: www.rhein-nahe-touristik.de

Eifel Tourismus GmbH, Kalvarienbergstr. 1, 54595 Prüm
Tel.: 06551 - 96560, Fax: 06551 - 965696
Email: info@eifel.info, Net: www.eifel.info

Tourist-Information Bitburger Land, Römermauer 6, 54634 Bitburg
Tel.: 0 65 61 - 943 40, Fax: 0 65 61 - 94 34 20
Email: info@eifel-direkt.de, Net: www.eifel-direkt.de

Westerwald
Westerwald-Touristik-Service, Kirchstr. 48 a, 56410 Montabaur
Tel.: 0 26 02 - 3 00 10, Fax: 0 26 02 - 94 73 25
Email: info@westerwald.info, Net: www.westerwald.info

Touristikverband Wiedtal e.V., Neuwieder Str. 61, 56588 Waldbreitbach
Tel.: 0 26 38 - 40 17, Fax: 0 26 38 - 66 88,
Email: info@wietal.de, Net: www.wiedtal.de

Mosel
Mosellandtouristik GmbH, Kordelweg 1, 54470 Bernkastel-Kues
Tel.: 0 65 31 - 97 33 0, Fax: 065 31 - 97 33 33
Email: Info@mosellandtouristik.de, Net: www.mosellandtouristik.de

Moselgästezentrum, Gestade 6, 54470 Bernkastel-Kues
Tel.: 0 65 31 - 500 190, Fax: 0 65 31 - 500 1919
Email: info@bernkastel.de, Internet: www.bernkastel.de

Zeller Land Tourismus GmbH
Balduinstr. 44, 56856 Zell / Mosel
Tel.: 0 65 42 - 96 22 0, Fax: 0 65 42 - 96 22 29
Email: info@zellerland.de, www.zellerland.de

Pfalz / Nahe / Hunsrück
Pfalz Touristik e.V., Martin-Luther-Straße 69, 67433 Neustadt / Weinstraße
Tel.: 0 63 21 - 3 91 60, Fax: 0 63 21 - 39 16 19
Email: info@pfalz-touristik.de, Net: www.pfalz-touristik.de

Hunsrück-Touristik GmbH, Gebäude 663, 55483 Hahn-Flughafen
Tel.: 06543 - 507 700, Fax: 06543 - 507 709
Email: info@hunsruecktouristik.de, Net: www.hunsruecktouristik.de

Zentrale für Tourismus Südliche Weinstraße,
An der Kreuzmühle 2, 76829 Landau / Pfalz
Tel.: 0 63 41 - 94 04 07, Fax: 0 63 41 - 94 05 02
Email: info@suedlicheweinstrasse.de, Net: www.suedlicheweinstrasse.de

Naheland-Touristik GmbH, Bahnhofstr. 37, 55606 Kirn
Tel.: 0 67 52 - 13 76 10, Fax: 0 67 52 - 13 76 20
Email: info@naheland.net, Net: www.naheland.net

SAARLAND

Tourismus Zentrale Saarland, Franz-Josef-Röder-Str. 9, 66119 Saarbrücken
Tel.: 06 81 - 92 72 00, Fax: 06 81 - 9 27 20-40
Email: info@tz-s.de, Net: www.tourismus.saarland.de

Kreisfremdenverkehrsverband Merzig-Wadern, Brauerstraße 5, 66663 Merzig
Tel.: 0 68 61 - 85 330, Email: tourist@merzig.de, Net: www.merzig.de

Tourist-Information St. Wendeler Land, Am Seehafen 1, 66625 Nohfelden-Bosen
Tel.: 06852 - 90110, Fax: 06852 - 901020, Email: tourist-info@bostalsee.de
Net: www.bostalsee.de; www.sankt-wendeler-land.de

Saarpfalz-Touristik, Paradeplatz 4, 66440 Blieskastel
Tel.: 0 68 41 - 104 71 74, Fax: 0 68 41 - 104 71 75
Email: touristik@saarpfalz-kreis.de, Net: www.saarpfalz-kreis.de

SACHSEN

Landestourismusverband Sachsen e.V.
Messering 8, 01067 Dresden
Tel.: 0351 - 49 19 10, Fax: 0351 - 49 19 129
Email: info@ltv-sachsen.de, Net: ltv-sachsen.de

Dresden, Elbepanorama (WOMO-Reihe Band 72)

Tourismus Marketing Gesellschaft Sachsen mbH (TMGS)
Bautzener Str. 45 - 47, 01099 Dresden, Tel.: 03 51 - 49 17 00, Fax: 49 69 30 6
Email: info@sachsen-tour.de, Internet: www.sachsen-tourismus.de

Tourismusverband "Sächsisches Burgen- und Heideland" e.V.,
Niedermarkt 1, 04736 Waldheim/Sa.
Tel.: 03 43 27 - 96 60, Fax: 03 43 27 - 9 66 19
Email: info@saechsisches-burgenland.de, Net: www.saechsisches-burgenland.de

Tourismusverband Westsachsen/Zwickau e.V.
Hauptstr. 6, 08056 Zwickau
Tel.: 03 75 - 29 37 11, Fax: 03 75 - 29 37 10
Email: info@tourismus-westsachsen.de, Net: www.suedwestsachsen.de

Tourismusverband Sächsische Schweiz e.V., Bahnhofstr. 21, 01796 Pirna
Tel.: 03501 - 47 01 47, Fax: 03501 - 47 01 48
Email: info@saechsische-schweiz.de, Net: www.saechsische-schweiz.de

Tourismusverband Sächsisches Elbland, Fabrikstraße 16, 01662 Meißen
Tel.: 0 35 21 - 76 35 0, Fax: 0 35 21 - 76 35 40
Email: info@elbland.de, Net: www.elbland.de

Tourismusverband Erzgebirge e.V., Adam-Ries-Str. 16, 09456 Annaberg-Buchholz
Tel.: 0 37 33 - 1 88 00 0, Fax: 0 37 33 - 1 88 00 20
Email: info@erzgebirge-tourismus.de, Net: www.erzgebirge-tourismus.de

Tourismusverband Oberlausitz-Niederschlesien e.V.
Tzschirnerstr. 14 a, 02625 Bautzen
Tel.: 0 35 91 - 4 87 70, Fax: 0 35 91 - 48 77 48
Email: info@oberlausitz.com, Net: www.oberlausitz.com

Tourismusverband Vogtland e.V. Göltzschtalstr. 16, 08209 Auerbach
Tel.: 0 37 44 - 18 88 60, Fax: 0 37 44 - 18 88 659
Email: info@vogtlandtourist.de, Net: www.vogtlandtourist.de

Fremdenverkehrsgemeinschaft Oberes Erzgebirge e.V.,
Karlsbader Str. 171, 09465 Sehmatal-Neudorf
Tel.: 037342 - 877-0, Fax: 037342 - 877-222
Email: info@sehmatal.de, Net: www.oberes.erzgebirge.de

Tourismusgemeinschaft Silbernes Erzgebirge e.V.
Albertstraße 4, 09618 Brand-Erbisdorf
Tel./Fax: 037322 - 2550
Email: info@silbernes-erzgebirge.de, Net: www.silbernes-erzgebirge.de

Tourismusgemeinschaft Naturpark Zittauer Gebirge / Oberlausitz e.V.
Markt 1a, 02763 Zittau
Tel.: 0 35 83 - 75 21 39, Fax: 0 35 83 - 75 21 61
Email: info@zittauer-gebirge.de, Net: www.zittauer-gebirge.com

SACHSEN - ANHALT

Investitions- und Marketinggesellschaft Sachsen-Anhalt mbH
Am Alten Theater 6, 39104 Magdeburg, Tel.: 0391 - 568 99 0, Fax: 568 99 50
Email: tourismus@img-sachsen-anhalt.de, Net: www.sachsen-anhalt-tourismus.de

Tourismusverband Saale - Unstrut
Lindenring 34, 06618 Naumburg
Tel.: 03445 - 233 791 0, Fax: 03445 - 233 798
Email: info@saale-unstrut-tourismus.de, Net: www.saale-unstrut-tourismus.de

Stadtmarketing Halle (Saale) GmbH, Marktplatz 13, 06108 Halle (Saale)
Tel.: 0345 - 122 790, Fax: 0345 - 122 7922
Email: info@stadtmarketing-halle.de, Net: www.stadtmarketing-halle.de

Pro Harz Tourismus & Marketing GmbH, Niedergasse 50, 06547 Stolberg
Tel.: 034654 - 81 09 0, Fax: 034654 - 81 09 23
Email: info@proharz.de, Net: proharz.de

Tourismusregion Anhalt-Dessau-Wittenberg e.V.
Neustr. 13, Lutherstadt Wittenberg, Tel.: 03491 - 40 26 10, Fax: 03491 - 40 58 57
Email: info@anhalt-dessau-wittenberg.de, Net: www.anhalt-dessau-wittenberg.de

Magdeburger Tourismusverband Elbe-Börde-Heide e.V.
Domplatz 1 b, 39104 Magdeburg, Tel.: 0391 - 73 87 90, Fax: 73 87 99
Email: info@elbe-boerde-heide.de, Net: www.elbe-boerde-heide.de

Tourismusverband Altmark e.V., Marktstr. 13, 39590 Tangermünde
Tel.: 039322 - 34 60, Fax: 039322 - 43 23 3
Email: tv@altmarktourismus.de, Net: www.altmarktourismus.de

Fremdenverkehrsverband Dübener Heide, Markt 1, 06901 Kemberg
Tel.: 034921 - 2 03 91, Fax: 034921 - 60 39 1
Email: geschaeftsstelle.dhtour@t-online.de, Net: www.duebenerheidetourist.de

SCHLESWIG - HOLSTEIN

Tourismus-Agentur Schleswig-Holstein GmbH, Wall 55, 24103 Kiel
Tel.: 0431 - 600 58-3, Fax: 0431 - 600 58-44
Email: info@sh-tourismus.de, Net: www.sh-tourismus.de

Tourismusverband Schleswig-Holstein e.V., Wall 55, 24105 Kiel
Tel.: 0431 - 560 10 50, Fax: 0431 - 56 98 10
Email: info@tvsh.de, Net: www.tvsh.de

Nordsee-Tourismus Service GmbH, Zingel 5, 25813 Husum
Tel.: 04841 - 89 75 75, Fax: 04841 - 48 43
Email: info@nordseetourismus.de, Net: www.nordseetourismus.de

Ostsee-Holstein-Tourismus e.V., Am Bürgerhaus 2, 23683 Scharbeutz
Tel.: 04503 - 888 525, Fax: 01805 - 700 709
Email: info@ostsee-sh.de, Net: www.ostsee-schleswig-holstein.de

Tourismus Mittelholstein e.V., Schiffbrückenplatz 17, 24768 Rendsburg
Tel.: 04331 - 2 11 20, Fax: 0 4331 - 2 33 69
Email: info@mittel-holstein.de, Net: www.mittel-holstein.de

Herzogtum Lauenburg Marketing & Service GmbH, Junkernstr. 7, 23909 Ratzeburg
Tel.: 04541 - 80 21 10, Fax: 04541 - 80 21 12
Email: info@hlms.de, Net: www.hlms.de

Holsteinische Schweiz Tourismus e.V., Bahnhofstr. 5, 24306 Plön
Tel.: 04522 - 50 95-0, Fax: 04522 - 50 95-20
Email: info@holsteinischeschweiz.de, Net: www.holsteinischeschweiz.de

THÜRINGEN

Thüringer Tourismus GmbH, Willy-Brandt-Platz 1, 99084 Erfurt
Tel.: 0361 - 37 42 0, Fax: 0361 - 37 42-299
Email: service@thueringen-tourismus.de, Net: www.thueringen-tourismus.de

Hainichland - Tourismusverband e.V., Am Schloss 2, 99947 Weberstedt
Tel.: 036022 - 98 08 36, Fax: 036022 - 98 08 37
Email: info@hainichland.de, Net: www.hainichland.de

Thüringen Info, Rückertstr. 4, 98527 Suhl
Tel.: 03681 - 80 42 79, Fax: 03681 - 80 41 68
Email: support@thueringen.info, Net: www.thueringen.info

Tourismusverband Kyffhäuser e.V.,
Anger 14, 06567 Bad Frankenhausen
Tel.: 034671 - 717-0, Fax: 034671 - 717-19
Email: info@kyffhaeuser-tourismus.de, Net: www.kyffhaeuser-tourismus.de

Ostthüringen Online, Wartburgstr. 8, 99817 Eisenach
Tel.: 03691 - 7 09 14 71, Fax: 03691 - 7 09 14 72
Email: redaktion@ostthueringen-online.de, Net: www.ostthueringen-online.de

Tourist-Information Uhlstädt-Kirchhasel, Am Saalewehr 2, 07407 Uhlstädt
Tel.: 036742 - 6 35 34, Fax: 036742 - 6 35 36
Email: touristinfo@uhlstaedt-kirchhasel.de, Net: www.uhlstaedt-kirchhasel.de

Regionalverbund Thüringer Wald e.V., Zellaer Markt 1, 98544 Zella-Mehlis
Tel.: 03682 - 47 769-0, Fax: 03682 - 47 769-6
Email: info@thueringer-wald.com, Net: www.thueringer-wald.com

Thüringer Tourismusverband Jena-Saale-Holzland e.V.
Margarethenstraße 7/8, 07768 Kahla
Tel. : 036424 - 78 43 9, Fax: 036424 - 82 00 1
Email: info@saaleland.de, Net: www.saaleland.de

Tourismusverband Rennsteig Saaleland e.V.
Feengrottenweg 2, 07318 Saalfeld
Tel.: 03671 - 55040, Fax: 03671 - 550440
Email: info@rennsteig-saaleland.de, Net: www.rennsteig-saaleland.de.de

Verwaltungsgemeinschaft "Mittleres Schwarzatal"
Hauptstraße 40, 07429 Sitzendorf
Tel.: 036730 - 343 0, Fax: 036730 - 343 18
Email: info@sitzendorf.de, Net: www.mittleres-schwarzatal.de

Tourismusverband Thüringer Wald / Gothaer Land e.V.
Hauptmarkt 33, 99867 Gotha
Tel.: 0 36 21 - 36 31 11, Fax: 0 36 21 - 36 31 13
Email: info@tourismus-thueringer-wald.de, Net: www.tourismus-thueringer-wald.de

Fremdenverkehrsverband Weimarer Land e.V.
Bahnhofsstr. 28, 99510 Apolda
Tel.: 0 36 44 - 54 06 87, Fax: 0 36 44 - 54 06 84
Email: tourist-info@im-weimarer-land.de, Net: www.im-weimarer-land.de

Sie haben sich bereits für ein ganz bestimmtes Ziel entschieden? Dann schreiben Sie an das örtliche **Fremdenverkehrsamt** oder das **Bürgermeisteramt** – es gibt wohl kaum ein Städtchen in Deutschland, das nicht stolz darauf wäre, durch Ihre Anwesenheit geehrt zu werden. Und da Sie schon am Schreibtisch sitzen – wie wäre es mit folgender Formulierung:

„Wir freuen uns darauf, Ihre Stadt kennenzulernen. Bitte senden Sie uns Ihr Informationsmaterial und einen Stadtplan, aus dem hervorgeht, wo man bei Ihnen gut speisen kann – und auf welchem Parkplatz wir in unserem Wohnmobil ruhig übernachten können."

Gut, nicht wahr? Die Antworten werden für sich sprechen, selbst wenn Sie von einem Ort einmal keine bekommen sollten! Für Ihre nähere Umgebung sollten Sie sich mit gutem **Kartenmaterial** eindecken. Wir haben die in jüngster Zeit erschienen **Radwanderkarten** schätzen gelernt. Sie haben meist den Maßstab 1:50.000; die Wander- und Radwanderwege, Parkplätze, Rastplätze (Spielplätze, Grillplätze), Schwimmbäder (Badeseen, Frei-, Hallenbäder) und natürlich alle Sehenswürdigkeiten sind farbig herausgehoben. Hier können Sie **Übernachtungsplätzchen** entdecken, die nicht direkt an den Hauptstraßen liegen.

Aber auch der Parkplatz direkt vor dem **Freibad** ist nachts total menschen- und autoleer. Morgens, nach dem Frühstück, sind Sie die ersten in den frischen Fluten, und bevor das "Volk" anstürmt, haben Sie schon den Platz geräumt. Aber nicht nur Schwimmbadparkplätze garantieren ruhigen Schlaf.

Im städtischen Bereich empfehlen sich an Wochenenden:
- Hallenbäder
- Sportplätze, Schulen
- Industriegebiete
- Straßen und Parkplätze in Vororten
- Kinderspielplätze
- Friedhöfe

"Nur" 1,8 % unserer Umfrageübernachtungen fanden auf Friedhofsparkplätzen statt. Sollten Wohnmobilfahrer abergläubisch sein? Dabei hat man hier besonders ruhige "Nachbarn" und vielleicht liegt es gerade am Aberglauben, dass wir vor Friedhöfen noch nie durch laute Stimmen gestört wurden. Friedhöfe haben übrigens garantiert einen **Wasserhahn**!

Elsaß: "Ruhige Nachbarn" – ruhige Nacht! (WOMO-Reihe, Band 6)

Nur in Ausnahmefällen, zum Beispiel wenn das Promillelimit erreicht ist, können wir zum Verbleiben auf den oft anempfohlenen **Gaststätten-Parkplätzen** raten. Am blödesten benehmen sich Betrunkene – und die beginnen ihren Nachhauseweg nun mal direkt vor Ihrer "Haustür".

Aber auch der Lärm fröhlicher Zecher, das Zuschlagen der Fahrzeugtüren und das Gebrumme der Motoren lässt keinen rechten Schlafgenuss aufkommen. Da sollten Sie lieber **vor** dem Gaststättenbesuch ein Plätzchen in der Nähe aussuchen – und das letzte Viertel an der eigenen Rundsitzgruppe zu sich nehmen.

Die ruhigsten Schlafplätze sind die am Busen von Mutter Natur:
- Am Meer
- An Seen
- An Grillplätzen
- Auf Wanderparkplätzen
- An Waldspielplätzen
- Auf Waldwegen und auf freier Flur

Wenn Ihnen unsere Statistik wieder etwas Mut gemacht hat, dann finden Sie dort sicher Ruhe und Entspannung.

Sardinien: Versteckter Waldparkplatz (WOMO-Reihe, Band 7)

Folgende Regeln sollte Sie aber stets beachten:

☞ Fahren Sie nur auf Straßen und Wegen, die dem öffentlichen Verkehr gewidmet sind. Sie können weder vom Förster noch vom Wandersmann Verständnis erwarten, wenn Sie Wanderwege versperren oder das Wild vergrämen.

☞ Der Platz Ihrer Wahl sollte so liegen, dass Ihr Wohnmobil **nicht** von der Durchgangsstraße aus gesehen wird. Das erspart Ihnen den Besuch von Neugierigen, Spannern und auch **Polizisten**, die nur mal "nach dem Rechten" schauen wollen – und Sie dabei aus Ihren schönsten Träumen reißen.

☞ Die sonstigen Vorsichtsmaßnahmen haben wir ja eingangs schon eingeübt.

Die Wohnmobilzeitschriften kümmern sich fleißig um die Belange der Wohnmobilfahrer. Mit Hilfe Ihre Stellplatztipps, aber vor allem durch unsere Leserzuschriften und eigene Recherchen können wir bereits eine beträchtliche Zahl von schönen, freien **Wohnmobilübernachtungsplätzen in Deutschland** aufzählen.

Abschließend dürfen wir jedoch einige ganz dringende Bitten loswerden:

BITTE! BENEHMT EUCH!

Viele Stellplätze sind ein Experiment der entsprechenden Gemeinden. Tragen Sie nicht nur Ihren **Müll** zum Container, das ist ja selbstverständlich, sondern auch mal den Ihres unbekümmerten Vorgängers. Immer noch meinen manche Camper, wenn mal was erlaubt ist, dann könne man ja....

MAN KANN ZUM BEISPIEL NICHT SEIN ABWASSER AUF DEN PLATZ TRIELEN LASSEN !!!

Wie geht man tunlichst vor, wenn man das bei anderen sieht? Ich würde "hallo" sagen und ein harmloses **Gespräch** beginnen, das uns zu Partnern macht. Dann erst habe ich die Chance, mein Anliegen so vortragen zu können, dass es dauerhafte Früchte trägt.

Bitte, machen Sie mit! Manchem muss man wirklich auf die Sprünge helfen; bösartige Naturen jedoch sind ausgesprochen selten!

Die einfachste Form des Lernens ist die durch Nachahmung! Gehen Sie einfach mit Ihren Kindern über den Platz und lesen Sie **Papier und Dosen** auf. Den Kindern macht diese "Reinigungsaktion" sogar riesigen Spaß, wenn sie sich vorher mit dem Taschenmesser einen Stock anspitzen dürfen, um die Papierchen aufzuspießen.

Sie erreichen mit Ihrem löblichen Tun gleich viererlei:
- Sie erhalten ein schönes Plätzchen, auf dem Sie sich wohl fühlen.
- Ihre Kinder werden mit Sicherheit mal "rechte Camper".
- Andere Wohnmobilfahrer machen mit oder verhalten sich in Zukunft (vielleicht) besser.
- Zuschauende Nichtcamper bauen ihr Klischee vom schweineigelnden Wohnmobilfahrer ab.

Nicht ohne Grund haben wir Ihnen vorhin die Radwanderkarte empfohlen! Immer häufiger begegnet man Wohnmobilen mit zwei, ja drei bis fünf **Fahrrädern am Heck** oder in der Heckgarage. Die engere Heimat ist abgefahren, warum soll man nicht mit dem Wohnmobil ein entferntes Basislager für neue Rundfahrten aufschlagen?

Dürfen wir Ihnen deshalb empfehlen, beim Neukauf Ihres Wohnmobils gleich eine Dachreling und einen **Fahrradständer** mitzubestellen? Viele Händler haben ganz abenteuerliche Aufschläge für spätere Nachrüstungen. Und – Zubehör ist ein beliebtes Thema für Rabattgespräche!

Das Wochenende geht zu Ende. Vielleicht vermissen Sie an dieser Stelle **Informationen zur Entsorgung**? Wir dürfen doch hoffen, dass für den Wochenendtrip Ihr Fahrzeug autark ist!? Falls nicht, bitten wir Sie, im Kap. 8 unter "Entsorgung" nachzulesen. Die Ver- und Entsorgungsmöglichkeiten an unseren jetzt folgenden 3200 Stellplätzen sind blau markiert.

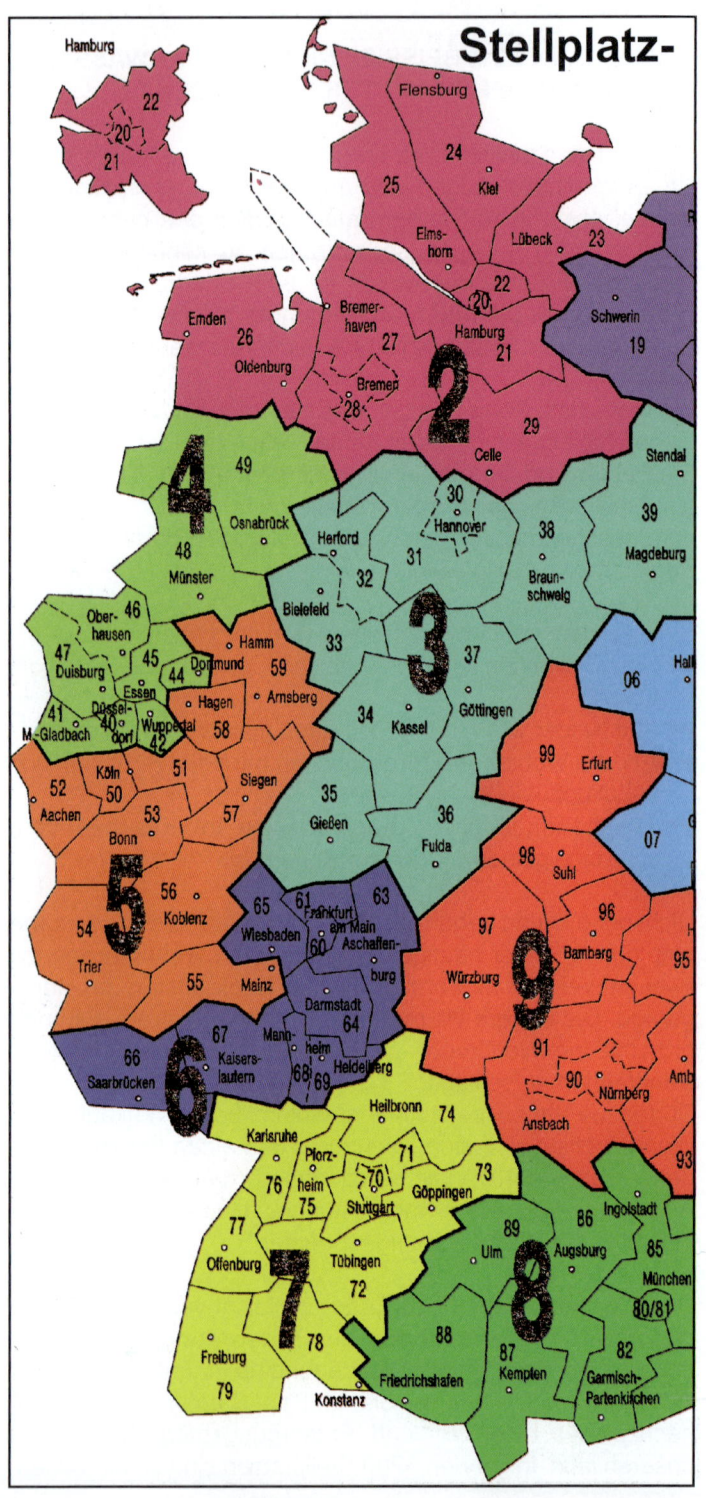

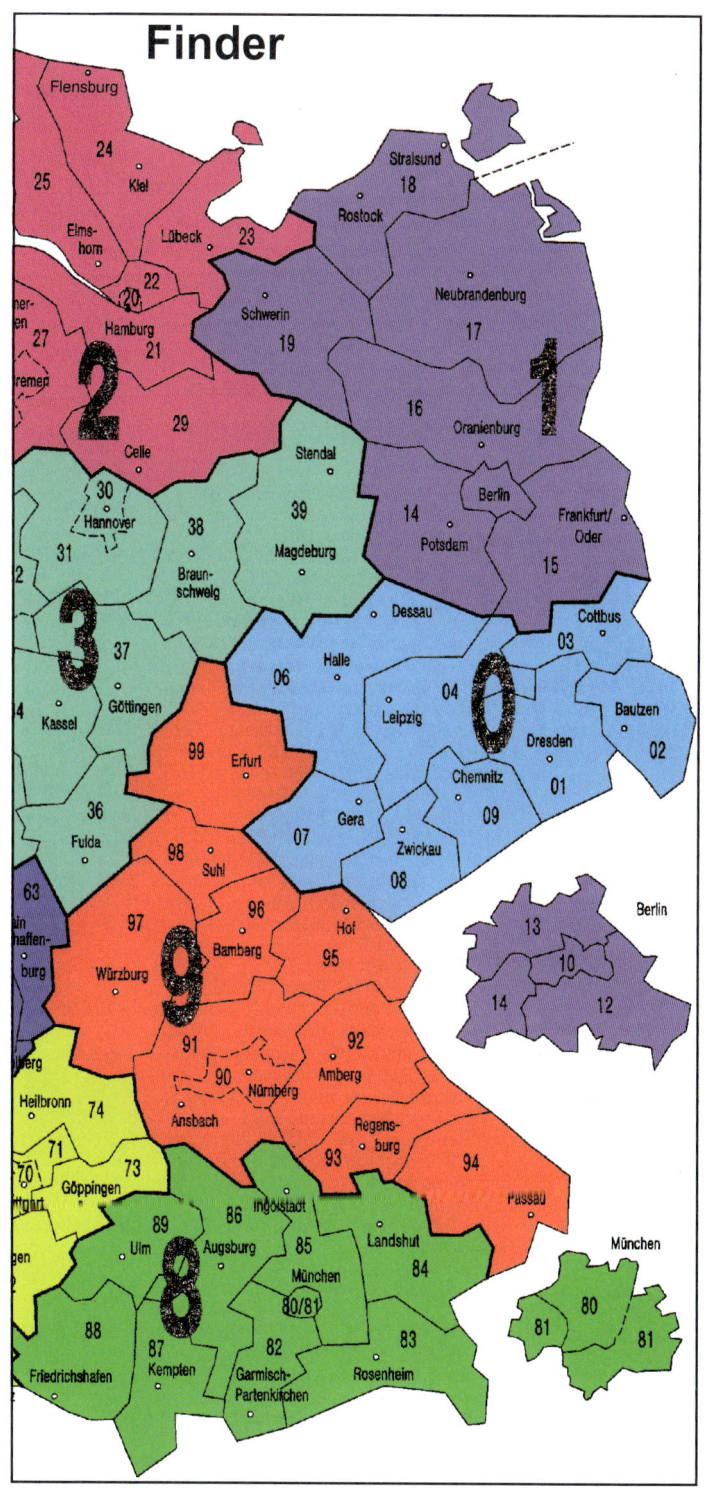

Offizielle und inoffizielle WOMO-Übernachtungsplätze in Deutschland

Die Abkürzungen bedeuten:
P* = Parkplatz gebührenfrei; P = gebührenpflichtig
F = Frischwasserversorgung; A = Abwasserentsorgung
T = Toilettenentsorgung; WC = öffentliche Toilette
D = Dusche; S = Strom; B = Bademöglichkeit

Hinweis: Wenn möglich, wurden die Stellplätze mit PLZ, Ort und Straßennamen angegeben. So kann man sich auch mit jedem Navigationsgerät hinleiten lassen.

Alle Angaben ohne Gewähr!

01069 Dresden, P City-Herberge, Zinzendorfstraße, F/A/S
01097 Dresden, P Wiesentorstraße (Nähe Augustusbrücke an der Elbe), WC/S
01109 Dresden, P Camping-Schmidt, Elsterweg 11
01139 Dresden-Kaditz, P Schaffer-Mobile, Kötzschenbroder Str. 125, F/A/T/S/D/WC
01219 Dresden, P Treff-Hotel, Wilhelm-Franke-Straße 90, S/F/WC
01257 Dresden-Lockwitz, P* Hotel/Restaurant "Gewürzmühle", i-Tel.: 0351-2816550
01445 Radebeul, P Wassersportzentrum, An der Festwiese 9, F/A/T
01454 Langenbrück/Radeberg, Caravan-Touristik-Oase, F/A/S
01454 Wachau/Radeberg, P* Gasthof "Gräfliche Marienmühle", S/F/WC
01465 Seifersdorf/Radeberg, P Gasthof "Marienmühle", F/A/T/S
01468 Kesseldorf, P* Fa. Uhlmann Sachsenallee, S/F/A/T
01468 Moritzburg, P* Restaurant "Waldschänke Moritzburg", Große Fasanenstraße
01468 Volkersdorf, P Bauernhof Menzel, i-Tel.: 035207-81776
01474 Weißig, P Freizeitcenter GB-Mobile, Am Hahnenweg, F/A/T
01559 Großenhain, P* ehem. Landesgartenschau, Carl-Maria-von-Weber-Allee, F/A/T
01612 Diesbar-Seußlitz, P* (Gasthaus "Zum Rosengarten", F/A/WC, Meißner Str. 4 (direkt an der Elbe); "Seußlitzer Hof"; Weingut "Jan Ulrich")
01662 Meissen, P* Gaststätte/Landhaus "Nassau", Nassauweg 1, F/A/T
01165 Kleinzadel/Diera, P* Gaststätte "Zum Züssenhaus", Elbstr.10, S/F/A/T/WC
01705 Freital-Birkigt, P Reisemobilplatz Ihmann, Gitterseer Straße, F/S
01723 Kesselsdorf, P* Fa. Berger-Freizeitmarkt, Sachsenallee 8, F/A/T/S
01744 Paulsdorf, P Camping "Nixi", F/A/T
01762 Hennersdorf, P Fa. Kadner, Dorfstr. 68 a, S
01776 Bärenburg, P Hotel "Am Lift", P Hotel "Friedrichsruhe"
01776 Neu-Hermsdorf/Erzgeb., P* Ferienhotel "Altes Zollhaus", Altenberger Str. 7
01776 Neu-Hermsdorf/Erzgeb., P Sporthotel, Bahnhofstr. 7, A/T/S
01796 Pirna; P* alte Elbe-Brücke Pirna-Copitz (gegenüber Dampferanlegestelle)
01796 Pirna-Posta; P* Gaststätte "Zum Postaer Steinbruch", Oberposta 43, F/S
01809 Heidenau, P Reisemobilplatz Kühne, Rudolf-Breitscheid-Str. 23, F/A/S/WC/D
01814 Bad Schandau, P "Elbe-Camp" am Elbufer, F/A/S, i-Tel.: 035022-40525
01824 Bielatal, P* Gasthof "Hermsdorf", i-Tel.: 035033-201
01824 Weißig, P Restaurant "Rathener Hof", S/F/WC
01833 Stolpen, P ("Burghotel", Schlossstr. 12, S/F/A/T/D/WC; Bistro "An den Stadtscheunen"; Bischofswerdaer Str. 33 a, F/A/WC/D/S
01844 Neustadt/Sachsen, P* P2 am Freibad "Monte Mare", Maxin-Gorki-Straße, WC
01855 Sebnitz, P Touristik-Zentrum, Albert-Kunze-Weg 30, F/A/T
01900 Kleinröhrsdorf, P Freizeitpark Lux-Oase, F/A/T
01920 Kamenz-Bernbruch, P* Caravan-Eyke, Am Ring 9 (Gewerbegebiet), F/A/T
01920 Elstra-Rauschwitz, P* Fa. Caravan Böhm, Bischofswerdaer Landstr. 3, F/A/T
01968 Hörlitz, P Sportmotel "Enduro"
01968 Senftenberg, P Erlebnisbad Senftenberger See, WC/S
01994 Drochow, P* Landgasthof Drochow, i-Tel.: 035754-1540
02625 Bautzen, P Begegnungsstätte Fabrik Bautzen, Mühlstr. 3, F/A/WC/S
02708 Obercunnersdorf, P Erlebnisbad, Kottmarsdorfer Str., F/A
P* Bockwindmühle, Obercunnersdorfer Str., OT Kottmarsdorf

02708 Rosenbach-Bischdorf, P Wildparadies Mittel-Mühle, Untere Dorfstr. 33, WC/S
02730 Ebersbach, P Freibad, Kottmarsdorfer Straße, F/A/T
02739 Waldorf/Eibau, P Gaststätte "Aussichtsturm Kottmarbergbaude"
02779 Großschönau, P am "Trixi-Park" mit Freizeitbad, Jonsdorfer Str. 40, P* Landgasthaus "Bad Schönau", Gründischer Weg 2, F/A
02785 Großschönau, P vor Seecamping, Zur Landesgartenschau 2, F/A
02796 Jonsdorf/Zittauer Gebirge, P* Gaststätte "Gondelfahrt"; P "Haus Oberlausitz", Hutungswiese 13, F/A/T/Sauna/Solarium
02827 Görlitz, P* Gaststätte "Zur Landeskrone"; P Jägerkaserne, Hugo-Keller-Str.
02906 Hohendubrau OT Dauban, P Fa. Ziesche, Bautzener Str. 22, F/S
03046 Cottbus, P* Mi-Mobile Faustmann, Karl-Liebknecht-Str., S/F/A/T
03058 Klein Oßnig/Cottbus, P Fa. Caravan-Krocker, Hauptstr. 12, F/A/T
03096 Burg/Spreewald, P Gaststätte "Zur Wildbahn", "Zum Spreewald", S/F/A/T/WC
03099 Kolkwitz, P Bauernhof Korreng, Papitzer Str. 48, WC/S/F/A/T
03159 Döbern-Eichwege, P Radlerzentrum, Dubraucker Str. 17, WC/S
03222 Lübbenau, P Bauernhöfe "Paul Kalz" und "W. Pschipsch"
03222 Lübbenau-Zerkwitz, P Autocamping "Käppler", Chausseestr. 17a, F/A/D/S
03226 Leipe, P Gasthof "Spreewaldhof", Pension "Hubertus", Hafen Leipe
04420 Markranstädt, P Erholungsgebiet Kulkwitzer See, F/A/T, i-Tel.: 0341-9411514
04430 Böhlitz-Ehrenberg, P Freizeit-Mobile Eißler, F/A/T, i-Tel.: 0341-4426359
04430 Rückmarsdorf, P* Mi-Mobile Siemon, Merseburger Landstr. 16, S/F/A/T
04618 Ehrenhain-Ziegelheim, P* Landgasthof "Ziegelheim", i-Tel.: 034494-231
04626 Löbichau, P Esso-Station, F/A/T, i-Tel.: 036602-34701
04654 Frohburg, P* Gaststätte "Schützenhaus", i-Tel.: 034348-51426
04687 Trebsen/Mulde, P Hotel "Schlo2ssbck", Markt 8
04880 Dommitz/Elbe, P Restaurant "Fährhaus", S/F/WC
06120 Halle/Saale, P* am Stadtring
06484 Westerhausen/Quedlinburg, P Café "Harzblick", WC
06484 Quedlinburg, P Schlossparkplatz Wipertistraße, F/A/T/S, P Fischteiche, S
06493 Alexisbad/Harzgerode, P* Hotel/Restaurant "Harzquell", Kreisstr. 10, F/A
06493 Harzgerode, P* Wallstraße/B 242, i-Tel.: 039484-32420
06493 Dankerode, P Camping "Zur Linde", Hinterdorf 79, F/A/T/S
06502 Weddersleben, P* Landhotel "Alte Mühle", Quedlinburger Str. 1, F/WC/D
06502 Weddersleben, P Lebenshilfe Werkstätten, Quedlinburger Str., S/F/A/T/WC/D
06507 Gernrode, P* am Osterteich (am Ende der Osterallee)
06526 Sangerhausen, P* (oberhalb "Europa-Rosarium", WC; P7; P15; P20)
06547 Stolberg (Harz) P am Rittertor (Ortseingang)
06547 Stolberg (Harz) P* Hotel "Waldblick", Thyrahöhe 24
06567 Bad Frankenhausen, P Restaurant "Bellevue", P Hotel "Reichental", S/F/WC
06567 Bad Frankenhausen, P* (Stiftsstraße; Waldgaststätte "Sennhütte", S/F)
06567 Bad Frankenhausen, P Esso-Tankstelle Gew.gebiet Seehäuser Str., F/A/T
06567 Bad Frankenhausen, P 1a-Autoservice Schulze, Bachmühlenweg 2, F/A/T
06567 Bad Frankenhausen, P* beim Anglerverein, i-Tel.: 034671-7170
06618 Naumburg/Saale, P* Caravan-Rossol, Kroppentalstraße 1, F/A/T (Gebühr)
06618 Naumburg/Saale, P Vogelwiese, Luisenstraße, S/F/A/T
06632 Freyburg, P Berghotel "Zum Edelacker", F
06648 Eckertsberga, P Burgparkplatz
06667 Weißenfels, P* a.d. B 87, Ortsende
06667 Weißenfels, P* Fa. Caravan-Gerth Gewerbegebiet, F/A/T
06786 Wörlitz, P Großparkplatz Seespitze (Rousseau-Insel), S/F/WC
06796 Brehna, P* Fa. AW Technik GmbH Max-Planck-Str., F/A/T
06905 Bad Schmiedeberg, P Erlebnisbad "Basso", Lindenstr. 50, S/F/A/WC/D/B
07318 Saalfeld, P Feengrotten, F/A/T: Kläranlage
07318 Saalfeld, P* Sporthotel "Waldhaus"; Schaubergwerk "Saalfelder Feengrotten"; Freibad, Reschwitzer Straße; F/A/T: Aral-Tankstelle, Rudolstädter Straße
07338 Altenroth/Althenbeuten, P* Gaststätte "Zum Vorwerk"
07381 Nimritz, P Autohaus Klett & Baumgardt, S/F/A/T
07409 Rudolstadt, P* Großparkplatz "Bleichwiese"
07422 Bad Blankenburg, P Burg Blankenberg
07426 Königsee, P* Gasthof "Altdeutsche Bauernstube", Wilhelm-Pieck-Str. 5, WC
07426 Königsee, P Gasthaus "Am Waldbad", S/F/WC
07429 Sitzendorf/Saalfeld, P* Porzellanmanufaktur, Hauptstr. 26, WC
07629 Hermsdorf, P* Rasthof "Hermsdorfer Kreuz " a.d. A 9, WC
07629 Hermsdorf, P* Autohaus Hermsdorf-Ost, Industriegebiet, F/A/T/WC
07629 Reichenbach, P* Waldgasthaus "Heidlbergers Gastlichkeit", Eichenw. 1, S/D
07749 Jena/Thr., P Großparkplatz a.d. B 88 (letzter P vor dem Zentrum)
07768 Kahla, P* Festplatz "Gries"

Stellplatz: 07778 Dorndorf/Saale

07778 Dornburg, P Langzeitparkplatz
07778 Dorndorf/Saale (zu Fuße der Dornburger Schlösser), P* "Alte Saalebrücke"
07819 Triptis, P* Shell-Autohof a.d. A 9, F/D/WC, i-Tel.: 036482-2494
07907 Möschlitz, P* Gaststätte "Spitzbergs Zollhaus", Burgker Str. 25, S/F/A/T
07907 Schleiz, P* HEM-Rasthof, Saalburger Straße (Industriegebiet), F/A/T/WC/D
07907 Schleiz, P* Gaststätte "Schleizer Dreieck"
07919 Langenbuch, P* am Stadtgraben, i-Tel.: 036645-22531
07927 Hirschberg, P* Rastmarkt Hirschberg-Ost, F/A/T
07927 Raila/Saalburg, P* Gaststätte "Wetteraperle", Raila Nr. 11, F/S
07937 Zeulenroda,-Kleinwolschendorf, P* Restaurant "Bergschlösschen Talsperre"
07980 Clodra P Gaststätte "Am Töpferberg", S/F/A/WC
08115 Schönfels, P (Mo-Fr) Freizeit-Spitzner Neumarker Str. 2, F/A/T
08248 Klingenthal-Mühlleithen, P Begegnungszentrum, Floßgrabenweg 1, S/F/WC/D
08258 Markneukirchen, P* Berggasthof "Heiterer Blick"
08297 Zwönitz, P* Hotelrestaurant "Stadt Zwönitz", Am Mühlgraben 1, F/WC/D
08301 Bad Schlema, P Kurhotel, Markus-Semmler-Straße 73, F/A/T
08309 Weitersglashütte/Erzgebirge, P* Pension/Restaurant "Waldhaus" S/F/WC/D
08309 Wildenthal, P Ferienhaus Ott, Hauptstraße 29, F/D/WC/S
08309 Eibenstock, P Restaurant "Bühlhaus", Bühlstr. 16, S/F/WC
08309 Weitersglashütte, P* Restaurant "Waldhaus", F/S/WC/D, i-Tel.: 037752-4002
08318 Blauenthal, P* Parkhotel "Forelle", Zum Wasserfall 2, S/F/WC/D
08318 Eibenstock-Neidhardsthal, P Reiterhof "Fohlenhof", F
08344 Grünhain, P Kur- und Freizeitpark, Auer Straße, F/A/T
08352 Markersbach, P Caravanplatz Hotel "Markersbach", Obermittweida, S/F/A/T
08358 Grünhain, P Haus des Gastes (Nähe Freizeitpark), F/A/T
08359 Breitenbrunn, P Sportzentrum Rabenberg, F/A/WC/D
08393 Oberschindmaas, P Caravan-Bresler, Zwickauer Str. 78, S/F/A/T
08393 Schönberg/Meerane, P* Gasthof "Köthel", i-Tel.: 03764-3346
08491 Weidig/Netzschkau, P Gaststätte "Zur alten BPS", S/F/WC/D,
    P* unter der Göltzschtalbrücke (größte Ziegelbrücke Deutschlands)
08543 Pöhl/Vogtland, P am Campingplatz "Pöhl-Gunzenberg", F/A/T
08626 Adorf/Vogtland, P* Erlebnisbad/Waldbad, Waldbadstraße, WC
08645 Bad Elster, P "Forsthausschänke", Heißenstein 19, F/A/T/WC
09120 Chemnitz, P Therapiezentrum, Beckerstraße, F/A/T
09306 Stollsdorf, P "Spreer's Ferienhaus", Hauptstr. 28, S/F/A/T
09337 Callenberg, Am Stausee Oberweid, F/A/T
09337 Hohenstein-Ernstthal, P* "Berggasthaus", Pfaffenberg 1, S/F/A/T/WC
09392 Auerbach, P* Restaurant "Vogtland"
09399 Niederwürschnitz, P* Alte Ziegelei, an den Stegen
09423 Gelenau, P am Freibad, F/A/T/WC
09429 Wolkenstein, P* Restaurant "Waldmühle", Badstr. 18, F/WC
09429 Wolkenstein-Warmbad, P* Silber-Therme, Am Kurpark 3
09439 Amtsberg, P Camping Erzgebirgsblick, An der Dittersdorfer Höhe 1, F/A/T
09468 Geyer, P* Gaststätte "Waldschänke", Elterleiner Str. 74
09481 Scheibenberg, P* Berghotel "Scheibenberg", F/WC

09484 Oberwiesenthal, P Ausflugsgästehaus "Waldeck", S/F/WC/D
09484 Oberwiesenthal, P Tennishalle, Vierenstr. 11, a, S/F/A/T/WC/D
09491 Weidig, P Brückengaststätte "Zur alten BBS", Göltzschtal 17
09496 Gelobtland/Marienberg, P am Tourismuszentrum Rätzteich, F/A/T/S
09496 Marienberg OT Wolfsberg, P Berghotel "Drei Brüder Höhe", S/F/A/WC/D
09496 Pobershau, P* (Hotel "Schwarzbeerschänke", Hinterer Grund 2, S/F/WC/D; Festplatz, F/A/T/WC)
09544 Cämmerswalde, P Pension "Ölmühle", P Bierstübl "Lösermühle"
09544 Neuhausen/Erzgebirge, P* Ferienhotel "Goldhübel", i-Tel.: 037361-45204
09548 Seiffen, P* (Ortsmitte, Gasthof "Bad Einsiedel", WC, Gaststätte "Nussknackerbaude, WC, Gaststätte "Berghof", WC)
09548 Seiffen, P Ferienpark Seiffen, Deutschneudorfer Str. 57, S/F/A/T/WC, P* (Waldgasthof Bad Einsiedel, Badstr. 1, F/A; Hotel "Berghof", Kurhausstr. 36, F/A)
09599 Freiberg, P* Messeparkplatz, Winklerstraße, F/WC
09619 Friedebach/Erzgebirge, P Waldhotel "Kreuztanne", S/F/WC
09623 Holzhau, P Waldgasthof "Teichhaus", S/F/A/T/WC, i-Tel.: 037327-1302
09648 Mittweida, P* Gaststätte "Moritzburg", Rößgener Straße 50, F/WC
09661 Hainichen, P* Esso-Autohof B169, F/A/T
09661 Striegistal, P Gasthaus "Wiesenmühle", Mobendorf, D/WC
09661 Tiefenbach, P Gasthaus "Grünes Haus, B 169, F/A/T
09841 Scheibenberg, P* Berghotel "Scheibenberg", Auf dem Berg 1, S/F/WC
10178 Berlin, P Alexanderplatz (Palast der Republik)
10407 Berlin-Friedrichshain, Leninallee 77, P Sport- und Erholungszentrum "SEZ"
10969 Berlin-Kreuzberg, P Fa. Steinbock, Alexandrinenstr. 125, F/A/T/S
12055 Berlin, P "Sprint-Tankstelle" Karl-Marx-Str. 234
12107 Berlin-Mariendorf, P (P&R U-Linie 6 Alt-Mariendorf, Freibad Mariendorf, Trabrennbahn)
12279 Berlin-Marienfelde, P* Freizeitpark Diedersdorfweg
12307 Berlin-Lichtenrade, P* P&R S-Bahnhof Lichtenrade
12347 Berlin-Buckow, P* (Restaurant "Buckower Mühle", Buckower Damm, Karl-Elsasser-Str.)
12437 Berlin-Treptow, P* Freizeitpark "Spreepark" (am Treptower Park)
12589 Berlin-Köpenick, P Fa. Caravan Letex, Fürstenwalder Damm 880, F/A/T
13507 Berlin-Tegel, P* (Strandbad Tegel, Insel Reiswerder)
13509 Berlin-Tegel, P Wohnmobilpark Berlin, Waidmannsluster Damm 12, F/A/T/S
13581 Berlin-Spandau, P Ziegelhof direkt an der Havel
13589 Berlin-Spandau, P Reisemobilhafen Berlin, Streitstr. 86, S/F/A/T/WC/D
14053 Berlin-Charlottenburg, P vor dem Olympiastadion
14055 Berlin-Charlottenburg, P* (P 18 hinter der Eissporthalle, P* an der Avus), F/A/T: Rasthof Avus Nordkurve, i-Tel. 030-2647480, Fax: 26474899
14055 Berlin-Charlottenburg, P* (Masurenallee, Palais am Funkturm, Messegelände Jaffestraße)
14055 Berlin-Charlottenburg, P* (Mommsen-Stadion, Olympia-Stadion, beim Kurfürstendamm (Liegnitz-/Wielandstraße), Deutschlandhalle)
14089 Berlin-Hohengatow, P* Uferpromenade an der Havel, B
14109 Berlin-Wannsee, P* Restaurant "Moorlake" an der Havel
14193 Berlin-Grunewald, P* Restaurant "Forsthaus Paulsborn" am Grunewaldsee
14193 Berlin-Grunewald, P* Teufelssee-Chaussee, Teufelsberg
14193 Berlin-Wannsee, P* Restaurant "Blockhaus Nikolskoe", i-Tel.: 030-8052029
14195 Berlin-Dahlem, P* Forsthaus "Paulsborn" Hüttenweg, WC
14471 Potsdam, P P&R Hauptbahnhof
14471 Potsdam, P* Hotel/Restaurant "Bayerisches Haus", i-Tel.: 0331-973192
14476 Fahrland, P* Gaststätte "Mühlenbaude", i-Tel.: 033208-350
14476 Paaren im Glien, P Märkisches Ausstellungs- und Freizeitzentrum
14480 Potsdam, P Brandenburg. Automobil GmbH, Sternstr. 39, F
14482 Potsdam, P P&R-Parkplatz Nähe Hauptbahnhof
14542 Geltow, P Bauernhof Wesche, F/A/T, i-Tel.: 03327-56124
14542 Plötzin, P Fina-Autohof an der A 10, Abfahrt Großkreuz, F/A/T
14542 Werder/Havel, P* im Ort
14547 Buchholz/Beelitz, P Dorfstr. 4 (Willi Siebach)
14550 Groß Kreutz, P Gaststätte "Zum fröhlichen Landmann", Ziegeleiweg 17, WC/S
14552 Saarmund, P Reisemobilhändler Nuthetal-Caravan-Werner, S/F/A/T/WC
14641 Falkenrehde, P "Gutshof Havelland", Potsdamer Str. 30, S/F/A/WC
14669 Ketzin, P Gaststätte "An der Fähre", WC, P Ferienhof "Havelblick", S/WC
14728 Stölln, P Parkplatz am Galleberg (Otto-Lilienthal-Museum)
14770 Brandenburg, P Mi-Mobile Brandenburg, Karl-Reichstein-Str. 29, S/F/A/T
14770 Brandenburg, P Wasserwander-Rastplatz Salzufer/Humboldthain, F/A/T
14776 Brandenburg, P Wassersportzentrum "Alte Feuerwache", F/A/T

14778 Radewege, P "Kurt's Landgasthaus"
14797 Netzen, P Hotel-Restaurant "Seehof"
14806 Belzig, P Springbach-Mühle, Mühlenweg 2, F/A/T/WC/D/Grillplatz
14822 Linthe, P* Esso-Autohof a.d. A 9, F/WC/D, i-Tel.: 033844-51890
14913 Jüterbog, P* Restaurant "Am Bad", B/F/A/T, i-Tel.: 03372-400789
14913 Jüterbog, P* WOMO-Vermietung Schramm, Große Str. 104, F/A/T
14943 Luckenwalde, P Jagdgaststätte "Elsthal", B/F/A/T, i-Tel.: 03371-616808
14943 Luckenwalde, P Hotel "Vierseithof"
14979 Kleinbeeren, Fa. Elektrotechnik Könik, F/A/T
15299 Müllrose, P* Fa. Camping Nitschke, Frankfurter Str. 98
15324 Letschin, P Caravaningstation, Kienitzer Oderstr. 30, F/A/T
15326 Altzeschdorf, P Reiterhof "Blumrich", Falkenhagener Weg 11
15345 Reichenow, P Hotel "Schloss Reichenow"
15366 Dahlwitz-Hoppegarten, Fa. Caravan-Center-Matner, Berliner Str. 111, F/A/T
15366 Hönow, Fa. Tramp-Wohnwagen, Altlandsberger Chaussee, F/A/T
15366 Neuenhagen, P* im Ort (ausgeschildert)
15748 Münchehofe/Müncheberg, P am Campingplatz "Großer Klobichsee", F/A/T
15526 Bad Saarow, P* Hotel "Am Seerosenteich", i-Tel. + Fax: 033631-2687
15528 Spreenhagen, P* Esso-Autohof, F/D/WC, i-Tel.: 03363-527
15806 Kallinchen, P* Restaurant "Alter Krug", P Standbad Motzener See
15831 Großenziethen, P* am Schwimmbad (ausgeschildert), WC
15907 Lübben, P am "Burgfehn", S/F/A/T
15907 Lübben, P am Campingplatz "Spreewaldcamping", S/F/A/T
15926 Lukkau, P Südpromenade, B 87, F/A/T
16225 Eberswalde, P (Bollwerkstraße, "Chemische Fabrik" Familiengarten)
16244 Altenhof/Barnim, P* Restaurant "Seeblick, i-Tel.: 033363-2234
16244 Finowfurt, P Erzberger Platz, F/WC/D/S
16248 Niederfinow, P am Schiffshebewerk, F
16248 Stolzenhagen, P Caravanstation am Bollwerk, S/F/A/T
16259 Freudenberg, P* Gasthaus "Am Weiher", i-Tel. + Fax: 033451-6229
16259 Neulewin, P ehem. Bauernhof, Karlsbiese 10, F/A/T/S
16259 Tiefensee, P Reisemobilhafen vor Country Camping, F/A/T
16259 Güstebieser Loose, P Caravaningstation an der Alten Oder, F/A/T
16269 Bliesdorf, P Restaurant "Anger", S/F/A/T, i-Tel.: 030-5147937
16303 Schwedt, P Wassersportverein, Wasserplatz 4, WC/D/S/F/A/T
16359 Biesenthal, P* Waldhotel "Am großen Wukensee", i-Tel.: 03337-2102
16359 Lanke, P* Restaurant "Seeschloss" B/WC, i-Tel.: 03337-2043, Fax: 3412
16515 Oranienburg, P Restaurant "Havelidyll", Havelhausener Brücke 1, WC/D/S
16515 Zühlsdorf, P Restaurant "Zum gemütlichen Waldhasen"
16559 Kreuzbruch, P Gaststätte "Haflinger Hof"
16708 Fürstenberg/Havel, P Marina, Ravensbrücker Dorfstr. 26b, F/A/T/S
16727 Vehlefanz, P Fina-Autohof, F/A/T
16761 Hennigsdorf, P Autohaus Schauwenz, S/F/A/T/WC/D, i-Tel.: 03302-810210
16775 Midenberg/Gransee, P Gaststätte "Havelblick"
16818 Netzeband, P Restaurant "Märkische Höfe", i-Tel.: 033924-8980
16837 Dorf Zechlin, P (Hotel "Waldeck", Café "Zur Brücke"), S
16845 Dreetz, P Reiterhof Müller, Schulstraße 61, F/A/T/WC/S
16909 Herzsprung, P* Shell-Autohof a.d. A 24, F/D/WC, i-Tel.: 033964-347
16909 Sewekow, P* Seehotel/Restaurant "Ichlim" am Nebelsee
17033 Neubrandenburg, P* am Augustastrandbad, Lindenstraße F/A/T
17033 Neubrandenburg, P Wassersportzentrum, Augustastraße 7, S/F/A/T/WC/D
17087 Altentreptow, P* Mi-Mobile Ehlert, Gewerbehof, S/F/A/T
17091 Zwiedorf, P Bauernhof "Brunnenhof Sperling", Dorfstr. 20, S/F/A/WC/D
17094 Burg Stargard, P* am Tiergarten, i-Tel.: 039603-20214
17094 Burg Stargard, P* HEM-Tankstelle Bahnhofstraße, F/A/T/WC
17111 Sommersdorf, P vor Campingpark Sommersdorf, F/A/T Campingplatz
17139 Remplin, P "Reiterhof Taeger", S/F/WC/D
17192 Alt-Schloen, P "Sabines Bio-Bauernhof", Devener Weg 5, S/F/A/T/WC/D
17192 Klink/Waren Müritz, P* "Müritz-Hotel", i-Tel.: 03991-140, Fax: 141794
17192 Klink/Waren Müritz, P WOMO-Platz Sembzin, S/F/A/T/WC
17192 Waren Müritz, P Zentrum/Steinmühle, WC (F/A/T Kläranlage)
17192 Waren Müritz, P Blumenhaus Steindorf-Sabath, Unterwallstr. 24, F/A/T/D/S
17192 Sembzin/Waren Müritz, P Reisemobil-Rastplatz, Dorfstr. 2, S/F/A/T/D/B
17207 Darze Müritz, P* am Schwimmbad
17207 Darze Müritz, P* Raststätte "Darzer Eck", WC
17207 Röbel Müritz, P Seglerhafen/Jachtclub, S/F/A/T/WC/D
17207 Gotthun, P Pferdehof an der Müritz, Müritzweg 11, S/F/A/T/WC/D
17213 Lenz/Malchow, P Caravanhafen Lenz, S/F/A/T/WC/D

17214 Alt Schwerin, P vor Insel-Camping Werder, Wendorf Nr. 8, F/A/TS/WC
17237 Karpin, P* Landgasthof "Am Schlesersee", F/A/T/WC
17252 Fleeth, P* Hotel/Restaurant "Oase am See", B, i-Tel.: 039833-22194
17255 Priepert, P Wohnmobilpark "Großer Priepertsee", F/A/TS/D/B
17268 Petznick, P Ferienanlage, i-Tel.: 0161-1324835
17268 Templin, P Reimo-Platz (ausgeschildert), F/A/T
17268 Templin, P Knehdener Straße, F/A/T
17279 Lychen, P Marina Jachthafen, WC
17291 Arendsee/Prenzlau, P* Hotel/Restaurant "Waldheim", WC
17322 Blankensee, P Fam. Lühn, Am Achterfeld 1, WC/D
17328 Storkow/Pasewalk, P* Kaffeestube "Hans Knaute", WC
17375 Mönkebude, P am Yachthafen, S/F/A/WC/D
17389 Anklam, P Caravan-Club Anklam, Am Entensteig, F/A
17390 Pätschow, P privat Dorfstr. 34, S/F/A/T/WC/D
17406 Usedom, P* im Hafen, B
17419 Ahlbeck, P Rauthe, Waldstr. 7, S/F/A/T/WC/D
17424 Heringsdorf/Usedom, P Privatstellplätze Labanstr. 10 + 15, S/F/A/T
17424 Heringsdorf OT Bansien, P Reisemobilhafen, Rudolf-Breitscheid-Str., S/F/A/T
17429 Sellin/Usedom, P Hotel/Restaurant "Cliff"
17440 Neuendorf, P Marina Yachthafen Achterwasser, F/A/T
17493 Eldena/Greifswald, P* Restaurant "Zur Post", WC
17498 Greifswald, P* Marktkauf-Center, Dorfstraße, F/A/T
17498 Hinrichshagen, P Caravan-Service, An der B 96a, F/A/T
18055 Rostock, P (Mühlendamm, Neuer Friedhof, Fischerdorf Evershagen)
18055 Rostock, P* Restaurant/Motel "Troika", WC, i-Tel.: 0381-717970
18069 Alt-Sievershagen, P Bauernhof Dubberke, S/F
18107 Lütten Klein Dorf, Stadtentsorgung, F/A/T
18119 Diedrichshagen, P Fam. Blohm Stoltener Weg, F/A/T
18119 Warnemünde, P am Friedhof, P Stadtmitte (am Passagierkai)
18146 Rostock, Autohaus Rostock, Rövershager Chaussee 5, F/A/T
18146 Rostock-Markgrafenheide, P hinter den Dünen "Hohe Düne"
18181 Graal-Müritz, P Großparkplatz Stadtmitte "Zur Seebrücke" (hinter der Düne)
18182 Mönchhagen, P* Esso-Autohof, F/D/WC
18209 Wittenbeck, P Steilküste, Bäderweg in Strandnähe, F/A/T/B
18211 Bargeshagen, P Fa. Caravaning Nord, Rabenhorster Damm 3 S/F/A/T
18211 Börgerende, P Feriencamp Börgerende, Deichstraße, F/A/T/B
18225 Ostseebad Kühlungsborn, P Kühlungsborner Wohnmobilhafen, S/B/F/A/T
18225 Ostseebad Kühlungsborn, P Zentralparkplatz, i-Tel.: 038293-284
18230 Kägsdorf, P am Ostseestrand
18230 Rerik-Meschendorf, P Ostseecamp "Seeblick", F/A/T, i-Tel.: 038296-480
18337 Saal OT Neuendorf, P am Hafen, F/WC
18347 Dierhagen-Dorf, P Wasser-Wander-Rastplatz, Hafenstr., P Strandaufgang 5
18347 Wustrow, P (Barnsdorfer Weg Nähe Boddenhafen; Surfcenter Nebelstation 2)
18374 Zingst, P beim Campingplatz "Am Freesenbruch", Bahndamm 1, S/F/A/T
18374 Zingst, P Seestraße, i-Tel. + Fax: 038232-786
18375 Prerow, P Regenparkcamp, F/A/T, P am Strandzugang Fuchsberg 22, WC
18439 Stralsund, P Caravancenter Werftstr. 16, S/F/A/T, P* Hafen (Hansekai)
18528 Ralswiek, P* an der Naturbühne
18551 Lohme-Hagen auf Rügen, P am Königstuhl, F/A/T/D/WC
18556 Putgarten auf Rügen, P Ortseingang, Dorfstraße, F/WC
18556 Nonnevitz auf Rügen, P Luigi's Caravanserail, B/F/A/T, i-Tel.: 038391-89488
18556 Dranske auf Rügen, P Caravancamp Ostseeblick, Seestraße, F/A/T/WC
18569 Gingst auf Rügen, P Ferienanlage Haidhof, S/F/A/T
18569 Seehof auf Rügen, P Caravanplatz Seehof, A/T
18574 Poseritz auf Rügen, P* Gasthaus "Lindenkrug", Lindenstr. 27, WC/A/S
18581 Lauterbach auf Rügen, P Wasserferienwelt Im Jaich (Yachthafen), F/WC/D/S
18609 Binz auf Rügen, P Behrenwolt, Proraer Chaussee 8, F/A/T/S
19055 Schwerin, P Großparkplatz Freilichtbühne am Jägerweg
19055 Schwerin, P* Gaststätte "Jagdhaus Schelfwerder", i-Tel.: 0385-561216
19055 Schwerin, P* Gaststätte "Seewarte" am Paulsdamm, i-Tel.: 0385-561554
19055 Schwerin-Wickendorf, P* Hotel/Restaurant "Frankenhorst"
19067 Langen Brütz, P Hotel "Landhaus Bondizio"
19273 Neuhaus, P Kirchplatz, F/A/T; Tankstelle Stieger, Bahnhofstr. 15 b
19288 Fahrbinde, Aral-Tankstelle, F/A/T
19288 Wöbbelin, P* Landgasthaus "Mörer", S/F
19294 Karenz, P Reiterhof am Steinberg, S/F/A/T, i-Tel.: 038750-20288
19300 Grabow, P Gasthaus "Eldekrug", S/F, P* "St. Pauli" (Nähe Zentrum), F/A/T
19300 Grabow, P* P2 am Hafenkai beim Bootshafen, Canalstraße, F/A/T

19303 Dömitz, P* an der Festung, WC
19303 Dömitz, P am Wasserwanderzentrum, Fritz-Reuter-Str. 11, F/A/T/S/WC/D
19322 Abbendorf, P Gaststätte "Dörpkrog am Diek", S/F/WC
19322 Wittenberge, am Sportboothafen, F/A/T
19370 Parchim, P P1 (Zentrum Süd), F/A/T/WC/D
19386 Kuppentin, P Wasserwanderrastplatz Mühlbachstr. 10, S
19406 Kukuk, P* Restaurant "Wagner", B/S/WC
19406 Sternberg, P vor Camping "Sternberger Seenlandschaft", WC/S/F/A/T
20148 Hamburg, P Außenalster-Harvestuder Weg/Ecke Alsterterrassen, Stadtteil Bergedorf: Wander-P Boberg
20350 Hamburg, P ("Außenalster", "Stadtpark", "Elbe", Tierpark Hagenbeck)
20359 Hamburg/St. Pauli, P KRAPAG, Hafenstr. 89, S/WC/D
20457 Hamburg, P Kraftwagenhallen am Messberg, Poggenmühle 4, F/A/T/S
20537 Hamburg-Hamm, P* Shell-Autohof Hammer Deich, F/D/WC
21109 Hamburg, P* Autobahnraststätten Stillhorn O + W, F/A/T, i-Tel.: 040-750170
21109 Hamburg-Georgswerder, P* Shell-Autohof Georgswerder Bogen, F/D/WC
21129 Hamburg-Waltershof, P* Shell-Autohof an der A 7, F/D/WC
21218 Seevetal, P* Hotel "Becker's Gasthof", i-Tel.: 04105-2418
21220 Maschen, P Ebel-Reisemobile, Unner de Bult 10, S/F/A/T
21271 Nindorf/Lüneburger Heide, P* ausgeschildert, WC
21271 Nindorf/Lüneburger Heide, P Gasthof "Brauner Hirsch", Rotdornstr. 15, F/S
21272 Egestorf, P am Aquadies, Ahornweg 5, B/WC/F/A/T, i-Tel.: 04175/1516
21279 Hollenstedt, P* Reisemobile Hollenstedt, S/F
21335 Lüneburg, P* am Fluss Neetze/Reihersee, P Sülzwiesen am Sülzwall, F/A/T
21354 Bleckede, P Campingplatz "Alt Garge, Am Waldbad, F/A/T/WC/D
21354 Bleckede, P* Restaurant "Fährhaus", i-Tel.: 05852-3168
21365 Adendorf, P* am Sport- und Freizeitzentrum, S/WC
21369 Breese, P* Gaststätte "Landhaus Breese", S/F/WC
21369 Oldendorf/Görde, P Gaststätte "Zum Gördetor", S/F
21376 Salzhausen, P* Gaststätte "Schützenhaus", P* Waldbad, (F/A/T Kläranlage)
21379 Scharnebeck, P* Restaurant "Schweizerhof" beim Schiffshebewerk
21380 Artlenburg, P Sportboothafen, Am Deich, F/A/T/WC/D/S
21380 Artlenburg, P Bauernhof Gerstenkorn, i-Tel.: 04139-7081
21380 Artlenburg, P* Restaurant "Artlenburger Elbterrasse", i-Tel.: 04139-7073
21382 Brietlingen, P* Restaurant "Franck", Alte Salzstr. 31b
21382 Brietlingen, P Reihersee, B 209, F/A/T/WC
21385 Amelinghausen, P am Lopausee (F/A/T Kläranlage)
21385 Amelinghausen, P (am Waldfreibad, an der Kronsbergheide), WC/S/B
21385 Amelinghausen, P* Gaststätten "Schenk", "Thieshof", "Sportblick", "Niedersachsen", (F/A/T Kläranlage)
21385 Dehnsen/Amelinghausen, P Gaststätte "Eichenkrug", S/F/WC
21385 Oldendorf/Luhe , P* Landgasthaus "Tödter", i-Tel.: 04132-289
21385 Oldendorf/Luhe OT Marxen, P Bauernhof Lühr, S, i-Tel.: 04132-688
21385 Rehlingen, P Bauernpension Hassebrauck, i-Tel.: 04123-317
21385 Rehlingen, P Gaststätte "Rehlinger Hof", F/S
21388 Schwindebeck, P* Schwindebecker Heide, Hauptstraße
21388 Soderstorf-Rolfsen, P* Gasthof "Katerberg", Alte Rolfser Straße 7, B/WC
21406 Melbeck, P Ilmenaupark, Uelzener Straße (an der Ilmenau)
21423 Drage, P Gasthaus "Zur Rennbahn", i-Tel.: 04177430
21481 Lauenburg, P* "Lösch- und Ladeplatz" am Hafen, P* "Am Schüsselteich"
21481 Lauenburg, P* Gaststätte "Zum alten Schifferhaus", WC
21502 Geesthacht, P* Schiffsanlegestelle Freizeitbad, Elbuferstraße
21514 Büchen, P* (Waldschwimmbad, Wanderparkplatz), WC
21614 Buxtehude/Neukloster, P* "Pfingstmarkt", F/A/T
21614 Buxtehude, P* "Altstadtparkplatz", Genslerweg
21635 Jork, P Festplatz am Fleet, F/A/T
21682 Stade, P P4 "Salztor", F/A/T, P Fa. Hymer, Klarenstecker Damm 21, S/F/A/T
21698 Harsefeld, P* am Klostergarten, Kirchenstraße, i-Tel.: 04164-887135
21702 Ahlerstedt-Ottendorf, P "Irmgards Terrassencafé", Rickstücken 2, F/A/T/D
21706 Assel, P* am Alten Hafen, Asseler Hafenstr., i-Tel.: 04770-831129
21706 Drochtersen, P* am Sportplatz
21706 Drochtersen-Krautsand, P* Hotel "Elbaussicht", i-Tel.: 04143-7258
21706 Drochtersen-Krautsand, P* am Elbdeich, Krautsander Hafenstraße
21709 Himmelpforten, P* Fa. Caravan-Heidemann, F/A/T
21720 Grünendeich, P am Fähranleger (Lühe-Sperrwerk) im Deichvorland
21723 Hollern-Twielenfleth, P neben Fährhaus Twietenfleth im Elbevorland
21729 Freiburg/Elbe, P* hinterm Deich (Sportzentrum), S/F
21730 Balje, P* am Natureum Nähe Oste-Sperrwerk, Neuenhof 8

21732 Krummendeich, P* im Ort
21734 Oederquart, P* vor dem Schützenhaus am Sportplatz
21737 Freiburg/Elbe, P Sport- und Freizeitzentrum, Am Bassin, F/A/T/D/WC
21737 Wischhafen, P* Wiesenparkplatz unterm Deich (ausgeschildert), P an der Fähre (F/A/T: Servicestation Ziegelstraße Gewerbegebiet)
21743 Oederquard, P* am Sportplatz (ausgeschildert)
21755 Hechthausen, P am Geesthof, Strandparkplatz
21756 Osten, P an der Festhalle, Gartenstraße, S/F/A/T/WC
21763 Scholien/Neuenkirchen, P Ferienhof Rolf Mahler, S/F
21781 Cadenberge, P Reisemobilvermietung Henning, Alter Postweg 1, S/F
22393 Wellingsbüttel, P VW-Händler "NFA", F
22527 Hamburg, P Tierpark Hagenbeck (Haupteingang)
22850 Norderstedt, Europcar Segeberger Chaussee 3, F/A/T
22850 Norderstedt, Fa. Wohnwagen-Storbeck, Hans-Böckler-Ring 37, F/A/T
22965 Todendorf, P Rastplatz vor Wolfsbruck
22967 Tremsbüttel-Rehbrook, P* Gasthof "Zum Rehbrook", i-Tel.: 04532-3044
23494 Boltenhagen, P Krämers WOMO-Hafen, Ostseeallee 58 b, S/F/A/T/WC/D
23554 Lübeck, P Großparkplatz P&R (B 207 Richtg. Ratzeburg), P* SVG Autohof bei der Lohmühle 54, F/A/T
23556 Lübeck-Buntekuh, P* Plaza-Supermarkt, Ziegelstraße 232, F/A/T
23568 Travemünde, P Fischereihafen, Auf dem Baggersand 17, S/F/A/T/WC
23568 Travemünde, P am Kowitzberg (Nähe Golfplatz), F/A/T
23623 Steenkrütz/Gnissau, P Restaurant "Dat Buuernhus", F/A/T
23626 Ratekau-Sereetz, P* am Sportplatz
23627 Groß Sarau/Rothenhusen, P* "Fährhaus Rothenhusen
23669 Timmendorfer Strand, P* "Krugs Hotel Meerblick", P P4 Vogelpark, F/A/T/WC
23683 Haffkrug/Scharbeutz, P* (Badeweg, Waldweg)
23683 Scharbeutz, Großraum-P "Hamburger Ring" (ausgeschildert), F/A/T/S
23701 Eutin, P* P6 Elisabethstraße (am Bahnhof)
23701 Eutin OT Sielbeck, P* Waldrestaurant "Forsthaus am Ukleisee", F
23714 Malente, P* Restaurant "Bürgerstuben"
23714 Malente-Gremsmühlen, P* Krützen, Seb.-Kneipp-Straße, F/A/T
23715 Bosau, P Hotel-Restaurant "Dat Gröne Huus, Stadtbeker Str. 97, S/B
23730 Pelzerhaken/Neustadt, P "Ferienpark am Walde", S/F/A/T
23730 Sierksdorf, P Freizeitpark "Hansa-Park", WC, P Gaststätte "Am Fahrenkrog"
23738 Lensahn, P Waldschwimmbad, Dr.-Justus-Binde-Straße, S
23743 Grömitz, P Großraumparkplatz Lübecker Bucht, Gildestraße, F/A/T/S
23743 Lensterstrand, P am Deich, WC
23758 Oldenburg/Holstein, P* am Jachthafen, F
23758 Weißenhäuser Strand/Wangels, P am Ferienzentrum Nähe B 202, F/A/T
23769 Burg auf Fehmarn, P Fa. Hintz, Am Steinkamp 2, S/F/A/T
23769 Burg auf Fehmarn, P Parkplatz Ost, Osterstraße, i-Tel.: 04371/868686
23769 Johannisberg auf Fehmarn, P "Am grünen Brink", S/F/A/T
23769 Gahlendorf auf Fehmarn, P am Ferienhof "Wachtelberg", F/A/T/WC/D
23769 Puttgarden auf Fehmarn, P Reisemobilplatz Johannisberg, F/A/T/S
23769 Puttgarden auf Fehmarn, P Badestrand "Grüner Brink", Krögenweg, F/A/T
23769 Strukkamp auf Fehmarn, P vor Camping Strukkamphuk, F/A/T
23769 Sulsdorf auf Fehmarn, P auf dem Minicamping Kleingarn, F/A/TS/D
23769 Wulfen auf Fehmarn, P vor dem Campingplatz "Wulfener Hals", S/F/A/T/WC
23774 Heiligenhafen, P Am Steinwarder, F/A/T/WC
23775 Großenbrode, P neben dem Wassersportzentrum, S/F/A/T/D/WC
23779 Neukirchen-Kraksdorf, P Bauernhof Brackstatt, i-Tel.: 04365-7191
23820 Strenglin, P Hotel-Restaurant "Strengliner Mühle", F
23823 Seedorf/Bad Segeberg, P* Gasthof "Turmschänke Frank"
23843 Bad Oldesloe, P* an der Stormarnhalle, Konrad-Adenauer-Ring F/A/T/S
23858 Reinfeld, P Marktplatz, F/A/T
23879 Mölln, P* Schulsee, P* Ortsende Richtung Gudow)
23879 Mölln, am Hegesee B, i-Tel.: 04542-7090, Fax 88656
23879 Mölln, P* Silence-Hotel "Schwanenhof", i-Tel.: 04542-5015
23879 Mölln, P* Strandbad Luisenbad, WC (F/A/T: Dea-Tankstelle)
23879 Mölln, P am Ziegelsee, Alt-Möllner-Straße, S
23909 Ratzeburg, P* (DLRG-Station, Schwimmhalle), F/A/B, P* (Schlosswiese, Seebadestelle, Theaterplatz/Kurpark), P Reeperbahn, An der Reeperbahn
23911 Buchholz/Ratzeburger See, P* Restaurant "Buchholzer Fährhaus", WC
P Naturcamping Buchholz, Am Campingplatz 1, F/A
23942 Kaltenhof, P Gaststätte "Peters Wappenkrug", F/WC
23942 Rosenhagen/Grevesmühlen, P Dieter Garbe, Str. d. Friedens 14, F/S
23946 Boltenhagen, P Krämers Wohnmobilhafen, Ostseeallee 58b, F/A/T/WC/S/B

23948 Wohlenberg, P* Restaurant "Feriendorf an der Wiek", B
23952 Wismar, P Alter Hafen, i-Tel.: 03841-282958, S/F/WC/D
23992 Neukloster, P Reisemobilpark Neuklostersee, S/F/A/WC/D
23996 Bobitz, P Mobilhome Parkplatz Zweite Hand, Wismarsche Str. 6, F/A/T
23999 Kirchdorf auf Poel, P (Schwarzer Busch, Fauler See, Kirchdorfer Kirche)
23999 Niendorf auf Poel, P "Poeler Forellenhof", Wismarsche Str. 13, S/F/A/T/WC/D
23999 Timmendorf auf Poel, P Strandparkplatz, Strandstr. 1, S/F/A/T
24106 Kiel, P "Förde- und Kanalblick" Mecklenburger Str. 58, S/F/A/T
24113 Kiel, VW-Nutzfahrzeugzentrum, Hamburger Chaussee 171, F/A/T
24113 Molfsee, P* Restaurant "Drahtenhof" (am Freilichtmuseum)
24113 Molfsee, bft-Tankstelle Hamburger Landstraße, F/A/T
24159 Holtenau/Kiel, P Nordmole, Mecklenburger Straße, F/A/T/S
24159 Schilksee/Kiel Aral-Center Koppelberg 1, F/A/T
24211 Preetz, P* (im Ort, Flair-Hotel Neeth, Preetzer Seen, B)
24217 Mittelstrand/Schönberg, P privat "Brasilien" hinterm Deich, F/A/T/WC
24217 Mittelstrand/Schönberg, am DLRG-Haus, F/A/T
24229 Schwedeneck/Dänisch Nienhof, P Restaurant "Seeschlösschen", F/A/B
24235 Laboe/Stein, P Wohnwagen-Kaiser, Brammersoll 2, F/A/T
24241 Grevenkrug, P* Hotel-Restaurant "Auerhahn", B 4, F/S
24259 Westensee, P* am Westensee, B
24259 Wrohe/Westensee, P* am Großen Schierensee, B
24303 Plön, P am Kleinen Plöner See, Hamburger Straße, B/F/A/T, P vor Naturcamping Spitzenort, F/A/T/S/TV-Anschluss
24321 Behrendsdorf, P am Strand, WC
24321 Hohwacht, P* Hotel/Restaurant "Haus am Meer", i-Tel.: 04381-40740
24330 Altenhof/Eckernförde, P Wohnmobilpark Ostsee "Grüner Jäger", F/A/T
24340 Eckernförde, P "Lornsenplatz", Grüner Weg, S/F/A/T
24340 Goosefeld/Eckernförde, P am Gut "Hoffnungsthal", A/T/WC/D/S/Sauna
24351 Damp, P Großparkplatz am Ferienpark, F/A/T
24376 Hasselberg/Ostsee, P* Gasthof "Hasselbergs gute Stube" (F/A/T: HEM-Tank)
24376 Kappeln a.d. Schlei, P Ferienhof Röhling, i-Tel.: 04642-81886
24376 Kappeln a.d. Schlei, P* Hotel/Restaurant "Aurora", i-Tel.: 04642-4088
24376 Kappeln-Ellenberg, P* Aral-Autohof, Eckernförder Straße, F/A/T
24392 Süderbrarup, Am Freibad, F/A/T
24395 Gelting, P* Gasthof "Gelting", i-Tel.: 04643-2203
24395 Gelting-Wackerballig, P* Gasthof "Dat Strandhuus", i-Tel.: 04643-2244
24395 Gelting-Wackerballig, P* Hotel/Restaurant "Wackerballig, i-Tel.: 04643-2269
24395 Gelting-Wackerballig, P Yachthafen Wackerballig, Strandstraße, F/A/T/S
24404 Maasholm, P Seglerhafen am Gildeplatz, S/F/A/T/D/WC
24534 Neumünster, P am Klosterbad, Klosterstraße 22, B/A/T/WC/D
24534 Neumünster, P* Mi-Mobile Neumünster Rendsburger Str. 53, F/A/T
24536 Neumünster, P Einfelder See, B
24539 Neumünster, P* Gaststätte "Ricklinger Forst"
24558 Henstedt-Ülzburg, P Servicestation "City-Caravan", F/A/T
24568 Kaltenkirchen, P* Holsten-Therme, Norderstr. 8, F/A/T (Info: Therme)
24576 Bad Bramstedt, P* P7, Christian-König-Straße, i-Tel.: 04192-50627
24582 Bordesholm, P* (Badeanstalt, Festwiese, Gaststätte "Linde"), F/A/T: Shell
24609 Wittmund-Isums, P vor Campingplatz Isums, F/A/T/D/WC
24647 Wasbek, P* Mi-Mobile Schmalenbrook 20, F/A/T
24768 Rendsburg, P Pony- und Reiterhof Schulz, Königshügel
24768 Rendsburg, P* Hotel/Restaurant "Roseneck"
24768 Rendsburg, P am Schwimmzentrum "Untereider", F/A/T, P* "Am Eiland"
24782 Büdelsdorf, P* am Freibad, max. 1 Tag, i-Tel.: 04331-21120
24787 Fockbek, P* Fa. Hobby-Wohnwagenwerk, Schafredder, S/F/A/T
24787 Fockbek, P* Paulsen's Gasthof, P* Schwimmbad, F/A/T, max. 1 Tag
24794 Borgstedtfelde, P Bauernhof Naeve, i-Tel.: 04331-38875
24796 Burg, Dithmarschen, P am Fähranleger
24796 Sehestedt, P am Fähranleger
24797 Schachtholm, P Gaststätte am Flugplatz
24811 Ahlefeld, P* Restaurant "Katerberg", i-Tel.: 04353-99700
24814 Sehestedt, P an der Kanalfähre (Nord-Ostsee-Kanal), F/A/T
24817 Tetenhusen, P (Gaststätte "Zur Post", Café "Feldscheide")
24837 Schleswig, P am Stadthafen/Plessenstraße, F/A/T/WC/D
24837 Schleswig, P Ostseewerft Schleswig Ilensee, S/F/A/T
24837 Tolk/Schleswig, P* Freizeitpark "Tolk-Schau", i-Tel.: 04622-922
24848 Klein Bennebek, P* "Tams Gasthof", Dorfstraße 22
24848 Kropp, P* (Edeka-Markt, Soldatenheim, Hotel "Kropperbusch", Gasthöfe "Bandholz", "Rosengarten", usw.), P Autohaus Thomsen, Werkstr. 2, F/A/T

24864 Brodersby, P Gaststätte "Missunder Fährhaus"
24866 Busdorf, P Wickingermuseum "Haithabu"
24869 Bünge/Dörpstedt, P Gaststätte "Zur Holzhütte"
24869 Dörpstedt, P "Frahms Gasthof"
24872 Groß Rheide, P Gaststätte "Westend"
24882 Schaalby, P direkt an der Schlei (max. 1 Tag), F/A/T, ausgeschildert
24937 Flensburg, P* Industriehafen Kielseng, F/A/T nebenan (Kläranlage)
24941 Flensburg, P Renault-Autohaus Ramm Schäferweg, F/A/T
24941 Flensburg, P Autohaus Ramm, Schäferweg 12, S/F/A/T
24955 Harrislee, P Skandic Truck Center, Am Oxer 17a, F/A/T
24960 Holnis/Glücksburg, P Gästehaus Bartsch (am Surfstrand), F
24969 Dörpstedt, P* Gasthof "Wiehekrug"
24969 Großenwiehe, P* Gasthof "Frahms", Hauptstraße 107
24972 Nübelfeld/Quern, P* "Landhaus Schütt", i-Tel.: 04632-84318
24977 Langballigau, P vor Camping Langballigau, Strandweg 3, F/A/T/S
24977 Westerholz OT Dollerupholz, P Bauernhof Hansen, i-Tel.: 04636-1545
24977 Westerholz, P neben Camping "Fördeblick", F/A/T/S
24988 Oeversee OT Frörum, P Kranzbinderei Schnell, Froerupsand 2, F/A/S
24997 Wanderup, P* Hotel/Restaurant "Westerkrug", B 200.
25335 Elmshorn, P* Hafen Nordufer gegenüber CCE, F/A/T
25348 Glückstadt, P* P&R-Parkplatz am Stadtpark
25355 Barmstedt, Pam Frei- und Hallenbad, Seestraße 12, F/A/T/S
25361 Krempe, P* Schul- und Sportzentrum mit Freibad, i-Tel.: 04824-816
25451 Quickborn, P* Autobahnraststätten Holmmoor-West und Ost, dort: F/A/T
25482 Appen, P* Restaurant "Krögers Gasthaus"
25524 Itzehoe, P* Malzmülleriwesen, Schumacher-Allee, F/A/T
25524 Kasenort, P* Gasthof "Zur Schleuse", i-Tel.: 04823-465
25541 Brunsbüttel, P* Freizeitbereich an der Brake, Koogstraße
25548 Kellinghusen, P Restaurant "Mühlbecker Hof", F/A/T/D, P* am Freibad, F/A/T
25548 Oeschebüttel, P* "Buchhof", am Buchhof 4, F/A
25554 Wilster, P* Colosseumplatz, Etatsrätin-Doos-Straße, F/A/T/S
25557 Hanerau-Hademarschen, P Ferienwohnungen "Sievers", S/F/A/T/WC
25557 Oldenbüttel, P* Gasthaus "Grosch", Tackesdorfer Str. 2, F, i-Tel.: 04872-2718
25569 Bahrenfleth, P "Pferdehof Gallas", S/F/A/T/WC/D
25576 Brokdorf, P* am Freizeitbad, Osterende 19, i-Tel.: 04823-9215950
25576 Brokdorf, P* Sport- und Freizeitcenter, Hauptstraße, F/A/T
25576 Brokdorf, P* Hotel "Sell", Dorfstraße 65, D/WC
25579 Ankrug/Rade, P "Gut Carolinenthal, S/F/A/T/WC/D
25596 Wacken, P* Landgasthof "Zur Post", Hauptstr. 25, i-Tel.: 04827-2283
25599 Wewelsfleth, P Bauernhof Bender (hinter dem Elbedeich), S/F/WC
25718 Speicherkoog, P Badestelle Meldorf, WC
25746 Heide, P am Schwimmzentrum, i-Tel.: 0481-699117
25746 Wesselburen, P am Schwimmbad, F/A/T: Kläranlage
25757 Büsum, P Ecke Segeltörn/Helgolandkai, F/A/T, i-Tel.: 04834-9090
25764 Wesselburen, P* (großer Zentral-P, P am Freibad, P Alte Schützenwiese)
25764 Norddeich-Mole, P im Osthafen, F/A/T
25767 Albersdorf, P am Freizeitbad, F/A/T/S, i-Tel.: 04835-972502
25774 Lunden, P am Freibad, Brunnenstraße, i-Tel.: 04882-61010
25813 Husum, P am Campingplatz, Dockkoog 17, F/A/T, i-Tel.: 04841-61911
25813 Husum, P* (Husumbad, am Binnenhafen, Dockkoog)
25813 Simonsberg, P am Campingplatz "Zum Seehund", Lundenbergweg 4, F/A/T
25821 Bredstedt, P "Landhaus Sterdebüll, Dorfstr. 90, S/WC/F
25826 St. Peter-Ording, P "Im Ketelskoog", Ortsteil Dorf, F/A/T
25826 St. Peter-Ording, P Campingpark Olsdorf, Ortsteil Dorf, F/A/T
25832 Tönning, P* Strandhotel/Restaurant "Fernsicht", i-Tel.: 04861-475
25842 Bargum, P* Andresen's-Gasthof, i-Tel.: 04672-1098, Fax: 1099
25842 Ockholm-Bongsiel, P* Gasthaus "Bongsiel", Am Kanal 2, S/F/A/WC
25845 Elisabeth-Sophien-Koog, P direkt am Watt (max. 1 Tag)
25845 Nordstrand, P am Hafen beim Seenotkreuzer
25845 Nordstrand, P "Womoland Nordstrand", F/AT, i-Tel. + Fax: 04842-473
25845 Nordstrand, P* Landgasthof "Kelting", Herrendeich, A/T, i-Tel.: 04842-335
25845 Nordstrand, P Landgasthof "Pohnshallig", bei Verzehr kostenlos.
25852 Sterdebüll, P* Akzent-Hotel "Sterdebüll", S/F
25853 Drelsdorf, P "Drelsdörper Krog" B/S/WC, i-Tel.: 04671-3013, Fax: 6737
25856 Hattstedter Marsch/Nordsee, P* Restaurant "Arlauschleuse", Einkehr erw.
25859 Hallig Hooge, P Jugendwerft, S/F/A/T/WC
25892 Niebüll, P* bei Sporthalle/Hallenbad, Marktplatz, F/A/T
25899 Dagebüll, P am Fährhafen nach Amrum, F/A/T

25899 Klixbüll, P Wald-P, F/A/T
25899 Niebüll, P* zwischen Hallebad und Busbahnhof, F/A/T
25917 Leck, P* Erlebnisbad, Ludwig-Feddersen-Weg, V/E Autohaus Joza, Gew.-Gebiet
25920 Stedersand, P* Restaurant "Deichgraf", an der B 5.
25923 Süderlügum, P* am Sportplatz (Nähe Freibad), Jahnstraße
25923 Süderlügum, Fa. Reisemobilcenter Nordfriesland, F/A/T
25927 Aventoft/Gotteskoog, P Bauernhof Clausen, S/F/A/T/WC/D
25980 Westerland/Sylt, P Servicestation "Propan Rheingas", F/A/T
25992 List, Hafenparkplatz, F/A/T
25997 Hörnum/Sylt, P vor Campingplatz, F/A/T
26122 Oldenburg, P* "Am Stau" beim Yachthafen, P* Weser-Ems-Halle, Europa-
       platz 12 (F/A/T: Kläranlage Wehdestraße), i-Tel.: 01805-938333
26125 Oldenburg, P Tankstelle Rogalski bei Real-Kauf, F/A/T
26160 Bad Zwischenahn, P* (Gaststätte "Hempen-Fied", Restaurant "Der Spieker",
       Gasthaus "Pfeffermühle", Hotel "Schützenhof"), P "Am Badepark", F/A/T,
       P vor Campingpark Oeltjen, Wiefelstedter Str. 62, F/A/T/S
26169 Markhausen/Frisoythe, P* Gaststätte "Zum Mühlenberg", S/F/A
26169 Thüle/Frisoythe, P* Gasthof "Sieger", Thüler Kirchstraße, S/F/A/T/WC
26169 Thülsfelde, P* Großparkplatz Nähe Staudamm
26169 Thülsfelde, P Gaststätte "Seeblick" (an der Talsperre)
26180 Hahn-Lehmden, vor dem Campingplatz "Hahn", F/A/T
26180 Rastede, P* Mühlenstraße beim Freibad, WC/D
       P Bauernmuseum Walter Brötje, Raiffeisenstr. 60
26180 Westoverledingen, P* Schützenplatz Papenburger Str. 74, F/A/T
26188 Edewecht, P* Hotel "Schützenhof", F/WC, P* Marktplatz, S/F/WC
26197 Ahlhorn, P* Restaurant "Altes Posthaus", F/A/T, i-Tel.: 04435-93949
26197 Großenkneten, P* Festplatz (Wilhelm-Wellmann-Platz),
26197 Großenkneten OT Huntlosen, P* Bahnhofstraße
26197 Großenkneten OT Moorbeck, P* Restaurant "Gut Moorbeck", Amelhauser Str. 56
26197 Großenkneten OT Sage-Haast, P* Restaurant "Haasterkrug" Garreler Str. 16
26203 Wardenburg, P* (Marktplatz Huntestraße, Parkplatz Keilstraße (Gew.-Gebiet)
26209 Hatten-Kirchhatten, P am Freizeitzentrum, F/A/T
26209 Sandhatten, P* Hof Eickhorst, Steinstr. 14, F/A/T/S
26209 Streekermoor, P Gasthof "Ripken", Borchersweg 150
26215 Wiefelstede, P* "Schützenhaus", P* am Schwimmbad,
       P vor dem Ferienpark Am Bernsteinsee, Dorfstr. 11, F/A/T/S
26215 Wiefelstede-Conneforde, P* Hotel/Restaurant "Alter Dorfkrug"
26219 Bösel, P* Sporthalle, F/A/T
26316 Varel, P* Schützenwiese
26340 Astede/Neuenburg, P* "Urwaldparkplatz"
26340 Bohlenbergerfeld/Neuenburg, P* (Schulmuseum, Segelflugplatz)
26340 Zetel-Neuenburg, P* (Marktthamm F/A, Freibad, Marktplatz, Busbahnhof in
       Neuenburg und bei div. Gaststätten), i-Tel.: 04452-1301, Fax: 7158
26340 Ruttel/Zetel, P* Café "Rutteler Mühle"
26345 Bockhorn, P (Landgasthof Junker", Gaststätte "Altdeutsche Diele"), S/F/A/T
26345 Bockhorn, P* (beim Erlebnisbad, Gaststätte "Kleine Moorkneipe")
26345 Grabstede/Bockhorn, P* Gaststätte "Zum Sandkrug", S
26345 Steinhausen/Bockhorn, P* Gaststätte "Altdeutsche Diele"; S
26349 Jaderberg, P* ("Zoo-Restaurant" am Tierpark, Restaurant "Schützenhof")
26349 Schweiburg, P Ferienhof "Grüne Oase", S/F/A/WC, i-Tel.: 04455-208
26355 Schortens P* am Fairhandelshaus, Accumer Str., F, P* Freizeitbad Aqua Toll
26382 Wilhelmshaven, P* Kläranlage (Ölhafen), S/F/A/T, P (am Fliegerdeich am
       Südstrand F/A/T, am Helgolandkai, östl. Bahnhof, am Hallenbad, beim Kur-
       haus, beim Camping "Geniusstrand", Weserstraße, Rüstringer Berg)
26382 Wilhelmshaven, P Cleanpark Freiligrathstraße, F/A/T
26382 Wilhelmshaven, P* ARAL-Tankstelle Gökerstraße, F/A/T
26382 Wilhelmshaven, P* Gaststätte "Feuerschiff Weser" (Bontekai-KW-Brücke)
26382 Wilhelmshaven, P* Restaurant "Seglerheim" am Nassauhafen
26409 Carolinensiel, Tank- und Waschcenter CARO, Lotsenweg, F/A/T
26409 Harlesiel, P am Hafen, ausgeschildert, F/E
26409 Wittmund, P* (Schützenplatz Auricher Str., Restaurant "Hof von Hannover")
26419 Heidmühle/Schortens, P* Erlebnisbad "Aquatoll", WC/D
26427 Bensersiel, P am Thermalbad "Sonneninsel"
26427 Esens-Bensersiel, P Schützenplatz, max. 2 Tage, (F/A/T am Bauhof)
26434 Hooksiel/Horumersiel, P Jade-Rennbahn, (F/A/T vor dem Campingplatz)
26434 Horumersiel-Schillig, P Strandparkplatz beim Campingplatz, F/A/T
26441 Jever, P* Restaurant "Schützenhof", i-Tel.: 04461-71010 + 3090
26441 Jever, P an den Sportanlagen, Jahnstraße, F/A/T

26446 Friedeburg, P* Schützenplatz, Am Schützenweg, i-Tel.: 04465-1415
26446 Friedeburg, P Gasthaus Wilken, Friedeburger Str. 19, F/A/T
26447 Sande, P* (Bürgerhaus, Hauptstr. 81; Sander See; Marktplatz), A/E Kläranl.
26452 Cäciliengroden/Sande, P* am Dorfgemeinschaftshaus
26452 Gödens/Sande, P* Gaststätte "Friesenhof (Nähe Schloss)
26452 Mariensiel/Sande, P* am Flugplatz
26452 Neustadtgödens/Sande, P* (neben der Kirche, am Sportplatz)
26452 Sande/Friesland, P* (hinter dem Bürgerhaus, am Sander See, Marktplatz,
   F/A/T: Kläranlage Altenhof (Rchtg. Mariensiel)
26506 Norddeich, P WOMO-Park Norddeich, Deichstr. 24, S/F/A/T
26524 Berum/Hage, P* am Kurzentrum mit Hallenbad, WC/D im Hallenbad
26529 Leezdorf/Marienhafe, P* Restaurant "Leezdorfer Hof", F/WC
26529 Upgant-Schott, P* Restaurant "Zaunkönigs Hof", i-Tel.: 04934-4447
26532 Berumerfehn/Großheide, P* am Wald- und Moormuseum
26553 Dornum, P Schützenplatz (max. 1 Tag), F/A/T, i-Tel.: 04933-91110
26553 Dornumersiel, Umweltschutzverein, F/A/T
26553 Neßmersiel, P am Fährhafen
26556 Blomberg, P* Dorfplatz, Hauptstraße, F/A/T
26556 Westerholt, P* Schul- und Sportzentrum Ewigsweg, F/A/T, i-Tel.: 04975-919315
26603 Aurich, P* Gasthaus "Ostfrieslandhaus", i-Tel.: 04941-7010
26603 Aurich, P* P&R-Parkplatz hinter dem alten Bahnhof, F/A/T: Jet-Tankstelle
26605 Schirum/Aurich, P* Osterkamp-Wohnmobile, Gewerbegebiet, F/A/T
26607 Aurich-Ogenbargen, P Landgasthof "Alte Post", S/F/A/T/WC
26629 Bagband/Großefehn, P Ostfriesenbräu (mit Fehnmuseum)
26629 Moorlage/Großefehn, P Bauernhof "Moorblick", F
26629 Timmel/Großefehn, P am Campingplatz "Timmeler Meer", S/F/A/T
26629 Neuharlingersiel, P am Campingplatz, S/F/A/T
26632 Ihlow-Ludwigsdorf, P* Gaststätte "Pupkes", i-Tel.: 04941-3301
26632 Ihlow/OT Ihlowerfehn, P am Haus des Gastes, 1. Kompanieweg, F/A/T
26632 Ihlow-Riepe, P* Fa. Riepster Campingcenter, Im Hammerich, F/A/T
26632 Ihrhove, P* am Rathaus, Bahnhofstr. 18 F/A, P* Freizeitpark am Emsdeich
26639 Wiesmoor, P "Am Stadion" beim Freizeitgelände Ottermeer, F/A/T
26639 Wiesmoor, P* Hotel/Restaurant "Christophers"
26655 Westerstede, P* (Albert-Post-Platz (Rathaus), Sportanlagen Jahnallee, Badesee Ocholt, Hobbie-Rhododendron Zum Hullen 3), P am Ammerländer Vogel-
   und Landschaftspark; P vor dem Campingplatz, Süderstr. 2, F/A/T
26670 Remels/Uplengen, P* Paddel- & Pedalstation an der Uferstraße, F/A/T
26670 Südgeorgsfehn, P* Gaststätte "Ostfriesischer Fehnhof", Südgeorgsfehner Str.
26676 Barßel, P am Bootshafen, Deichstraße, S/F/A/T/WC/D, i-Tel.: 04499-938080
26683 Strücklingen, P Restaurant "Strücklinger Hof" Nähe Bootshafen, S/F/A/T
26683 Scharrel, P Reisemobilhafen am Maiglöckchensee, F/A/T/S
26689 Apen, P* Viehmarktplatz, Hauptstr. 1, A/T
26689 Augustfehn, P* (Café "Fehntreff", Grundschule Mühlenstraße)
26689 Godensholt, P* Rchtg. Edewecht/Drakkamp-Brücke
26703 Emden, P* Ostmole Nähe Hafenstr., P* Anleger an der Knock, P* Hafentor
26721 Emden, P* Nordseehalle Früchteburger Weg, P Eisenbahndock, F/A/T
26736 Krummhörn/Greetsiel, P "Busparkplatz" Okkotom-Brook-Straße, P Zwillings-
   mühlen, F/A/T: Tankstelle Popinga, Mühlenstraße 3
26736 Pewsum, P* am Schulzentrum mit Hallenbad
26736 Rysum, P* im Ort
26736 Uppleward, P* vor dem Campingplatz, F/A/T (Gebühr)
26759 Abbingwehr/Hinte, P Ferienhaus "Wiesengrund", i-Tel.: 04925-451
26759 Abbingwehr/Loppersum, P Tammena Ferienwohnungen, S/F/A/WC/D
26789 Leer, P* (Hallenbad, Ernst-Reuter-Platz, P9 Große Bleiche, F/A/T/WC)
26789 Leer, P* (Hotel "Bauerndiele" WC, Hotel "Lange"), P* "Zentrum" Nessestr
26789 Leer, P* (Hotel "Überledinger Hof" S/WC, Hotel "Ostfriesenhof")
26789 Leezdorf, P* beim Hotel-Restaurant "Leezdorfer Hof", F
26802 Warsingfehn, P* Rathausplatz
26802 Warsingfehn-Timmel, P vor Campingplatz "Timmeler Meer", F/A/T
26802 Moormerland, P* Gaststätte "Bei Cassi", Deichlandstr. 10, F/A/T, P* Rathaus
26810 Grotegaste, P Camping- und Freizeitpark, S/F/A/T/WC/D
26810 Steenfelderfeld, P Gasthaus "Zur Mühle", Mühlenstr. 214, F/A/T
26802 Ihrhove, P* Rathausplatz
26817 Rhauderfehn, P* (Gastst. "Verlaatshus", "Nanninga", "Alter Brunsel", S/WC)
26817 Rhauderfehn, P an der Paddel & Pedal-Station am Fehnkanal
26826 Weener, P "Alter Hafen" Pannenborgstraße, F/A/T/WC/D
26831 Bunde, P beim Rathaus, Friedhofsweg (Ortsmitte), F/A/T/S
26831 Bunde, P Schwimmbad, Kellingwold, i-Tel.: 04953-80913

26831 Ditzumerverlaat/Bunde, P auf dem Freizeitgelände, Denkmalstraße, F/A/T
26835 Hesel, P* am Marktplatz (ausgeschildert), F/A/T, i-Tel.: 04950-937080
26842 Idafehn/Ostrhauderfehn, P* am Idasee, F/A/T, P Gaststätte "Lindenkrug"
26842 Ostrhauderfehn, P (Kindergarten, Rathaus), Hauptstr. 115, F/A/T
26844 Ditzum, P Zentralparkplatz hinterm Deich, Ortsrand (F/A/T/WC im Hafen)
26844 Soltborg, P Nähe Emstunnel
26847 Detern-Stickhausen, P am Jümmesee, Alte Heerstraße 6, S/WC
26871 Papenburg, P* Markt, P vor Poggenpoel-Camping, S/F/A/T/WC/D
26871 Papenburg-Obenende, P Hotel "Hilling", Mittelkanal links 94, F/A/T
26892 Lehe/Ems, P Ferienanlage "Struvens Hus", Dorfstr. 34, F/A/T
26892 Dörpen, P* Festplatz, Veeneweg, F/A/T Kläranlage Heeder Straße
26897 Esterwegen, P* am Sportzentrum, Hauptstraße, P* Festplatz
26899 Rhede/Ems, P* Gasthof "Prangen", Kirchstraße 25
26899 Rhede/Ems, P* Sportzentrum Emspark, P Ferienhof Neuenstein, F/A/T
26903 Surwold, P* Erholungsgebiet "Surwolds Wald", i-Tel.: 04965-91310
26907 Walchum, P Marinapark Emstal, Steinbilder Str. 80, WC/D/S/A/T
26919 Brake/Unterweser, P "Heukaje" an der Weser, F/A/T, schräg!
26919 Brake/Unterweser, P* (Schwimmbad/Berufsbildungszentrum, City-P)
26931 Elsfleth, P* Reisemobilhändler Goldau, F/A/T/WC/D,
P* Stadthalle, P* Hallenbad, i-Tel.: 04404-5040, Fax: 50439
26931 Elsfleth-Hammelwarden, P* Gaststätte "Am Strandbad", WC
26935 Stadland-Rodenkirchen, P* ("Albrechts Hotel", Schweier Str. 8; Hotel "Hülsmann", Stadlander Platz 2; Imbiss-Pavillon Heinemann, am Markt)
26954 Nordenham-Blexen, P* Gaststätte "Wefer"
26969 Burhave, P am Haus des Gastes, i-Tel.: 04733-1683, F/A/T Campingplatz
26969 Fedderwardersiel, P Reisemobilpark Henken (hinterm Deich), F/A/WC
26969 Fedderwardersiel, P* Restaurant "Zur Fischerklause", i-Tel.: 04733-362
26969 Eckwarderhörne, P neben Camping Eckwarderhörne, F/A/T Campingplatz
26969 Tossens, P* an der neuen Reithalle, P* Kurhotel "Strandhof", F/A/T
27211 Bassum, P* Hallenbad, i-Tel.: 04241-8431
27232 Sulingen, P* Stadtsee, Kornstraße, F/A/T/B 600 m
27243 Harpstedt, P* Reisemobilplatz (ausgeschildert)
27283 Verden/Aller, P* Freizeitpark Verden, i-Tel.: 04231-64083
27305 Bruchhausen/Vilsen, P* "Wiehe-Bad, Am Bürgerpark, F/A/T: Am Bahnhof 15
27305 Bruchhausen/Vilsen,P ("Mügge's Gasthaus", Restaurant "Forsthaus Heiligenberg")
27313 Barnstedt/Aller, P* Gaststätte "Fährhaus"
27318 Hoya, div. P* bei Gaststätten
27324 Eystrup, P* Bauernhof Niemeyer, S/F
27356 Rotenburg (Wümme), P Ballensee (Richtung Visselhövede), B
27367 Hassendorf, P* "Wolter's Gaststätte", i-Tel.: 04264-758
27367 Hellwege, P Pension "Eichenhof", Am Goldanger 10, F/A/D/WC
27374 Visselhövede, P* "Zu den Visselwiesen" mit Hallenbad, F/A/T/WC/D/B
27374 Visselhövede, P* Neuer Marktplatz, Waldweg 1
27386 Brockel, P Gasthof "Waidmanns Ruh", Wensebrock 1, F/A
27404 Gyhum-Sick, P* Restaurant "Niedersachsenhof", F, i-Tel.: 04286-9400
27404 Bockel/Gyhum, Aral-Autohof, F/A/T
27404 Zeven, P* Reisemobil-Center Cziossek, Zum Hochkamp 2, F/A/T
27419 Sittensen, P* Shell-Autohof a.d. A 1, F/D/WC, i-Tel.: 04282-2021
27432 Bremervörde, P am Kiebitzweg/Vörder See, F/A/T/WC, i-Tel.: 04761-987142
27432 Elm, P* "Schomakers Landgasthof, Elmerlandstr. 26, F
27432 Oerel-Barchel, P* Restaurant "Zur Mühle", i-Tel.: 04766-420
27442 Gnarrenburg, P* "Am Sportzentrum", F/A/T, P* Festhalle Ortsteil Brillit, F/A/T
27442 Gnarrenburg-Augustendorf, P* (Restaurant "Zum Huvenhoop", Heimathaus)
27442 Gnarrenburg-Kuhstedt, P* Restaurant "Zum Grünen Walde"
27442 Gnarrenburg-Langenhausen, P* "Brümmers Landhaus", S/F/WC
27446 Selsingen, P* am Sportzentrum im Sick, F/A/T, P* Gaststätte "Schützenhof"
27476 Cuxhaven, P am Fährhafen, F/A/T, i-Tel.: 04721-5000
27476 Cuxhaven, P* Esso-Tankstelle Korte, F/A/T
27476 Cuxhaven-Döse, P* Restaurant "Zur Sonne", B, i-Tel.: 04721/46666
27476 Cuxhaven-Duhnen, P Strandparkplatz Duhner Allee 2, F/A/T
27476 Cuxhaven-Sahlenburg, P (Strandparkplatz Hans-Claußen-Straße, am Deich)
27476 Cuxhaven-Sahlenburg, P Abenteuerspielplatz Falkenhütte
27476 Cuxhaven-Sahlenburg, P hinter der Schwimmeisterstation, B/F/A/T/D
27476 Cuxhaven-Sahlenburg, P an der neuen Ortsumgehung
27568 Bremerhaven, P Doppelschleuse, an der neuen Schleuse, F/A/T/S.
27568 Bremerhaven, P Fischereihafen 1, F/A/T/S
27612 Dedesdorf, P Restaurant "Deichgraf (Nähe Fähre)
27612 Stotel/Loxstedt, P* am kleinen See (Surfer-Gelände)

27612 Stotel/Loxstedt, P* Hotel-Restaurant "Hotel am See", Schulstr. 75
27624 Bad Bederkesa, P vor der Campingplatz, F/A/T/WC/D
27624 Bad Bederkesa, P* (hinter dem Burggraben, "Zum Hasengarten", Restaurant "Waldschlösschen Bösehof", F/A, Burgrestaurant "Alte Wache")
27624 Berghorn, P Stellplatz Berghorn, F/A
27624 Flögeln, P* Gaststätte "Zum See"
27624 Lintig-Großenhain, P* Gaststätte "Bi'n Holthacker A/T, i-Tel.: 04765-1033
27624 Bad Bederkesa, P vor Camping Bederkesa, Ankeloher Str., V/E Camping
27628 Hagen, P* am Hallenbad, WC/D
27628 Uthlede, P* Gasthof "Würger", i-Tel.: 04296-341
27631 Dorum/Nordsee, P* Restaurant "Friesenhof Cornelius", i-Tel.: 04741-3610
27632 Neufeld/Dorum, P Cuxland Reisemobilhafen am neuen Deich, S/F/A/T/WC/D
27637 Nordholz, P* Restaurant "Wattenschipper", i-Tel.: 04741-2001
27637 Nordholz, P* am Gästebetreuungszentrum, Wurster Straße, F/A/T
27711 Osterholz-Scharmbeck, P* Hotel/Restaurant "Tivoli", i-Tel.: 04791-8050
27711 Osterholz-Scharmbeck, P* August-Schlüter-Sporthalle, Lange Straße, F/A/T
27726 Worpswede, P ausgeschildert
27747 Delmenhorst, P* Graftwiesen beim Delfina-Freizeitbad, F/A/T
27751 Delmenhorst, P* Hotel/Restaurant "Thomsen", Bremer Straße 186
27793 Wildeshausen, Waschpark Westring, S/F/A/T, i-Tel.: 04431-74333
27793 Wildeshausen, P* Tennishalle, P* am Krandel, Krandelstraße
27798 Hude, P* Schützenplatz am Hallenbad, S/B
27801 Dötlingen-Wildshausen, P* Restaurant "Landhaus Müller", S/F/A/T/WC
27804 Berne-Dreisielen, P* Gaststätte "Stedinger", F, i-Tel.: 04406-763
27804 Berne-Motzen, P* am Fähranleger Motzen, i-Tel.: 04406-9410
27804 Ranzenbüttel/Berne, P* Gaststätte "Ranzenbüttel", i-Tel.: 04406-64311
27804 Berne-Weserdeich, P* Gaststätte "Weinschänke"
27809 Lemwerder, P* (Hallenbad Peter-Baxmann-Platz, F/A/T, Ochtum-Sperrwerk, Hafenstraße, Vulkan-Werft Industriestraße), i-Tel.: 0421-673933
28215 Bremen, P bei der Stadthalle
28237 Bremen, Aral-Tankstelle Stapelfeldstraße 4, F/A/T
28237 Bremen, P* Kuhhirtenweg (Weserinsel Werder), Gaststätte
28357 Bremen-Borgfeld, P* Gaststätte "Hexenberg" Am Hexenberg 1
28717 Bremen-Lesum, P Im Pohl, F/A/T/S
28844 Weyhe-Dreye, P* Fa. Top-Travel, Mittelwendung, F/A/T
28847 Syke-Heiligenfelde, Beca-Reisemobile Hannoversche Str., F/A/T
28857 Syke, P* am Hallenbad, Am Lindhof 3, i-Tel.: 04242-1640
28879 Großheide, P* Gaststätte Landhaus Großheide, WC
29221 Celle, P* (Hallenbad, Busparkplatz Schützenplatz, F/A/T, P 77er Straße)
29221 Celle, Fa. Wohnwagen-Stumpf, Burger Landstr. 4, F/A/T
29303 Bergen, P Ziegeleiweg, F/A/T/S
29308 Winsen/Aller, P* am Hallenbad
29320 Hermannsburg, div. P* (u.a. Waldschwimmbad, F/A/T, Sportplatz, Schützenplatz, div. Gaststätten, usw.), i-Tel.: 05052-8055, Fax: 8423
29320 Hermannsburg-Beckedorf, P* (Gasthöfe "Kastanienkrug", "Heidschnucke", "Drei Linden", "Backebergsmühle", "Pension Dzaak", "Hof Grauen", usw.)
29320 Hermannsburg-Bonstorf, P* (Sportplatz,S/F, Bauernhof Warnecke)
29320 Lutter/Hermannsburg, P Hof Lutter, Waldstraße, S/F/A/T
29320 Misselhorn/Hermannsburg, P* Gasthaus "Zur Heidschnucke"
29320 Oldendorf/Hermannsburg, P Bauernhof "Witte"
29320 Weesen/Hermannsburg, P* beim Feuerwehrhaus
29328 Faßberg, P Schützenplatz, Moorweg, F/A/T
29328 Müden/Örtze, P Wildpark, Willinghäuser Kirchweg, P Heidesee, Unterlüßer Straße, F/A/T
29348 Eschede OT Rahmoorhorst, P Fam. Jakob, Hermannsburger Str. 52, F/A/T
29378 Willingen, P* am Schwimmbad, WC
29386 Hankensbüttel, P am Bohldamm beim Waldschwimmbad, B/F/A/T/Grillplatz
29386 Obernholz-Wettendorf, P* Gasthaus "Lahmann", Hauptstr. 19, S/WC
29389 Bad Bodenteich, div. P* u.a. Ortszentrum, Burgstraße, S
29410 Salzwedel, P Gaststätte "Der Eiskeller", Magdeburger Str. 10, S/F/A/T/WC
29410 Salzwedel, P Freibad, Dämmchenweg 41, S/F/A/T
29439 Lüchow-Dannenberg, P Hotel/Restaurant "Jahn", WC
29439 Lüchow, P* Hallenbad, Parkstraße
29456 Hitzacker, P "Bleichwiesen", Marschtorstraße (ausgeschildert), F/A/T/WC/D
29459 Lembruch / Naturpark Dümmer, alle P am See (max. 1 Tag)
29459 Mützen/Clenze, P "Regenbogen-Hof", Dorfstr. 4, S/F/A/T, i-Tel.: 05844-1792
29471 Gartow, P Imbiss am Gartower See, F/WC
29471 Gartow, P* Restaurant "Gartower Hof", i-Tel.: 05846-395

29481 Dannenberg-Karwitz, P* Landgasthof "Karwitz", S/F/A/T, i-Tel.: 05861-6720
29482 Küsten, P Landhaus Küsten, Lüchower Str. 10, F
29490 Klein Kühren/Neu Darchau, P* "Elbblick"
29499 Zernien, P* Wander-P a.d. B 191
29525 Uelzen, P* (mehrere P im Zentrum)
29549 Bad Bevensen, P Elbe-Seitenkanal, Waagekai, F/A/T
29556 Suderburg-Hösseringen, P* Museumsdorf Am Landtagsplatz
29582 Uelzen-Niendorf, P* Wildpark "Lüneburger Heide"
29584 Rohrstorf/Himbergen, P Pension "Eichenhof", Eichenhof 2 (P* bei Verzehr)
29614 Soltau, P ("Ferienhof Eggershof") Ellingen Nr. 15, Freizeitpark "Heidepark")
29614 Soltau, P* Soltau-Therme, Mühlenweg 17
29640 Schneverdingen, P am Hallenbad "Quellenbad", F/A/T
29640 Schneverdingen, P Bauernhof Weseloh, Vossbarg 15, F/A/T/S
29646 Bispingen-Behringen, P* ("Rieckmanns Gasthaus", Wander-P Brunau-See)
29664 Walsrode, P* am Vogelpark (max. 1 Tag), i-Tel.: 05161-2011, Fax: 2387
29664 Walsrode, P (Hotel "Forellenhof" OT Hünzingen, Ferienhof "Wiechers", F/A/T
29664 Kirchboitzen/Walsrode, P Ferienbauernhof "Schors Hof", WC/D
29664 Klein Eilstorf/Walsrode, P "Dettmers Hof", S/F/A/T/WC
29690 Essel-Ostenholz, P* Hotel/Restaurant "Heide-Kröpke", i-Tel.: 05167-9790
29693 Hodenhagen, P "Safaripark", P Aller-Meiße-Halle, i-Tel.: 05164-531
30405 Hannover-Stöcken, P* vor VW-Werk, Mecklenheidestraße, S/F/A/T
30519 Hannover-Wülfel, P* Fa. Bischoff & Hamel, Völgerstraße 8, F/A/T
30823 Garbsen, P* Hotel/Restaurant "Garbsener Schweiz", i-Tel.: 05137-73033
30880 Laatzen/Hannover, P* Restaurant "Adratic-Stube", i-Tel.: 0511-8791380
30880 Laatzen/Hannover, P Wohnmobilpark Laatzen (nur zu den Messen)
30890 Barsinghausen, P Besucherbergwerk, Hinterkampstr. 6, S/F/A/T
30900 Wedemark-Berkhof, P* Gasthof "Drei Linden", i-Tel.: 05130-3514
30900 Wedemark-Gailhof, P* Restaurant "Zur Wedemark", i-Tel.: 05130-3370
30900 Wennebostel, P* Gasthaus "Bludau"
31008 Elze, P* Fa. Ziesener, Am Stadion 7, S/F/A/T, i-Tel.: 05068-92196
31008 Elze-Mehle, P* Restaurant "Tante Else", i-Tel.: 05068-2393
31020 Salzhemmendorf, P* Freizeitpark "Rasti-Land", Quanthofer Straße 9
31028 Gronau, P Sportzentrum "Kuhmasch", Kuhmasch 2, F/S/WC (A/T: Kläranlage)
31061 Alfeld/Leine, P* Seminarparkplatz (hinter ev. Kirche), (F/A/T: Kläranlage)
31139 Hildesheim, P* Parkhotel/Restaurant "Berghölzchen", i-Tel.: 05121-9790
31167 Bockenem, P* Hotel-Restaurant "Sauer" beim Aral-Autohof a.d. A 7
31167 Bockenem, P* Freibad, Mahlumer Straße
31275 Lehrte-Immensen, P* Hotel/Restaurant "Scheuer", i-Tel.: 05175-3638
31228 Peine, div. P* z. T. am See, (F/A/T: Fa. Caravan-Trostmann)
31311 Uetze, Freizeitpark "Ersee-Park", P* Irenensee, i-Tel.: 05173-352
31319 Bilm, P* Gasthof "Fachwerkhof Rahlfes", i-Tel.: 05138-61930
31319 Müllingen, P* Restaurant "Müller
31319 Sehnde-Müllingen, P* Restaurant "Müllinger Tivoli", i-Tel.: 05138-1380
31515 Steinhude, P "Bruchdamm" (ausgesch.), F/A/T/S/B, i-Tel.: 05033-950113
31515 Steinhude-Mardorf, P (schön gelegen)
31547 Rehburg-Loccum, P* Freizeitpark "Dinosaurierpark", Alte Zollstraße 5
31547 Rehburg-Loccum, P Camping Erlengrund, F/A/T/WC/D/S
31558 Hagenburg/Wunstorf, Tankstelle "Rakelbusch", Wunstorfer Straße, F/A/T
31582 Nienburg/Weser, P* alle öffentlichen P, u.a. am Weserufer, Oyler Straße, F/A/T
31592 Stolzenau/Weser, P Camping "Weserlust", Weserstr. 11, F/A/T/S
31595 Steyerberg, P* Gasthaus "Zur Eiche", Sarninghausen 7, F/A
31595 Steyerberg, P Waldferienpark (Nähe Zentrum), F/A/T
31603 Diepenau, P* Landgasthaus "Rösener", F/A/T, i-Tel.: 05777-290
31628 Brokeloh, P Rittergut Brokeloh 21, S/F
31628 Landesbergen, P* (Mühlenplatz, Brokeloher Hauptstr., Neue Schulstraße OT Estorf, Loccumer Str. OT Leese)
31655 Stadthagen, P* am Tropicana-Erlebnisbad, Jahnstraße 2, F/A/T/WC/D
31675 Bückeburg, P* (Restaurant "Große Klus", Neumarktplatz Unterwallweg, F/A/T)
31702 Lüdersfeld, P Restaurant "Zum Dicken Heinrich", Am Hülsebrink 10, F/A/T/S
31711 Luhden-Schermbeck, P* Landhaus "Schinken-Kruse", Steinbrink 10, A
31737 Rinteln, P am Doktorsee, B
31737 Rinteln, P* Weseranger, Dankerser Straße
31787 Hameln-Ohrberg, P* Nähe Schiffsanleger
31789 Hameln, Fa. Waru Stegerwaldstraße, F/A/T
31812 Bad Pyrmont, P Hallenwellenbad, Südstraße, F/A/T/S
31840 Hess. Oldendorf-Fischbeck, P* Restaurant "Weißes Haus", Waldhofstr. 100, F
31840 Hess. Oldendorf-Fuhlen, P* Restaurant "Weserterrasse",Brüggeanger 14
31840 Hess. Oldendorf, P* P1 Südwall/Rathaus, Weserstraße, F/A/T

31848 Bad Münder, P* (Feuerteich, Rohmel-Bad Friedrich-Ludwig-Jahn-Str.)
31855 Aerzen, P Hotel "Waldquelle", Waldquelle 1, F/S
31860 Grohnde, P* Gasthaus "Zur Post"
31863 Coppenbrügge, P am Freibad/Hallenbad, Felsenkeller, F/A/T
31867 Lauenau, P* Brauereigasthof "Felsenkeller", Feggendorfer Straße, F/A
31867 Lauenau, P* Autohof Lauenau, A2 Abf. Lauenau, F/A/T
32052 Herford, P* Stadion, Dennewitzstraße, B Freizeitbad H_2O
32105 Bad Salzuflen, P Stadion Flachsheide, Forsthausweg, F/A/T/S/D/B
32257 Bünde, P Hücker Moor, F/A/T, Aral-Tankstelle A/T, Shell-Autohof, F/A/T
32257 Bünde, P* ("Am Stadtgarten", Stadthalle, Hindenburgstraße)
32289 Rödinghausen, P Oberschultenhof
32351 Stemwede, P Landgasthof "Moorhof", S/F/A/T/WC/D, i-Tel.: 05773-374
32351 Stemwede-Levern, P* Sporthalle, Schröttinghauser Straße, F
32351 Stemwede-Westrup, P* Wanderparkplatz Stemweder Berg
32369 Stelle/Rahden, P* Gasthaus "Ulmenhof"
32423 Minden, P* "Kanzlers Weide" am Weserufer, F/A/T
32429 Minden-Dützen, Potts Freizeitpark, P Bürgerpark, i-Tel.: 0571-51088
32469 Petershagen, P Hotel/Restaurant "Schloss Petershagen", i-Tel.: 05707-346
32469 Petershagen-Eldagsen, P* Gaststätte "Heidekrug", S/F/WC, i-Tel.: 05707-787
32469 Petershagen, P* Mühlencafé "Zum letzten Streich", Großenheerser Mühle, F/A
32602 Vlotho-Uffeln, am Campingplatz "Sonnenwiese", F/A/T
32609 Hüllhorst-Niedringshausen, P* Gasthof "Niedermeier's Hof", i-Tel.: 05761-20276
32657 Lemgo, P vor Camping "Alte Hansestadt Lemgo", Regenstorstr. 10, F/A/T/S
32689 Kalletal OT Heidelbeck, P* Café-Restaurant "Schlosskrug", Kurstr. 1, F/A
32756 Detmold, P am Bahnhof, F/A/T
32760 Detmold-Berlebeck, P* Restaurant "Zur Forelle", i-Tel.: 05231-4922
32791 Lage-Kachtenhausen, P* Landgasthof "Niemann", i-Tel.: 05232-71160
32805 Horn-Bad Meinberg, P Campingplatz Eggewald, F/A/TWC/D
32805 Horn-Bad Meinberg, P* Restaurant "Jägerhof", i-Tel.: 05234-9272
32805 Horn-Bad Meinberg, P* Gaststätte "Leopoldstaler Hof", Leopoldstaler Str., F
32816 Schieder-Schwalenberg, P Freizeitzentrum Schieder-See, S/F/A/T
32816 Schieder-Schwalenberg, P* Gasthaus "Forsthaus Schieder"
32825 Blomberg, VW-Händler Hache, Auf den Kreuzen 12, F/A/T
33014 Bad Driburg, P Driburg Therme, Georg-Nave-Str. 24, F/A/T/S/WC
33034 Brakel-Bellersen, P Wohnmobil-Hafen "Im Mühlengrund", S/F/A/T
33034 Brakel-Bellersen, P* Gasthof "Mühlenkrug", i-Tel.: 05276-422
33034 Brakel, P* "Bredenweg" (Nähe historischer Stadtkern)
33098 Paderborn, P "Paderhalle" (an der Stadtmauer), P Maspernplatz
33098 Paderborn-Sande, P* am Lippesee, Sennelagerstr., (beim Jachtclub)
33142 Büren, P* Freibad/Stadthalle, Fürstenberger Str., F/A/T: Tankstelle nebenan
33181 Wünnenberg, P Bauernhof Scholand, Schöne Aussicht 22
33181 Wünnenberg, P* Restaurant "Franzmühle", i-Tel.: 02953/7282
33181 Wünnenberg, P* Schwimmbad In den Erlen, F, i-Tel.: 02953/1818
33181 Wünnenberg, P Bauernhof "Scholand", Schöne Aussicht 22, F/A/T
33184 Altenbeken, P Restaurant "Friedenstal", Hüttenstr. 42, F/A/T/WC
33334 Gütersloh, P* Gaststätte "Neue Mühle" Herzebrocker Str., i-Tel.: 05241-12148
33334 Gütersloh-Spexard, P* Gaststätte "Haus Müterthies", Neuenkirchener Str. 264, F
33378 Rheda-Wiedenbrück, P* Fa. Westfalia, Holunderstraße 27, S
33378 Rheda-Wiedenbrück, P* "Am Werl" (OT Rheda Gütersloher Str.), F/A/T
33397 Rietberg, P* Freibad, Torfweg; Heimathaus,
33397 Rietberg-Mastholte, P* (Heimathaus, Langenberger Straße; P Jakobistraße)
33415 Verl, Fa. Knaus-Wohnmobil Krieftewirth, Eiserstr. 7, S/F/A/T
33428 Harsewinkel, P* Frei- und Hallenbad, Prozessionsweg 8, B
33602 Bielefeld, Fa. VW-Händler Wehmeier, Werner-Bock-Str. 38, F/A/T
33659 Bielefeld, P* Fa. Huppertz-Reisemobile Dunlopstr. 44, S/F/A/T
33689 Bielefeld, Senner Autowaschpark Wilhelmsdorfer Str. 1, F/A/T
33689 Bielefeld, P* Hammoudah Freizeit KG, Herforder Str. 630, WC/D/S
33758 Holte-Stukenbrock, P Freizeitpark "Hollywood Park", i-Tel.: 05207-88696
33758 Holte-Stukenbrock, P Fa. Froli "Am Sennebach", Liemker Str. 27, F/A/T/S
33813 Oerlinghausen, P* Wander-P neben Freibad, Am Kalkofen
33829 Borgholzhausen, P Hotel/Restaurant "Spotel Westfalenruh"
34123 Kassel, P* "MB Truckport" Sandershäuser Str., F/A/T/WC
34123 Kassel, P* Freizeitgelände Fulda-Aue bei den Messehallen
34123 Kassel-Wilhelmshöhe, P* (Restaurant "Wilhelmshöhe", Kurhessen-Therme)
34212 Melsungen, P* (an der Fulda, Am Sand; Waldparkplatz, Dreuxallee)
   F/A/T: Autohaus Löwe, Nürnberger Str. 54
34225 Baunatal, P* Sportplatz am Baunsberg, Altenbaunaer Straße
   (F/A/T: Shell-Tankstelle am Einkaufszentrum)

Wohin? 109

34246 Vellmar, P* Hallenbad, Gebrüder-Grimm-Str. 11
34260 Kaufungen, P* Festplatz, Am Steckkopf, F/A/T
34266 Niestetal, P* Country Rose Ranch, Im Wiesengrund 2, S/F/WC
34289 Zierenberg-Burghasungen, P* Hotel "Panorama", WC, i-Tel.: 05606-9021
34298 Helsa-Eschenstruth, P* Gasthaus "Zum Neubau", Leipziger Str. 202, WC/S
34302 Guxhagen, LOMO-Autohof, F/A/T
34308 Bad Emstal, P Gasthaus "Bergcafé", S/F/A/T
34308 Bad Emstal, P am Thermalbad, B/S/F/A/T, i-Tel.: 05624/777
34311 Naumburg/Hessen, P (Gasthäuser "Altes Forsthaus" Mühlenweg, "Hardtmühle" Elbenberg), F/A/T, i-Tel.: 05625-790915
34311 Heimarshausen, P Ferienhof "Schneider", S/F/A/T
34311 Naumburg/Diemel, P Gasthaus "Altes Forsthaus", S/F/A/T
34346 Hann. Münden OT Wiershausen, P Gasthaus "Krug zum grünen Kranze"
34346 Hann. Münden, P "Unterer Tanzwerder" am Weserstein, F/A/T/WC
34346 Hann. Münden, P* (am Freibad, am Werraweg, Auf dem Rattwerder)
34355 Staufenberg-Lutterberg, P* Gasthaus "Zum weißen Ross", Lange Str. 6, F/A
34359 Reinhardshagen, P* Freibad Veckerhagen, Klinkersweg
34359 Veckerhagen, P* Hotel "Felsenkeller"
34369 Hofgeismar, P* P2 Turmhagen, Sälber Tor, F/A/T
34379 Calden, P* Waldschwimmbad, über Lindenallee
34396 Liebenau-Haueda, P* Gasthof "Müller", WC, i-Tel.: 05676-449
34399 Oberweser/Hessen, P* ("Anlegestelle" und alle öffentl. P)
34454 Arolsen, P Twistetalsperre (max. 1 Tag), B
34454 Arolsen-Schmillinghausen, P* Gasthof "Teuteberg", i-Tel.: 05691-5961
34466 Wolfhagen, P* Freizeitanlage Bruchwiesen, Siemensstraße, F/A/T/Grillhütte
34474 Diemelstadt, P* SVG Autohof a.d. A 44, S/F/A/T/D/WC
34479 Breuna, P* (Märchenlandtherme, Schulstraße; Shell-Autohof an der AB-Abfahrt 66, F/A/T)
34497 Korbach, P* alle öffentlichen P (F/A/T: Fa. Camping Ney, Ermighäuser Weg 57)
34508 Willingen-Usseln, P "Posthotel Usseln", i-Tel.: 05632-94950
34508 Willingen-Usseln, P Hotel "Berghof", S/F/A/T, i-Tel.: 05632-949898
34508 Willingen-Usseln, P Tennisszentrum Hoppecketal, S/D
34513 Vöhl-Herzhausen, P* Grillhütte beim Edersee, i-Tel.: 05623-99980
34513 Waldeck, P Burghotel "Schloss Waldeck"
34513 Waldeck-Niederwerbe, P (Tankstelle "Pfeil", "PAM"-Tankstelle), F/A/T
34513 Herzhausen/Korbach, P* an der Grillhütte, P Ferienpark Teichmann, S/F/A/T
34519 Diemelsee, vor der Kläranlage Seestraße, F/A/T
34519 Diemelsee-Heringhausen, P vor Camping "Hohes Rad", i-Tel.: 05633-99099
34519 Diemelsee-Heringhausen, P Restaurant "Treff Fewotel"
34519 Diemelsee-Ottlar, P* Landhotel/Restaurant "Ottonenhof", i-Tel.: 05633-1055
34537 Bad Wildungen-Bergfreiheit, P* Restaurant "Hardtmühle", i-Tel.: 05626-741
34549 Hemfurth-Edersee, P am Edersee, Kraftwerkstraße (ausgeschildert), F/A/T
34549 Edertal-Wellen, P Reiterhof "Talhof", F/A/T/WC/D/S
34560 Fritzlar, P am Grauen Turm (ausgeschildert), F/WC, i-Tel.: 05622-988643
34576 Homberg/Efze, P* Waßmuthshäuser Str./Dresdener Allee/B 323, F/A/T/S
34596 Bad Zwesten, P Restaurant "Altenburg", Hardtstr. 1 a, F/WC/D/S
34598 Neuental-Bischhausen, P Gasthof "Lingemann", S/F/A/T
34599 Neuental, P (Erholungszentrum Neuenhain, Dorfpark Zimmersrode), S/F/A/T
34613 Schwalmstadt, P am Freibad Ziegenhain, S/F/A/T, i-Tel.: 06691-71212
34613 Schwalmstadt-Ziegenhain, P* an der Schwalm, Zwalmstraße, F/A/T: im Ort.
34613 Schwalmstadt-Ziegenhain, P* Freizeitgelände, Fünftenweg 36, F/A/T: im Ort.
34621 Frielendorf/Nordhessen, P* Ferienwohnpark "Am Silbersee"
34626 Neukirchen/Kurhessen, P Gaststätte "Ludwigsmühle", P* (Bewegungsbad; Waldhotel ""Justus-Ruh", Im Erdmannshain 1, F/A/S/WC)
34630 Gilserberg, P* Gasthof "Steller", Marburger Straße, S/F/A
P* Dea Tank- und Rasthof Gilserberg, F/A/T
34633 Ottrau, P am Schwimmbad, (F/A/T: Mehrzweckhalle), i-Tel.: 06639-960917
35066 Frankenberg/Eder, P* Ederberglandhalle/Freibad, S/F/A/T
35075 Gladenbach, P Restaurant "Zum Rosengarten", Hoherainstraße 45, F/T/S
35078 Bad Endbach, P Freizeitzentrum, An der Landstraße, S/F/WC
35088 Battenberg/Eder, P* (Freibad, Senochesstraße; Festhalle, Festplatzweg) F/A/T: Esso-Tankstelle
35088 Battenberg-Dodenau/Eder, P* (Turnhalle; Hotel "Ederblick"; Berghotel "Waidmannsheil", Jahnstr. 7, OT Dodenau, S/F)
35104 Münden, P* Hotel/Restaurant "Sewening", WC
35110 Frankenau, P am Feriendorf
35216 Biedenkopf-Breidenstein, P* am Stausee, B 62, WC
35216 Biedenkopf-Ludwigshütte, P* Gasthof "Henk", i-Tel.: 06461-2151, S/F/A

35216 Biedenkopf-Katzenbach, P* Lahnauenbad, Am Freibad 7
P/P* (bei Einkehr) Landgasthof "Landgrafenschänke", S/F
35251 Bad Hersfeld, P* Erlebnisbad "Geistal", Am Schwimmbad
35274 Burgholz, P* Waldhotel/Restaurant "Am Turm", i-Tel.: 06425-1555
35279 Neustadt/Hessen, P* alle P im Ort
35305 Grünberg, P* Gerichtsstraße, S, F/A/T: 150 m
35321 Laubach, P* vor Caravanpark Laubach, Am Froschloch 1
35329 Gemünden, P Aueatraße 26, S/F/A/T, P vor Camping "Aumühle", S/A
35394 Heuchelheim, P Duttenhofer Seen, WC
35410 Hungen-Inheiden, P am Inheider See, A/T
35423 Lich, P Kloster "Arnsburg", Ringstraße
35510 Butzbach, P "Gambacher Kreuz"
35619 Braunfels, P* Wald-P beim großen Weiher, F/A/T
35641 Schöffengrund, P* Pizzeria "La Fortuna", i-Tel.: 06445-5053
35689 Dillenburg-Eibach, P* Gaststätte "Kanzelstein", i-Tel.: 02771-5836
35745 Herborn, P* St. Georg-Stuben, Konrad-Adenauer-Str. 33
35745 Herborn-Uckersdorf, P am Vogelpark
35781 Weilburg, P Hainallee (gegenüber der Feuerwehr), F/A/T
36039 Fulda, P* (Feuerwehrmuseum St.-Laurentius-Straße, Sportanlagen Johannisau)
36039 Fulda, P* Abwasserverband Fulda, Langebrückenstr. 46, F/A/T
36039 Fulda, P P&R Weimarer Straße, S/F/A/T
36043 Bronnzell/Fulda, P* Gaststätte "Jenn"
36075 Gladenbach, P* Restaurant "Zum Rosengarten"
36088 Hünfeld, P* Freizeitanlage "Im Haselgrund", Landerneau-Allee, F/A/T/S/B
36110 Schlitz, P* (Gaststätte "Rose", F/A; Schwimmbad, F/A/T)
36124 Rothemann-Eichenzell, P* Gasthof "Kramer", i-Tel.: 06659-2292
36132 Eiterfeld, P* Ortsmitte, B
36142 Tann/Rhön, P* Festplatz, Am Unsbach
36154 Hosenfeld/Waldhessen, div. P*, Info: 06550/588, F/A/T: Kläranlage
36163 Poppenhausen, P Freizeitgelände Lüttergrund, Groenhoffstraße, F/A/T/S
36166 Haunetal-Neukirchen, P* Bürgerhaus, Konrad-Zuse-Platz, F/A/T
36166 Haunetal-Wehrda, P Feriensiedlung, S/F/A/T
36169 Rasdorf, Sport- und Freizeitgelände Setzelbacher Straße, F/A/T/S
36179 Bebra, P* (Freizeitpark Fulda-Aue, Schwimmbad, Mehrzweckplatz)
36199 Rotenburg/Fulda, P* (Wildgehege, Freibad Heienbachtal, Felsenerlebnisbad, Wohnmobilpark P+R-Anlage, Kasseler Straße, S/F/A/T)
36199 Rotenburg/Fulda, P* Hotel/Restaurant "Rodenberg"
36199 Rotenburg/Fulda, Tankstellen "Honsel" und "Tost": F/A/T
36199 Rotenburg-Braach, P* (am Kuckucksmarkt, Hof "Hafermaas")
36199 Rotenburg-Dankerode, P Reiterhof Parduhn, Stölzinger Str. 2, S
36199 Rotenburg-Erkshausen, P* Reiterhof "Island-Pony-Pferdehof", S
36199 Rotenburg-Guttelstal, P* Waldgasthof "Hof Guttels", S
36199 Rotenburg-Lispenhausen, P* Restaurant "Hubertushof", i-Tel.: 06623-1550
36199 Rotenburg-Wüstefeld, P Mobilplatz "Damwildfarm", S/F/A/T
36205 Sontra, P* am Schwimmbad, Jahnstraße (ausgeschildert), S/F/A/T
P* Breitwiese, Vimoutiertstraße (zentrumsnah)
36214 Nentershausen, P Hotel/Restaurant "Johanneshof", F/A
36214 Nentershausen, P* Im Rosenthal 4, i-Tel.: 06627-92020, F/A/T/B
36216 Biedenkopf, P* (Bürgerhaus/Parkhotel, Auf dem Radeköppel; Sackpfeife, An der Berggaststätte)
36251 Bad Hersfeld, P* Hotel/Restaurant "Glimmesmühle", Homberger Str./B 324
36251 Bad Hersfeld, P* (Wehneberg/Jugendherberge, am Markt, "Hoechster Damm", bei den Tennisplätzen, stillgelegte Holzstofffabrik, Aqua-Fit Sport- und Familienbad), i-Tel.: 06621-201111
36251 Ludwigsau/Bad Hersfeld, P Gaststätte "Fuldamühle, S/F/A/T
36266 Herlngen, P* (Bürgerhaus, Freibad), F/A/T: Kläranlage
36266 Heringen-Herfa, P* WOMO-P am Dorfgemeinschaftshaus (ausgeschildert)
36275 Kirchheim, P vor Camping Seepark, Brunnenstr. 20, S/F/A/T/WC
36275 Kirchheim, P* Shell-Autohof a.d. A 7, F/WC, i-Tel.: 06625-7034
36275 Kirchheim-Allendorf, P Gaststätte "Weppler", S/F/A/T
36280 Oberaula, P* (Tennishalle, Sportplatz/Freibad, F/A/T, Waldrand am Golfplatz)
36284 Ransbach, P am Sportzentrum S/F/A/T/B
36286 Neuenstein-Untergeis, P* Landgasthof "Will", Am Sportplatz 1, F/A
36304 Alsfeld-Liederbach, P* Gasthof "Zur Linde", i-Tel.: 06631-3917
36304 Alsfeld, P* Erlenstadion/Fuldaer Tor, F/A/T
36304 Alsfeld OT Eudorf, P* Landgasthaus "Zum Schäferhof", S
36304 Liederbach/Alsfeld, P* Gasthaus "Zur Linde"
36341 Lauterbach, P* (Freizeitzentrum, Am Sportfeld; Festplatz, Bleichstraße)

36355 Ilbeshausen OT Grebenhain, P* Gasthof "Felsenmeer", Jean-Berlit-Str. 1, F/A
36364 Bad Salzschlirf, P* Riedstraße, F/A/T
36381 Schlüchtern, P* (Waldgaststätte "Acisbrunnen", Am Acis 1, S/F; Untertor)

Stellplatz: 36381 Schlüchtern, Waldgaststätte "Acisbrunnen"

36381 Schlüchtern, Autohof "Distelrasen" (AB-Abfahrt Schlüchtern), F/A/T
36381 Niederzell-Schlüchtern, P Landgasthof "Zehntscheune", S/F/WC/D
36396 Steinau a.d. Straße, P* "Am Steines"/Sportzentrum/Freibad/Hallenbad
36404 Vacha, P* Burgwall, i-Tel.: 036962-26112
36404 Sünna/Rhön, P* Kelten-Wald-Hotel "Goldene Aue" (WOMO-Tipp)
36433 Bad Salzungen, P* ("Haad" i. d. Werra-Aue, Am Weinberg, S; Keltenbad, Am Flößrasen; Werrastraße, F/A/T: Pumpwerk II, Werrastraße)
36449 Schweina, P* Restaurant "Forsthaus Kissel", i-Tel.: 03695-84181
36452 Andenhausen/Rhön, P* Gasthof "Katzenstein", i-Tel.: 036964-93032
36457 Urnshausen, P am Schönsee
36709 Wildemann, P* (Gaststätte "Spiegelthaler Zechenhaus", Kurhaus)
37077 Göttingen, P* Reisemobile Herzog, Schmaligweg, S/F/A/T
37077 Göttingen, P* VW-Zentrum, Deisterstraße, F/A/T/S
37077 Göttingen, P P&R Schützenplatz, P Reisemobile Riemer, Salineweg 6, S/F
37077 Göttingen, P Spaßbad Eiswiese, Jahnstraße, F/A/T/S
37115 Duderstadt, P* (P&R-P Adenauerring, F/A/T; Freibad, Aug.-Werner-Allee)
37124 Rosdorf, P Freibad, Siekweg, F/A/T/B
37154 Northeim, P* (Großer Freizeitsee; Mühleanger; "In der Fluth")
37170 Uslar, P* (Festhalle, Stadtmauer, Solling-Stadion, Jugendzeltlager), F/A/T ehem. Kläranlage Eichholz, i-Tel.: 05571/5051, Fax 6295
37170 Uslar-Bollensen, P* Rchtg. Dinkelshausen
37170 Uslar-Delliehausen, P* im Ort
37170 Uslar-Eschershausen, P* an der Kreuzung
37170 Uslar-Oedelsheim, P* im Ort
37170 Uslar-Volpriehausen, P* Landhotel "Am Rothenberg", i-Tel.: 05573-9590, F/A
37170 Uslar, P* (Festhalle, Jugendcamp, Stadtmauer/Alleestraße, Solling-Stadion, Im Eichholz F/A), P Lindenhof, Lindenhof 1, S.
37176 Nörten-Hardenberg, P* Burghotel "Hardenberg", Im Hinterhaus 11 a
37181 Hardegsen/Solling, P* Hotel/Restaurant "Illemann", i-Tel.: 05505-94540
37181 Hardegsen/Solling, P* Hotel/Restaurant "Altes Forsthaus", Goseplack 8, S
37194 Bodenfelde/Weser, P* Hotel/Restaurant "Weserblick", i-Tel.: 05572-877
37194 Lippoldsberg, P am Dampfer-Anleger, Weserstraße, F/A/WC
37197 Hattorf, P WOMO-P vor Camping Oderbrücke, F/A/T/WC/D
37216 Witzenhausen-Dohrenbach, P* "Haus des Gastes", Ringkopfstraße
37216 Witzenhausen-Ziegenhagen, P Erlebnispark/Automuseum, S/F/A/T
37235 Hess. Lichtenau, P* Berggasthof "Hoher Meißner", F/A/T, i-Tel. 05602-807147
37293 Herleshausen, P Hotel-Restaurant "Schneider", Am Anger 7, F/S
37325 Hess. Lichtenau, P* (Hallenbad, B/F, Kreuzrasen/Stadtpark)
37242 Bad Sooden-Allendorf, P* (Grenzlandmuseum, Festplatz Franzrasen, S/F/A/T)
37242 Bad Sooden-Allendorf, P* Tankstelle Honsel, F/A/T
37247 Großalmerode, P (Gaststätten "Grüner Baum", "Hessischer Hof")
37269 Eschwege, P* Reisemobilhafen Hintere Wiesenstraße, S/F/A/T
37269 Eschwege, P* am Werratalsee, i-Tel.: 05651-331985
37269 Niederdünzebach, P* Gasthaus "Herzog", i-Tel.: 05651-5644
37276 Meinhard-Grebendorf, P "Freizeitzentrum", B/F/A/T, i-Tel.: 05651-6200
37276 Meinhard-Grebendorf, P Eschweger Seenplatte
37287 Wehretal-Reichensachsen, P* Restaurant "Bürgerhaus", Platz der Normandie 1

37293 Herleshausen, P* Hotel/Restaurant "Schneider", i-Tel.: 05654-6428
37296 Datterode/Ringgau, P Bürgerhaus, F/A/T
37296 Ringgau, P Festplatz, S/F/A/T
37296 Röhrda/Ringgau, P "Festplatz"/Sporthalle, F/A/T
37308 Heiligenstadt, P* Kulturhaus/Hallenbad, Aegidienstraße, F/A/T
37318 Asbach-Sickenberg, P* Grenzmuseum Schifflersgrund
37325 Hessisch Lichtenau, P* Gasthof "Hoher Meißner", F/A
    P* Hallenbad, Freiherr-vom-Stein-Straße, F
37412 Herzberg, P* Restaurant "Zum Pass", An der Sieber 49, F
37431 Bad Lauterberg, P* beim Hallenwellenbad Vitamar, Masttal 1, F/A/T
    P* Rodelbahn, P Campingplatz "Wiesenbeker Teich,, i-Tel.: 05524-2510
37441 Bad Sachsa, P Schützenplatz, Im Ostertal S/F/A/T/WC/D, i-Tel.: 05523-30090
37441 Bad Sachsa, P* Gaststätte "Grenzkrug", Nüxei 5, S/F, i-Tel.: 05523-8587
37441 Bad Sachsa, P* Gaststätte "Zum Kachelofen", S/F, i-Tel.: 05523-8173
37444 St. Andreasberg, P (am Kurhaus, am Hallenbad), S/F/A/T/WC/D
37445 Walkenried (Harz), P bei Gaststätten, Info: 05525/357
37447 Wieda, P* Restaurant "Bierstüb'l"
37449 Zorge, P vor Camping Waldwinkel,S/F/A/T, i-Tel.: 05586-1048, Fax: 8113
37520 Osterode/Harz, P vor Camping Eulenburg, F/A/T, i-Tel.: 05522-6611
37520 Osterode/Harz, P vor Camping Sösestausee, F/A/T, i-Tel.: 05523-3319
37539 Bad Grund, P* Restaurant "Sonneneck", P Hotel "Waldwinkel", A/F/WC
37547 Kreiensen, P Landgasthaus "Beim Kaiser", S/F/A/T
37547 Polle, P* Hotel "Zur Burg", Amtsstraße 10, F/A
37574 Einbeck, P* am Hallen- und Freibad, F/A/T/WC
37581 Bad Gandersheim, P Stadion, St.-Georgen-Str., F/A/T/S
37586 Dassel, P* Freibad, An der Badeanstalt
37603 Dassel/Silberborn, P* Kreuzung B 497/B 239
37603 Neuhaus/Weserbergland, div. P*
37603 Holzminden-Neuhaus, P* Haus des Gastes, Lindenstr. 8
37603 Holzminden, P Mobilcamp, Am Stahler Ufer 16, F/A/T/S/WC/B
37619 Bodenwerder, P Am Mühlentor (Weserpromenade), F/A/T/WC/S
37639 Bevern, P* am Schwimm- und Freizeitzentrum, Jahnstraße, WC
37647 Polle, P* Hotel/Restaurant "Zur Burg", i-Tel.: 05535-206 o. 8624
37649 Heinsen/Weser, P vor Camping "Weserbergland", F/A/T/WC
37671 Höxter, P* Restaurant "Schloss Corvey", i-Tel.: 05271-8323
37671 Höxter, P ("Flößplatz" Weserufer, F/A/T, Freizeitanl. "Godelheimer Seenplatte")
37688 Beverungen-Wehrden, P* Gaststätte "Fährklause" an der Weser
37697 Lauenförde, P Yachthafen Dreiländereck, Grüner Weg 14, F/A/T/WC/D/S
38102 Braunschweig, P Caravan-Brinkmann, Hansestraße, F/A/T
38102 Braunschweig, P Fa. BWZ Schmidt Gifhorner Straße, F/A/T
38102 Braunschweig, P* (am Europaplatz; Theodor-Heuss-Straße)
38124 Braunschweig, P VW-Zentrum Alte Leipziger Str. 123, F/A/T
38154 Königslutter, P* (max. 1 Tag) am Hotelpark "Königshof", WC/B
38165 Lehre, P* Shell-Autohof Wendhausen a.d. A 2, F/D/WC, i-Tel.: 05039-99000
38170 Schöppenstedt, P* "Elm-Asse" (Festplatz an der Schule)
38226 Salzgitter-Lebenstedt, P (Salzgitter See, Hallenbad), B
38272 Burgdorf, P* Shell-Autohof Westerlinde A 39, F/D/WC, i-Tel.: 05347-355
38300 Wolfenbüttel, P* Alte Spinnerei, Jägerstraße, F/A/T/S
38315 Hornburg, P Relax-Park, Am Stadbad 2, F/A/T/B
38350 Helmstedt, P Fa. Camping-Hagemann, Marienthaler Str./B 244, F/A/T
38350 Helmstedt, P* (Schützenplatz, Wallplatz, Brunnentheater)
38350 Helmstedt, P* Hotel/Restaurant "Gesundbrunnen", i-Tel.: 05351-58540
38364 Schöningen, P* vor dem Schloss (zentrumsnah), WC, i-Tel.: 05352-512 146
38372 Büddenstedt, P* Schwimmhalle/Sportplatz, WC/D/F
38440 Wolfsburg, P (Badepark, Eissporthalle), WC
38440 Wolfsburg, P* VW-Holz Heinrich-Nordhoff-Str. 119, F/A/T
38489 Ahlum, P "Fischerhütte" am Ahlumer See, S/F/A/T
38518 Gifhorn, P* Freibad, Konrad-Adenauer-Straße, i-Tel.: 05371-88175
38550 Isenbüttel, P Tankumsee (max. 1 Tag), B
38640 Goslar, P* (alle öffentl. P, z.B. Füllekuhle, Osterfeld, Aral-Tankstelle, A/T)
38644 Goslar-Hahnenklee, P* Restaurant "Hahnenkleer Hof", WC
38667 Bad Harzburg, P (Sessellift, Hallenbad)
38678 Buntenbock, P* Restaurant "Altes Schützenhaus", i-Tel. + Fax: 05323-1017
38678 Clausthal-Zellerfeld, P* Taverne "Woodstock", F/WC
38685 Lauthental, P hinter Tourist-Info /Kaspar-Bitter-Straße), F/A/T/WC
38685 Langelsheim, P vor Camping "Innerste", Innerstetalsperre 2, F/A/T
38685 Wolfshagen, P vor Campingplatz (innerste-Talsperre), F/A/T
38700 Braunlage, P* (Restaurant "Rögener", Restaurant "Hubertushöhe", S/F/A/T)

Wohin? 113

38700 Braunlage, P Schützenplatz, Schützenstraße, F/A/TS
38707 Altenau/Harz, P* Restaurant "Zum Kachelofen"
P Schießsportzentrum "Alter Bahnhof", Rothenberger Str. 52, F/A/T/S
38707 Schulenberg/Harz, P* Restaurant "Waldeslust", Wiesenbergstr. 14, WC
P oberhalb Tourist-Info, Wiesenbergstraße, S/WC/D/Hallenbad
38709 Wildemann/Harz, P Parkschwimmbad Knyrim, Im Spiegelthal 57, F/A/WC/D
38709 Wildemann/Harz, P Wanderheim Harzclub, Im Schwarzewald 21, WC/D/S
38709 Wildemann/Harz, P* Gaststätte "Spiegelthaler Zechenhaus", Im Spiegelthal, F
38723 Seesen/Harz, P* (Bahnhofsplatz; Tennishalle Lautenthaler Str. 70b, F/A/T/S)
38803 Wolfenbüttel, P* am Schwimmbad, F/A/T: Aral-Tankstelle gegenüber
38835 Berßel, P Gasthof "Zum Schloss", F/A/T, i-Tel.: 039421-2556
38855 Hasserode, P Hotel "Stadt Wernigerode"
38855 Wernigerode, P Am Anger, Halberstädter Straße, F/A/T
38855 Wernigerode, P Gästehaus "Mann", Mühlental 76, F/A/T/D/WC/S
38875 Elend/Harz, P/P* (nachts) an der B 27
38879 Schierke/Harz, P Hotel/Restaurant "Waldfrieden", i-Tel.: 039455-301
38879 Schierke/Harz, P Wald-P Brockenstraße, P/P* (nachts) Wald-P Barenberg
38889 Altenbrak, P Rasthaus "Rappbode-Talsperre", Oberbecken 1, S/F/A/D/WC
38889 Blankenburg, P Busparkplatz Schnappelberg
38889 Elbingerode-Wendefurt, P an der Rappbode-Talsperre
38899 Stiege, P* 900 m Richtung Allrode, Wander-Prechts
38899 Hasselfelde, P* Westernstadt Pullmancity II, Am Rosentale 1
39291 Theeßen, P* Dorfgasthaus "Lindenkrug", i-Tel.: 039223-308
39343 Alleringersleben, P Pension "Allerhof", Hauptstr. 86, S/WC/F/A
39362 Hohenwarsleben, Lomo-Autohof A 42, AB-Ausfahrt Nr. 67, F/A/T
39365 Harbke, P* Flugzeugcafé "Fany-Fly, S/F
39365 Ilsenburg, P Reisemobilhafen Ilsetal, F/A/T/S
39365 Röfingen, P* Gasthof "Zahler", F/A
39576 Stendal, P* Schützenplatz, Nordwall, F/A/T
39590 Tangermünde, P Tangerparkplatz, Klosterberg/Stendaler Straße, S/F/A/T
40223 Düsseldorf-Eller, P P&R S-Bahn
40223 Düsseldorf-Gerresheim, P P&R S-Bahn
40229 Düsseldorf, P Auto-Gentgen, Darmstädter Str. 8, F/A/T
40474 Düsseldorf, P1 Messegelände, F/A/T (nur zur Messe), i-Tel.: 0211-456001
40474 Düsseldorf, P Unteres Rheinwerft/Rheinterrasse, Josef-Beuys-Ufer
40591 Düsseldorf, P Shell-Tankstelle Kölner Landstraße, F/A/T
40721 Hilden, P (Bootshafen, Unterbachsee)
40764 Langenfeld, P Reisemobilpark Lise-Meitner-Straße
41068 Mönchengladbach, P* Camping-Krings, Monschauer Str. 10, S/F/A/T
41238 Mönchengladbach-Rheydt, P* Restaurant "Schlossstuben"
41334 Nettetal, P* Hotel/Restaurant "Krickenbecker See", Krickenbecker Allee 38
41334 Nettetal, P* Restaurant "Alter Braukeller", P* Gaststätte "Leuther Mühle"
41334 Nettetal, P* Restaurant "Strandhaus Elbers", i-Tel.: 02153-2499
41363 Jüchen, P Fa. Triple E GmbH Neusser Straße, F/A/T
41363 Jüchen, P Landgasthof "Kelsenberg", WC
41366 Schwalmtal, P* Restaurant "Mühlrather Mühle am Hariksee",i-Tel.: 02163-2332
41379 Brüggen, P* Burgwall, F/A/T, P Laarer See, P Reisemobilhafen Bornerstraße
41379 Brüggen, P* Gaststätten ("Brüggener Klimp", "Zum Burghof")
41460 Neuss, P* Gaststätten ("Hotel Krüll", "Heidelberger Stuben"), P* (Allrounder Winter World, Galopprennbahn, Freizeitanlage Nordpark + Südpark, Euramobile Haas, Hammer Landstraße, F/A/T
41515 Grevenbroich, P* Landesgartenschau-Gelände, i-Tel.: 02181-6080
41515 Grevenbroich, P* Restaurant "Haus Jägerhof", i-Tel.: 02181-40061
41515 Grevenbroich, P* Restaurant "Vierwinden", i-Tel.: 02182-2402
41539 Dormagen-Zons, P Rhein-P an der Wagenfähre
41812 Erkelenz, P* Restaurant "Oerather Mühle", i-Tel.: 02431-2402
41844 Wegberg, P Reisemobilhafen Hallenbad, Maaseiker Straße, F/A/T
41849 Wassenberg, P aud dem Taubenkamp, F/A/T/S
42477 Radevormwald, P* P3 hinter dem Rathaus, Hohenfuhrparkplatz
42489 Wülfrath, P* Teboflor, Mettmanner Straße
42499 Hückeswagen, P* Zentrum (An der Wupperniederung)
P an der Bever Talsperre (max. 1 Tag), B
42551 Velbert, P* (Panoramabad, Wiesenweg 60, F/A/T; Schloss Hardenberg, Bernsaustraße 35)
42697 Solingen-Schloss Burg, P* Hotel/Restaurant "Laber", i-Tel.: 0212-41623
42697 Solingen-Gräfrath, P bei der Feuerwehr
42855 Remscheid, P* Autohaus Pauli, Lenneper Str. 152, S/F/A/T
42855 Remscheid, P* (Stadion, Jahnplatz, S/F/A, Jakobsmühle, F/A, Wander-P Dör-

per Höhe/ Wuppertalsperre)
42929 Dhünn/Wermelskirchen, P Dhünntalsperre, B
42929 Wermelskirchen, P* (Gaststätte "Eifgen", Restaurant "Zum Schwanen",S, Restaurant "Zur Eich", S, Hallenbad, F)
44289 Dortmund-Sölde, P Ruhrorter Yachtclub, Deichstraße/Apostelstr., S
44289 Dortmund-Sölde, P* Museum der Binnenschifffahrt, Apostelstr. 84
44532 Lünen/Lippe, P "Ring-Hotel am Stadtpark", F/A/T (Rückseite Hotel)
44801 Bochum-Heveney, P* Restaurant "Haus Hüggenberg", i-Tel.: 0234-701427
44809 Bochum, P Fa. Spürkel Herner Str. 259, F/A/T
45131 Essen, P (Baldeney-See, Rheinische Straße, Schützenplatz)
45131 Essen, P P9 am Grugabad (nur zur Messe), i-Tel.: 0201-7244264
45481 Mülheim/Ruhr, P* (Tennisclub Kölner Str., Landhaus "Dicken am Damm")
45481 Mülheim/Ruhr, P* In den Ruhrauen, Mintarder Straße, Stadtteil Sarn
45481 Mülheim/Ruhr, P* Hymer-Vertretung, Kölner Str. 35, F/A/T
45527 Hattingen, P* Restaurant "Zum Hackstück", F/A/T, i-Tel.: 02324-73124
45527 Hattingen, P* Wander-P unterhalb der Isenburg (Mo-Fr)
45527 Hattingen, P* "Wassersportvereine", Ruhrdeich 18
45529 Hattingen-Bredenscheid, P* Hotel/Restaurant "Landhaus Siebe", F/A/T
45663 Recklinghausen, P VW-Autozentrum Süd, Rheinstraße 7, F/A/T
45711 Datteln-Ahsen, P* Landhotel/Restaurant "Jammertal", i-Tel.: 02363-3770
45721 Haltern, P* Freizeitbad Aquarell, Lippspieker 20
45721 Haltern-Westrup, P* (Hemingshof am Hullerner See, Wald-P am Naturschutzgebiet Westruper Heide)
45731 Waltrop, P* Gasthaus "Zur Lohburg", Lohburger Straße 105, F/A
45891 Buer/Gelsenkirchen, P Mobilcamp Adenauer-Allee 100, S/F/A/T/WC/D
45899 Gelsenkirchen, P Bundesgartenschau
45956 Gladbeck, P* P2 Freizeitpark Wittringer Wald, Bohmertstraße, F/A/T
46049 Oberhausen, P am Kaisergarten (Nähe Freibad), F/A/T/S
46117 Oberhausen-Osterfeld, P* Revierpark Vonderort (ausgesch.)
46244 Bottrop-Kirchhellen, P Erlebnispark "Warner Bros. Movie World"
46244 Bottrop-Kirchhellen, P* Freizeitpark "Schloss Beck", i-Tel.: 02045-5134
46284 Deuten/Dorsten, P Restaurant "Zur Heide"
46284 Dorsten, P* Reisemobilhafen "An der Lippe" beim Spaßbad Atlantis, F/A/T
46284 Dorsten, P* (Gaststätte "Am blauen See", Eishalle, F/A/T)
46325 Borken, P* Aquariusbad, P Freizeitgelände Pröbstingsee, F/A/T
46342 Velen, P Feriengelände "Ven der Buss", Klyer Damm 8a", S/F/A/T
46342 Velen OT Ramsdorf, P* Freibad, Velener Str. 47, B (ausgeschildert)
46342 Velen, P* Freibad, Heidener Landweg, B (ausgeschildert)
46395 Bocholt, P* (Restaurant "Kupferkanne", Restaurant "Zur Glocke")
46395 Bocholt, P* (Euregio-Gymnasium, Surferbucht am Aa-See, Textilmuseum Uhlandstr. 50)
46395 Bocholt, P* Bahia-Inselbad, Hemdener Weg 169, F/A/T/B
46395 Bocholt, Fa. Auto-Krabbe, Münsterstr. 145, F/A/T
46414 Rhede, P* (Kirmesplatz, Kettelerstraße; P Hallen-/Freibad, Heideweg; P Haxfelder Weg/Schlossstraße), F/A/T: Klärwerk
46419 Isselburg, P* Gaststätte/Ponyhof "Leiting", Alte Bundesstr. 3, WC
46419 Isselburg, P* (P "Zentrum" (Issel-Friedhof); Naturhof Mäteling, Buchenallee 4)
46419 Isselburg-Anholt, P* Hotel/Restaurant "Brüggenhütte", Hahnerfeld 23
46419 Isselburg-Vehlingen, P* Bürgerhaus Vehlingen, Anholter Straße
46446 Emmerich, P* (Stadttheater; Rheinpromenade, Kleiner Wall)
46446 Emmerich, P Yachthafen, Fackeldeystraße 15, S/WC
46459 Rees, P Freibad, Ebentalstraße, F/A/T/S
46485 Wesel, Fa. Rheingas, Am Schornacker 39, F/A/T
46487 Wesel-Flüren, P Kurzcamperplatz Flürener Altrhein, i-Tel.: 0281-7921
46487 Wesel-Flüren, P Campi-Shop/Campingplatz Gravinsel, F/A/T
46509 Xanten, P (Urselerstraße, Nibelungenbad), i-Tel.: 02801-4730
46514 Schermbeck-Gahlen, P* Gasthaus "Op den Hövel", i-Tel.: 02853-91400
47137 Duisburg (Nord), P* Landschafts-, Freizeitpark, Emscherstr. 71, F/A/T
47475 Kamp-Lintfort, P* Freizeitpark Pappelsee, Bertastraße B/WC
  P* div. Gaststätten: "Niederrhein", "Altes Landhaus", "Casino im Park", "Am Dachsberg", "Zum Tonkrug", "Zunftstube", "Zur Klosterpforte", "Zur Linde", "Waldesruh", "Haus Baaken", Restaurant "Ragusa"
  F/A/T: Kläranlage Moersener Straße
47475 Kamp-Lintfort/Hoerstgen, P* Hotel/Restaurant "Zur Post", i-Tel.: 02842-4696
47506 Neukirchen-Vluyn, P* Fa. Niep Mobil, Krefelder Str. 408, F/A/T
47509 Rheurdt, P* Fa. KLS-Motorenbau, Rayener Str. 106, OT Schaephuysen
47546 Kalkar, P* (Erholungsstätte Wisseler See, B/F/A/T, Waysche Straße, S/F/A/T)
47551 Bedburg-Hau, P Landgasthof "Schwanenhof", Mühlenstr. 71, S/F/A/T

47551 Bedburg-Hau, P* Schloss Moyland, Am Schloss 4
47574 Goch, P* Hallenbad, P Friedensplatz, S/F/A/T
47608 Geldern, P* Freizeit-Store Diepers, Liebigstr. 33 S/F/A/T, P* Fa. Gelderland-Mobile, Am Pannofen 23 a, F/A/T, P* (Gaststätten "Seehotel", "Alte Boeckelter Schule", "Haus Neeray", "Platon", "Zum Lüneborger", "Ho-Ho", "See-Hotel", "Alte Boeckelter Schule", Bauernladen Hennekenshof), City-P, Disco E-Dry, Sportplatz OT Veert, P Freizeitanlage "Holländer See"
47608 Geldern-Walbeck, P Waldfreibad Walbeck, F/A/T/S, P* "Steprather Mühle"
47623 Kevelaer, P* Groß-P Gelderner Straße, F/A/T: Dea-Tankstelle
47623 Kevelaer-Twisteden, P Reisemobilhafen "Den Heyberg", S/F/A/T
47638 Straelen, P* (am Schwimmbad, P1 hinter dem Rathaus, F/A/T)
47652 Weeze, P* am Tiergehege
47665 Sonsbeck, P Traktormuseum "Pauenhof", F/A/T
47665 Sonsbeck, P* (Gaststätte "Forsthaus Winkel", Waldrestaurant "Höfer")
47665 Sonsbeck, P* (Neutorplatz, F/A/T, Alttorplatz, Sportplatz, Rathaus, "Auf der Mauer"), i-Tel.: 02838-3624, Fax: 3658
47669 Wachtendonk, P P4 "Bleiche", Achter de Stadt, F/A/T/S
47747 Viersen, P* Fa. Bon Voyage, En de Mett 42
47839 Krefeld-Hüls, P Gasthof "Haus Orbroich" Klever Str. 222
47877 Willich, P Restaurant "Lilac", Anrather Str. 1
47918 Tönisvorst, P* (Gerkeswiese, Sportplatz OT Vorst), i-Tel.: 02151-994295
48231 Warendorf, P* Restaurant/Hotel "Landhaus Wiesenhof", i-Tel.: 02581-9230
48249 Dülmen, P* Sportzentrum Süd, Kapellenweg, F/A/T, i-Tel.: 02594-12292
48249 Dülmen, P Gaststätte "Bikers Farm / Freizeitanlage Buldener See, S/F
48249 Hausdülmen, P* Restaurant "Große Teichsmühle", i-Tel.: 02594-94350
48268 Greven, P* Restaurant "Kolpinghaus", weitere P* ausgeschildert
48268 Greven-Fuestrup, P Camp Marina, Fuestruper Str. 37, S/F/A/WC/D
48282 Emsdetten, P ausgeschildert
48291 Telgte, P* Waldschwimmbad Klatenberge, Am Stadion
48301 Nottuln, P* Wellenfreibad/Hallenbad, Rudolf-Harbig-Straße
48308 Senden, P Ponyhof Steinhoff, Gettrup 37, F/A/T/S/Grillplatz
48308 Senden, P* (Hallenfreibad, Buldener Straße; Gaststätte "Waldmutter Hardt")
48324 Sendenhorst, P* Münsterstraße, P Hoetmarer Str., P* Hallenbad, A/T
48324 Sendenhorst-Albersloh, P* (an der Werse, Parkstreifen Haberkamp), F/A
48329 Havixbeck, P* (am Freibad, B; Brauhaus "Klute", Poppenbeck 28)
48336 Sassenberg, P* ("Feldmark", am Freibad)
48336 Sassenberg, Fa. LMC, Rudolf-Diesel-Str. 4, F/A/T
48341 Altenberge, P* Sportzentrum, F/A/T, i-Tel.: 02505-8232, Fax: 8240
48346 Ostbevern, P "Am Beverbad", Hanfgarten 22, S/F/A/T/B
48351 Everswinkel, P* Vitusbad, Alverskirchener Str. 29, B, F/A/T: Kläranlage
48369 Saerbeck, P* Hotel/Restaurant "Stegemann", Westladbergen 71, F
48432 Rheine P* ("Alte Saline"; Hotel Borchert; Hallenbad; Stadtpark; Volli-Car an der Frankenburg, Neuenkirchener Straße 186, F/A/T/S)
48455 Bad Bentheim, P* Schlossparkplatz Funkenstiege, F/A/T/S
48465 Schüttdorf/Rheine, P* (Kuhmplatz (Freibad), F/A/T, Quendorfer See)
48477 Hörstel, P* Millionenbrücke, i-Tel.: 05454-9110
48488 Emsbüren, P* Gaststätte "Bösker", Elbergen 1, S/F/A/T/WC, i-Tel.: 0591-2449
48493 Wettringen, P Naherholungsgebiet Haddorfer Seen
48493 Wettringen, P* Fa. Ardelt, Gewerbegebiet, S/F/A/T
48496 Hopsten, P* Sporthalle, Rüschendorfer Straße, F/A/T
48499 Salzbergen, P* Esso-Autohof a.d. A 30, F/D/WC, i-Tel.: 05971-97260
48499 Salzbergen, P Hotel "Zur Ems", S/F
48529 Nordhorn, P* Parkplatz am Vechtesee (Ostumgehung), F/A/T
48565 Steinfurt, P* Bagno-See (ausgeschildert), i-Tel.: 02551-1383, i-Fax: 935271
48565 Steinfurt, P* Polizeistation, Liedekerker Straße, F/A/T/S
48599 Gronau, P P2 und P3 Dreiländersee, Hagelsweg, F/A/S/WC/B
48607 Ochtrup, P* Fa. RSF GmbH, Gronauer Str. 110, F/A/T
48607 Ostbevern, P* Gasthof "Mersbäumer", Lohburg 47, S/WC
48619 Heek, P* Landesmusik-Akademie (ausgeschildert)
48624 Schöppingen, P Ferienhof Schulze-Althoff, Heven 48, WC/D/S/F/A/T
P Ferienhof Wenker, Ramsberg 76, WC/D/S
P Hotel "Winter", Gildestr. 3 (OT Egperode), F, P* (bei Verzehr)
48629 Metelen, P Waldgaststätte "Störmann", F/D/WC, P* Mühlenmuseum
48653 Coesfeld, P* Brauhaus Stephanus, Overhagenweg 1, F/A
48653 Coesfeld-Lette, P* am Hallenbad, F/A/T: Kläranlage
48683 Ahaus, P* Kirmesplatz, Schlossstraße, WC
48703 Stadtlohn, P* Freibad, Uferstraße, B/F/A/T/WC, i-Tel.: 02563-97200
48712 Gescher, P* Gasthof "Haus Bönning", P "Zur Rauschenburg, F/A/T/WC)

48720 Rosendahl-Darfeld, P* Reithalle, S/F/A/T, i-Tel.: 02547-770
48720 Rosendahl-Darfeld, P* Sportgelände Antoniusstraße
48727 Billerbeck, P* am Freibad, Osterwicker Straße, S/F/A, i-Tel.: 02543-7373
48734 Reken OT Groß-Reken, P Berge 2 a (gegenüber Campingplatz), S/F/A
48739 Legden, P* "Dorf Münsterland" / Reithalle
49090 Osnabrück, P* Nettebad, Im Haselesch 6, WC
49090 Osnabrück, P an der Halle Gartlage, F/A/T: Campingpl. Nordstraße
49143 Bissendorf, P* Fa. Veregge & Welz, Gewerbepark 14, S/F/A/T/Liegewiese
49152 Bad Essen, P* an der Post, Gartenstraße
49152 Bad Essen, P Reisemobilhafen, Falkenburg (Nähe Mittellandkanal), F/A/T
49152 Bad Essen-Osterwiehe, P Ferienhof Meier, Auf der Bentlage 15, S/F/WC
49163 Bohmte, P* Fa. Vario-Mobil, Bremer Straße, F/A/T/Gas
49163 Bohmte, P* Landgasthaus "Gieseke-Asshorn", Bremer Straße 55, F/A/T
49170 Hagen, P* "Altes Gasthaus Paul Buller", Iburger Straße 35
49179 Ostercappeln, P* (P Gartenstr., P Krebsdorfer Mühle, P Freizeitpark Kronensee)
49186 Bad Iburg/Teuteburger Wald, P* am Kurpark, i-Tel.: 05403-401612
49186 Bad Iburg/Teuteburger Wald, P* Gaststätte "Altes Forsthaus Freudenthal"
49192 Bad Laer, P Restaurant "Schützenhaus Blombergs Höhn"
49192 Bad Laer, P Restaurant "Westerwieder Bauernstube", In den Höfen 3, T/WC
49192 Bad Laer, P am Sole-/Thermalbad, Remseder Str. 5
49201 Dissen, P* Waldgasthaus "Röwekamp", Röwekamp 1, F
49214 Bad Rothenfelde, P Frei-/Wellenbad, P Kur-Camping, S/F/A/T/WC
49324 Melle, P Grönenbergpark, i-Tel.: 05422-965312, Fax: 965348
49324 Melle, P* Festplatz/Wellenfreibad, WC
49356 Diepholz-Aschen, P Bauernhof Meyer, Osterheider Str. 82, F/A
49356 Diepholz, P* "Am Heldenrain Nähe Marktplatz, F/A/T: Kläranlage
49377 Vechta, P* Oldenburger Straße, P* Frei-/Hallenbad, F/A/T: Kläranlage
49401 Damme, P* (am Schulzentrum, Altes Amtsgericht, "Schweizerhaus")
49401 Damme, P* am Westufer des Dümmer Sees, Olgahafen, A/T
49401 Damme-Rottinghausen, P am Sportflugplatz, F/A/T/WC/D
49401 Damme-Wagenfeld, P am Hallen-/Freibad, S/F/A/T/WC
49424 Goldenstedt, P* am Info-Zentrum im Moor, P* Wander-P in Arkeburg
49419 Wagenfeld, P Freibad/Hallenbad, Schulstraße 12, F/A/T/B
49429 Visbeck-Endel, P* an der Kokenmühle
49434 Neuenkirchen-Vörden, P* (Tankstelle Timmer, Pension "Wahlde",F/A, "Zum
     Hollotal", Hotel "Fehrenkamp", i-Tel.: 05493-224)
49439 Steinfeld-Schemde, P* Wald-P "Schemder Bergmark", Nähe gleichn. Hotel
49439 Steinfeld, P* Freibad, Dammer Straße, B/F/A/T
49451 Holdorf, P* Agip-Autohof an der A1 Abfahrt Holdorf, F/A
49453 Rehden, P "Ehrlingshof" Fam. Buschmeyer, F/A/T, i-Tel.: 05446-610
49456 Bakum, Esso-Autohof Bakumer Straße, F/A/T, i-Tel.: 0446-466
49459 Lembruch, P* (Restaurant "Landhaus Götker, "Dümmerhotel am See")
49459 Lembruch, P Bauernhof "Birkenhof", Wagenfelder Str. 188, S/WC/D
49479 Ibbenbüren, P Aaseebad, An der Umfluth 99, P* Sommerrodelbahn, Münster-
     str. 265, P* Fa. Wohnwagen-Windoffer, Maybacher Straße 20, F/A/T
49479 Ibbenbüren, P* (Gasthöfe "Dickenberg","Kunze", "Brügge", "Remise")
49479 Ibbenbüren,Elf-Tank Münsterstr. 51, F/A/T, Total-Tank Münsterstr. 212, F/A/T
49492 Westerkappeln, P* Gasthof "Zum Schützenhof"
49497 Mettingen, P* Hallenbad, Bahnhofstr. 18, F/S
49509 Recke, P* am Schwefelbad, i-Tel.: 05453-2136
49509 Recke OT Steinbeck,P im Jachthafen, Auf der Haar 23, S/F/D
49525 Wechte-Lengerich, P* Landgasthof "Strothmann", i-Tel.: 05482-1211
49525 Lengerich, P* Hallenbad, In der Rietbrocken 6, F/A/T
49536 Lienen, P* Frei-/Hallenbad, Holperdorper Straße, B/F/A/T/WC
49537 Lengerich, P Gasthaus "Landhaus Stock", S/F/A/T/WC
49545 Tecklenburg, P* Wander-P am Bismarckturm
49545 Tecklenburg-Leeden, P vor Regenbogen-Camp, Grafenstr. 31, S/F/A/T
49549 Ladbergen, P Erholungsgebiet "Waldsee", S/F/A/T
49549 Ladbergen, P* Sporthalle Jahnstraße (Ortszentrum)
49549 Ladbergen, P* Gaststätte "Zur Waldschänke", Erpenbecker Siedlung 63.
49565 Bramsche, P* (Hotel "Idingshof", Hotel "Renzenbrink"), F/A/T: Esso-Tankst.
49565 Bramsche, P* am Hasebad/Varustherme, Malgartener Str. 49
49565 Bramsche, P* Reisemobile Lewandowsky, Am Kanal 1b, F/A/T
49593 Bersenbrück, P* Hotel "Husmann", Bramscher Straße 12
49597 Rieste, P Gaststätte "Moorstübchen", Bootshafenstr. 4, F
49577 Ankum-Tütingen, P* Gasthaus "Grüner Wald", Tütingen 22, S/F/A
49577 Eggermühlen/Bockroden, P Reiterhotel "Wiehengebirgslandhaus", S/F/A/T
49584 Fürstenau, P* am Schloss, P* Fa. Berling, Lengericher Weg 37, F/A/T

49624 Löningen, P Felta-Tankstelle (Hase-Ufer), F/A/T
49626 Berge, P Restaurant "Alte Stiftsschänke", S/F
49632 Essen (Oldenburg), P Naherholungsgebiet "Unland", F/A/F
49661 Cloppenburg, P* am Stadtpark, F/A/T
49661 Cloppenburg, P* Bgmstr-Heukamp-P, P* Museumsdorf Bether Straße 9
49661 Thülsfeld, P* Thülsfelder Talsperre-Nord, i-Tel.: 04471-15256
49685 Emsteck, P* Dea-Tank, F/A/T, P* Rasthaus "Knoop", F/A/T
49688 Lastrup, P* Reisemobile Flerlage (ausgeschildert), S/F/A/T
49688 Lastrup, P* Marktplatz (Gew.-Gebiet Spielacker)
49696 Molbergen-Peheim, P* Schützenplatz, Cloppenburger Straße
49733 Haren/Ems, div. P in der City, Info: 05932/8225, F/A/T: Kläranlage
49733 Haren/Ems, P Freizeitzentrum Schloss Dankern, i-Tel.: 05932-72230
49740 Haselünne, P* Esso-Autohof a.d. B 213, i-Tel.: 05961-333, F/D/WC
49744 Geeste, P* am Speicherbecken, Biener Str. 13 (ausgeschildert), WC
49751 Sögel, P neben der Turnhalle, Sigiltrastraße, F
49762 Lathen, P Hotel-Restaurant "Lathener Marsch", Marschstr. 4, F/A/T/S
49770 Herzlake, P* am Sportzentrum Hasetal, F/WC/A/T
49808 Holthausen-Biene, P* am Speicherbecken, Lange Straße,
49811 Lingen/Ems, P* (Wilhelmshöhe, Emslandhallen, Neuer Hafen), P* Freizeitbad Linus, Teichstraße, F/A/T
49832 Freren/Ems, P Gasthof "Overhoeff", Beestener Str. 37, WC/D/S
49843 Uelsen, P* Neuer Festplatz, F/A/T
50170 Kerpen-Sinndorf, Pollmeier-Caravan Hüttenstr. 112, F/A/T
50321 Brühl/Rheinland, P "Phantasialand Brühl" P1, P* am Heider Bergsee
50321 Brühl/Rheinland, P Fa. Live-Reisemobile, Engeldorfer Str. 25, F/A/T
50374 Erfstadt-Liblar, P* Restaurant "Ville Express" Max-Planck-Straße 1, F/A
50389 Wesseling, P* Fa. Rentmobil, Herseler Str. 14, F/A/T, i-Tel.: 02236-944900
50674 Köln-Marsdorf, P* P+R-Terminal, Emmy-Noether-Straße, F/A/T/Straßenbahn
50674 Köln-Rodenkirchen, P* am Forstbotanischen Garten
50679 Köln-Deutz, P zwischen Deutzer Brücke und Severinsbrücke, F
51373 Leverkusen, P* Caravaning Meier, Adolf-Kaschny-Str. 9, F/A/T
51399 Hilgen, P* Hotel/Restaurant "Heide", WC
51491 Overath, P Fa. Weiß, Weberstr. 27, S/F/A/T/Gas
51491 Overath, P* Fa. Freizeit Middendorf, Hammermühle 7, F/A/T
51503 Hoffnungsthal, P Gut "Hoffnungsthal," WC/D
51519 Altenberg, P Altenberger Dom, P* Rösberg
51570 Windeck-Dattenfeld, P* Gaststätten ("Burg-Café", "Dattenfelder Hof", "Westerwälder Hof") P* (Brunnenweg, am Hallenbad, F/A/T, Freizeitpark, Heimatmuseum, "Auf dem Gent")
51570 Windeck-Altwindeck, P* Gaststätten ("Zum Goldenen Spinnrad", "Zur Linde")
51570 Windeck-Altwindeck, P* am Heimatmuseum, Im Thal, S/F/A/WC
51570 Windeck-Dreisel, P* Dorfplatz an der Sieg, P* Gaststätte "Zur Sieg"
51570 Windeck-Herchen, P* (am Sportplatz, Gaststätte "Löwenburg")
51570 Windeck-Öttershagen, P* Gaststätte "Zum Eisenberg", i-Tel.: 02292-7047
51570 Windeck-Stromberg, P* Gaststätte "Vedder", i-Tel.: 02243-2438
51570 Windeck-Übersetzig, P* Auf dem Grent
51580 Reichshof-Eckenhagen, P* Freizeitbad "Monte Mare", F/A/T: Festplatz
51580 Reichshof-Eckenhagen, OTWindfus, P* im Ort
51597 Morsbach, P* Hotel/Restaurant "Zum Römertal", i-Tel.: 02294-235
51674 Wiehl, P* (Freizeitzentrum, F/A/T, Eissporthalle, Sportanlage Eichhardt)
51674 Wiehl, P* Waldhotel "Hartmann" Tropfsteinhöhle, i-Tel.: 02262-99195
51789 Lindlar, P* Restaurant "Bergische Rhön",Holzer Straße 18k
52056 Aachen-Kornelimünster, P* Restaurant "St. Benedikt", i-Tel.: 02408-2888
52066 Aachen-Burtscheid, P Reisemobilhafen Branderhofer Weg 11, S/F/A/T
52146 Würselen, P Euregio-Freizeitbad, Willy-Brandt-Ring 100, F/WC/B
52152 Simmerath-Einruhr, P* Groß-P Rurstraße
52152 Simmerath-Rurberg, P* Sowj. Ehrenfriedhof; P Naherholungsanlage.
52152 Simmerath-Woffelsbach, P* Schiffsanleger
52153 Monschau, P P2 am Biesweg, i-Tel.: 02472-80480, S/F/A/T
52159 Roetgen, P* (am Bahnhof, Raerener Straße; Großparkplatz)
52224 Stolberg, P* Restaurant "Birkenhof", i-Tel.: 02408-5338
52224 Stolberg-Mausbach, P* Restaurant "Süssendehl", S/F/A, i-Tel.: 02402-71011
52385 Nideggen, P* Parkplatz "Danzley", Bahnhofstraße
52393 Hürtgenwald, P* am Soldatenfriedhof
52393 Hürtgenwald-Bergstein, P* unterhalb der Kirche, Burgstraße
52393 Hürtgenwald-Simonskall, P* (Gemeinde-P, Gasthaus "Landhaus Kallbach",F/A/T
52393 Hürtgenwald-Zerkall, P* an der Kall, L 11
52428 Jülich, P* Karl-Knipprath-Stadion (Rur-Auen), F/A/T

52525 Heinsberg/Rhein, P* Fa. Camping-Center, von-Liebig-Str., F/A/T
52525 Heinsberg/Rhein, P* Fa. R&T, Borsigstr. 26, F/A/T
52525 Waldfeucht, P* Tilder Weg, F/A/T
53117 Bonn-Auerberg, P* "An der Josefshöhe", F/A/T: Kläranlage 1 km
53179 Bonn-Tannenbusch, P* Restaurant "Schützenhof"
53227 Bonn-Beuel, Mi-Mobile Brandwein Maarstr. 83, F/A/T
53332 Bornheim, P* Gaststätte "Tennis- und Squashpark", i-Tel.: 02222-60621
53332 Bornheim-Hersel, P* Gaststätte "Zum Bootshaus" am Rheinradwanderweg
53359 Rheinbach-Wormersdorf, P Ruine Tomberg
53359 Rheinbach, P* am Freizeitpark mit Wellenbad, Münstereifeler Straße, F
53424 Remagen, P* Anlegestelle Autofähre, P* Stadion Goldene Meile/Freizeitbad
53474 Bad Neuenahr-Ahrweiler, P (Apollinaris-Stadion, F/A/T, St.-Pius-Straße)
53474 Bad Neuenahr-Ahrweiler, P Reisemobilhafen "Am Ahrtor", Kalvarienbergstr. 1
53489 Bad Bodendorf, P am Sportplatz, F/A/T; P am Thermalfreibad, Bäderstraße
53489 Sinzig-Löhndorf, Wander-P*, ausgeschildert
53489 Sinzig, P* Festplatz neben dem Schloss, Barbarossastraße
53501 Holzweiler, P* Panorama-Sauna, Panorama-Weg 2.
53505 Altenahr, P (P im Ort, Sommerrodelbahn, Hotel "Zum weißen Kreuz")
53506 Rech/Ahr, P Restaurant "Recher Hof" bei den Tennisplätzen, F/S
53508 Mayschoß/Ahr, P an der Ahr, Am Bahnhof, F/A/T
53547 Breitscheid/Neuwied, P* Waldgaststätte "Fockenbachsmühle"
53557 Bad Hönningen, P* Gaststätte "Brunnenschänke", Im Strang 36
53572 Unkel, P* Kamener Straße, F/A/T: Kläranlage am Bahndamm
53578 Windhagen-Rederscheid, P Sporthotel "Dorint", S/F/A/T/B
53579 Erpel, P* Gaststätte "Zur Brücke", Rheinufer
53604 Bad Honnef, P* LR Marketing, A3 Ausfahrt 34, S/F
53639 Königswinter-Ittenbach, P* Ölberg/Margarethenhöhe
53639 Königswinter-Oberdollendorf, P* Zentral-P (ausgeschildert)
53797 Lohmar, P Camping Meigermühle 1, F/A/T
53809 Ruppichteroth, P* Restaurant "Haus Tanneck", F/A/T, i-Tel.: 02247-2377
53879 Euskirchen, P* Restaurant "Stadtwald", Münstereifelerstraße
53894 Mechernich, P* am Erholungspark Mühlenpark, Mühlenthal, B 266.
53902 Bad Münstereifel, P am Eifelbad, P* Restaurant "Haus Rupperath", Kohl 16.
53909 Zülpich, P am Wassersportsee, P* Stadthalle, F/A/T, P* Adenauerplatz
53913 Swisttal-Heimerzheim, P* Fa. TSL-Landsberg, Breniger Str. 17, F/A/T/Gas
53925 Steinfelderheistert, P Bauernhof Thelen
53937 Schleiden, P* im Wiesengrund beim beheizten Freibad
53937 Schleiden-Gemünd, P* (Kurpark; Freibad, Im Wiesengrund)
53937 Schleiden-Wolfgarten, P* Restaurant "Kermeterschänke",i-Tel.: 02444-2116
53940 Hellenthal, P* Grenzlandhalle, i-Tel.: 02482-85115
53940 Hellenthal-Udenbreth, P* "Weißer Stein" Richtung Losheim
53940 Hellenthal-Udenbreth, P Bauernhof Breuer, Zum Wilsamtal 35, F/A/T/S
53945 Blankenheim, P (Hotel "Finkenberg"; Weiherhalle, Koblenzer Str., S/F/A/T)
53947 Nettersheim, P* am Ortseingang, i-Tel.: 02486-780
53947 Nettersheim, P Reisemobilhafen am Steinbruch, Urftstraße, S/F/A/T
53949 Dahlem, P* (Kronenburger See, B/F/A/T, Flugplatz "Dahlemer Binz", F/A/T)
54295 Trier, P Reisemobilpark "Treviris" vor Camping, Luxemburger Str. 81
54295 Trier, P am neuen Messegelände/Moselufer, F/A/T, i-Tel.: 0651-978080
54295 Trier, P* Busparkplatz "An der Spitzmühle" bei den Kaiserthermen
54295 Trier, P "Restaurant/Weingut von Nell", Im Thiergarten 12
54295 Trier-Ehrang, P* am Sportplatz (ausgeschildert)
54338 Schweich, vor Camping "Am Fährturm", F/A/T
54340 Klüsserath, P Reisemobilhafen an der Mosel, S/F/A/T
54340 Ensch, P an den Pappeln (April - Oktober), F/A/T
54340 Köwerich, P Weingut Hans Klären, Beethovenstr. 40, F/A/T
54340 Longuich, P Weingut Longen-Schlöder, Kirchenweg 9, S/F/WC
54340 Minheim, P Weingut Thielen-Feilen, Moselweinstr. 11, S/WC
54340 Pölich, P* Restaurant "Weinhaus Henn", WC
54346 Mehring, P Weingut Zellerhof, F/A/S
54347 Neumagen-Dhron, P Weinhaus "Kettern", In der Zeil, S/F/A/T/WC/D
54347 Neumagen-Dhron, P Jachthafen, Moselstr. 21, S/F/A
54349 Trittenheim, P* Restaurant "Laurentiusstuben", i-Tel.: 06507-2209
54349 Trittenheim,P Reisemobilstellplatz an der Mosel, S/F/A/T
54411 Deuselbach, P* Umweltbildungsstätte "Erbeskopf", F/A/T
54413 Bescheid-Mühle, P* Hotel/Restaurant "Forellenhof", F/A, i-Tel.: 06509-91500
54424 Thalfang, P* "Festplatz", F/A/T, P Ferienpark Himmelberg, Birkenweg 73, F/A/T
54439 Palzem, P Weingut Pauly, Obermoselstr. 5, S/F/A/T/WC
54439 Saarburg, P* an der B 407, F/A/T

54441 Wawern, P* Hotel-Restaurant "Tobiashaus", An der B 51, F
54470 Bernkastel-Kues, P* beidseits der Mosel
54470 Bernkastel-Wehlen, P* beim Kloster Machern, S/WC, i-Tel.: 06532-2044
54470 Bernkastel-Wehlen, P Weingut Studert-Prüm, Hauptstr. 150, F/A/T
54470 Veldenz, P Festplatz, Hauptstraße, F/A/T
54484 Maring, P Weingut Schmitt, Moselstr. 27 (Ostern-Oktober), S/F/D
54486 Mülheim, P Weingut Mauch-Michels, Mühlenweg 4, S/F/A/D
54487 Wintrich, P Weingut Georgshof, Kurfürstenstraße, S/F/A/T
54492 Lösnich, P Reisemobilhafen an der Mosel (ausgeschildert), S/F/A/T
54497 Morbach-Hoxel, P Reisemobilhafen "Hochwald, Zum Camping 15, F/A/T/S
54498 Minheim, P Reisemobilpark "Hero" an der Mosel, S/F/A/T
54498 Piesport, P Reisemobilstellgarten Thiele, Moselstr. 17, S/F/A/WC
54498 Piesport, P Weingut St. Joseph, In der Dürr 11 (März - Nov.), F/A/T
54518 Plein, P* Restaurant "Waldschlösschen", Zum Waldschlösschen 3, F/WC
54518 Osann-Monzel, P* Gasthaus "Kelterhaus", Moselstr. 39, F/A
54531 Manderscheid, P* (Kurhaus; Hotel "Heidsmühle", Mosenbergstr. 22, S)
54531 Wallscheid/Eifel, P* Landgasthaus "Kiefernhof", i-Tel.: 06572-4634
54533 Eisenschmitt-Eichelhütte, P* Restaurant "Molitors Mühle" b.Kloster Himmerod
54534 Großlittgen-Himmerod, P* Gasthof "Graf Zils", i-Tel.: 06575-4480
54536 Kröv, P* am Moselufer, i-Tel.: 06541-9486
54538 Kinheim, P am Moselufer, Moselweinstraße (B 53), F/A/T
54539 Zeltingen, P hinterm Weingut "Kloster Machern"
54539 Ürzig, P Reisemobilhafen an der Mosel, B 53, S/F/A/T/WC/D
54552 Darscheid, P* Kuchers Landhotel", Karl-Kaufmann-Str. 2
54552 Dockweiler, P "Luba-Freizeitpark", S/F/A/T
54558 Gillenfeld, P Pulvermaar, K 14, F/A/T/S
54569 Gerolstein, P Hallen- und Freizeitbad, Raderstraße, F/A/T
54569 Gerolstein, P* Hotel "Landhaus Müllenborn", Auf dem Sand 45
54576 Hillesheim, P Viehmarktplatz, Trierer Straße, F/A/T/S
54636 Dahlem, P* Dahlemer Binz (bei Flugplatz und Restaurant Eifelblick), F/A/T
54636 Dahlem, P Kronenburger See, Seeuferstraße
54647 Dudeldorf, P* Hotel/Restaurant "Zum alten Brauhaus", i-Tel.: 06565-2057
54647 Gondorf/Bitburg, P* Freizeitpark "Eifelpark", i-Tel.: 06565-2131
54647 Gondorf/Bitburg, P* Restaurant "Waldhaus Eifel", i-Tel.: 06565-2077
54649 Lauperath, P Privat: Mayischhof, i-Tel.: 06554-404
54649 Waxweiler, P Bahnhofstraße, F/A/T/S
55234 Gau-Heppenheim, P "Gustavshof", Hauptstr. 53, F/S
55234 Horrweiler, P Weingut "Sonnenhof", B 41, S/WC/D
55234 Monzernheim, P Weingut Geil, Am Römer 26, F
55245 Kirn, P Kiesel, Teichweg, F/A/T
55278 Dolgesheim, P Weingut "Rebenglut", Weinolsheimer Str. 12, S/F/WC
55278 Selzen, P Weinstube "Kapellenhof", Kirschgartenstraße, F/S
55286 Wörrstadt, P* Restaurant "Fritz", i-Tel.: 06732-3553
55286 Wörrstadt, P Spargelhof Weinmann, Rommersheimer Str. 105, S/F
55294 Bodenheim, Dea-Tank, Mainzer Str. 91, F/A/T
55411 Bingen, P (Stadthalle, Rheinanlage, Rastplatz "Wiesbach" a.d. A 61)
55413 Oberheimbach, P* Weingut "Sonnenhof", F
55422 Bacharach, P beim Campingplatz, B9, F/A/T
55425 Waldalgesheim, P* an der Keltenhalle, Niedergasse
55430 Oberwesel/Rhein, P*/P (nachts) Anlegestelle, B9
55430 Oberwesel/Rhein, P* (entlang der B 9; Gaststätte "Rheingoldschänke")
55430 Oberwesel/Rhein, P (Rheinanlagen; Weingut "Burghof" OT Dellhofen, F)
55435 Gaualgesheim, P* am Sportplatz, Binger Straße, S/F/A/T
55437 Appenheim, P* Weingut "Bischel"
55442 Stromberg, P* Deutscher-Michel-Halle, Königsberger Straße, F/A/T/S
55450 Langenlonsheim, P Weingut "Im Zwölberich", Schützenstr. 14, F/S
55452 Windesheim, P* Gaststätte "Zur Stadt Bingen", i-Tel.: 06707-1718
55457 Horrweiler, P Weingut "Sonnenhof", S/F/A/T/WC, i-Tel.: 06727-202
55459 Langenlonsheim, P Weingut "Im Zwölberich", Schützenstr. 14, F
55469 Holzbach, P (teuer) Erlebnisbauernhof, Höhenhof, F/A/T
55481 Kirchberg, P Fa. AMB Reisemobile, Herbert-Kühn-Str. 10, F/A/T
55483 Kappel, P* Gasthof "Walges", i-Tel.: 06763-4070
55494 Rheinböllen, P* Aral-Autohof a.d. A 61, F/D/WC, i-Tel.: 0234-3150
55543 Bad Kreuznach, P* P&P-P "Pfingstwiese"
55546 Hackenheim, P* Weingut "Bonnheimer Hof", F/WC
55546 Pfaffen-Schwabenheim, P* Fa. Alpha-Reisemobile, Gewerbestr. 30, F/A
55559 Bretzenheim, P* Hotel/Restaurant "Grüner Baum", i-Tel.: 0671-2238
55566 Bad Sobernheim, P Reisemobilhafen Am Nohfels, Felkestraße, F/A/T/S

55566 Bad Sobernheim-Pferdsheim, P* Restaurant "Waldhaus Hoxmühle"
55566 Meddersheim, P* Winzergenoss. Rheingrafenberg, Naheweinstr. 63, F/A/T/S
55576 Sprendlingen, P* Reisemobilhafen, Am Wiesbach, F/A/T/S
 P* Reisemobil-Forum, Graf-von-Sponheim-Straße, F/A/T/S
55576 Zotzenheim, P* Weingut Schnell, Bahnhofstr. 15 a, F/WC/S
55583 Bad Münster am Stein, P* Umgehungsstraße-Ecke Weinbergstraße
55585 Hochstätten, P Weingut Laubenstein, S/F, i-Tel.: 06362-657
55587 Birgel, P Euro-Mühlen-Center, Bahnhofstraße, F/A/T
55590 Meisenheim, P Hof Wieseck, S/F/WC, i-Tel.: 06753-4333
55593 Rüdesheim, P1 + P 2 (max. 1 Tag), i-Tel.: 06722-2962
55595 Wallhausen, P Weingut Lunkenheimer, Bahnhofstr. 15
55596 Waldböckelheim, P* Weinhaus Hehner-Kitz, Hauptstr. 4, F/WC
55599 Gaubickelheim, Esso-Autohof an der A 61/B 59, F/A/T
55627 Merxheim, P Bauernhof Giloy, F/A/T, i-Tel.: 06754-462
55743 Fischbach, P* Kupferbergwerk, Hosenbachstraße, F/WC
55743 Idar-Oberstein, P* (Saarstraße, Almerich, Freibad, Festplatz, Friedhof, Weiherschleife, "Waldschänke", Hallenbad, F/A/T), i-Tel.: 06781-56390
55743 Idar-Oberstein-Fischbach, P* am hist. Kupferbergwerk mit Gaststätte
55758 Kempfeld, P* Gaststätte "Wildenburg", P* Wildfreigehege
55774 Baumholder, P* Gaststätte "Guthausmühle" beim Truppenübungsplatz
56072 Koblenz, P (Neuer Messplatz, Peter-Altmeier-Ufer/Deutsches Eck, Saarplatz, Stresemannstraße, Weißergasse, Bahnhofsvorplatz, Kaufhaus Löhrstr.)
56072 Koblenz-Metternich, P Rheingas GmbH Trierer Str. 101
56072 Koblenz-Metternich, P Esso-Autohof, Industriegebiet, F/A/T
56112 Lahnstein, P Ortsmitte
56130 Bad Ems, P* Stadion Lahninsel, i-Tel.: 02603-4488
56130 Bad Ems, P* stillgelegte Mahlbergbahn, i-Tel.: 02603-4488
56130 Bad Ems-Nievern, P "Kutschers Marina", Nieverner Str. 20, F/A/T/WC/D/S
56170 Bendorf-Sayn, P "Schlosspark", B 413
56179 Vallendar, P* (Rheinufer, B 42, F/A/T; Sportplatz Vallendarer Berg)
56253 Treis-Karden, P* Restaurant "Ostermann" im Lützbachtal,i-Tel.: 02672-1238
56254 Müden, P* Weingut/Hotel "Sewenig",Moselweinstr. 82, F/WC
56288 Gammelshausen, P Restaurant "Haus Waldesruh", i-Tel.: 06762-7219
56288 Bell, P Freizeitpark Bell an der Hunsrückhöhenstraße B 327, S/F/A/WC
56290 Lütz/Mosel, P Gaststätte "Strauß-Mühle", S/F/A/WC/D
56323 Waldesch, P* Waldhotel/Restaurant "König von Rom", i-Tel.: 02628-2093
56330 Kobern-Gondorf, P* Moselvorland, Am Kalkofen, i-Tel.: 02607-19433
56332 Burgen, P Gaststätte "Schmause-Mühle", S/F/A/T, i-Tel.: 02605-776
56332 Löf/Mosel, P* Fa. Sog-Toilettenentlüftung, In der Mark 2, S/F/A/T
56336 Neuhäusel, P "Im Feldchen" Industriestraße 8, S/F/A
56336 Braubach, P* (Rheinanlagen, Festplatz, Bahnhof), i-Tel.: 02607-976001
56346 St. Goarshausen, P (Café "Le Jardin", Sekthaus "Delicat)
56346 St. Goarshausen, P* (an der Hafenmole, Wendehammer/Getreidemühle, unterhalb der Loreley)
56346 St. Goarshausen-Wellmich, P* am Rhein, i-Tel.: 06771-427
56346 St. Goarshausen-Kestert, Kläranlage, A/T
56377 Nassau, P* Groß-P Lahnbrücke/B 260
56379 Laurenburg, P* an der Laurenburg
56410 Montabaur, P am Schwimmbad, P Festplatz am TÜV
56424 Mogendorf, P* am Bürgerhaus
56459 Pottum, P* Grillplatz "Balzhahn" am Wiesensee
56470 Bad Marienberg, P Marienbad, F/A/T; P* (Wander-P, Restaurant "Kristall")
56579 Rengsdorf, P Freizeitbad "Monte Mare", F/A, i-Tel.: 02634-1381
56588 Waldbreitbach, Marktplatz in der Au, F/WC
56594 Willroth, P* Waldgaststätte "Steiger Mühle",Steinstr. 18, F/A
56637 Plaidt, P* Info-Zentrum Rauschermühle, i-Tel.: 0180-1885526
56751 Polch, P* Fa. Niesmann + Bischoff, Cloustr. 1, F/A/T, i-Tel.: 02654-940940
56754 Brohltal, P* Autobahnraststätte Brohltal-West ,F/A/T, i-Tel.: 02652-51717
56759 Kaiseresch, P* Marktplatz
56812 Cochem, P* a.d. B 49 (Moselstraße), P Cochem-Cont (hinter ALDI)
56812 Valwig, P an der Mosel, F/WC
56814 Bremm/Mosel, P Weingut Oster & Franzen, Calmontstr. 96, S/F/A/T/WC
56814 Ediger-Eller, OT Eller, P (an der Mosel, B 49; Moselweinstraße)
56814 Ernst/Mosel, P Winzergenossenschaft Cochem-Zell, F/A
56821 Ellenz-Poltersdorf/Mosel, P Schwimmbad
56841 Bad Wildstein, P* am Thermalbad (beschildert)
56841 Wolf/Mosel, P* unter der Moselbrücke (B 53)
56850 Enkirch/Mosel, P Festplatz Moselvorland, F/A/T, i-Tel.: 06541-9265

56850 Enkrich/Mosel, P* Restaurant "Dampfmühle", i-Tel.: 06541-6867, Fax: 4904
56850 Raversbeuren, P* Restaurant "Der fidele Bauer", i-Tel.: 06543-2291
56856 Zell/Mosel, BP-Tankstelle, F/A/T
56856 Zell/Mosel OT Kaimt, P an der Mosel, F/A/T
56858 Neef/Mosel, P an der Mosel, F/A/T/S, i-Tel.: 06542-21575
56858 Neef/Mosel, P* Gaststätte "Zum Eulenköpfchen", i-Tel.: 06542-2839
56858 St. Aldegund, P an der Mosel, Hauptstraße (April - Oktober), F/A/T
56859 Alf/Mosel, P Freibad "Arrastal", B 49 Ortsausgang Rtg. Burg Arras, F/A/T
56859 Bullay/Mosel, P* Restaurant "Marienburg", i-Tel.: 06542-2382
56861 Reil/Mosel, P am Moselufer, Moselstraße (April - Oktober), F/A/T/S
56862 Pünderich/Mosel, P Reisemobilparkplatz, Moselallee (April-Oktober), F/A/T
57072 Siegen, P* Gasthaus "Rörig", Eintrachtstr. 9, P Waldrich-Geländ, St.Johann-Str.
57072 Siegen, P* Hallenbad, Zufahrt Poststraße, WC
57080 Siegen-Eisern, P am Fernsehturm
57223 Kreuztal, offizieller P zwischen Bahnhof und Zentrum, F/A/S/T
57223 Kreuztal-Femdorf, Wander-P* Kindelsbergstraße
57223 Kreuztal-Littfeld, P Hotel "Haus Hubertus", F/A/T/WC
57234 Wilnsdorf, P* Gästehaus "Wilgersdorf", Am Kalkhain 23
57250 Netphen, P* (Hotel "Netpher Hof", Lahnstr. 92; Autohaus Kesch)
57250 Netphen, P P3 Freizeitzentrum/Hallen- und Freibad, Brauersdorfer Str., F/A/T
57250 Netphen-Sohlbach, P Hotel "Waldhaus", P* Hotel "Hubertushof")
57258 Freudenberg, P* ("Siegerlandhotel", Schützenstraße; P3 Lohmühle)
57258 Freudenberg-Lindenberg, P* Hotel "Haus Tannenberg", Siebelsaat 23
57271 Hilchenbach, P* (Krämers Park, Im unt. Marktfeld; Freibad, Merklinghauser Weg)
57271 Hilchenbach-Dahlbruch, P* Hallenbad, Bernhard-Weiss-Platz, F/A/T
57271 Hilchenbach-Lützel, P Restaurant "Om Giller", P* Waldgasthof "Gillerberg", S/F
57271 Hilchenbach-Vormwald, P Landhotel "Siebelnhof", D/B/Sauna
57299 Burbach, P* Gaststätte "Zollhaus", Zollhaus 1, F/A/T/WC
57319 Bad Berleburg, P* (Hallenwellenfreibad, Auf dem Stöppel; Landgasthof "Kunze")
57319 Bad Berleburg-Berghausen, P Bauernhof Becker, Am Kilbe 1
57319 Bad Berleburg-Girkhausen, P Gasthaus "Schmelzhütte", S/F/WC
57319 Bad Berleburg-Laibach, P* Restaurant "Erholung", Auf dem Laibach 1, F/A
57319 Bad Berleburg-Weidenhausen, P Steffes Hof, Weidenhäuser Str. 8
57334 Bad Laasphe, P* (Kneipp-Kurklinik, Reitschule Lahntal, Gartenstraße)
57334 Bad Laasphe-Glashütte, P* Hotel "Jagdhof Glashütte" an der Lahn
57334 Bad Laasphe-Hesselbach, P* Hotel "Marburger", Hesselbacher Str. 21,F/A
57334 Bad Laasphe-Volkholz, P* Hotel "Jagdhof Glashütte", Glashütter Str. 20, WC
57334 Bad Laasphe-Feudingen, P* Landhotel "Doerr", Sieg-Lahn-Str. 8, F/A/T
57339 Erndtebrück, P* Hotel "Edermühle", Mühlenweg, F/A
57339 Zinse, P* Pension "Dreischärf", P Pension "Hofius", Hilchenb. Weg 2, F/A
57368 Lennestadt-Kickenbach, P* Hotel/Landhaus "Im Grund", F/A/T
57368 Lennestadt-Langenei, P* Hotel/Restaurant "Schweinsberg", Fredeburger Str. 23
57368 Lennestadt-Kirchveischede, P* Landgasthof "Laarmann",Westfälische Str. 52
57392 Schmallenberg, P* Ferienhotel "Stockhausen", Sellinghausen
57392 Schmallenberg, P Gaststätte "Skihütte Schanze", F/A/T/S
57392 Schmallenberg-Bad Fredeburg, P* Hotel "Kleins Wiese", F
57392 Schmallenberg-Obringhausen, P Bauernhof Vogt, F/A/T/WC
57392 Schmallenberg-Westfeld, P* Hotel/Restaurant "Hoher Knochen", F
57399 Kirchhundem, P Gaststätte "Zur Hahnenquelle",Rhein-Weser-Turm 1, F/S/A
57399 Kirchhundem-Oberhundem, P* Freizeitpark "Panoramapark Sauerland"
57399 Kirchhundem-Selbecke, P* Hotel "Assmann", Selbecke 18
57413 Finnentrop OT Faulebutter, P* Gasthof "Rademacher"
57413 Finnentrop OT Rönkhausen, P* Hotel-Restaurant "Im stillen Winkel"
57439 Attendorn, P* ("Atta-Höhle"; Landgasthof "Hof Roscheid", Roscheid 12;
 P1 u. P 2 am Biggesee, S/F/A/T
57439 Attendorn-Mecklinghausen, P* Hotel "Schnepper", Talstraße 19
57439 Attendorn-Niederhelden, P* (Landhotel "Struck", Repetalstr. 245, WC/D/S;
 Romantikhotel "Haus Platte", Repetalstr. 219)
57482 Wenden, P* Sporthotel "Landhaus Wacker", Mindener Str. 1
57489 Drolshagen-Beul, P* Gasthaus "Stahlhacke"
57489 Drolshagen-Dumicketal, P* Gasthaus "Zum Ducketal"
57489 Drolshagen-Frenkhausen, P* Gasthof "Zum Hobel", Biggeseestr. 4, F
57489 Drolshagen-Hützemert, P* Gasthof "Haus Wiggers"
57489 Drolshagen-Lüdespert, P* Gasthaus "Zur Bauernschänke", F/A/T
57489 Drolshagen-Schreibershof, P* Gasthaus "Zur alten Mühle"
57489 Drolshagen-Schürholz, P am Biggesee
57626 Hachenburg, P* Burggarten, Alexanderring, F/A/T/WC/S
57626 Hachenburg, P* Fa. Caravan-Wessler, Koblenzer Str. 32/B 413

57629 Heimborn-Ehrlich, P Gasthaus "Zum Nisterstrand", Vor der Hardt 1, F/A/T
57635 Hirz-Maulsbach, P Pension "Blumenstock-Niethof", S/F/A/T/WC/D
58091 Hagen, P* Westfälisches Freilichtmuseum, Mäckingerbach
58256 Ennepetal OT Königsfeld, P* Hotel-Restaurant "Hölzerne Klinke", F/A
    P* Fa. Möller-Electronic, Königsfelder Str. 17, F/A
58285 Gevelsberg, P Fa. Linnepe, F/A/T, i-Tel.: 02332-96810
58300 Wetter, P am Harkortsee, B
58313 Herdecke, P Fa. Wohnwagen-Saure Herdecker Bach, A/T
58454 Witten, P Reisemobilcenter Josuweck, Pferdebachstr. 150, F/A/T
58513 Lüdenscheid, P* Hotel/Restaurant "Zum Markgrafen", i-Tel.: 02351-5904
58636 Iserlohn, P* an der Tennisanlage, Friesenstraße
58730 Fröndenberg/Ruhr, P* Rathaus, Ruhrstraße 9 (Fr-Mo empfohlen)
58762 Altena, P* "Pragpaul" hinter der Sportanlage, Hermann-Voß-Str. 14, F/A/T
58762 Altena-Großendrescheid, P* Gaststätte "Spelsberg", Großendrescheid 17, S/F
58809 Neuenrade, P* Waldhotel "Wilk", i-Tel.: 02392-61312, Fax: 65148
58840 Plettenberg, P* Aquamagis, Böddinghauser Weg, F/A/T/B
59071 Hamm, P* Maximilianplatz, Alter Grenzweg 2
59077 Hamm, P* Restaurant "Wittnik", i-Tel.: 02389-2266
59071 Hamm-Bockum, P Reitsportanlage Schubert, Hölter 28, WC/D/S
59174 Kamen, P* Gaststätte "Altdeutsche Bier- und Weinstuben"
59192 Bergkamen, P* Freizeitzentrum "Im Häupen", Häupenweg 29
59229 Ahlen, P* (Gasthof "Zur Post", Twieluchtstr. 1; Freizeitbad, Dolberger Str. 66)
59269 Beckum, VW-Autohaus Nord, Neue Beckumer Str. 74, F/A/T
59302 Oelde, P* "Oelder Brauhaus", i-Tel.: 02522-2209
59320 Ennigerloh, P Ferienhof Bettmann, Beesen 4, F/A/D/WC/S
59368 Werne, P* Natursole-Freibad, Am Hagen, F/A/T
59387 Ascheberg, P* Gaststätte "Haus Haverkamp", Steinfurter Straße 21
59387 Ascheberg-Davensberg, P Gaststätte "Eickholt", Frieport 22, S/F/A
59494 Soest, P* Georg-Plange-Platz (B 1 Abzw. Innenstadt), F/A/T
59505 Bad Sassendorf, P vor dem Solebad, B/F
59505 Bad Sassendorf, P Reisemobilhafen "Kur-Camp Rumkerhof", S/F/A/T
59519 Möhnesee, P* Hotel/Restaurant "Torhaus", i-Tel.: 02924-681
59519 Möhnesee, P Freizeitzentrum Körbecke, Brückenstraße
59556 Lippstadt OT Benninghausen, P Langes Segelshop, Dorfstr. 47, F/A/T/WC/D/S
59581 Warstein, P* Schorensportplatz, Dammweg; P Camperpark Müscheder Weg
59597 Bad Westernkotten, P Solethermen, Mühlenweg 1, F/A/T/S
59602 Rüthen OT Oestereiden, P* Gasthaus "Rose", Tünsberg 12, F
59602 Rüthen, P* neben Tankstelle
59846 Sundern, P* Gasthof "Ermes", Hohes Lenscheid 1
59846 Sundern OT Hellefeld, P* Gasthof "Feische", Hellefelder Str. 18, F/A
59846 Sundern OT Wildewiese, P* Gasthof "Steinberg"
59872 Meschede, P vor Sauerland-Camping, Mielinghausen 7, S/F/A/T
59872 Meschede, P* div. P, u.a. Hallen-/Freibad, Arnsberger Straße F/A
59872 Meschede-Grevenstein, P Bauernhof Einberg, i-Tel.: 02984-351
59889 Eslohe, P* (Gaststätte "Alte Post", Franziskusstr. 18; "Haus Monika", Wenneweg 6)
59909 Bestwig OT Ramsbeck, P* Besucherbergwerk, Glück-auf-Straße 3
59909 Bestwig-Wasserfall, P* Freizeitpark "Fort Fun", i-Tel.: 02905-810
59929 Brilon, P* (Mistemarkt, Hallenbad)
59929 Brilon-Gudenhagen, P* Restaurant "Haus Waldsee" B, i-Tel.: 02961-3318
59939 Olsberg, P Fa. Carls-Aue, F/A/T, i-Tel.: 02692-3036
59955 Winterberg, P (Großparkplatz Stadthalle, Schulstraße, F/A/T; P 6 Skilift Nord-
    hang; P 3 an der Bobbahn; Hotels "Schulte-Werneke" und "Kirchmeier")
59964 Medebach, P Ferienhof "Zur Hasenkammer", F/A/S
60594 Frankfurt/M. P Rebstockgelände August-Euler-Str. 7
61196 Ossenheim/Friedberg, P* Gaststätte "Jagdhaus Ossenheim"
61231 Bad Nauheim, P am Usa-Wellenbad, Friedberger Str. 16, WC
61273 Wehrheim/Taunus, P* Freizeitpark "Lochmühle", i-Tel.: 06175-7084
61229 Grävenwiesbach, Auto-Kunz, Thüringer Str. 20, F/A/T/Gas
61350 Bad Homburg-Dornhausen, P* Café "Haus von Noorden", i-Tel.: 06172-32895
63225 Langen, P* (Rathaus, Schwimmbad, Zentrum)
63322 Oberroden, P* Sporthalle
63329 Egelsbach, P* Fa. Reimo GmbH Boschring 10, S/F/A/T
63425 Hanau-Steinheide, P* Wildpark
63477 Maintal, Fa. Caravan-Hüttl Wilhelm-Röntgen-Str. 12, F/A/T
63571 Gelnhausen, P* (Hotel "Burgmühle", Gaststätte "Zum Lamm", Hallenbad)
63628 Bad Soden-Salmünster, P Therma Sol, Parkstraße
63667 Nidda, P Aral-Tankstelle Rhönstraße, F/A/T, i-Tel.: 06043-8669
63679 Schotten, P Nidda Stausee (max. 1 Tag), B

63680 Rothenbuch, P* (Festplatz, Schlosshotel Rothenbuch)
63682 Bad Soden-Salmünster, P* Parkstraße Nähe Kurpark
63683 Ortenberg, P Landgasthof "Rotlipp"
63697 Hirzenhain, P* Müller-Mobil, Junkerwiese 2, S/F/A/T, i-Tel.: 06045-5070
63697 Hirzenhain, P* Festplatz, Robert-Eichenauer-Weg, S
63739 Aschaffenburg, P* (P&R Darmstädter Str. am Schloss; P* Willigisbrücke/Volksfestplatz, F/A/T; P* Mörswiesenstraße (am Bauhof/Kläranlage), F/A/T
63755 Alzenau-Wasserlos, P* Wenzels Weinscheune, Schlossbergstr. 5, F/A/T/WC/S
63839 Kleinwallstadt, P* Gasthaus "Almhütte", Am Plattenberg, F/A
63860 Rothenbuch, P* (Schlosshotel; Sport- und Tenniszentrum)
63875 Mespelbrunn, P Schloss Mespelbrunn
63897 Miltenberg, P* (Jachthafen, Steingasserstraße; Hallenfreibad, Jahnstraße; Esso-Tankstelle, Luitpoldstraße, F/A/T)
63920 Großheubach, P (Kloster Engelbach; Gasthaus "Zur Brezel", Kirchstr. 1, S/F/A)
64283 Darmstadt, P am Bürgerpark
64297 Darmstadt-Eberstadt, P an der Burg Frankenstein
64347 Griesheim, P an der Grillhütte
64385 Reichelsheim, P* (Reichenbergschule, F/A/T; Schwimmbad; Gesamtschule)
64385 Reichelshei-Klein-Gumpen, P Ferienhof "Weimar", F/A/T
64625 Bensheim-Auerbach, P* Fürstenlager/Naturpark
64625 Bensheim-Auerbach, P* Restaurant "Burggraf-Bräu"
64646 Heppenheim, P* Wanderparkplatz "Starkenburg" (WOMO-Tipp)
64653 Lorsch, P* Museumszentrum Kloster Lorsch, F/A/T/WC
64673 Zwingenberg, P* (Stadtzentrum, Melibokushalle)
64673 Zwingenberg, P* Hotel/Restaurent "Zum Löwen", i-Tel.: 06251-71134
64673 Zwingenberg, P* Weinstube "Rebscheuer", F/A/WC/D, i-Tel.: 06251-76350
64678 Lindenfels, P* Kappstraße, S/F/A/T/WC
64689 Grasellenbach, P* Hotel "Siegfriedbrunnen", i-Tel.: 06207-6080, F/A/WC/D
64689 Grasellenbach-Hammelbach, P* Restaurant "Zum Schardhof"
64711 Erbach, P* (Alexanderbad, F/A/T/S; an der B 45; im Ort), i-Tel.: 06062-6444
64720 Michelstadt, P "Haxnwirts Wanderstube", F/WC/D, P* Erwin-Hasenzahl-Halle
64732 Bad König, P* P3 Odenwaldtherme, Am Bahndamm, S
64757 Rothenberg/Odenwald, P* Gasthof "Zum Hirsch", i-Tel.: 06275-263
64759 Sensbachtal, P* Waldgaststätte "Reußenkreuz", i-Tel.: 06068-2263
64807 Dieburg, VW-Tentrum Güterstr. 21, F/A/T
65195 Wiesbaden, P (Moltkering, Reitstall "Storchenhof")
65195 Wiesbaden-Neroberg, P (russ.-orth. Kirche, Naturpark, Opel-Freibad)
65205 Wiesbaden-Erbenheim, P Reitstall Storchenhof, F
65307 Bad Schwalbach, P* (an der Wisper, Wander-P a. d. B 260,Moorbadehaus, Schwalbachhöhe, Kurhaus), i-Tel.: 06124-502430
65329 Burg Hohenstein, P* Wander-P a. d. B 54
65343 Eltville, P* (Kloster Eberbach, Rheingauhalle); P P9 am Rhein
65375 Östrich-Winkel, P (Weingut "Ankermühle", WC; Am Sportplatz)
65385 Rüdesheim, P (Hafen Rüdesheim, P 2 Drosselgasse, P 4 Rheinhalle)
65388 Schlangenbad, P* Thermalbad, P Taunus-Wunderland, i-Tel.: 06129-9747
65388 Schlangenbad-Bärstadt, P* Wander-P Richtung Hausen, Liegewiese
65388 Schlangenbad-Hausen, P* Wander-P Richtung Bärstadt, Liegewiese
65391 Lorch, P* Naturpark "Serhika"
65462 Ginsheim, P* Groß-P am Rheinufer
65502 Hemsbach, P* Rathausplatz
65510 Idstein, P* (Altstadt/Stadthalle, Schwimmbad, a.d. B 275)
65510 Idstein-Walsdorf, P* Gasthof "Walkmühle", i-Tel.: 06434-7398
65520 Bad Camberg, div. P im Ort u.a. Hallenbad
65549 Limburg/Lahn, P an der Schleuse
65589 Hadamar, P beim Camping "Lochmühle, F/A/T
65618 Selters, P* Restaurant "Stahlmühle", F, i-Tel.: 06483-5690
65624 Altendietz/Lahn, P* am Sportplatz, S/F
66111 Saarbrücken, P (Eingang zum Deutsch-Französischen Garten, altes Arbeitsamt, Roonstraße, F/A/T), i-Tel.: 0681-36901, Fax: 390353
66121 Saarbrücken, P Fa. SB-Reisemobile, Mainzer Str. 172, S/F/A/T
66121 Saarbrücken, P Restaurant "Le Jardin" Deutschmühlenstraße
66130 Saarbrücken-Güdingen, P Fa. Trans-Mobil Theod.-Heuss-Straße, F/A/T
66424 Homburg-Schwarzenacker, P am Römermuseum, P Schlossberghöhlen
66440 Blieskastel, P* Freizeitzentrum Bliesaue; P Würzbacher Weiher, F/A/T
66440 Niederwürzbach, P* Restaurant "Hubertushof", Kirschendell 32, S/F
66450 Bexbach, P* Restaurant "Königsberger Hof", i-Tel.: 06826-81213
66450 Bexbach, P im Blumengarten, Niederbexbacher Straße, F/A/TS
66459 Kirkel, P Fa. Winnebago, F/A/T, i-Tel.: 06849-90060

66482 Zweibrücken, P Fa. Eitel, Californiastraße, F/A/T/S/Grillplatz
66497 Contwig, P am Freibad
66500 Hornbach, P* Gaststätte "Zeiter", Auf der Platte 3
66564 Ottweiler, P* Am Wingertsweiher, Trierer Straße, F/A/T
66606 St. Wendel, P Wendelinuspark, Tholeyer Straße, F/A/T/S
66620 Nonnweiler, P* am Hallenbad/China-Restaurant, Trierer Straße
66620 Nonnweiler, P* Reisemobile Meyer, Trierer Str. 49, S/F/A/T/WC
66625 Bosen/Nohfelden, P* (1 Nacht) Freizeitzentrum Bostalsee, F/A/T
66625 Eckelhausen, P* Restaurant "Seeblick", i-Tel.: 06852-577
66625 Eckelhausen, P P2 Seglerbasis/Bosener Mühle am Bostalsee
66625 Gonnesweiler, P P3 Surfer-Basis am Bostal-Stausee, B/WC/D
66639 Mandelbachtal, P am Gangelbrunnen Ommersheim, L 237, F/A/T
66639 Mandelbachtal, P* Gräfinthal, L 238.
66663 Merzig, P "Wolfsfreigehege", i-Tel.: 06861-72120
66663 Merzig, P am Erlebnisbad "Das Bad", S/F/A/T
66679 Losheim, P am Seeufer, Zum Stausse, F/A/T: Campingplatz nebenan.
66679 Losheim-Niederlosheim, P* (Gaststätte "Waldesruh", Gasthaus "Bauer", F/A)
66679 Losheim-Wahlen, P* Gaststätte/Pension "Dellborner Mühle", i-Tel.: 06872-2829
66687 Nunkirchen, P* zentral im Ort
66687 Wadern, Fa. Ruwertal-Busreisen, F/A/T
66687 Wadern, P* Stadthalle/Freibad, Nordring, F/A/T, i-Tel.: 06871-50733
66687 Wadern, P* (Noswendeler See, Seestraße; Restaurant Reidelbacher Hof, F).
66693 Mettlach, P* Mettlacher Abtei-Bräu, Bahnhofstr. 32, P Cloef-Atrium, F/A
66693 Mettlach OT Orscholz, P* Gasthaus "Zum Kaltenborn", Zur Großwies 21, F
66701 Beckingen, P* Landgasthaus "Wilscheider Hof", F/A
66701 Düppenweiler, P Landgasthaus "Wilscheider Hof", S/F/A/T/WC/D
66709 Weiskirchen, P* Kurpark, Burgstraße, F/A/T
66740 Saarlouis, P* Restaurant "Altes Pfarrhaus", Hauptstr. 2-4, i-Tel.: 06831-6383
66798 Wallerfangen, P* Hotel/Restaurant "Villa Fayence", i-Tel.: 06831-62067
66849 Landstuhl, P* Groß-P Bahnhofstraße, F/A/T, "Pfälzer Stuben" Langwied.Str.
66849 Landstuhl-Sickingenstadt, P* von Richthofen-Straße, i-Tel.: 06871-83142
66877 Ramstein, P* Shell-Autohof "In dem Wat", F/D/WC, i-Tel.: 07822-6001
66877 Ramstein-Miesenbach, P* (Freizeitbad "Azur", Schernauer Straße; City-P Talstraße, F/A/T: Kläranlage Talstraße)
66887 Glanbrücken, P* (Feuerwehr, ehem. Schulhof Niedereisenbach), F/A/T
66894 Bechhofen, P* am Sportplatz
66919 Herschberg, P Weinhandlung "Jakob Askani"
66957 Eppenbrunn, P* Freizeitpark, S/F/A/WC, P (Landgasthaus "Randsbrunner Hof"; Bürgerhaus)
66989 Höheinöd, P* Bürgerhaus
66994 Dahn/Pfalz, P* Ortsmitte am Bach
66994 Dahn-Reichenbach, P* Restaurant "Altes Bahnhöfl", An der Reichenbach 6, F
67069 Ludwigshafen-Nachtweide, P* Shell-Autohof a.d. A 6, F/D/WC
67098 Bad Dürkheim, P (Groß-P, In der Silz; Knaus-Campingpark, In den Almen 3)
67098 Bad Dürkheim, P Weingut Karst, In den Almen 15, S/F/A/B
67098 Bad Dürkheim, P Weingut Katharinenhof, In den Kornwiesen 1, S/F/WC
67146 Deidesheim, P Stadthalle, P Weingut H. Gießen Erben, S/F/WC
67147 Forst, P Weingut Margarethenhof, Wiesenweg 4, F
67149 Meckenheim, P Hof am Krähpfad, i-Tel.: 06326-8549
67150 Niederkirchen, P* an den Sportanlagen
67152 Ruppertsberg, P Weingut Köhr, i-Tel.: 06326-8909
67157 Wachenheim, P* Freizeitpark "Kurpfalzpark", i-Tel.: 06325-2077
67157 Wachenheim, P* Gaststätte "Forsthaus Rotsteig", i-Tel.: 06325-7905
67165 Waldsee, P* Restaurant "Oberst", Neuhofener Str. 54
67165 Waldsee-Schlich, P* Waldgaststätte "Frohsinn e. V.", Schlichtstr. 1, F/A
67166 Otterstadt, P* "Bollenwerth" (ruhige Waldrandlage)
67240 Bobenheim-Roxheim, P* Silbersee, B
67251 Freinsheim, P* Restaurant "Weisbrod", i-Tel.: 06353-1659
67269 Sausenheim, P Weingüter (Kohl, Magez, Schenk-Siebert)
67269 Kirchheimbolanden, P* Herrengarten, F/A/T (Gebühr)
67271 Kindenheim, P Weingut "Holstein"
67272 Bobenheim, P* Landgasthaus "Traube", Kleinkarlbacher Str. 5
67273 Herxheim am Berg, P Weingut "Pfleger", i-Tel.: 06535-2101
67278 Bockenheim, P Weingüter (Kohl, Reuß, Janson, Benß)
67292 Kirchheimbolanden, P* Messplatz, Herrengarten, F/A/T/S
67346 Speyer, P Technikmuseum, Am Technikmuseum 1, S/F/A/T/WC/D
67365 Schwegenheim, P* Shell-Autohof, Speyerer Str. 24, F/A/T/D/WC
67433 Neustadt/Weinstraße, P* (Lutherkirche, F/A/T, Festplatzstraße, Stadionbad,

Gimmeldinger Tal, Waldparkplatz Meisental, Gasthaus "Zur Talmühle")
67433 Neustadt-Diedesfeld, P Weingüter (Hammer, F/A; Rumsauer, S)
67433 Neustadt-Duttweiler, P* Weingut Geissler, Burggarten 7, F/A
67433 Neustadt-Haardt, P Weingüter (Kissel, Ebel, "Am Herzog"), P Festplatz
67433 Neustadt-Hambach, P Weingüter (Abel, Nickel, Kaiserstuhl, Müller, Hambacher Schlossberg, Disson); P* (Weingut Abel; Hambacher Schlosskellerei, F/A)
67434 Neustadt-Gimmeldingen, P* Gasthaus "Zur Talmühle" (im Wald)
67433 Neustadt-Königsbach, P* (Winzergenossenschaft, S/F/A/T; Winzerstube "Bäder")
67433 Neustadt-Lachen, P Weingüter (Kreiselmaier & Mager; Freytag; Andres)
67434 Neustadt-Mußbach, P Weingüter (Klohr; Schäfer, F/A; Steigelmann, F/A, Schwarztrauber, F/A; Weinland Meckenheim, F/A)
67434 Neustadt-Mußbach, P* Winzerverein Meckenheim, F/A/T
67454 Haßloch, P* Badepark, Lachener Weg 175
67454 Haßloch, P Freizeitpark "Holiday Park", Holiday-Park-Straße, F/A/T
67454 Haßloch, P Margin-Reisemobile, Hans-Böckler-Str. 52, S/F/A/T
67480 Edenkoben, P Kirchberg, F/A/T, P Weingüter (Edel-Brauch, Göring, Damm, Schäfer), P Hotel-Restaurant "Gutshof Ziegelhütte", Luitpoldstr. 79
67480 Venningen, P Weingut Wolf, Schaafstr. 12
67482 Altdorf, P Weingut Speizenhof, Hauptstr. 77
67483 Edesheim, P Weingüter (Boos, F/S, Provis, Wiedemann, Duttenhöfer, Sperling, Wolf, Diehl, Rodach)
67483 Flemingen, P Weingüter (Sonnenhof, Eichhorn, Braun, Anselmann)
67483 Großfischlingen, P Weingut Lauth, Hauptstr. 35, F
67483 Kleinfischlingen, P Weingut Becker, Hauptstr. 42
67487 Maikammer, P* im Ort beim Schwimmbad, S/F/A bzw. auf dem Kalmit
67487 Maikammer, P Weingüter (Deck, F; Ulrich, F; Schädler, F/A/T; Ziegerl-Ulrich, F/A/T; Müller, F/A/T)
67487 St. Martin, P Edenkobener Straße, F/A/T
67487 St. Martin, P* (Ortseingang; Hotel-Restaurant "Consulat des Weins"); P Weingüter (Schreieck, F/A/T/S; "Altes Schlösschen"; Stephanshof; Ziegler)
67489 Kirrweiler, P Weingut Herdel, i-Tel.: 06321-589916
67547 Worms, P* Reisemobilplatz, Kastanienallee, F/A/T: 300 m
67547 Worms, Esso-Tank, Mainzer Str. 84, F/A/T
67574 Osthofen, P* Festplatz Wonnegauhalle; P* Sommerriedstadion, F/A/T
67574 Osthofen, Total-Tankstelle, Rheinstr. 38, F/A/T
67575 Eich, P Bingo-Reisemobilpark, Nachtigallenweg 40, F/A/T
67578 Gimbsheim, P (Weingut "Falger-Baier", S/F/A; Freibad, F/WC)
67591 Wachenheim, P Weingut Hein, Hauptstr. 38, F/A
67593 Westhofen, P* "Am Nickelgarten" (im Weinberg), S; P (Weingut Orb, Am Markt 9; Weingut Dreihornmühle, An der Brennerei 35)
67593 Westhofen, Raiffeisen-Tankstelle an Verkehrskreisel, F/A/T
67598 Gundersheim, P* Gaststätte "Schwarzer Adler", i-Tel.: 06244-4060
67678 Mehlingen, P am Sportzentrum
67685 Weilerbach, P* am Bahnhof, F/A/T: Kläranlage
67686 Mackenbach, P* am Sportplatz
67688 Weilerbach-Rodenbach, P* am Freibad, Sportstraße, F/A/T: Kläranlage
67714 Waldfischbach-Burgalben, P vor Camping "Clausensee", F/A/T/WC/D/S
67716 Heltersberg, P* Sportplatz/Naturfreundehaus
67718 Schmalenberg, P* Sportplatz
67744 Medard, P* Festplatz, i-Tel.: 06382-529
67744 Kappeln/Lauterecken, P* am Dorfgemeinschaftshaus
67752 Wolfstein/Pfalz, P* Hotel "Reckweilerhof", i-Tel.: 06304-618 o. 1533
67752 Wolfstein/Pfalz, P* Freizeitcenter "Königsland", Am Schwimmbad 5, S/F/A/T
67816 Dreisen/Pfalz, P* Restaurant "Lochmühle", S/F/A/T//WC, i-Tel.: 06357-326
67824 Feilbingert, P Weingut Krafft, Beinde 3, F/A
68526 Ladenburg, P* (Fähranleger, Fußballplatz, Altstadt, Freibad, F/A/T)
68723 Schwetzingen, P am Schloss, Stadtmitte
68775 Ketsch, P* Stadthalle
69126 Heidelberg, P Alter Messplatz, P Neuer Messplatz, P Königstuhl
69151 Neckargemünd, P Schwimmbad, P über der Neckarbrücke, P Feste Dilsburg
69168 Wiesloch-Schatthausen, P* Pizzeria "La Sorgente", i-Tel.: 06222-71783
69412 Eberbach, P* (P1 am Neckar; Sportanlagen/Freibad in der Au; A/T: Kläranl.)
69434 Hirschhorn, P* am Neckar an der Slipanlage, Jahnstraße
69469 Weinheim, Fa. VW-Stöcker, Viernheimer Str. 53, F/A/T
69483 Wald-Michelbach/Kreidach, P* Gaststätte "Zum Odenwald"
69483 Wald-Michelbach, P* Restaurant "Birkenhof", Waldrandlage
70191 Stuttgart, P* Am Pragsattel, i-Tel.: 0711-2163395 (laut!)
70192 Stuttgart, P Messeparkplatz (ausgewiesen) nur an Messen

70199 Stuttgart, P* Restaurant "Altes Schützenhaus" Burgstallstraße
70372 Stuttgart, P "Cannstadter Wasen", Daimler-Benz-Straße
70597 Stuttgart-Degerloch, P* "Waldhotel Degerloch", i-Tel.: 0711-765017
70599 Stuttgart-Echterdingen, P P&R-Platz S-Bahn Echterdingen
70794 Filderstadt-Plattenhardt, P* Waldschenke "Zur Distelklinge", i-Tel.: 0711-771438
71063 Sindelfingen, P* Restaurant "Wolfi's Rotisserie", i-Tel.: 07031-6110
71063 Sindelfingen, Fa. Rall-Caravaning, Mahdentalstr. 84, F/A/T
71157 Hildrizhausen, 2 Wander-P am Stellenhäusle
71229 Leonberg, P* Hotel/Restaurant "Glemseck", P Hallenbad, Steinstraße
71332 Waiblingen, P* (Rundsporthalle; Hallenbad), P an der Talaue, F/A/T/B)
71384 Weinstadt-Endersbach, P* Mineral-Hallenfreibad, Stümpfelbacher Straße
71540 Murrhardt, P* P2 an der Festhalle
71546 Allmersbach, P* bei der Kelter
71546 Aspach-Großaspach, P* Wander-P "Fautenhau", F/A/F: Wasch-Übele
71546 Aspach-Kleinaspach, P* Wander-P "Lapidarium", Eselsweg
71546 Rietenau, P* Wander-P "Heiligental"
71563 Affalterbach, P* "Holzäcker" (Sportplatz)
71570 Oppenweiler, P* Bauhof, Murriwesenstraße 15, F/A/T
71642 Ludwigsburg, P Fa. VW-Zentrum Süd-West, F
71672 Marbach/Neckar, P* am Bolzplatz Weimarstr., F/A/T: Klärwerk Häldenmühle
71711 Murr, P* an den Sportplätzen mit Gaststätte
71706 Markgröningen, P* (Schubartstr., "Stadtmitte)
71711 Steinheim/Murr, P* P3 Mineral-Wellen-Freibad; F/A/T: Boschstraße 11
71720 Oberstenfeld, P* Mineral-Freibad, Oberes Bottwartal
71723 Großbottwar, P* Wunnensteinhalle, In den Frauengärten
71723 Winzerhausen, P* am Wunnenstein
71726 Benningen, P* (TSV-Halle, Beihinger Str.; Gemeindehalle, Max-Eyth-Str.)
71729 Erdmannshausen, P* am Schützenhaus
72018 Rottenburg, P* Neckarufer, F/A/T, Ulmenweg; Weggentalstraße; am Neckar OT Bad Niedernau)
72076 Tübingen-Waldhausen, P* Landgasthof "Waldhäuser Hof",i-Tel.: 07071-64365
72108 Rottenburg-Bad Niedernau, P* (am Neckar)
72108 Rottenburg, P* ("Weggental", Reisemobilhafen am Neckar, S/F/A/T)
72186 Empfingen, P* bei den Sportanlagen
72202 Nagold, P Freibad; P* Bahnhof; F/A/T: Kläranlage an der nördl. B 463
72213 Altensteig, P* oberhalb der Altstadt, Landgasthof "Ochsen" OT Spielberg
72224 Ebhausen, P* am Sportplatz
72250 Freudenstadt, P* Panoramabad, A/T: Kläranlage, i-Tel.: 07441-890620
72250 Freudenstadt, P* Restaurant "Langenwaldsee",Straßburger Str. 99, F
72270 Baiersbronn, P "Dorfsägemühle", Neumühleweg, F/A/T
72270 Baiersbronn-Mitteltal, P* Hotel/Restaurant "Sternen", Ruhesteinstr. 160
72297 Seewald-Erzgrube, P P4 am Nagoldstausee, Seestraße/L 362, F/A/T/B
72336 Balingen, P* an der Eyach, Heinzlenstraße, F/A/T/S
72348 Rosenfeld-Isingen, P* Landgasthof "Rössle", i-Tel.: 07428-8161
72375 Hechingen, P* Sport- und Freizeitgelände, Niederhechinger Straße, F/A/T
P/P* am Fuß der Burg Hohenzollern, WC
72458 Albstadt-Ebingen, P* Badezentrum "Badkap", Beibruck 1 , B/S/F
72488 Sigmaringen, P* Stadthalle
72513 Hettingen, P* Puppenmuseum, Im Tal 14, F/A/T
72574 Bad Urach, P (Alb-Thermen, Bäderstraße, F/A/T/S; Festhalle; Maisental)
72622 Nürtingen, P* Festplatz (1 km außerhalb), S/F/A
72631 Aichal-Aich, P* Festhalle (am Radweg Esslingen/Tübingen)
72766 Reutlingen, P* P&R-P am Südbahnhof, Marktstraße, F/A/T
72818 Trochtelfingen, P Festplatz Werdenberg-Halle, Siemensstraße, S/F/A/T
72818 Trochtelfingen, P Gasthaus "Albquell-Brauhaus", Lindenplatz 6
72020 Sonnenbühl-Erpfingen, P* Freizeitpark "Traumland auf der Bärenhöhle"
73033 Göppingen, P* P1 Hohenstaufenhalle, Lorcher Straße, F/A/T
73230 Kirchheim/Teck, P* Schwimmbad-Parkplatz, P* Ziegelwasen (Schlierbacher Str.)
73271 Holzmaden, P* Urwelt-Museum Hauff, Aichelberger Str. 92
73347 Mühlhausen im Täle, P* Gaststätte "Zum Falken", Wiesensteiger Str. 18, F
73431 Aalen, P* (Freibad, hinter Bergwerk "Tiefer Stollen"; Hirschbachstadion, F/A/T)
73441 Bopfingen, P Hotel "Zum Bären", Nördlinger Str. 3, S/F
73453 Rötenbach/Abtsgmünd, P* Hauptstraße, F/A
73457 Lauterbach, P vor dem Camping "Hirtenteich", S/F/A/T/WC/D
73469 Utzmemmingen-Riesbürg, P Gasthaus "Riesblick", Nördlinger Str., S/A/T/WC/D
73479 Ellwangen, Esso-Autohof A1 Abfahrt 113, F/A/T
73525 Schwäbisch Gmünd, P* "Schießtalfestplatz", Schießtalstraße, F/A/T
73560 Böbingen, P* Restaurant "Schweizer Hof", S/F/A/T/WC

73630 Remshalden, Mi-Mobile Bahnhofstr. 50, F/A/T
73642 Welzheim, P* am Ostkastell
73642 Welzheim-Aichstrut, P am Stausee, F/A/T
73655 Plüderhausen, P* "Sportheim-Restaurant"
73667 Kaisersbach-Gmeinweiler, P* Freizeitpark "Schwabenpark
73667 Kaisersbach-Ebni, P* Gaststätte "Schwobastüble" (max. 1 Tag)
73728 Esslingen, P* Äußerer Burgplatz, Mühlberger Straße
73760 Nellingen, Fa. WAP Wasch-Center, F/A/T
74074 Heilbronn, P* am Freibad Gesundbrunnen (gegenüber Möbel-Biersdorfer), B
74074 Heilbronn, P am Schwimmbad Neckarhalde/Wertwiesenpark (Zufahrt: Verlängerte Knorrstraße), B, i-Tel.: 07131-80774, Fax: 562271
74074 Heilbronn, P* (Wartbergturm; Weingut Drautz-Hengerer, Schirrmannstr. 13)
74074 Heilbronn-Böckingen, P* Fa. Caravan-Sperrfechter Lämlinstraße, F/A/T
74074 Heilbronn-Horkheim, P* Schleuse/Tennisplätze
74172 Neckarsulm, P* Freizeitbad Aquatoll, Am Wilfenseeweg, B/F/A/T
74182 Obersulm-Eschenau, P Weingut Wendel, i-Tel.: 07130-7780
74182 Obersulm-Willsbach, P Weingut Laicher, S/F/A/T
74206 Bad Wimpfen, P* (P3, Biberacher Straße; Kurwäldchen; "Alter Bahnhof")
74219 Möckmühl-Siegelbach, P* am Tierpark
74235 Erlenbach-Binswangen, P* (Gaststätte "Binswanger Mühle", Schulgasse 20, F/A; Weingut "Schönbrunn", Petersrain 1)
74243 Langenbeutingen, P* Talhalle, Schwabbacher Straße, F
74321 Bietigheim-Bissingen, P Stellplatz Mühlwiesenstraße, S/F/A/T
74336 Brackenheim, P Weingut/Besenwirtschaft Echle, Marsaner Straße 18, A
74336 Brackenheim-Hausen, P* Mehrzweckhalle/Jupitergigantensäule
74336 Brackenheim-Meimsheim, P* Sport-/Kinderspielplatz
74348 Lauffen/Neckar, P* Am Forchenwald beim Trimm-Dich-Pfad, B 500 m
74354 Besigheim, P* P3 Riedwiesen, Riedweg, F/A/T
74357 Bönnigheim, P* Mineralfreibad, Bachstraße, F/A/T
74366 Kirchheim, P Waschpark Gemperlein, F/A/T, i-Tel.: 07143-94332
74366 Kirchheim, P* Gaststätte "Waldhotel am Turm"
74374 Leonbronn P* Waldsportplatz, i-Tel.: 07046-2101
74389 Cleebronn, P3 Ausflugspark "Tripsdrill", i-Tel.: 07135-9999
74389 Cleebronn, P* Wildparadies "Stromberg", 500 m neben "Tripsdrill"
74394 Besigheim-Hessigheim, P* Felsengartenkellerei, Am Felsengarten 1
74405 Gaildorf-Unterrot, P* (Gasthof "Kocherbähnle", Schönberger Str. 8; Hallengelände am Kleinspielfeld, F/A/T)
74417 Gschwend, P* (Badsee; Gasthof "Ochsen"; Rappenhof),F/A/T: Kläranlage
74429 Sulzbach-Laufen, P* Hotel/Restaurant "Krone", i-Tel.: 07976-98520
74523 Schwäbisch Hall, P P5 Weilerwiese, Johanniterstraße
74541 Vellberg, P* Burggraben, Am Zwinger
74545 Michelfeld, P* Gasthaus "Hobelbank", i-Tel.: 0791-6382
74545 Witzmannsweiler, P Fa. Vogt, Hauptstr. 21, F/A/T
74564 Crailsheim, P* Hotel/Restaurant "Post Faber", i-Tel.: 07951-9650
74579 Fichtenau-Wildenstein, P* am Wald, B
74579 Neustädtlein, P* Landgasthof "Bayerische Grenze", i-Tel.: 07962-413
74589 Satteldorf, P* Eurorastplatz, Marco-Polo-Str. 1, F/A/T
74592 Kirchberg/Jagst, P* (Gaststätte "Ochsen im Tal"; Kirchbergtal/Wanderparkplatz)
74595 Langenburg, P* am Stadtgraben, F/WC
74613 Öhringen, P* (Hallenbad, Pfaffenmühlweg; Fa. Reisemobile Weissert, Kuhallmand 26, F/A/T)
74635 Kupferzell-Eschental, P* Landgasthaus "Krone", i-Tel.: 07944-670
74722 Buchen/Odenwald, P* Restaurant "Waldeck", i-Tel.: 06281-2426
74731 Walldürn, P* beim Sportzentrum/Nibelungenhalle, F/A/T/S
74736 Hardheim, P* Restaurant "Wohlfahrtsmühle", i-Tel.: 06283-22220
74821 Mosbach, P* P1 Bleichstraße, F/A/T/WC/S
74831 Gundelsheim, P am Schwimmbad
74867 Neukirchen, P* Fiat-Autohaus Weißhaupt, Industriestraße 7, F/A/T
74889 Sinsheim-Dühren, P am Zimmerplatz
74918 Angelbachtal-Eichtersheim, P* Gasthaus "Ritter-Post", i-Tel.: 07265-288
74930 Ittlingen, P Freizeitheim Friedenshort, F/A/T, i-Tel.: 07266-583
75050 Eppingen, P* Altstadtring
75175 Pforzheim, P* Enzauenpark, Wildersinnstraße, F/A/T
75233 Tiefenbronn, P* Restaurant "Häckermühle" im Würmtal, i-Tel.: 07234-6111
75323 Wildbad, P* (Sportgelände, a.d. B 294 max. 1 Tag), i-Tel.: 07081/10280
75323 Wildbad-Kaltenbronn, P* (Wildsee, Kaiser-Wilhelm-Turm, Hochmoor)
75337 Enzklösterle, P* (Sportplatz, Hotel "Zum Hirsch")
75365 Hirsau, P TEC-Reisemobile, Liebenzeller Str. 40, S/F

75365 Calw, P* (Alter Bahnhof, Bahnhofstraße, F/A/T; Fa. Reisemobile Ungeheuer; Fa. Reisemobile Abel & Neff)
75378 Bad Liebenzell, P* gegenüber Camping (1 Tag)
75385 Bad Teinach-Zavelstein, P* Freibad, F/A/T: Kläranlage, i-Tel.: 07053-8444
75392 Deckenpfronn, P* Gasthof "Krone", i-Tel.: 07056-92990
75394 Oberreichenbach-Oberkollbach, P* Gasthaus "Hirsch", Alte Badstr. 67
75417 Mühlacker, Fa. Raithel, In den Waldäckern 33 (Gew.-Gebiet), F/A/T/S
76152 Ruppertsberg, P Weingut "Im Linsenbusch", Hauptstr. 70, F/A/T
76276 Germersheim, P An der Carnot'schen Mauer, R.-v.-Habsburg-Str., F/A/T
76287 Forchheim/Karlsruhe, P Baggersee Epple, B/WC
76327 Pfinztal-Kleinsteinbach, Fa. Adomat-Freizeitmobile, F/A/T
76332 Bad Herrenalb, P Thermal-Mineralbad, Schweizer Wiese 9, S/F/A/T
76351 Linkenheim-Hochstetten, P* Insel Rott (gute Fischrestaurants)
76437 Rastatt-Plittersdorf, P an der Rheinfähre
76473 Iffezheim, P Pferderennbahn
76534 Baden-Baden-Sandweiler, P Fa. wvd-Südcaravan Werkstr. 2, F/A/T
76534 Baden-Baden, P* Aumattstadion, Aumattstraße
76534 Baden-Baden-Oberbeuern, P* Waldhotel "Forellenhof", i-Tel.: 07221-9740
76534 Baden-Baden-Steinbach, P* Gasthaus "Landprinzen", i-Tel.: 07223-57269
76549 Hügelsheim, P* "Sportgaststätte", i-Tel.: 07229-3535
76571 Gaggenau, P* Sportgaststätte Ottenau" (an der Murg)
76593 Gernsbach, P* Schwimmbad, Murginsel
76593 Gernsbach OT Obertsrot, P* Schwimmbad
76596 Forbach, P* am Montana-Bad
76596 Forbach-Hundsbach, P* Hotel/Restaurant "Tannberg", i-Tel.: 07720-97970
76464 Bruchsel, P* Autohaus Konrad, Murgstr. 11, F/A/T
76646 Bruchsal, P* Autobahnraststätte Bruchsal-West, F/A/T, i-Tel.: 0721-5962260
76694 Forst, P am Heidesee (Freibad), F/A/T
76706 Dettenheim, P* Kartbahn Liedolsheim, B 36, F/A/T
76829 Landau, Fa. Caravan-Center Ostring 1,1 F/A/T
76829 Landau-Wollmersheim, P WOMO-Platz
76829 Leinsweiler, P Ferienweingut "Wacholderhof", F
76831 Brikweiler, P Weingut Dr. Wehrheim, Weinstr. 8, F
76831 Eschbach, P Weingut Wind, Weinstr. 3-5, F/A/T
76831 Heuchelheim-Klingen, P Weingüter (Arnold, Lindenstr. 57, F/A/T; Junghof, Hauptstr. 21, F; Kuhn, Hauptstr.2, F; Meyer, Bahnhofstr. 10, F; Nikolaus, F/A)
76831 Ilbesheim, P Weinhaus Bittighöfer, Leinsweiler Str. 17, F/A/T
76833 Siebeldingen, P Weingut Ellermann, Benggertstr. 16, F
76835 Billigheim-Ingenheim, P (Weinbau Hoffmann, OTAppenhofen, F; Weingut St. Georgenhof OT Ingenheim, F; Weingut Stefanshof, Herrengarten 2, F)
76835 Burrweiler, P Weingut Eberle, W-Tel.: 06345-919245, Fax: 919247
76835 Burrweiler, P/P* Weingüter (Fleischbein & Kienle, Eberle, Bauer, Hertel), S/F
76835 Flemlingen, P Weingüter ("Sonnenhof", Maxstraße 22, F/A/S; Anselmann; Braun; Eichhorn; Weinstube "Zechpeter")
76835 Gleisweiler, P/P* Weingüter (Kost, Leonhard, Nicklis, Teufelsberg, Wadle)
76835 Hainfeld, P Weingüter (Glaser, Durmann, Kastanienberg, Hummel)
76835 Rhodt unter Rietburg, P Weingüter (Bechthold, Krieger, Anlag, Heußler), F
76835 Roschbach, P Weingut Koch, Am Rosenkränzel 13
76835 Weyher, P Weingüter (Möwes, Ziegler, Graf)
76846 Hauenstein, P* Gaststätte/Kegelcenter "Zum Schwabenwirt"
76846 Hauenstein, P Deutsches Schuhmuseum, Turnstraße 5, F/A/T/S/WC
76855 Annweiler-Gräfenhausen, P* Gaststätte "Hahnenbacher Hof", i-Tel.: 06346-1044
76863 Herxheim, P* (Festhalle, Bonifatiusstraße, F/A/T/WC; Gaststätte "Wagner-Ranch)
76865 Rohrbach, P Weingüter (Becker, Jede), F
76879 Essingen, P Weingüter (Glas, F, Benz, F, Schweikart, F, Stoll, F)
76879 Hochstadt, P Weingüter (Hainbachhof, F; Katharinenhof, F; Hüberfauth & Hecky, F)
76887 Bad Bergzabern, P Schlossgärten, Weinbergstraße, F/A/T/WC
76887 Oberhausen, P Weingüter (Bangerth, F; Vongerichten, F)
76889 Dörrenbach, P* (Sportanlagen, Übergasse; ehem. Kindergarten, Hauptstraße)
76889 Gleiszellen-Gleishorbach, P* Weingüter (Doll, Wendel, Rehm, Schönlaub, Schulz)
76889 Gleiszellen-Gleishorbach, P* Groß-P an der Bushaltestelle, B 48
76889 Pleisweiler-Oberhofen, P Weingüter (Leonhard, F; Wilker, F); P* (Landgasthof "Schlossbergkeller"; Gasthaus "Zum Wels)
76891 St.-Germanshof/Bobenthal, P* Gaststätte "St. Germanshof", Hauptstr. 10
77652 Offenburg, P* Fa. Freizeit-Kuhn Gewerbegebiet West 3, S/F/A/T
77656 Offenburg, P am Frei- bzw. Hallenbad
77694 Kehl OT Auenheim, P Fam. Hurst, An den Sportanlagen 1, F/A/T/S
77694 Kehl OT Neumühl, P* Fa. Bürstner Elsässer Str. 78, F/A/T

Wohin? 129

77694 Kehl, (P* Shell-Autohof Ensslin-Str.; P Wasserturm, Schwimmbadstr.)F/A/T
77704 Oberkirch, P* Renchtalstadion, Renchallee, F/A/T/S
77704 Oberkirch-Boltenau, P* Gasthof "Weinbergblick"
77716 Haslach/Kinzigtal, P* (Klosterplatz Kapuzinerkloster, Klosterstr. 1, F/WC; Waldsee; Sporthalle)
77728 Oppenau, P* Freizeitbad, Wagner-Maier-Parkplatz
77728 Ibach/Oppenau, P Bauernhof Braun, S
77743 Altenheim/Neuried (bei Offenburg), P Badesee, B
77756 Hausach, P* (Badepark, Schanze 3; Tannenwaldhalle, Waldstraße; Gasthaus "Zur Eiche", Wilhelm-Zangen-Str. 30); F/A/T: Kläranlage Hausach
77781 Biberach, P* Landgasthof "Kinzigstrand", Reiherwald 1
77787 Nordrach, P* Gaststätte "Schwarzwaldhaus Finkenzeller", S/F/A/T
77793 Gutach, P* Gasthof "Zum Engel", P* Gasthof "Zum Löwen". Hauptstr. 95
77815 Bühl, P Schwarzwaldbad, Ludwig-Jahn-Str. 8, F/A/T
77836 Rheinmünster, P Freizeitcenter Oberrhein, S/F/A/T/WC/D
77880 Sasbach/Achern, P* am Rhein/Gaststätte "Limburg"
77883 Ottenhöfen, P Bauernhof-Camping Murhof, S/F/A/T/WC
77887 Sasbach, P Festplatz, Talstraße, F/A/T/S
77948 Friesenheim, P Baggersee Schuttern, F/A/T, i-Tel.: 07808-2847
77955 Ettenheim-Altdorf, P* Freizeitcenter Ernst, Industriestr., F/A/T
77966 Kappel-Grafenhausen, P* Shell-Autohof, Hauptstr., F/A/T
77972 Mahlberg, P* Shell-Autohof a.d. A 5, F/D/WC, i-Tel.: 07825-415
77974 Meißenheim, P* Gaststätte "Zum Entenköpfer", S/F/A/T
77977 Rust, P beim Freizeitzentrum "Europa-Park" S/F/A/T/WC/B
78050 VS-Schwenningen, P* Messegelände, F/A/T
78050 VS-Schwenningen, P Luftfahrtmuseum Sittelbronner Weg (incl. Eintritt)
78050 VS-Villingen, P* Freizeitpark, i-Tel. + Fax: 07721-822202
78073 Bad Dürrheim, P Thermalbad Solemar/Kurpark, Huberstr. 34, F/A/T
78087 Mönchweiler, P* Gasthof "Zum Hirschen", i-Tel.: 07721-71391
78089 Unterkirnach, P (Reisemobilhafen/Rathaus, S/F/A/T; Metzgerei Weißer, Unteres Ackerloch 2, OT Ackerloch)
78112 St. Georgen, P* (Naturfreibad Klosterweiher; Gaststätte "Stadt Frankfurt")
78112 St. Georgen-Brigach, P* Landgasthof "Engel", Obertal 1, F/A
78120 Furtwangen, P* Gasthaus "Zum Brendturm"
78126 Königsfeld/Schwarzwald, P* ("Haus des Gastes", Rathaus, Kurpark)
78132 Niederwasser/Hornberg, P Hotel "Schöne Aussicht", F/A
78136 Obertal/Schonach, P* Sportzentrum/Slilift, Obertalstraße, F/A/T/S
78166 Donaueschingen, P* (Sportzentrum, Brigachweg; Freibad, Fürstenbergstr.)
78176 Blumberg, P* (Festplatz, F/A/T, P1 Stadion, F/A/T)
78176 Blumberg-Achdorf, P P3 OT Achdorf, F/A/T
78176 Blumberg-Zollhaus, P (P1 Festplatz, F/A/T; P2 Bahnhof der Sauschwänzlebahn)
78183 Hüfingen, P Bräunlinger Straße, F/A/T
78187 Geisingen, P am Wartenberg
78224 Singen, P* Info-Zentrum Burgruine Hohentwiel
78234 Engen, P* AB-Raststätte "Im Hegau", Hegau-West (A 81), F/A/T
78244 Gottmadingen, P* Landhotel/Restaurant "Heilsberg", i-Tel.: 07731-71664
78250 Büßlingen/Tengen, P* Gasthaus "Linde", S/F/A/T
78253 Eigeltingen-Münchhof, P* Landgasthof "Münchhof", Tannenbergstr. 16, S/F
78315 Radolfzell, P Hartplatz, Strandbadstraße (Halbinsel Mettnau), F/A/T/S
78333 Stockach, P* Nähe Gasthof/Weinstube "Bohl", i-Tel.: 07771-2045, Fax: 2046
78333 Stockach, Caramobil-Freizeitplatz, Heinrich-Fahr-Str. 1, F/A/T/S/WC
78337 Öhningen-Schienen, P* Landgasthof "Schienerberg, Schienerbergstr. 56, F
78345 Moos, P* Hotel/Restaurant "Gottfried", i-Tel.: 07732-4161
78351 Bodman-Ludwigshafen, P Ortseingang
78359 Nenzingen, P* Landgasthof "Ritter", i-Tel.: 07771-2114
78487 Konstanz, P (Döbelplatz, F/A/T/WC; P* Industriegebiet beim OBI
78476 Allensbach, P* Gasthaus "Mindelsee", Gemeinmärk 7
78479 Reichenau, P beim Campingplatz, Zum Sandseele, F/A/T
78532 Tuttlingen, P* P7 + 8 Donauspitz/Festplatz, Stuttgarter Straße, F/A/T
78567 Fridingen, P* (Angelteich, Schwimmbad)
78628 Rottweil, P* Stadionstraße, S/F/A/T
78647 Trossingen, P* Freibad, In Steppach/L 433
78713 Schramberg, P* (Gasthaus "Schilteckhof", Schilteck 1, F/A; Fischer-Parkplatz, Bahnhofstraße/B 462)
78727 Oberndorf, P* Neckarhalle, Austraße 12, F/A/T
78843 Löffingen, P* Waldbad, i-Tel.: 07654-400
79108 Freiburg, P P&R Bissierstr./Eschholzplatz

79108 Freiburg-Hochdorf, P* Fa. wvd-Südcaravan, Hanferstraße 30, S/F/A/T
79111 Freiburg, Fa. Wiest, Friedrich-Neff-Str. 9, S/F/A/T
79184 Bad Krozingen, P Vita Classica-Therme, Thürachstraße, F/A/T/S
79189 Bad Krozingen-Grezhausen, P* am Altrhein (am Kieswerk Flückinger vorbei)
79189 Bad Krozingen-Hausen, P* Restaurant "Fallerhof", Tunibergstraße 2 b
79189 Bad Krozingen-Oberkrozingen, P* Landgasthof "Adler"
79194 Heuweiler, P* Weingut/Gaststätte "Grüner Baum", Glottertalstr. 3
79206 Breisach/Rhein, P* am Jachtclub (max. 1 Tag), i-Tel.: 07667-83227
79206 Breisach/Rhein, P Rheinufer, Josef-Bueb-Straße beim Minigolf, F/A/T
79219 Staufen/Breisgau, P* Stadtmitte (am Fluss)
79235 Oberrotweil, P Gasthaus "Jägerhof", F/A/T (ab hier auch Straße zum Rhein, dort Wander-P*)
79241 Wasenweiler/Ihringen, P Gaststätte "Liliental"
79241 Ihringen, P* Weingut Karle, Am Krebsbach 3, F
79254 Rheinau-Linx, P* Besucherparkplatz Weberhaus, Am Erlenpark 1, F/A/T
79254 Zastler/Oberried, P* Landgasthof "Blume", Talstraße 10, F/A
79258 Hartheim, P* mit Picknickplatz direkt am Rhein (ausgeschildert "Zum Rhein")
79286 Glottertal, P WOMO-Center Glottertal, S/F/A/T/WC/D, i-Tel.: 07684-666
79286 Glottertal, P* Hotel/Restaurant "Zum Kreuz", WC, i-Tel.: 07684-80080
79312 Emmendingen, P* Freibad, Am Sportfeld, F/A
79336 Herbolzheim, P* Shell-Autohof Breisgauallee 2, F/A/T
79341 Kenzlingen, P Weingut "Ritterhof", Ritterhof, F/WC/D
79356 Eichstetten, P Weingut Köbelin Altweg 131, F/A, i-Tel.: 07663/1414
79395 Neuenburg/Rhein, P* im Ort (Nähe Rathaus)
79410 Badenweiler, P Parkplatz Ost, P* Restaurant "Vogesenblick"
79415 Bad Bellingen, P an den Balinea-Thermen, F/A/T/S
79541 Lörrach, P Nähe Grenze
79541 Lörrach-Hauingen, P* Gasthaus "Zur Traube", Steinenstr. 36, F/WC/S
79589 Binzen, P* Shell-Autohof a.d. B 3, F/D/WC, i-Tel.: 07621-6018
79674 Todnau, P* (Todnauberg/Skilift, Restaurant "Waldeck")
79677 Aitern-Multen, P* (Hotel-Gasthof "Mulchen", Belchenstr. 3; Gasthaus "Jägerstüble", Obermulten 2)
79677 Fröhnd, P* Gasthaus "Pflug", Künaberg 1
79713 Bad Säckingen, P Festplatz Austraße (Rheinnähe), F/A/T/S
79737 Herrischried, P* am Hallenbad, i-Tel.: 07764-920040
79737 Herrischried, P* Metzgerei "Ochsen", Hauptstraße 4, F/A
79747 Ühingen-Birkendorf, P* Gaststätte "Alter Schwede", Haubacheweg 9
79787 Lauchringen, P an der Wutach (Badstraße), F/A/S, Schwimmbad 500 m
79809 Weilheim/Waldshut, P* Brauereigasthof "Waldhaus" an der B 500
79822 Titisee-Neustadt, P vor Camping "Bankenhof", Bruderhalde 31, F/A/T
79837 Häusern, P* am Schwimmbad
79837 St. Blasien, P* (Busparkplatz am Dom; Schwimmbad; P Menzenschwand)
79843 Löffingen, P Freizeitpark/Waldbad "Schwarzwaldpark", F/A/T
79843 Löffingen-Dittishausen, P* Landhotel "Tanneneck", An der Burg 1
79843 Löffingen-Göschweiler, P* (Waldschwimmbad, Gasthaus "Post Faber), F/A/T
79848 Bonndorf, P* Sportplatz, F/A/T
79848 Bonndorf und 79843 Löffingen,
    dazwischen P Gasthaus Schattenmühle, S/F
79856 Hinterzarten, P* Bahnhof (max. 1 Tag), i-Tel.: 07652-120642
79859 Schluchsee, div. P (laut)
79871 Eisenbach, P Sportplatz Höchstberg, Am Sportplatz, F/A/T/WC/S
79872 Bernau, P Sportzentrum Spitzenberg, Sportplatzstraße, F/A/T
79874 Breitnau, P* a.d. B 500
79877 Friedenweiler OT Rötenbach, P* Gasthof "Zum Bierhaus", Hauptstr. 18
80325 München, P Messe-P Süd Tor 13, F/A/T (teuer, nur bei Messen)
80331 Munchen, P vor dem Olympiastadion, P beim Tierpark Hellabrunn,
    P Arnulfstraße (2000 Plätze), i-Tel.: 089-23911
80935 München, P Lerchenauer Str./am See (Busanschluss)
80939 München-Freimann, P Florianmühlstraße
80995 München-Oberschleißheim, P an der Olympia-Regattastrecke,
    P am Schlosspark
81243 München-Neuaubing, P Fa. Glück Bodenseestr. 65, F/A/T
81249 München-Langwied, P* am Langwieder See, P* an Lussee gegenüber
81439 Großweil, P Bauernhof Promsbeyer, i-Tel.: 08851-492
81675 München-Haidhausen, Esso-Tank Einsteinstr. 168, F/A/T
82031 Geiselgasteig, P Freizeitpark "Bavaria Film Tour, i-Tel.: 089-64990
82140 Olching, P im Freizeitgebiet Olchinger See
82319 Starnberg, P am "Wasserpark" Starnberger See (max. 1 Tag), B

82346 Andechs, P Klosterparkplatz
82362 Weilheim in Oberbayern, P* Grundschule an der Ammer, Lohgasse
82380 Peißenberg, P* (Freizeitgelände "Neue Berghalde", Moosleite; Bäderpark
 "Rigi-Rutsch'n", Pestalozzistraße), F/A/T: Kläranlage
82405 Schellschwang, P Nauernhof "Haflingerhof", S/F/A/T
82418 Seehausen/Murnau, P am Staffelsee, F/A/T/B
82431 Kochel am See, P am See beim Freizeitzentrum "Trimini"
82432 Walchensee, P* (P18 Mautstraße; Nacht-P B11 Nähe Mautstation Einsiedl)
82433 Bad Kohlgrub, P (Sanatorium Rochusbad, Kehrer Str. 23, S/F; Kurcamping
 Waldruh, Sonnen 93; Kurhaus Dr. Lauter, Kurhausstr. 81, F)
 P* Johannesbad, Saulgruber Straße 6)
82438 Eschenlohe, P* Restaurant "Tonihof", i-Tel.: 08824-1021
82439 Großweil, P* beim Freilichtmuseum
82439 Großweil-Stein, P Bauernhof Promberger
82449 Uffing, P Strandbad, F/A/T
82467 Garmisch-Partenk., P (am Wellenbad B; am Skistadion, F/A/T; Wankbahn)
82481 Mittenwald, P Karwendelbahn, P Kranzberg-Sessellift, P1 Bahnhof
82481 Mittenwald, P Hotel/Restaurant "Tonihof"
82481 Mittenwald, P Naturcamping Isahorn, S/F/A/T
82487 Graswang/Oberammergau, P Richtg. Schloss Linderhof
82488 Ettal, P* Hotel/Restaurant "Blaue Gams", i-Tel.: 08822-6449
82493 Klais-Krün, P Caravan-Park Tennsee, F/A/T (schön gelegen, aber laut)
82515 Wolfratshausen, P* Servo-Reisemobilcenter, Gew. Gebiet, F/A/T
82515 Wolfratshausen-Farchet, P Freizeitpark "Märchenwald im Isartal"
82727 Schliersee, P Spitzinghöhe
83059 Kolbermoor, P* Fa. Schrenpf & Lahm, Dr.-Max-Hoffmannstr. 3, F/A/T/S
83064 Raubling, P* Aral-Autohof a.d. A 93, F/D/WC, i-Tel.: 0234-3150
83071 Bad Feilnbach, P beim Tennisplatz
83080 Oberaudorf, P* (Schwimmbad (ausgeschildert); P2 beim Gasthof "Feuriger
 Tatzelwurm", F/WC)
83080 Oberaudorf, P (Bauernhof "Pechlerhof"; Gasthaus "Ochsenwirt", F)
83083 Riedering, P Bauernhof Ruhsamer, Schaidering 1, S/F
83088 Kiefersfelden, P* Gaststätten "Dörfl", "Baumgartenhof", S/F, "Grafenburg",
 "Schaupenwirt", "Gruberhof", Rathausplatz, S/F); P Strandbad "Hödenauer See"
83098 Brannenburg, Esso-Tank, F/A/T
83112 Frasdorf, P Bauernhof "Lederstube", Lederstube 3, S/F/T
83131 Nußdorf am Inn, P Liererhof, Lieln 103, F/S
83209 Prien/Chiemsee, P Bavaria-Bootsverleih, Harrasser Str. 39, F/A/T/WC/S
83224 Grassau, P Fetznhof, Fetznweg 15, F/S
83229 Aschau, P Kampenwandbahn, F/A/T: Tankstelle
83236 Übersee/Chiemsee, P Bauernhof Steiner, Almfischer 11, S/F/A/WC/D
83236 Übersee/Chiemsee, P Bauernhof Schmid, Stegen 4, S/F/A
83278 Traunstein/Rettenbach, P* Gasthaus "Jobst", Permoserstr. 64, S/F/WC
83278 Traunstein-Tinnerting, P Fereinbauernhof "Ortnerhof", S/F/A/WC
83278 Traunstein-Wolkersdorf, P Reisemobile-Grünäugl, Schmidhamer Straße 31,
 S/F/A/T/WC/D
83308 Trostberg, P Ferienhof Gröbner, i-Tel.: 08621-7329
83313 Siegdorf-Hammer, P* Gasthof "Der Hammerwirt"
83324 Ruhpolding, P "Märchen-Familienpark; P Branderstraße; P vor Camping
 Ortnerhof, F/A/T
83329 Waging, P Waginger See (max. 1 Tag), B
83334 Inzell, P* Gasthöfe ("Binderhäusl", S/F; "Kreuzfeld", S/F/A/T/WC/D)
83334 Inzell, P* P2 am Kurpark/Hallenbad, Schwimmbadstraße
83358 Seebruck, P Segelclub am Chiemsee, B
83367 Petting, P Bauernhof "Beim Petern", Aich 5, S/F/A/T/WC/D
83367 Petting, P (Bauernhof Wolferstetter, F/D/WC; Scheiderhof, Seestr. 11 a, WC/S)
83379 Weibhausen, P* Gasthof "Alpenblick"
83395 Freilassing, P* Hallenbad Badylon, Salzburger Str., F/A/T: Kläranlage 300 m
83416 Saaldorf-Surheim, P Paulbauernhof, Gausburg 47, F/A/S/Grillplatz
83435 Bad Reichenhall, P* P2 Friedhof, Kirchholzstraße, F/A/T
83451 Piding-Kleinhögl, P Kochhof, Höglerstraße 60, S/F/WC/D
83451 Piding, P* Gaststätte "Altwirt", Berchtesgadener Str. 6
83483 Bischofswiesen, P* Gasthaus Götschenalm
83530 Schnaitsee, P* Gasthof "Spiegelsberger", i-Tel.: 08074-206
83620 Feldkirchen-Westerham, P* Berggasthof "Aschbach", i-Tel.: 08063-9091
83646 Bad Tölz, P "Alpamare" Nähe Isar-Stausee; P* Buchbergstüberl, Buchberglift
83646 Bad Tölz, P (Königsdorfer Str.; Isarpromenade, F/A/T, ausgeschildert)
83661 Lenggries-Fall, P* Wald-P zwischen Sylvenstein-Stausee und Fall, F/A/T/WC

83661 Lenggries, P* Brauneck-Bahn, F/WC, i-Tel.: 08042-500820
83661 Lenggries, P Gaststätte Lahnerstub'n, Gilgenhöfe 4
83676 Jachenau, WOMO-P ausgeschildert, F/A
83700 Rottach-Egern, P Wallbergmoos (Gebühr incl. Maut), i-Tel.: 08022-6217
83707 Bad Wiessee-Abwinkel, P* Konzertpavillon
83708 Kreuth, P* Restaurant "Riedler-Stub'n", i-Tel.: 08029-1243
83714 Miesbach, P P7 (Stadtplatz)
83730 Fischbachau-Elbach, P* Gasthof "Sonnenkaiser", Leitzachstr. 116, F/S
83730 Fischbachau-Hammer, P* Gasthof "Zur Post", Hagnbergstr. 4, S/F/WC/D
83735 Bayrischzell, P* Gaststätte "Tiroler Stüberl"
83735 Bayrischzell, P Ferienbauernhof "Huberhof", S/F/A/T/WC/D
83735 Bayrischzell, P Tennisplätze, S/F/A
84307 Eggenfelden, P* Busparkplatz P 2, Öttinger Str., F/A/T: Tankstelle Breitner
84323 Massing, P* Niederbayrisches Bauernmuseum, Steinbüchl 5
84329 Rottal-Wurmannsquick, P Ferienhof "Kindermann, F/A
84329 Rottal-Wurmannsquick, P* Fa. Bayern-Camper, Am Höhenfeld 3, S/F/A/T
84335 Mitterskirchen, P* Gasthaus "Rothneichner", i-Tel.: 08725-338
84364 Bad Birnbach, P Landhotel "Theresienhof", S/F/A/T/WC/D
84367 Zeilarn, P* Gasthof "Obertürken", F/WC, i-Tel.: 08572-328
84405 Dorfen, P* Volksfestplatz
84489 Burghausen, P* Grillplatz, Berghamer Straße (außerorts), F/A/T/WC/S
84503 Altötting, P* P2 Dultplatz, Nähe Traunsteiner Straße
84503 Altötting-Kiefering, P* Landgasthof "Kieferung" (Richtung Traunstein)
84508 Burgkirchen, P Bauernhof "Peterhof", S/F/WC
84558 Kirchweidach, P* Gasthof "Zur Post", i-Tel.: 08623-201
84577 Tüssling, P* Gasthaus "Kiefering", Kiefering 40, WC/S; Hotel Bauernsepp, Kiefering 42, WC/S)
85055 Ingolstadt, P Klenzepark, F/A/T: BP-Tank AB-Abfahrt Ingolstadt-Nord
85072 Eichstätt, P "Schottenwiese" (Nähe Volksfestplatz an der Altmühl), F/A/T/S
85077 Manching, P* Am Braunweiher, Am Keltenwall, F/A/T
85095 Denkendorf, P Gasthof "Lindenwirt", Hauptstr. 43, F/S
85101 Lenting, Wander-P am Köschinger Waldhaus
85120 Hepberg, P* Gasthof "Meierwirt", i-Tel.: 08456-5584
85125 Kinding, P* (Im Mühlenhof; vor Camping "Kratzmühle, F/A/T)
85132 Schernfeld, P* Hotel/Restaurant "Ferdinandshof", i-Tel.: 08421-89510
85135 Titting-Bürg, P Ferienbauernhof Pfisterer, S/F/WC
85137 Walting, P Landgasthof "Gut Moierhof", Leonhardistr. 11, F/A/T
85229 Markt Indersdorf OT Karpfhausen, P* Mi-Mobile Trotter Gew. Gebiet, F/A/T
85235 Odelzhausen, P* Gasthof "Staffler", i-Tel.: 08134-204
85254 Sulzemoos, Caravaningzentrum "Der Freistaat", Ohmstr. 8, F/A/T/WC/S
85290 Geisenfeld, P* Landgasthof "Rockermeier", F/A/T, i-Tel.: 08452-608
85301 Schweitenkirchen, P* Shell-Autohof a.d. A 9, F/D/WC, i-Tel.: 08444-92000
85391 Allershausen, P* an der Amper
85435 Erding, P* Groß-P am Thermalbad, Thermenallee 1
85464 Finsing, P VW-Händler Maier, F
85591 Vaterstetten, P* Autobahnraststätten Vaterstetten-Ost/West, F/A/T
85609 Aschheim, P Gasthof "Zur Post", Ismaninger Str. 11
85702 Eichstätt, P (Volksfestplatz, P 1 = Freiwasserparkplatz), F/A/T: Kläranlage
85716 Unterschleißheim, Dea-Tank Münchner Ring, F/A/T
86154 Augsburg, P am Plärrer (Donauwörther Str.), P Camping "Augusta", S/F/A/T, P* Bürgerm.-Ackermann-Str. (Wertachbrücke).
86529 Schrobenhausen, P* Am Klostergarten, Rot-Kreuz-Straße, F/A/T: Kläranlage
86551 Aichach, P Freibad, Sudetenstraße, F/A/T
86609 Donauwörth, P* (Volksfestplatz, Neue Obermayerstr. 2; Schwabenhalle; Tennishalle; Stauferpark)
86609 Donauwörth-Parkstadt, P* Parkhotel "Donauwörth" B/WC, i-Tel.: 0906-6037
86633 Neuburg an der Donau, P* Schlösslwiese, Ingolstädter Straße, F/A/T/WC
86637 Wertingen, P* (Laugnastr./Alter Turnplatz; Gaststätte "Krebs", Am Judenberg)
86650 Wemding, P* Sporthotel/Restaurant "Seebauer", Wildbad, F/A/T
86655 Ronheim, P Bauernhof Schröppel, F/A
86663 Asbach-Bäumenheim, P Fa. Fendt, F/A/T
86685 Huisheim OT Gosheim, P* Waldschenke "Mattesmühle", B
86698 Eggelstätten, P Donau-Lech-Camping, F/A/T
86720 Nördlingen, P* Kaiserwiese, Innerer Ring Nähe Jugendherberge, F/A/T
86738 Deiningen, P* Tennis-/Squash-Center Cowebanga, Am Sportpark 13, F
86747 Maihingen, P* Gaststätte "Goldene Sonne", Hauptstr. 28, WC/D/F/A/S
86788 Nödlingen, P* am Tennis-Center
86825 Bad Wörishofen, P* Therme, Thermenallee 1,

86922 Eresing (bei Landsberg/Lech), P* bei Klosterkirche St. Ottilien
86923 Finning, P* Gaststätte "Zum Staudenwirt", Staudenweg 6, F/WC
86925 Fuchstal, P* Gasthaus "Römerkessel", i-Tel. + Fax: 08243-2238
86953 Schongau, P* Festplatz am Lechufer, F/A/T, i-Tel.: 08861/214181
86971 Peiting, P* Restaurant "Weilheimer Hof", i-Tel.: 08861-6286
86977 Rossau/Burggen, P Bauernhof Schuster
86978 Hohenfurch, P* Gasthof "Negele", i-Tel.: 08861-4463
87439 Kempten, P Illerstadion, Jahnweg, F/A/T, P* (Hallenbad; Kaufbeurer Straße, St.-Mang-Brücke)
87448 Waltenhofen, P Ferienhof Sommer, Fischen, F/A/T/WC/D/S
87452 Altusried, P* Freibad, Im Tal; P* Poststraße, F/A/T: Aral-Tankstelle
87459 Pfronten, P Fa. Wohlfahrt, Am Wiesele, F/A/T/S
87459 Pfronten-Ösch, P* Gaststätte "Hubertus-Stube", i-Tel.: 08363-8647
87466 Oy-Mittelberg, P Pferde-Pension Schall, S/F/A/T/WC
87474 Buchenberg, P Bauernhof Maidel, Eschach 113, F/S
87480 Hofen-Weitnau, P* Freizeit- u. Miniaturpark "Allgäu", i-Tel.: 08375-1607
87484 Nesselwang, P P1 Alpspitzbahn, An der Riese, S/F/A/T
87488 Betzigau, P* Landgasthof "Hirsch", i-Tel.: 0831-79011
87497 Wertach, P (Grüntensee (max. 1 Tag), B, Wohnwagenzentrale Mair, F/A/T)
87509 Immenstadt, P (Alpsee-P; P3 "Viehmarktplatz", Badeweg), F/A/T
87534 Oberstaufen, P* (Kurhaus, Rainwaldstraße) max. 1 Tag, 08386-93000
87538 Balderschwang, P Schwabenhof, Schwabenhof 23, F/A/T/WC
87541 Hindelang, P Sportplatz, F/A/T, i-Tel.: 08324-8920
87541 Hindelang, P* Hotel/Restaurant "Im Wiesengrund", S/F/A/T
87549 Kranzegg/Rettenberg, P* Grünten-Tallift, WC, Ski-Tel.: 08327-1209
87561 Oberstdorf, P (Reisemobilhafen Fa. Geiger, Enzensperger Weg, S/F/A/T/WC/D; Rubi-Camp, Rubinger Str. 34, F/A/T/S)
87600 Kaufbeuren, P* Buronstraße, F/A/S
87616 Marktoberdorf, P Bauernhof "Fuchshof", Kohlhunden 11, S/B/F/A/T
87616 Wald, P Badeweiher/Sportanlagen, F
87629 Füssen, P (Tegelbergbahn (leicht schräg); Reisemobilhafen, Abt-Hafner-Straße 9), S/F/A/T/WC/D; P Camping "Hopfen am See", S/F/A/T
87629 Füssen, P* Kurhotel "Rucht", i-Tel.: 08362-4042
87629 Füssen-Weissensee, P am Alatsee
87637 Seeg, P/P* (bei Verzehr) Vitalpark Café-Rest. "Schwaltenweiher", F/A/T/B
87640 Biessenhof/Allgäu, P* Gasthof "Stegmühle", An der Stegmühle 2, S/WC
87642 Halblech, P* Gasthof "Haus am Wildbach", F/WC, i-Tel.: 08368-378
87642 Halblech-Buching, P* Gaststätte "Geiselstein"
87656 Germaringen, P Sport-Treff Wolf, Carl-Benz-Str. 5, F/AWC/D/S
87659 Heimen/Hopferau, P Ferienhof Lipp, S/F/A/T/WC
87663 Lengenwang, P Bauernhof Walk, S/WC, i-Tel.: 08364-1003, Fax: 9133
87672 Roßhaupten, P Freizeitmarkt Miller, Augsburger Str. 23, F/A/T/WC/S
87700 Memmingen, P* Gaststätte "Württemberger Hof", i-Tel.: 08331-61934
87700 Memmingen, P WOMO-P am ehem. Schlacht- und Viehhof, S/F/A/T
87719 Mindelheim, P Ferienbauernhof Klinger, Bergerhausen 4, S/F/WC/D
87724 Ottobeuren, P* (Restaurant "Schachenbad", Im Schachen 29, F/WC/S; Sportwelt Ottobeuren, F/A)
87754 Kammlach, P Bauernhof Krieger, Wideregg 9, F/WC/D/S
88045 Friedrichshafen, P Lindenauer Straße Nähe Campingplatz, F/A/T
88074 Meckenbeuren, P Gasthof "Lehlehof"
88074 Meckenbeuren-Liebenau, P (Tennispark; Gasthof Hirsch; privat: Mühlenw. 6)
88074 Meckenbeuren-Reute, P Georgshof, Pfingstweider Str. 12, F/A/T/S
88079 Kressbronn, P Freizeitpark Gohren am See, F/A/T, i-Tel.: 07543-8656
88079 Kressbronn, P* Freizeit-Kölle, Argenstr. 76, F/A/T
88079 Kressbronn-Tunau, P* Landgasthof "Zum Dorfkrug", F/A/T/WC
88094 Neuhaus/Oberteuringen, P Camping Cramer, S/F/A/T/WC/D
88131 Lindau, P (P1 "Blauwiese", S/F/A/T (teuer); P* Fa. Sulzer-Escher-Wyss (nur am Wochenende))
88131 Lindau, P (Fa. Mücar, Bregenzer Str. 39, F/A/T; vor Park-Camping)
88131 Lindau-Oberreitnau, P vor Camping "Gitzenweiler Hof", S/F/A/T/WC/D
88142 Wasserburg (Bodensee) P (max. 1 Tag)
88167 Maierhöfen, P* Hotel "Zur Grenze"
88167 Röthenbach, P Ferienhof Maurus, In der Höll 1, F/WC/D/S
88212 Ravensburg, P Wernerhof, Mühlbruckstraße, F/A/T/S
88229 Wangen im Allgäu, P P17 Am Klösterle/Vorderes Ebnet, F/A/T/WC/S/Grillplatz
88299 Ravensburg-Schmalegg, P* Fa. Carthago, Ind.-Gebiet Okatreute, F/A/T
88316 Isny, P Fa. Dethleffs, Rangenbergweg, F/A/T/S
88326 Aulendorf, P* P2 Schwaben-Therme, Ebisweiler Str. 5

88333 Bad Waldsee, P ("Waldsee-Therme", F/A/T; Unterurbacher Weg; Freibad; Altstadt/Bleiche; Friedhof)
88333 Bad Waldsee, P Bauernhof "Maucher", P Bauernhof "Marschall-Heine"
88333 Bad Waldsee-Mattenhaus, P Bauernhof "Lott", S/F/A/T/WC/D
88348 Bad Saulgau, P "Sonnenhof-Therme", Am Schönen Moos, S/F/A/T
88348 Bad Saulgau, P* Festplatz/Sporthalle
88348 Bad Saulgau, P Hotel/Restaurant "Kleber-Post", i-Tel.: 07581-5010
88353 Kißlegg, P* am Strandbad, Obersee 7, F/A/T/S

Stellplatz: 88353 Kißlegg, am Strandbad

88353 Kißlegg, P* Familienfreizeitgelände (mit Grillhütte), Le-Pouliguen-Straße
88353 Kißlegg, P* Hotel Sonnenstrahl", Sebastian-Kneipp-Straße 1
88364 Wolfegg/Allgäu, P* (Hofgarten; Gemeindehalle; Gasthöfe "Zur Post"; "Adler", Fa. RMB-Reisemobile, Grimmenstein, F/A/T), i-Tel.: 07527/960151
88364 Wolfegg-Alttann, P* VdK-Erholungszentrum
88364 Wolfegg-Molpertshaus, P Gasthof "Adler", Einturnerstr. 38, S/F/A
88364 Wolfegg-Neuhaus, P* "Stockweiher"
88364 Wolfegg-Premen, P* am Premer Weiher
88400 Biberach/Riß, P* Rißstraße, F/A/T
88410 Bad Wurzach, P Gesundheitszentrum Vitalium, Riedhalde, F/A/T
88410 Haidgau, P* Bahnhofsrestaurant Haidgau/Bad Wurzach
88416 Ochsenhausen, P VW-Händler Ströbele, F/A/T
88422 Bad Buchau, P (Adelindis-Therme, Am Kurpark, S/F/A/T; Federseemuseum; Seegasse, F/A/TS)
88427 Bad Schussenried, P Freibad Zellerseeweg, F; P* Schussenrieder Bierkrugmuseum, Wilhelm-Schussen-Str. 12, S
88427 Bad Schussenried-Kürnbach, P Bauernhof Gack, Ayweg, S/F/A/T/WC/D
88427 Bad Schussenried-Steinhausen, P Reiterhof, Am Reiterhof 1, F/A
88430 Rot a.d. Rot, P* Landhotel "Seefelder", Theodor-Her-Str. 11, F/A/T
88471 Laupheim, P Schloss Großlaupheim, Klaus-Graf-Stauffenberg-Str., F/A/T/S
88512 Mengen, P* Tennis- und Squash-Center, S/F/A/T
88521 Ertingen, P Freizeitzentrum Schwarzachtalseen, F/A/T/S/WC/D
88527 Unlingen, P Gasthof "Eck", S/F
88529 Zwiefalten, P Höhenfreibad Brunnensteige (incl. Eintritt), B/S
88605 Meßkirch, P* P2 Messplatz, Mengener Straße, F/A/T/WC
88630 Pfullendorf, P* "Seepark-Ost" (2,5 km außerhalb), F/A/T
88631 Beuron/Donautal, Kloster-P an der Donau, F/A/T
88631 Beuron Thiergarten, P Bahnhof Thiergarten, F/A/T/WC/D/S
88633 Heiligenberg, P ehem. Sennerei Schläge, F/A/T
88662 Überlingen/Bodensee, P&R-P Aufkircher Straße (Nähe Krankenhaus), F/A/T
88690 Unteruhldingen, P (Hotel/Restaurant "Knaud"; Groß-P am Ortsrand, Meersburger Str., F/A/T/WC)
88693 Limpach/Deggenhauser Tal, P Gasthof "Mohren", S/F/A/T
88697 Bermatingen, P* Total-Fina-Tankstelle, Salemer Str. 47, F/A/T
88709 Meersburg, P Allmendweg (Stadtrand), F/A/T/WC

89073 Ulm, P* P&R P1 Friedrichsau/Donaustadion, Wielandstr. 71, F/A/T
89081 Seligweiler, P* Esso-Autohof a.d. A 8 (Ulm Ost), F/D/WC, i-Tel.: 0731-266298
89129 Öllingen, P* Rathaus, Hauptstraße 42, F/A/T/S
89134 Blaustein, P* Freizeitbad "Bad Blau", Boschstraße 12
89143 Blaubeuren, P* P6 Dieter-Baumann-Sporthalle mit Hallenbad, Dodelweg, F/A/T

Stellplatz: 89143 Blaubeuren, P 6
89143 Blaubeuren-Weiler, P* Restaurant "Forellenfischer"
89150 Laichingen, P* "Tiefenhöhle", F/A/T: vor Camping "Heidehof"
89188 Merklingen, Aral-Autohof, A8 Abfahrt Merklingen, F/A/T
89191 Nellingen, P* Landgasthof "Krone", P* Restaurant "Wilder Mann",F/A
89192 Rammingen, P* Hotel/Landgasthof "Adler", Riegestraße 15, F/A/T
89233 Neu-Ulm-Reutti, P* Hotel "Landhof Meinl"
89281 Altenstadt, P* Gasthof "Sonne", Bahnhofstraße 8, F/WC
89297 Biberach-Roggenburg, P* Gasthof "Schmidt"
89312 Günzburg, P (Waldbad, Heidenheimer Str.; Legoland; Campingland, Heidenheimer Str. 115) F)F/A/T
89335 Ichenhausen, P Fa. Mobile Freizeit-Zysk Günztalstraße 21, F/A/T
89340 Leipheim, P Landgasthof "Waldvogel", S/F, P* Friedhof
89343 Jettingen-Scheppach, P* Shell-Autohof ,F/D/WC, i-Tel.: 08225-7896
89355 Grundremmingen, P* Sportgaststätte
89358 Kammeltal, P Reisemobilhafen Kammelaue, Zum Sportplatz, F/A/D/WC/S
89365 Röfingen, P* Gasthof Zahler, Augsburger Straße 69, F
89420 Höchstädt/Donau, P* Hotel-Gasthof "Berg", Dillinger Str. 17, F/A/T
89423 Gundelfingen/Donau, P Baggerseen, B
89430 Leipheim, P Gaststätte "Sportheim, S/F
89522 Heidenheim-Oggenhausen, P* Brauereigaststätte "König"
89537 Giengen-Hürben, P (Charlottenhöhle, Lonetalstr., F/A/T/S; Festhalle)
89564 Nattheim, P* Ramensteinbad, Dieselstr. 22, F/A/T
90443 Nürnberg, P* (Volkspark Dutzendteich, Münchener Straße; Wöhrder See/ Nordufer); F/A/T: Shell-Tankstelle Frankenstr. 224
90451 Nürnberg-Eibach, P* Hotel/Restaurant "Arotel", i-Tel.: 0911-96290
90542 Eckental-Forth, P* Gaststätte "Eckenbach-Stub'n"/Sportanlage
90547 Stein/Mittelfranken, P* am Palm Beach (Thermal- und Erlebnisbad)
91058 Erlangen, P Fa. Bawemo Sebastianstr. 27, F/A/T, P Hotel "Rotes Ross"
91074, Herzogenaurach, P Schwimmbad "Atlantis", F/A/S; Badegutschein
91154 Roth, P* (Rothsee, F/A/T; P2 an der B2, Steinerne Eiche)
91161 Hilpolstein, P (P1 Seezentrum Heuberg, F/A/T; Main-Donau-Kanal)
91171 Greding, P* Altstadtparkplatz/Hallenbad, P Camping "Bauer-Keller", S/F
91224 Pommelsbrunn, P* Gasthaus "Zum Beck", F/A/T: Camping nebenan
91230 Happurg, P* Gaststätte "Der Stern"
91230 Happurg-Kainsbach, P* Restaurant "Kainsbacher Mühle", Mühlgasse 1, F/A/T
91235 Velden/Pegnitz über Nürnberg, 2 Wander-P* am Ortsanfang und Ortsende
91236 Alfeld, P Fina-Autohof Alfeld, F/A/T
91257 Pegnitz, P* (Hallenbad, Kunsteisbahn, Stadtmitte)
91275 Auerbach, P* Festplatz, Hopfenoher Straße

91278 Pottenstein, P* Ortsmitte, P (Reiterhof Geusmanns, Geusmanns 4; Wohnmobilpark Pottenstein, F/A/T)
91282 Betzenstein, P* Schwimmbad (außerhalb)
91282 Betzenstein-Spies, P* Gaststätte "Eibtaler Hof"
91287 Plech, P Freizeitpark "Fränkisches Wunderland", Zum Herrlesgrund 13, F
91301 Forchheim, P Sportinsel, An der Regnitzbrücke, WC/D/Grillplatz
91320 Ebermannstadt, P* (P 2 Oberes Tor; P 8 Ladestraße, an der Wiesent)
91322 Gräfenberg OT Haidhof, P* Hotel "Schlossberg", Haidhof Nr. 5, F/A/D/WC/S
91325 Adelsdorf-Neuhaus, P* (Gasthof "Zum Löwenbräu", Neuhauser Hauptstr. 3, F/S; Gasthof "Niebler", Neuhauser Hauptstr. 30, F/A)
91332 Heiligenstadt, P* ("Am Oertelshof"; Breckner, Ortsausgang Rtg. Bamberg)
91336 Heroldsbach, P Erlebnispark "Schloss Thurn", i-Tel.: 09190-555
91344 Saugendorf/Waischenfeld, P Bauernhof "Zwergenschloss"; S/F
91344 Waischenfeld OT Eichenbirkig, P Gut Schönhof, Schönhof 11 a, F/S/WC/D
91346 Streitberg, P* Alter Bahnhof, B 470, F/A/T
91413 Neustadt/Aisch, P* Festplatz, Riedfelder Ortsstraße, F/A/T
91438 Bad Windsheim, P* am Freilandmuseum (letzte Einfahrt)
91438 Bad Windsheim, P Freibad "Aquafun", S/F/A/T/WC/D, i-Tel.: 09841-2251
91448 Emskirchen/Mittelfranken, P Festplatz
91472 Ipsheim, P* Gasthaus "Winzerstube", Weimersheim 17
91522 Ansbach, P Autohof A6, Ausfahrt 52
91541 Rothenburg/Tauber, P (P2 Bensenstraße; P3 Schweinsdorfer Str.), F/A/T
91541 Rothenburg/Tauber-Dettwang, P vor Camping "Tauberromantik", F/A/T
91541 Rothenburg/Tauber, P Bauernhof Bühler, Bettenfeld 16
91550 Dinkelsbühl, P P2 (ausgeschildert)
91550 Dinkelsbühl, P vor Camping Romantische Straße, S/F/A/T
91550 Dinkelsbühl, P* Gasthaus "Lindenhof", i-Tel.: 09851-2365
91555 Feuchtwangen, BP-Autohof, F/A/T
91567 Herrieden, P* Festplatz (vor der Stadtmauer), F/A/T: Aral-Tankstelle im Ort
91586 Lichtenau, P* Landgasthof "Gotzenmühle", Zandbachtal, F/A
91589 Aurach, P* Shell-Autohof Steinauer Weg, F/D/WC
91589 Aurach-Vehlberg, P* Gasthaus "Wender", i-Tel.: 09804-305
91598 Colmberg, P Bauernhof Ohr, Binzwangen 34, F/D/S
91607 Gebsattel, P am Sportgelände
91608 Geslau, Mohrenhof, Lauterbach 3, F/D/S/B
91619 Obernzenn/Mittelfranken, P am Badesee, B
91639 Wolframs-Eschenbach P Waizendorfer Str. 15, F/A/T/S
91710 Gunzenhausen, P (Surfzentrum "Schlungenhof", F/A/T, Seezentrum "Muhr, Seezentrum "Wald") am Altmühlsee
91710 Gunzenhausen, P* Großparkplatz "Schießwasen"
91717 Wassertrüdingen, P* (Entengraben, Grüner Weg, F/A/T; Freibad Straße Richtung Röthenbach)
91720 Absberg, P Reisemobilhafen am Kleinen Brombachsee, F/A/T/B/S
91729 Haundorf, P Stellplatz Hüttmeier, Eichenberg 81, F/S
91781 Weißenburg, P Gaststätte "Silbermühle", F/S; Limesbad, Badstraße, F/A/T
91785 Pleinfeld, P am Rallye-Platz
91785 Enderndorf, P (Gr. Brombachsee oberhalb Enderndorf; Stellplatz Müller, F/A/T)
91809 Wellheim OT Konstein, P Kletterfelsen, WC
92224 Amberg, P* (Fachhochschule, Infanteriestr.; Clean-Park, Hansestr. 4, F/A/T)
92237 Sulzbach-Rosenberg, P* (Dultplatz; Waldbad; Kreuzweg)
92245 Kümmersbruck, P Sportplatz, Steinhauser Straße, F/A/S/Grillplatz
92277 Hohenburg, P Sportplatz, F/WC/D: Sportlerheim
92318 Neumarkt, P* Volksfestplatz, Woffenbacher Straße; F/A/T: Fritz-Berger-Str. 1
92331 Parsberg, P* Esso-Autohof Gewerbegebiet, F/D/WC, i-Tel.: 09492-7715
92334 Berching, P* Schiffanleger, Uferpromenade, WC
92339 Beilngries, P Vor der Kratzmühle/Badesee, B
92339 Beilngries-Paulushofen, P* Landgasthof "Euringer", Dorfstr. 23, S/F
92343 Dietfurt/Altmühl, P (Schiffsanleger; Gasthof "Erbmühle")
92363 Breitenbrunn, P* Landgasthof "Maudermühle"
92421 Schwandorf, P* Volksfestplatz, Angerring, F/A/T
92431 Neunburg vorm Wald, P Reitschule "Fuchsenhof"
92431 Neunburg vorm Wald, P* Freibad, Scherstraße; F/A/T: Kläranlage
92431 Poggersdorf, P Reiterpension "Kollerhof", Poggersdorf 4, WC/S/B
92431 Seebarn, P Reitschule "Fuchsenhof", F/A/T, i-Tel.: 09672-2000
92439 Neuenschwand, P* Gasthof "Zum Troidlwirt", Bodenwöhrer Str. 6, F/A/WC/D/S
92442 Wackersdorf, P* Fa. Reisemobile-Maier, Knappenstr. 7, F/A/T
92444 Rötz-Grassersdorf, P* Gasthof "Alte Taverne", i-Tel.: 09976-1413
92526 Oberviechtach, P* Freibad, Im Wiesengrund, F/A/T

92537 Schönsee, P* (Freibad, Böhmerwaldstraße; vor Camping "Geisthal"; Wander-P alter Bahnhof Gaisthal; F/A/T: Kläranlage)
92554 Thanstein, P Reiterhof "Bayerhof", D/WC, i-Tel.: 09676-278
92555 Trausnitz, Camping "Trausnitz", F/A/T
92637 Theisseil/Weiden, P* Hotel/Restaurant "Hölltaler Hof", i-Tel.: 0961-43093
92648 Vohenstrauß, P* Stadthalle, P* Gasthof "Lindenhof" (OT Braunetsried)
92670 Windischeschenbach, P* Restaurant "Oberpfälzer Hof", i-Tel.: 09681-788
92696 Flossenbürg, P* Hotel/Restaurant "Altenhammer"
92709 Moosbach, P* bei der Wieskirche, F/A/T/S
92711 Parkstein, P* Gaststätte "Bergstüberl", Basaltstraße 16, F
92714 Pleystein, P* Friedhof, Vohenstraußer Straße, F/A/T
92721 Störnstein, P* Landgasthof "Gigl", i-Tel.: 09602-3467
92726 Waidhaus-Pfrentsch, P privat Fam. Lang, S/F/A/T/WC/D
93055 Regensburg, P* Shell-Autohof a.d. A 3, F/D/WC, i-Tel.: 0941-73041
93077 Bad Abbach, P "Kaiser-Therme", Kurallee 4
93092 Barbing, P* Esso-Autohof "Rosenhof", F/A/T/D/WC, i-Tel.: 09401-50781
93149 Nittenau-Muckenbach, P Landgasthof "Schmidbauer", S/F/D
93161 Sinzing, P* Donau-Gasthof, Am Reitfeld 12
93176 Beratzhausen, P* (Landgasthof "Friesenmühle", S/F; Parkstreifen 2. Brücke)
93176 Rechberg, P* Landgasthof "Rechberger Hof, Leonard-Nübler-Str. 5, F/A
93180 Deuerling-Steinerbrückl, P Landgasthof "Steinerbrückl", S/F
93309 Kelheim, P P11 Volksfestplatz "Am Pflegerspirtz" an der Donau, F/A/T
93333 Bad Gögging, P* "Limes-Therme", Am Brunnenforum 1, F/A/T/S
93336 Altmannstein OT Tettenwang, P* Hopfenerlebnishof, Schulstraße 9
93339 Riedenburg, P Volksfestplatz Austraße, F/A/T/WC
93413 Chammünster, P* Berggasthaus "Oedenturm", Am Oedenturm 11
93426 Roding am Regen, P am Bootshaus, P Richtung Regenstauf
93437 Furth im Wald, P* (Festwiese; Freibad; Friedhof)
93444 Kötzting, P Gaststätte "Kaitersbacher Hof", Kaitersbach 40, F/A/T/S
93455 Cham/Oberpfalz, P* Freizeitpark Loifling, i-Tel.: 09971-30300, A/T
93470 Lohberg, P Schwarzeck-Ferienpark, Zum Regen 11, F/A/T/WC/S
93471 Arnbruck-Rappendorf, P Landhotel "Rappenhof", Rappendorf 5, S/F/A/WC/D
93476 Blaibach, P* Gaststätte "Waldhaus", S/F/A/T/WC
93486 Runding-Vierau, P* Gaststätte "Liederbühne Robinson", i-Tel.: 09971-4651
94036 Passau, P Veste Oberhaus, P* Kloster Maria Hilf
94058 Schöllnach-Ilgering, P Ferienhof Stetter, i-Tel.: 09903-2136
94065 Waldkirchen, P Bauernhöfe (Falkner, Gadringer, Brunner, Freund, Irlesberger)
94065 Waldkirchen, P Gasthaus Magd. Günther", P* "Karoli-Badepark", S/F/A/T
94072 Bad Füssing, P* Restaurant "Stephanshof", i-Tel.: 08531-21740
94075 Freyung über Passau, P* (P1 am Freibad, Zuppinger Straße; P2 Freizeitpark Solla, F/A/T)
94081 Fürstenzell, P "Waldschänke"; Altenmarkt 1, F/A/T/S
94089 Neureichenau, P* Forellen-Reiterhof "Haus am See", Riedelsbach 16, F/A
94099 Ruhstorf, P Bauernhof Killer, Kroneck, F/A/S
94118 Jandelsbrunn, P Freibad, F/A/T; Dea-Tankstelle
94136 Thyrnau, P Gaststätten ("Schiermeier, S/F/A/T/WC, "Post")
94136 Thyrnau-Kellberg, P* (Landgasthof "Zum Grüß Gott", S/F/A/T; "Maxhöhe")
94137 Bayerbach, P* Gasthof "Zur Post", i-Tel.: 08532-1366
94151 Finsterau, P Gasthaus "Waldblick" (Richtung Museum)
94152 Neuhaus/Inn, P Caravan-Mertl, Straßfeld 7 (Gew.-Gebiet), F/A/T
94227 Zwiesel, P* (Neukauf, "Am Anger", Eurospar, Edeka, Glashütte Ambiente)
94234 Viechtach, P* (ausgewiesen bei div. Gaststätten und Bauernhöfen, P1 Zentrum; P2 Stadthalle; P5 TÜV, P6 am Regenufer; Ägayrisches Gewölbe, Bahnhof), F/A/T: vor der Kläranlage am Regenufer
94239 Gotteszell, P* Gasthof "Hackerbräu", S/F
94249 Bodenmais, P* Restaurant "Mooshof", P* Kerzenfabrik Mangold, Moosweg 3
94252 Bayerisch Eisenstein, P* Gasthof "Neuwaldhaus", P* Gemeindeparkplatz
94253 Bischofsmais-Habischried, P* Pension "Schäffler Stub'n"
94255 Böbrach, P* Brauereigasthof "Eck", S/F/WC, i-Tel.: 09923-84050
94258 Frauenau-Zwieselau, Camping "Green Village", F/A/T
94262 Kollnburg, P Landgasthof "Zum Pröller", Hinterviechtach 3, F
94264 Langdorf, P Gasthof "Haus Tannwald"
94269 Rinchnach, P Bauernhof Mühl, P Bauernhof "Falkensteinerhof, S/F/WC/D
94315 Straubing-Steinach, Fa. Brandl Gewerbering 11, F/A/T
94315 Straubing, P Mi-Mobile, Äußere Passauer Str. 67, S/F/A/T
94315 Straubing, P Großparkplatz "Am Hagen" und am Tierpark
94353 Haibach/Bay. Wald, P Bauernhof Buhl ,S/F/A/T/WC, i-Tel.: 09963-449
94377 Steinach, P* Fa. Caravantastic, Gewerbering 11, F/A/T

94447 Plattling, P* Freibad, Egerg-Eck-Straße, F/A/T
94469 Deggendorf, JET-Tankstelle, Hans-Krämer-Straße, F/A/T
94474 Vilshofen, P Esso-Tank an der B 8, F/A/T
94474 Vilshofen-Hirnschnell, P Bauernhof Meyer, i-Tel.: 08541-5170
94481 Grafenau, P Volksfestplatz, Galgenau, F/A/T
94486 Osterhofen/Niederbayern, P am Sportodrom, F, P div. Bauernhöfe
94491 Hengersberg, P* Esso-Autohof a.d. A 3, F/A/T/D/WC, i-Tel.: 09901-3001
94496 Ortenburg-Knadlarn, P Bauernhof "Mühlenhof", S/F/WC
94505 Bernried, P* Gasthof "Wildberghof" im Hirschpark, i-Tel.: 09905-248
94508 Schöllnach-Ilgering, P Ferienhof Stetter
94513 Habenberg, P Bauernhof Habenberghof
94518 Spiegelau, P* Edeka-Markt, Konrad-Wilsdorf-Straße 1 a
94518 Waidhaus, P Bauernhof Träger, Frankenreuther Straße 53, F/A/S
94530 Auerbach, P Bauernhöfe (Punzmann, Duschl), P Ferienwohn. (Jakob, Nagl)
94535 Eging, P* Aral-Autohof a.d. A 3, F/D/WC
94535 Eging, P beim Camping-Park, Grafenauer Str. 31, F/A/TD/S
94536 Eppenschlag, P Bauernhof Bauer, Hohentann 13, S/F
94537 Grafling-Ulrichsberg, P* Restaurant "Ulrichsberg", i-Tel.: 0991-26980
94545 Hohenau, P Restaurant/Hotel "Die Bierhütte", i-Tel.: 08558-315
94547 Iggensbach-Kopfsberg, P* Restaurant "Weihermühle", i-Tel.: 09903-326
94551 Lalling, P* (Freizeitanlage, Waldstr., F/A/T; Fischweiher vom Lallinger Hof; Gasthof "Zur Post", St.-Gunther-Str.; Gasthof "Oswald", Dorfstr. 13; usw.)
94556 Neuschönau, P* Gasthof "Zum Hufeisen"
94568 St. Oswald-Riedlhütte, P Gaststätte "Latsch'n Alm"
94571 Schaufling, P Bauernhof Kern, i-Tel.: 09904-547
94571 Schaufling, P Landgasthof "Düllhof" S/F/WC, i-Tel.: 09904-293, Fax: 1080
94571 Schaufling-Rusel, P* Berggasthof "Rusel", Hirnhart 18, S/F
95028 Hof/Saale, P* (Groß-P B 173; Untreusee; Theresienstein; Stadtpark)
95028 Hof/Saale, P Clean-Park, Ernst-Reuter-Straße, F/A/T/Waschplatz
95100 Selb, P* Hutschenreuther Eissporthalle; P Fa. Hellmann, Hafendecke 5, F/A/S, Total-Fina-Tank, Bahnhofstr. F/A/T
95111 Rehau, P* (Hallenbad, Freibad)
95119 Naila, P* (Sportplatz/Freibad, Badstraße; Bahnhof, F/A/T)
95138 Bad Steben, P Festplatz Sachsenruh, Gustav-Ludwig-Straße, WC/A/T
95168 Marktleuthen, P* Angerparkplatz, Unterer Markt (an der Eger), F/A/T/S
95180 Berg, P Bauernhof "Erzengel", WC/D
95194 Regnitzlosau, P* Gasthof "Raitschin"
95199 Thierstein, P* Festplatz, Thiersheimer Straße, F/A/T/S
95213 Münchberg, P* Esso-Autohof Nähe AB 9, F/A/T/WC/D
95233 Helmbrechts, P* (Bahnhof; Hallenwellenbad, Adolf-Haack-Str. 7, WC
95233 Helmbrechts-Wüstenselbitz, P* (Gaststätte "Birkenhof"am Schützenhaus; Badeweiher, Lohstraße)
95236 Stammbach-Förstenreuth, P Gästehaus "Fichtelgebirgsblick", i-Tel.: 09256-1598
95326 Kulmbach, P P+R Schwedensteg, S/F/A/WC, P* (Stadtpark; Mönchshof-Bräuhaus, Hofer Straße)
95339 Wirsberg, P* Festplatz/Schwimmbad, Schorgasttal, WC
95346 Stadtsteinach, P Bauernhof Groß, i-Tel.: 09225-95170, F/A/T/WC
95352 Marktleugast, P* Landgasthof "Haueis", 09255-245, Fax: 7263, F/A/T/WC
95367 Trebgast, P* Badesee (Sa/So Gebühr)
95444 Bayreuth, P Stadthalle; P* Lohengrintherme, Thermenallee
95473 Creußen, P* Restaurant "Im Gärtlein"
95478 Kemnath, P* (Gasthof "Zum goldenen Engel"; Sportheim Jahnstraße)
95490 Mistelgau-Obernsees, P* Obernsees-Therme, An der Therme 1, F/A/T
95497 Goldkronach, P* Festplatz, F/A/T
95509 Marktschorgast, P am Goldbachsee, S/F/B
95509 Marktschorgast, P* Fa. Pilote-Frankia, Bernecker Str., S/F/A/T
95512 Altdrossenfeld, P* Brauereigasthof "Schnupp", Altdrossenfeld 8
95517 Seybothenreuth, P (Bauernhof "Engelbrecht"; Wittauer Hof, Wallenbrunn 3, F/S)
95652 Waldsassen, P* (Busparkplatz Josef-Wiesnet-Straße; P2 Schwanenwiese)
59659 Arzberg, P Gaststätte "Alexander v. Humboldt", Marktredwitzer Str. 52, F/A/T
95666 Münchsgrün, P Gaststätte "Münchsgrüner Hof", i-Tel.: 09633-1392
95671 Bärnau-Altglashütte, P* Gasthaus "Blei", Altglashütte 4, F/A/WC
95671 Bärnau-Hohenthann, P Bauernhof "Urtlhof"
95680 Alexandersbad, P Gasthof "Riedelbauch", Kleinwendern 12, F/WC/S
95686 Fichtelberg, P* AutomobilmuseumEckert, Nagler Weg 9
95688 Friedenfels/Fichtelgebirge, P (Steinwaldhalle, Gemmingenstraße; Freizeitanlage/Freibad, Badstraße; Weißensteiner Weg/Frauenreuther Weiher)
95698 Neualbenreuth, P P2 am Sibyllenbad, Kurallee 1, F/A/T

95703 Plößberg, P bei Oberpfälzer Camping-Caravanpark, F/A/T/WC/D
95707 Thiersheim, P* Autohof Thiersheim an der A 93, F/A/T
96052 Bamberg, P (P&R-P Am Heinrichsdamm; P&R-P An der Breitenau)
96106 Ebern, P Festplatz, Walk-Strasser-Anlage, S/F/A/TWC/D, P* Autohaus Dietz, Bahnhofstr. 37, F/A/T
96123 Litzendorf, P* (Sportplatz ASV Naisa, Am Bretterkreuz; P Staatsstraße, OT Tiefenellern; Landgasthof Lohntalstraße, OT Lohndorf)
96129 Strullendorf, P* Hauptsmoorhalle, Hauptsmoorstraße, F/A/T
96132 Schlüsselfeld, P* (Ortsmitte; Schell-Fahrzeugbau, Industriestr. 17 a, F/A/T)
96148 Baunach, P* Altstadt-P, Bahnhofstraße
96152 Burghaslach-Oberrimbach, P* Restaurant "Steigerwaldhaus",i-Tel.: 09552-7858
96157 Ebrach, P* Freibad, Schwimmbadweg, F/A/T
96160 Geiselwind, P am Freizeitland, P* Gasthof "Lamm", i-Tel.: 09556-246
96160 Geiselwind, P* Shell-Autohof a.d. A 3, F/D/WC, i-Tel.: 09556-180
96176 Pfarrweisach-Lichtenstein, P* "Burggasthof Lichtenstein"
96178 Pommersfelden, P am Schloss Weißenstein
96199 Zapfendorf, P* Freizeitbad "Aquarena", Laufer Str. 49
96224 Burgkunstadt, P* am Freibad
96231 Staffelstein, P* Lichtenfelser Str./Aral-Tankstelle, F/A/T, i-Tel.: 09573-4192
96231 Staffelstein, P* Thermalbad, P am Klster Banz
96260 Weismain, P* städt. Bauhof, F/A/T, i-Tel.: 09575-92200
96260 Weismain-Weihersmühle, P Gaststätte "Zur Forelle"
96317 Kronach, P Hammermühle, Am Sand, F/A/T/S
96317 Kronach-Mostrach, P "Lucky-Stable-Ranch", F/WC/D/S, i-Tel.: 09261-2366
96332 Pressig-Rothenkirchen, P Jugendzeltplatz/Waldschwimmbad, Badstr., S/F/A/T
96328 Küps-Theisenort, P* Burggaststätte, i-Tel.: 09264-1869
96355 Markt Tettau, P* Festhalle/Hallenbad, Christian-Müller-Str. 13 F/A/T: Kläranlage Sattelgrund, 6 km südlich
96364 Marktrodach, P Bauernhof "Schlossberghof"
96450 Coburg, P* (Großparkplatz "Anger", Schützenstraße; "Fliegerklause" beim Sportflughafen; Hallenbad; Hotel-Gasthof "Altes Schützenhaus", Weichengereuth 50), F/A/T: Aral-Tankstelle, Bamberger Straße
96465 Neustadt/Coburg, P Freizeitzentrum/Freibad, i-Tel.: 09568-81133
96472 Rödental, P* (Festplatz Oeslau, Froschgrundsee, B) F/A/T: Kläranlage
96476 Bad Rodach, P Thermalbad, Hirschmüllersweg, F/A/S
96479 Tambach, P* "Wildpark Schloss Tambach", Schlossallee 3, F/WC
96482 Ahorn, P* Freizeitzentrum Witzmannsberg, i-Tel.: 09561-814125
96515 Sonneberg, P* Schießhausplatz/Spielzeugmuseum, i-Tel.: 03675-702711
96515 Sonneberg-Neufang, P* Heimattiergarten, i-Tel.: 03675-702711, Fax: 742002
96523 Steinach, P Marktplatz, i-Tel.: 036762-39122, Fax: 32335
97084 Würzburg, P neben Parkhaus Alter Hafen am Main, F F/A/T: Kläranlage Mainaustraße
97209 Veitshöchheim, P* am Main, Nähe Schloss mit Rokokopark
97212 Scheinfeld, P (Frei-/Hallenbad, Badstr. 5, F/A/T/WC/S; Zufahrtsstraße)
97215 Uffenheim, P* Hotel/Gasthof "Grüner Baum", i-Tel.: 09842-98310
97247 Obereisenheim, P* Winzerhalle, An der Mainaue, F/A/T/S
97252 Frickenhausen/Main, P vorm Unteren Tor, Info: 09331/2726
97258 Ippesheim, P* Schlosskeller Ippesheim, Schlossplatz 1

Stellplatz: 97318 Kitzingen, P Bleichwasen/Alte Mainbrücke

97262 Hausen-Fährbrück, P* Landgasthof "Hubertusklause", i-Tel.: 09367-90700
97285 Röttingen, P* Festplatz, Neubronner Straße, F/A/T
97285 Tauberrettersheim, P* Tauberbrücke, An der Tauber
97292 Holzkirchen/Würzburg, P* Restaurant "Benedictushof", i-Tel.: 09369-8044
97295 Waldbrunn, P* am Sportplatz
97318 Kitzingen, P Bleichwasen/Alte Mainbrücke (ausgeschildert), F/A/T/S
97320 Mainstockheim, P an der Fähre, P am Golfplatz
97332 Escherndorf, P vor Camping, An der Güss 9 a, F/A/S
97332 Volkach, P Mainlände, Bocksbeutelstraße/L 2260
97334 Nordheim am Main, P* am Main, Mainstraße, F/A/T
97337 Dettelbach-Mainsondheim, P an der Mainfähre, P am Golfplatz
97340 Marktbreit/Main, P* Restaurant "Drachenburg", i-Tel.: 09332-1430
97346 Iphofen, P* Einersheimer Tor, Am Stadtgraben Ost, F/A/T/WC
97346 Iphofen-Hellmitzheim, P* Gasthaus "Grüner Baum", Mönchsandheimerstr. 15 F/A
97357 Prichsenstadt, P* Restaurant/Gästehaus "Neuses", i-Tel.: 09383-7155
97421 Schweinfurt, Aral-Autohof im Gewerbegebiet Maintal, F/A/T
97424 Schweinfurt, P Freizeitanlage "Schwebheimer Wald"
97430 Marktbreit, P* Restaurant "Drachenburg", Enheimer Str. 1
97437 Haßfurt, P Freizeitbad, S; Festplatz "Gries" (am Main), F/A/T/WC/S
97438 Eltmann, P am Mainufer
97447 Gerolzhofen, P (Schallfelder Straße, S/F/A/T/WC; Erlebnisbad "Geomaris")
97447 Gerolzhofen, P* Gasthof "Tor zum Steigerwald", i-Tel.: 09382-7165
97450 Arnstein, P* Fa. Nieratschker, Michael-Wenz-Str., F/A/T
97450 Arnstein, P* (Altes Schwimmbad; Cancaleplatz; Sportplatz)
97453 Schonungen-Aberfeld, P* Reisemobile Behr, Gewerbegebiet, F/A/T
97464 Niederwerrn, P* am Sportplatz
97475 Zeil/Main, P* ("Altstadt", Mittelweg; Stadtsee, Am Tuchanger)
97478 Knetzgau, P* Shell-Autohof a.d. A 70, F/A/T/D/WC, i-Tel.: 09527-8011
97483 Eltmann, P Mainlände (direkt am Main), F
97486 Königsberg, P Sportgelände, Unfinder Straße, F/A/T
97493 Bergrheinfeld, P* Fa. Ankenbrand (Industriegebiet), F/A/T
97513 Michelau-Prüßberg, P* oberhalb Gaststätte Zinner, Vollburgstr. 9, F
97516 Breitbach, P* Gaststätte "Zur Traube", F/WC/S
97520 Niederwerrn, P* Kirchweihplatz, Jahnstraße, F/A/T
97520 Röthlein, Freizeit-Reisch Mühläckerstr. 11, F/A/T
97528 Zimmerau/Sulzdorf a.d. Lederhecke, P* am "Bayernturm"
97529 Sulzheim, P* Landgasthof "Goldener Adler", Otto-Drescher-Str. 12, F/D/WC
97616 Bad Neustadt/Saale OT Mühlbach, P Kurzone, Kurhausstraße, S/F/A/T
97631 Bad Königshofen, P Frankentherme, Am Kurzentrum 1, S/F/A/T
97631 Bad Königshofen, P* (Restaurant "Fränkischer Hof"; Waldgaststätte "Sambachshof", 7 km außerhalb)
97645 Ostheim v.d. Rhön, P (Streuwiese, Nordheimer Straße, F/A/T/WC; Georgshof, Frickenhäuser Straße 11, WC/D/S)
97647 Nordheim v.d. Rhön, P Bauernhof Mültner, i-Tel.: 09779-270, F/A/T
97650 Oberfladungen, P* Heimatblick (Wander-P), 200 m Richtung Leubach, dann rechts 5,5 km Teerweg (WOMO-Tipp)
97650 P* "Schwarzes Moor" zwischen Oberfladungen und Bischofsheim an der Hochrhönstraße (WOMO-Tipp)
97653 Bischofsheim/Rhön, 4 km nördl. a.d. Hochrhönstraße P* Restaurant "Jagdschloss Holzberg", i-Tel.: 09772-1207 (WOMO-Tipp)
97653 Bischofsheim/Rhön OT Haselbach, P* Hallenbad, Viehweg 1, F/A/T
97702 Münnerstadt, P* (P1 An der Lache, F/A/T; P2 Oberes Tor)
97702 Münchgrün, P* Gaststätte "Münchsgrüner Hof"
97708 Bad Bocklet, P Am Kurgarten, Aschacher Straße, F/A/T/S
97708 Steinach/Saale, P* Wanderparkplatz Ortsende Rtg. Bad Kissingen
97708 Aschach, P* Schloss (Spaziergang zum Vogelwanderweg)
97717 Aura, P* Wanderparkplatz zur Ruine der Klosterkirche St. Laurentius
97717 Euerdorf, P* Saalebrücke
97723 Oberthulba, P Reisemobilhafen "Gils", Untere Au 3, F/A/T
97725 Trimburg, P* vor der Burgruine, oberhalb Trimberg
97762 Hammelburg, P* (Weingut auf "Schloss Saaleck", Saaleckstraße; Hotel-Gasthof "Nöth", Morlesauer Str. 3, WC/D)
97762 Hammelburg, P Bleichrasen (am Altstadtrand und an der Saale), F/A/S/WC
97762 Morlesau, P* Hotel/Restaurant "Nöth", Morlesauer Straße 3, WC/D
97763 Bad Brückenau, P Freizeitbad "Sinnflut", Ancennisstr., F/A/T; Bahnhofsgelände
97763 Bad Brückenau-Römershag, P* Hotel/Restaurant "Breitenbach", Eduard-Gerhard-Str. 5, F/A
97779 Geroda, P ehem. Bauernhof Wirth, Eisenschmiede 6, F/S

97780 Oberleitersbach, P* Berggasthof "Dreistelzhof"
97782 Gräfendorf, P Camping Rossmühle, S/F/A/T
97828 Marktheidenfeld, P* (Gasthof "Baumhof-Tenne", Baumhofstr. 147 (Nähe Freibad/Hallenbad, F; Martinswiese, Georg-Mayr-Straße)
97840 Windheim/Hafenlohr, P Landgasthof "Zum Hirschen"
97843 Neuhütten, P* Restaurant "Bischborner Hof", i-Tel.: 09352-87190
97877 Wertheim, P* am Ruderhaus, P am Tauberufer, i-Tel.: 09342-301254
97877 Wertheim-Bettingen, KMS-Autohof, Am Blättleinsacker, F/A/T
97892 Kreuzwertheim, P Fa. Tischer Pickup-Fahrzeuge, Frankenstr. 3, F/A/T
97896 Freudenberg, P* Restaurant "Badesee", B, i-Tel.: 09375-339
97922 Lauda-Königshofen, P* Landhaus Gemmrig, Hauptstr. 68
97941 Tauberbischofsheim, P* Freibad, Vitryallee; F/A/T: Kläranlage
97980 Bad Mergentheim, P Festplatz Freizeitzentrum Erlenbachtal, Untere Arkau (bei Kurpark, Bade- und Wellnesspark), F/A/T/S/B
97990 Laudenbach, P* Gasthaus "Zur Traube", i-Tel.: 07934-8863
97990 Weikersheim, P* (Busbahnhof, Bahnhofstraße; Heiliges Wöhr (an der Tauber); Stadteingang L 2551), F/A/T: Kläranlage Taubermühlenweg
97990 Weikersheim-Neubronn P Bauernhof Müller, i-Tel.: 07934-8324, F/A/T
98334 Ichtershausen, P Mobil-Oase Feldstr. 1, F/A/T
98544 Zella-Mehlis, P Gasthaus "Sterngrund", P* Autohof Rennsteigstr. 2, F/A/T
98544 Oberweißbach, P Fiat-Autohaus Dietrich, Sonneberger Str. 89, F/A/T
98553 Breitenbach, P Schwimmbad/Breitenbachgrund, i-Tel.: 036841-47271
98553 Schleusingen, P Fischbacher Straße
98559 Oberhof, P Winkler, Zellaer Straße 15, S/F/A/T, i-Tel.: 036842-22521
98590 Rossdorf, Dorfplatz
98593 Floh-Seligenthal, P am Buchhorn, i-Tel.: 03683-608010, Fax: 608000
98597 Breitungen, P Restaurant "Seeblick" (ehem. Plesshaus), F, P* Restaurant "Waldhaus", Wittgental
98617 Meiningen, P Hotel/Restaurant "Schloss Landsberg" (1 km Richtung Fulda)
98617 Meiningen, P* (Volkshausplatz, Landsberger Straße; Großmutterwiesen, Untermaßfelder Straße), P Caravanplatz Rohrer Stirn, Frankental F/A/T: Kläranlage Defertshäuser Weg 32
98631 Römhild, P* Viehmarkt
98631 Römhild-Waldhaus, P Steinsburgmuseum, i-Tel.: 036948-561
98634 Mittelsdorf/Rhön, Wander-P* "Alte Dreschscheune" (im Ort talwärts dem Wanderwegweiser "grüner Winkel" folgen, 100 m vom WOMO-Verlag entfernt, Besucher sind willkommen!), i-Tel.: 036946-20691).

Stellplatz: 98634 Mittelsdorf, beim WOMO-Verlag
98634 Erbenhausen/Ellenbogen, P* Restaurant "Eisenacher Haus", P* Wandergaststätte "Rhönhaus" (zw. Reichenhausen und Frankenheim)
98646 Hildburghausen, P* Friedrich-Rückert-Str., i-Tel.: 03685-40583
98663 Heldburg, P* "Rainbrünnlein" (Alte Bushaltestelle), i-Tel.: 036871-28711
98666 Fehrenbach, P* Hotel/Restaurant "Am Sommerberg", i-Tel.: 036874-94000
98666 Waffenrod, P* am Freizeitpark

98666 Waffenrod-Hinterrod, P* Gaststätte "Bergbaude"
98666 Heubach, P* Hotel/Restaurant "Heubacher Höhe", i-Tel.: 036874-93000
98666 Masserberg, P* (Ortsausgang Rtg. Fehrenbach, Rennsteigstraße)
98666 Waffenrod-Hinterrod, P* Gaststätte "Bergbaude"
98667 Steinbach/Langenbach, P* Naturtheater
98673 Eisfeld, P* ("Am Weihbach"; Volkshaus; Waldhotel "Hubertus", S/F/A/WC/D)
98693 Manebach, P* Bahnhofsgaststätte, i-Tel.: 03677-893357
98693 Ilmenau, P* an der Festhalle, Schleusinger Straße (Nähe der Ilm), F/A/T
98711 Frauenwald, P* Waldhotel "Rennsteighöhe, Am Rothenberg 1, S/F/A
98711 Schmiedefeld, P Sportplatz, Sportplatzstraße
98714 Stützerbach, P* Gaststätte "Auerhahn", i-Tel.: 036784-50211
98716 Geschwenda, P* (am Waldbad; Kickelhähnchen/Sportplatz; Gasthof "Diemelsee", Neue Sorge 38)
98716 Geschwenda, Fa. Lippert-Reisemobile, Gartenstr. 19, F/A/T
98724 Lauscha, P* P4 "Obermühle"
98724 Lauscha-Ernstthal, P* (Gaststätte "Rennsteig"; Gaststätte "Sportpark"; Sommerrodelbahn, Lauschaer Straße)
98724 Neuhaus am Rennweg, P* Gaststätte "Rennsteigbaude", Bernhardsthal 2
98744 Oberweißbach, P* Fröbelturm, i-Tel.: 036705-62123, Fax: 67110
98744 Deesbach, P* Deesbacher Hof, Lichtetalstr. 9
98746 Katzhütte, P Hotel "Massermühle", Masserberger Str. 25, S/F/A/TWC/B
98749 Limbach, P* P am Rennsteig, B 281
98749 Scheibe-Alsbach, P am Mühlenteich
98749 Steinheid, P am Schwarza-Stausee
99084 Erfurt, P* (P+R Urbicher Kreuz, F/A/T; P+R Thüringenhalle; P+R Messegelände; Am kleinen Ring; Eichenstraße; An den Graden)
99326 Nahwinden, P* Gaststätte "Drei Linden"
99334 Ichtershausen, P* Esso-Autohof, F/A/T, i-Tel.: 036202-20409
99334 Ichtershausen, P* Fa. Mobilease, Feldstraße 1 c, S/F/A/T
99425 Weimar, P Schwanseestraße/Stadion, B, i-Tel.: 03643-202173
99438 Bad Berka, P* P2, Bleichstraße, F/A/T
99438 Legefeld, P Cygans Finnland-Sauna, In der Buttergrube 11, F
99448 Hohenfelden, P Ferienpark "Stausee Hohenfelden", A/T
99518 Bad Sulza, P* Gradierwerk/Freibad
99706 Sondershausen, P* Restaurant "Jagdschloss zum Possen"
   P 7 Zur Windleite, Hospitalstraße, F/A/T/S
99735 Herreden, P* Volksfestplatz
99759 Niedergebra, P* Raststätte "Treffpunkt", F/A
99817 Eisenach, P Fa. Wohnmobile Waldhelm, Ringstr. 27, F/A/T
99819 Krauthausen, P* Rasthof Eisenach-Süd/Nord (A 4), F/A/T
99826 Mihla, P* Restaurant "Graues Schloss", Thomas-Müntzer-Str. 4
99830 Treffurt, P* Festplatz, Unter den Linden (an der Werra), S
99842 Ruhla, P* Ruhlaer Skihütte (zwischen Winterstein und Bad Liebenstein)
99867 Gospiteroda, P* Gasthaus "Thüringer Waldblick", Am Boxberg 68, F/A/S
99869 Schwabhausen, P* Shell-Autohof Thüringer Tor-Süd, F/D/WC
99869 Gotha-Emleben, P Reisemobilplatz Radke, F/A/T
99891 Fischbach, P* Bergbühne, i-Tel.: 036259-5600, Fax: 56018
99894 Friedrichroda, P Marienglashöhle, i-Tel.: 03623-200693, Fax: 200694
99894 Friedrichroda, P* Restaurant "Schauenburgmühle", i-Tel.: 03623-4441
99894 Friedrichroda, P WOMO-P Ortlepp, Bahnhofstr. 32 a, F/A/T/S,Grillplatz
99897 Tambach-Dietharz, P* Festplatz, Burgstallstraße, F/S
99898 Finsterbergen, P Rennsteig-Caravaning Valentinsteich, Friedrichrodaer Weg 3 a
99947 Bad Langensalza, P* Friederikentherme, Böhmenstr. 5
99974 Saalfeld, P* am Freibad "Schwaneneich", P "Feengrotten", F/A/T: Aral-Tank

Nach dieser Fleißarbeit – immerhin habe ich Ihnen gerade 2962 Ortschaften mit über 3200 WOMO-Plätzen aufgelistet – darf ich sicher auch meine eigene Meinung sagen:
Mich werden Sie auf den "belebtesten" dieser Plätze wohl kaum treffen! Ich bevorzuge den einsamen Wanderparkplatz, den stillen Waldrand, sogar die gruselige (?) Friedhofsnähe (viele dieser Plätze finden Sie in unseren Deutschlandbänden). Bin ich einer der letzten Verrückten, für den drei Wohnmobile auf einem Fleck schon eine "Zusammenrottung" sind?!

Kapitel 6: „Nachlese"

Sinnvolles Zubehör

Nun, da Sie Ihr großes Gefährt wieder heil vor dem heimischen Vorgarten stehen haben, wollen wir uns der Probleme und Problemchen erinnern, die uns auf den ersten Kilometern aufgefallen sind. Vielleicht sind sie leicht abstellbar.
Wir fangen beim Fahrzeug an und dessen Fahrverhalten, weil von ihm in erster Linie unser Wohlergehen abhängt und werden dann versuchen, Praktisches, aber auch Luxuriöses für die Wohnraumausstattung zu sichten.

Die meisten Wohnmobile haben einen **Hängehintern**!
Dies ließ schon manchen besorgte Blicke auf Federung und Stoßdämpfer werfen.
Bedenken Sie aber: Die Unterbauten unserer Urlaubskaleschen sind für den harten Gewerbeeinsatz konzipiert. Wie viele VW-Pritschen holpern, total überladen, mit einem Berg Sand zur Baustelle. Bier, Zeitungen, Pakete – da ist meist die Zuladungsgrenze erreicht. Fragen Sie mal Ihre Fachwerkstatt, wie selten sie einen gebrochenen Drehstab oder eine Blattfeder austauschen mussten – und Sie werden zuversichtlicher in die Zukunft schauen.
Falls Sie sich jedoch an der Optik stören oder an der mangelhaften Kühlschrankleistung während der Fahrt und das Gesäß Ihres Campers liften wollen – da gibt es komplette **Blattfederverstärkungspakete** für Ducato und J 5, einen aufblasbaren Niveau-Lift oder **Zusatz-Luftfedern**.
Wichtigster Einbaugrund: Hiermit ist auch eine **Auflastung** auf bis zu 3,85 to möglich (Steuerersparnis!?).
Liefer- und Einbaufirmen u.a.: Fa. Linnepe, Fa. Goldschmitt, Fa. Kuhn (Adressen siehe Kap. 15: Zubehör)
Auf langen Strecken werden Sie feststellen, dass Sie häufiger an die Tankstelle müssen, als mit Ihrem PKW. Die **Tankkapazität** ist bei Transportern halt auf Mittelstrecken ausgerichtet und nicht auf Fernreisen. Diesem Problemchen, das bei Treibstoffknappheit oder stark unterschiedlichen Preisen in verschiedenen Ländern schon zum Ärgernis anwachsen kann, widmet sich ebenfalls die o. a. Firma Kuhn, die den 80-l-Tank des Ducato/Boxer/Jumper gegen einen 130-l-Tank austauscht.
Bedenken Sie aber: Jeder Liter Diesel bringt zusätzlich 1 1/2 Pfund auf die Waage!
Ihr Brummi scheint unterwegs PKW-Format zu haben. Erst

beim Einparken entdecken Sie schnell wieder seine fülligen Rundungen – oder auch zu spät. Dann wird es meist teuer. Nicht so sehr für Ihren Kontrahenten, sei es nun eine gestreifte Tankstellensäule oder ein umgelegter Gartenzaun, sondern für Sie. Es sei denn, Sie möchten Jahr für Jahr einen halben Tausender für Vollkasko ausgeben – und da bleibt ja auch noch die Selbstbeteiligung an Ihnen hängen. Die Zubehörindustrie hält da viel Praktisches bereit:

Ab 8 Euro (Camping-Shop) können Sie sich eine **Rearguard-Sicherheitslinse** auf die Innenseite der Heckscheibe kleben. Die von dem französischen Physiker Fresnel entwickelte Flachlinse aus Glas- oder Plastikringen ist dünn wie eine Glasscheibe, hat DIN A4 oder A5 - Format und erweitert Ihren Blickwinkel nach hinten wesentlich. Ein Hindernis, das direkt hinter dem Fahrzeug lauert, bleibt aber ebenso ein Problem wie die gezielte Annäherung ans Nachbarfahrzeug beim Einparken (WOMO-getestet).

Dafür muss die Elektronik ran!

Dem begabten Bastler liefert Conrad Electronic den **Ultraschall-Abstandswarner** als Bausatz für 15 Euro, für 40-50 Euro gibt's ein einbaufertiges Gerät (mit zwei Sensoren).

Fa. Waeco liefert den **Ultraschall-Funk-Rückfahrwarner** "Magic watch" für 175 Euro. Er kommt ohne Kabel aus, hat vier Sensoren und eine zusätzliche Korrekturmöglichkeit für Heckaufbauten wie Fahrradträger usw.

Damit können Sie sicher zurücksetzen und bekommen am Armaturenbrett auf den Zentimeter genau

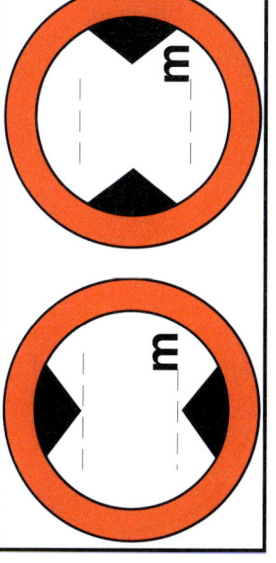

Schubladen und Klappen verriegelt? Alles weggeräumt? Fenster zu? Kühlschrank verriegelt und auf 12 V? Gas abgedreht? Stromkabel abgezogen?

Schubladen und Klappen verriegelt? Alles weggeräumt? Fenster zu? Kühlschrank verriegelt und auf 12 V? Gas abgedreht? Stromkabel abgezogen?

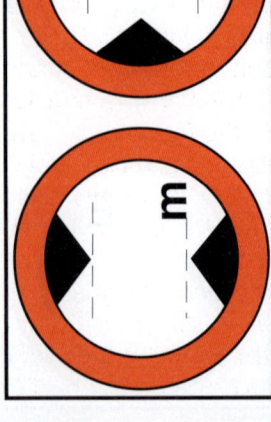

angezeigt, wie weit das nächste WOMO noch entfernt ist – auch im Dunkeln und bei Regen, wenn Sie noch nicht einmal einen Hund zum Einweisen hinausscheuchen würden – selbst wenn er es könnte.

☀ Auch **Rückfahrvideosysteme** (mit Kabel oder kabellos) gibt es bereits ab 100 Euro! Gepaart mit Nachtsicht-LEDs zaubert die lichtempfindliche Kamera mit Weitwinkelobjektiv und einem Farbmonitoronitor Ihnen auch nachts einen Überblick über Ihr WOMO-Heck.

Eigentlich sollte man aber einen "zweiten Mann" zum Rückwärtsfahren hinausschicken können – oder wenigstens Warntöne von sich geben. Letzteres macht völlig automatisch (beim Einlegen des Rückwärtsganges) eine Spezial-Glühbirne, die man gegen jene in der Rückfahrleuchte austauscht (gibt's bei Amazon als "Bi-Bulb").

Völlig kostenlos für Sie ist unsere ☀ **Armaturenbrett-Checkliste**. Fotokopieren (oder ausschneiden) und die "persönlichen" Maße Ihres Wohnmobils eintragen. Einen auffälligen Platz am Armaturenbrett suchen und mit Klebefolie befestigen.

Außenstehende fragen sich bei jedem abgestellten Wohnmobil: „Parken die hier nur oder machen die 'Camping'?"

Leicht können sie sich selbst die Antwort geben, wenn Tisch, Stühle und Sonnenschirm oder gar Vorzelt den Parkraum einengen.

Vor allem in südlichen Ländern ist es oft passiert, dass wir uns abends an einem total einsamem Strand einfanden, der sich im Laufe des nächsten Tages (meist Wochenende) bedrohlich füllte.

Dann hatten wir aber schon unser **Sonnensegel** aufgespannt und saßen nun recht schuldbewusst darunter – waren aber zu faul, uns wieder ans Abbauen zu machen.

Gerade den "Urlaubszigeunern", die häufig den Platz wechseln, ist deshalb die Montage einer **MARKISE** zu empfehlen. Außer dem angedeuteten Vorteil des sekundenschnellen Auf- und Abbaues nimmt sie keinen Stauplatz weg, während Sonnensegel und Gestänge schon einen ordentlichen Packen ergeben.

Aber Komfort kostet Geld:

Die Omnistor (Ausfahrtiefe 250 cm) hat bei einer Breite von 350 cm schon die 500er Schallmauer durchbrochen und kostet in der "400-cm-Idealbreite" über 700 Euro (Camping-Shop). Dafür sind Sie aber an Ihrem Lieblingsplatz nicht nur vor sengender Sonne, sondern auch einem Gewitterschauer geschützt und brauchen nicht alle Möbel unters Wohnmobil zu stopfen.

Ach ja, wo wollen Sie denn Ihre Campingstühle und den sperrigen Campingtisch transportieren – von Schlauchboot, Campingliegen und dem Babylaufstall ganz zu schweigen?

Eine Tisch-Lösung ist schnell gefunden: Der **ROLLTISCH**.

Stellen Sie sich vor – ein Tisch mit einer Plattengröße von 115 x 70 cm verkleinert sich in eine handliche, 70 cm lange Rolle von nur 23 cm Durchmesser (Fritz Berger, 70 Euro).

Aber wohin mit dem restlichen Krempel, bei dem wir noch Berg- und Gummistiefel, Rucksäcke, Grill und die zugehörige Holzkohle vergessen haben?

Eine **Dachreling** haben Sie?

Dann schreiten wir zum **Bau** einer soliden **Holzkiste**:

Maße geben wir Ihnen nicht an, sondern empfehlen Ihnen, Ihren anvisierten Krempel, schön geordnet, auf den Kellerboden zu stapeln und die Außenmaße selbst festzulegen. Dann führt unser Weg (nach einer kurzen Diagnose des vorhandenen Dachplatzes) zu einer großen Holzhandlung.

Mit dem Begriff "Planboard" ist man dort vertraut. Es handelt sich bei 9 mm Stärke um siebenfach verleimtes, wasserfestes Sperrholz mit braunviolett glänzender Oberfläche (qm-Preis: 10-15 Euro). Meist wird man nicht gewillt sein, Ihnen Abschnitte zu verkaufen, aber ein bis zwei 1,25 x 2,50-m-Platten brauchen Sie ja mindestens, und den Verschnitt werden Sie für kleinere Werkarbeiten zu schätzen lernen.

Sie lassen sich Ihren Bedarf millimetergenau zusägen, streichen die nun rohen Kanten mit Holzfarbe, schrauben ihn mit Spanplattenschrauben zusammen und sichern das Ganze mit Kofferecken. Die hintere Wand oder den Deckel montieren Sie mit Klavierband und ein solides Vorhängeschloss krönt Ihre Schöpfung. Befestigen sollten Sie Ihr Kunstwerk mit U-förmig gebogenen Gewindestangen, die die Rohre Ihres Dachständers umgreifen, durch den Boden der Kiste hindurchführen und innen mit Hutmuttern gesichert werden.

Das sieht Ihnen zu sehr nach Arbeit aus?

Dann greifen Sie zur fertigen **"Top-Box"**, die Ihnen der Campinghandel in den Maßen 140x88x40 cm bis 185x90x40 cm für Preise von 280 Euro bis 580 Euro offeriert. Vergessen Sie jedoch nicht, am Armaturenbrett die "persönlichen Maße" Ihres Lieblings nach oben zu korrigieren – sonst wird er eines Tages von einer Tunnelröhre skalpiert!

Haben Sie noch Platz auf dem Dach? Dann sollten Sie ihn für eine **SOLARANLAGE** freihalten.

Sie sind nicht interessiert?

Na, warten Sie mal, in einigen Jahren wird ein Großteil der Camper ein oder mehrere Solarpaneele durch die Gegend fahren und damit genug Strom zusammenraffen, um völlig unabhängig von jeder Steckdose zu sein, auch bei längerem Aufenthalt und ohne unfreiwillige "Rundreisen" zum Batterieladen. Denken Sie nur mal an die Umluftanlage im Winter und den ersehnten Kompressorkühlschrank für den sonnigen Süden! Wir haben für Sie einen umfangreichen, dreijährigen

LANGZEIT - SOLAR - TEST

absolviert, an dem folgende "Kandidaten" beteiligt waren:

1x Kompressor-Kühlschrank 64 Liter
2x Solarplatine à 80 Wp
1x Laderegler max. 240 Wp
1x Solarakku 255 Ah
1x Kabelsatz
Kaufpreis: komplett ca. 2.300 Euro

Sicher, dafür bekommen Sie zwei der schönsten Kawasaki-, Honda- oder Yamaha-**STROMGENERATOREN** – und die leisten das Zehnfache!

Aber das werden Sie doch uns und unserer Umwelt nicht antun! Wir müssten uns ja für Sie schämen, dass Sie mit Lärm und Gestank die Idylle Ihrer Mitmenschen entweihen! Solarstrom aber wird lautlos und abgasfrei produziert – und ist nach der Anschaffung Ihrer (wartungsfreien) Anlage kostenlos.

Wenn Sie jetzt noch kein Interesse zeigen – die Preise gehen seit Jahren steil nach unten, irgendwann werden auch Sie reif sein für die sanfte Energie!

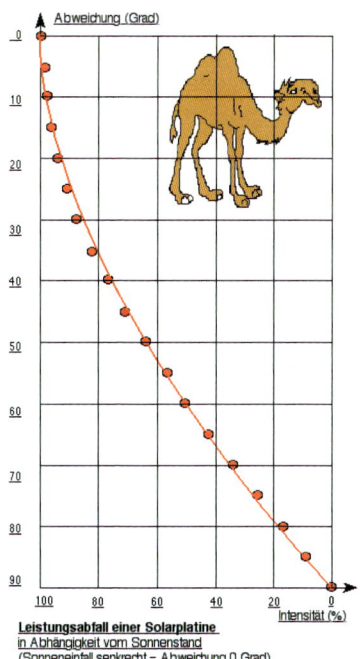

Leistungsabfall einer Solarplatine
in Abhängigkeit vom Sonnenstand
(Sonneneinfall senkrecht = Abweichung 0 Grad)

Unsere Testreihe führte uns von der Peloponnes bis zum Nordkap, von Portugal bis Polen.

Pauschales Ergebnis: Spitzenklasse!

Alle Systeme funktionierten (und funktionieren) störungsfrei (und das bei unseren "Straßen"), die Kühlleistung des Kompressorkühlschrankes wurde eher besser, je mehr die Sonne schien (denn dann lieferten die Solarplatinen den meisten Strom).

Auch im regnerischen Norden verließ uns der Kühlschrank nicht (das lag aber weniger an den Solarplatinen als an der ständigen Fahrerei und dem geringen Kältebedarf!).

Wenig Glück hatten wir mit unseren Versuchen, die Solarplatinen zur Sonne auszurichten. Schließlich trösteten wir uns mit der (mathematisch einwandfreien) Erkenntnis, dass flach liegende Kollektoren mehr Strom sammeln, als wir Laien zunächst annahmen: Wenn die Sonne statt senkrecht im 45-Grad-Winkel auftrifft, sinkt die Leistung nur auf 73 %. Damit gaben wir uns zufrieden und legten nun den größten Wert auf eine solide, diebstahlsichere Befestigung der (teuren) Platten. Ihre Stabilität bekamen wir bei einem Hagelgewitter westlich Mailands vorgeführt: Dort, wo sie das Dach bedeckten, waren **keine** Dellen im Alu-Blech!

Wenig Probleme gab uns auch der **Akku** auf. Erst nach über zwei Jahren verlangte er nach etwas destilliertem Wasser ...

Geradezu euphorisch waren unsere (Kühl-)Erlebnisse, wenn wir das WOMO total schräg abstellen mussten: Vermutlich hätte der Kompressor auch noch gekühlt, wenn er auf dem Kopf gestanden hätte!

Leidgeprüfte Absorberkühler müssen an jedem Standplatz noch das Wohnmobil "in die Waage" bringen, an einem sehr schrägen Parkplatz riskieren sie, dass die Butter flüssig wird.

Für die genaue Ausrichtung gibt es allerlei hilfreiches Zubehör:

Da sind zunächst diverse **Wasserwaagen** anzuführen, mit denen Sie erst einmal feststellen sollen, wie schräg Ihr Gefährt überhaupt steht. Meist sind zwei Libellen im rechten Winkel zueinander angeordnet. Diese kleinen "Kreuzwasser-

waagen" gibt es für 3-5 Euro in jedem Campingfachgeschäft. Leider hat nicht jedes Basisfahrzeug eine waagerechte Fläche am Armaturenbrett, wie wir Sie praktischerweise ganz links beim (alten) Ducato fanden (beim neuen wurden wir am rechten Ende der Armlehne der Fahrertür fündig). Gehen Sie mal auf die Suche! Beim Festkleben mit der Heißklebepistole können Sie auch geringe Schräglage ausgleichen. Profis verlegen dorthin gleich noch Kabel für ein winziges Lämpchen, denn wie oft sucht man doch erst nachts seinen Schlafplatz auf.....
Dann geht's ans Justieren:
Nur der Vollständigkeit halber wollen wir zunächst die **Elektrostützen** anführen: Sie kosten zwischen 1200 und 2500 Euro für vier Stück, je nach Bedienungskomfort.
Gleich zwei Kommastellen können Sie wegstreichen, wenn Sie mit der Hand kurbeln – die **Ausdrehstützen**, die uns vom Caravan vertraut sind, kosten zwischen 24 und 50 Euro – pro Stück. Da die Montage der Ausdrehstützen im Vorderachsbereich meist unmöglich ist, raten wir Ihnen, wenn überhaupt, zu den preiswerten **Unterstellböcken** (4 Stück ab 30 Euro).
Unser Favorit jedoch ist der "selbstgeschnitzte" **Auffahrkeil**, den man natürlich auch in leuchtendgelbem Plastik beim Campinghändler bekommt. Hier können Sie sich nach unserer Anleitung wieder selbst betätigen. Durch die Verbindungsstifte sollen, je nach Geländeprofil, die Keile miteinander verbunden oder einzeln verwendet werden. Das preiswerteste Ausgangsmaterial sind Abschnitte von Gerüstbohlen, die Sie für zwei Flaschen Bier bei jeder Baustelle bekommen. Haltbarer (schwerer und teurer) sind Buchenbohlen vom Schreiner – der sie Ihnen aber auch gleich auf Maß zusägt. Die Fichtenbretter können Sie problemlos selbst mit Ihrer Stichsäge bearbeiten:

Auffahrhilfen (Gerüstbohlen) mit Fixierstiften

An dieser Stelle fällt Ihnen sicher der einsame Waldweg ein, von dem Sie flüchten möchten, wenn es Ihnen nachts zu unheimlich wird. Stützböcke unter der Hinterachse und Auffahrkeile können Sie (schweren Herzens) zurücklassen. Was machen Sie aber, wenn Sie sich kunstvoll in die Horizontale gekurbelt haben? Hier helfen die **Quick-Lift-Fahrzeugstützen** (Fa. Linnepe, 58285 Gevelsberg). Diese sind zwar fest mit dem Fahrzeug verbunden, kippen jedoch beim Anfahren weg und werden so lange hinterhergeschleift, bis Sie Zeit zum Arretieren haben.

Zum Hochpreis-Zubehör gehören auch **KLIMAANLAGEN**. Für Freunde des "Freien Campings" sind sie nur bedingt geeignet. Begründung:
Sogenannte "Verdunster-Klimaanlagen" (ab etwa 1000 Euro) haben einen Stromverbrauch von 5-9 Ampère, damit wäre Ihre Zweitbatterie nach 5-10 Stunden "geschafft". Aber keine Angst, so weit kommt es nicht, denn vorher wird Ihr Wasservorrat zur Neige gehen, denn Verdunster-Anlagen verbrauchen zur Kälteproduktion zwischen 0,5 und 6 Liter Wasser in der Stunde. Wie groß war doch gleich Ihr Frischwassertank?
Kompressor-Klimaanlagen werden entweder während der Fahrt direkt mit einem Keilriemen vom Motor angetrieben (Typ 1, ab 1500 Euro zzgl. Einbau), mit 12 V über die Fahrzeugbatterie (Typ 2, ab 2200 Euro) oder mit 220 V (Typ 3, ab 1200 Euro). Auf dem Campingplatz kann der Typ 1 logischerweise nicht kühlen (dafür um so besser während der Fahrt!).
Für Typ 2 sollten Sie im Stand schnellstens das Batterie-Ladegerät anschließen. Falls Sie ein lauschiges Plätzchen in freier Natur bevorzugen, müssten Sie vermutlich das ganze WOMO-Dach mit Solarplatinen vollpflastern, um die benötigten 300 Watt zu produzieren ...

Dann stellen wir uns doch lieber unter die kühle **DUSCHE**! Im Anschluss an den wohligen Reinigungsakt kann schnell wieder Schweiß beim Putzen und Austrocknen fließen. Für sommerliche Außentemperaturen empfiehlt sich deshalb ein Anschluss für eine **AUSSENDUSCHE**:
Hat Ihr Duschraum ein Fenster, dann ist der Duschspaß im Freien kostenlos – Sie brauchen nur den Schlauch nach außen zu reichen.
Der Einbau einer Außenwandklappe ist umständlich, zudem ist sie meist nicht isoliert und bietet im Winter eine Quelle ständigen Ärgers. **Vorteil:** Verwendung der vorhandenen Dusche. Wesentlich sinnvoller erscheint uns die Montage einer **DUSCH-STECKDOSE**. Sie ähnelt verblüffend einer Gassteckdose und wird auch durch Einstecken des Duschschlauches in Betrieb genommen. Nach Benutzung wird der Schlauch abgezogen und separat verstaut (35-85 Euro, Camping-Shop).

☀ WOMO-Fahrern ohne Dusche ist gut mit der **MOBILDUSCHE** geholfen (Campinghandel, 40 Euro). Sie besteht aus einem Teleskop-Alu-Rohr mit Brausekopf, Schläuchen und Anschlussstutzen für fast alle Wasserkanister. Das Wasser wird mit Hilfe eines Tretbalges hochgepumpt. Wenn Sie den Wasserkanister in einen schwarzen Plastikbeutel stecken und rechtzeitig in die Sonne stellen, wird Ihr Wasser auch noch kostenlos solar-geheizt.

Auch Wassertankbesitzer können die sommerliche Sonne einspannen: Für rund 10 Euro erhält man einen schwarzen 20-Liter-Plastiksack mit Brausekopf, etwas hochtrabend **SOLARDUSCHE** genannt. Morgens wird Wasser eingefüllt und bereits mittags ist warmer Duschspaß garantiert.

Duschen im Freien beschert schmutzige Füße! Abhilfe schafft 1 qm Aero-Tex, ein praktisches PVC-Löchergewebe (Campinghändler, 6 Euro/qm).

Was unternimmt der gut ausgerüstete Camper, wenn sein Motor streikt? Zunächst besinnt er sich auf die Hilfsbereitschaft aller Kraftfahrer und bittet um "Saft" zur Starthilfe.

☀ Dafür ist er selbstverständlich mit einem **STARTHILFEKABEL** ausgerüstet, dessen Querschnitt möglichst den seines kleinen Fingers nicht unterschreitet (mindestens 25 qmm).

Wenn der Motor seinen Betrieb nicht aufnimmt, ist der Abschlepptrip zur Werkstatt angezeigt. Wer den einmal mit einem Abschleppseil angetreten hat, der weiß, was ein Horrortrip ist, denn das schwere Wohnmobil muss, wegen fehlender Bremskraftunterstützung, mit Brachialgewalt – und trotzdem so sanft wie möglich abgebremst werden. Ein Fall für eiskalte Nerven – und stahlharte Muskeln.

Geradezu ein Kinderspiel ist dagegen der Schlepp an der ☀ **ABSCHLEPPSTANGE**! Wir würden nicht so vehement für seine Anschaffung plädieren – hätten wir keine diesbezüglichen Erfahrungen vorzuweisen (Teleskop-Abschleppstange (ab 30 Euro, KFZ-Fachgeschäft).

Bei Autopanne bzw. Unfall denkt man natürlich sofort an Versicherungen und Schutzbriefe. Da dieses Thema inzwischen schon die Spezialisierung von Rechtsanwälten erfordert, an dieser Stelle nur unsere bescheidene Meinung, gefestigt durch eine ganze Reihe von "Erlebnissen" unserer Leser:

Vor allem beruhigend sind die SCHUTZBRIEFE der Automobilclubs und verschiedener Versicherer. Da sie sich in den Leistungen nur unwesentlich unterscheiden, schaue man auf den Preis und – ob Wohnmobile jeder Größe eingeschlossen sind (meist nur bis 3 m Höhe!).

Unsere Leserumfrage zeigte – die WOMO-Fahrer gehen im Urlaub auf "Nummer sicher":

Mit Schutzbrief: 92%, ohne Schutzbrief: 8%

Unsere unbestechliche Statistik wird Sie weiter trösten: Erst nach ca. 1000 Urlaubstagen ist eine Panne oder ein Unfall zu erwarten – mit einem Schaden von durchschnittlich 400 Euro.

Die Deckungssummen für Personen- und Sachschäden sind im Ausland oft lächerlich gering, die Versicherer reagieren meist langsam oder überhaupt nicht, wenn Sie einen Schaden an Ihrem Fahrzeug bezahlt haben möchten. Beschweren kann man sich, nachdem man über den (deutschen) **Zentralruf der Autoversicherer 0800-2502600, aus dem Ausland +49-40-300 330 300** den Beauftragten der jeweiligen (ausländischen) Versicherung erfahren hat; viel Glück!

Wohl dem, der im Schadensfall mit **VOLLKASKOVERSICHERUNG** und **RECHTSSCHUTZVERSICHERUNG** gut versorgt ist.

REISEGEPÄCKVERSICHERUNGEN hingegen sind nur für einen ein Gewinn – für den Versicherungsvertreter! Es gibt inzwischen so viele Maschen, durch die die Versicherungen schlüpfen können, dass wir raten: Lassen Sie alle nicht unbedingt benötigten Wertsachen zu Hause und schrauben Sie sich für Photoapparate, Papiere, Filme usw. eine verschließbare Blechkiste oder einen nicht zu kleinen TRESOR, z. b. ALKO (Campinghändler, ab 100 Euro) in ein besonders enges Staufach. In Verbindung mit einer Alarmanlage nimmt sich wohl kaum ein Dieb die Zeit, dieses Hindernis aufzuhebeln.

Eher haben Sie Glück bei Ihrer **HAUSRATVERSICHERUNG**. Wenn Sie noch nach dem alten Tarif abgeschlossen ist, bekommen Sie – bei Diebstählen innerhalb Deutschlands – immerhin bis zu 250 Euro.

Wie gesagt, viel mehr halten wir von einer **ALARMANLAGE**: Für 50 Euro erhalten Sie überall die Alarmanlage "Easy Fit" (z. B. Conrad). Bei ihr ist die ganze Elektronik einbaufreundlich in die Alarmhupe integriert. Diese wird an von außen kaum erreichbarer Stelle montiert, ein einziges Kabel führt über

einen Geheimschalter zum Stromanschluss, fertig. Jedes Einschalten eines Stromverbrauchers, z. B. durch Öffnen der Fahrertür, führt zum Alarm. Ähnlich konstruiert ist der "Kompaktalarm DIY-12" (Waeco, 45 Euro), der sich auch mit Ultraschallmodul, Neigungsmelder usw. erweitern lässt.

Wesentlich umfangreicher ist das Alarmpaket der "Magic Safe-MS 650" von Waeco (Camping-Fachhandel, ca. 190 Euro). Der Ultraschall-Innenraumschutz schlägt auch dann Alarm, wenn der Dieb durchs Fenster steigt.

Unser Liebling jedoch ist der **Elektronische Wachhund** (Amazon, 60 EUR), ein Lautsprecher mit (fast) echtem Hundegebell, der sogar per Radar "durch die Wände" schauen kann! Bereits bei Annäherung eines Lebewesens erwacht er und produziert sein drohendes Gekläff. Den "Elektronischen Hund" kann man leider nicht ans 12-V-Netz anschließen  (Batterien oder Netzteil), aber per Fernbedienung aktivieren (WOMO-getestet).

An dieser Stelle sind wir beim Hauptproblem aller "Abwehrtechniken" angelangt: Meist nehmen sie erst ihren Dienst auf, wenn der größte Schaden (Aufbrechen des Türschlosses, Einschlagen der Scheibe) bereits angerichtet ist.

Deshalb sollte man dem Dieb deutlich zeigen, dass man gerüstet ist und er sich auf erheblichen "Arbeitsaufwand" (den er meist scheut) einzustellen hat!

Beginnen wir mit der Aufbautür, deren Schloss meist nicht diesen Namen verdient! Die Fa. Oelmühle, 51399 Burscheid (www.quick-safe.de) liefert Ihnen für 125 Euro (incl. Versand) ein Zweitschloss zum Selbsteinbau (Typ 401), dessen Anblick schon die meisten Diebe abschreckt (WOMO-getestet).

Meist wendet er (der Dieb) sich aber den Fahrerhaustüren zu (die zu knacken er in Sekunden schafft).

Unsere Leserumfrage (und Gespräche mit vielen Betroffenen) ergaben: Die meisten Einbrüche erfolgen über die Fahrerhaustüren (auch völlig lautlos bei Nacht!).

Deshalb haben wir (in Zusammenarbeit mit der Polizei) einen Einbruchschutz entwickelt, der alle Abwehr-Kriterien erfüllt – und auch noch preiswert ist, den **WOMO®-Knackerschreck:**

* Leicht und schnell anzubringen.
* Material der Krallen: 10 mm Massivstahl!
* In den meisten WOMOs mit Originalfahrerhaus zu verwenden (auch in Mietfahrzeugen!).
* Mit oder ohne Lenkradsperre einzusetzen.
* Das Wichtigste: Von außen unübersehbar!

Der **WOMO®-Knackerschreck** besteht aus einem Lenkrad-Krückstock, der durch zwei (Massivstahl-)krallen verlängert ist. Diese hängt man in die Armlehnen der Fahrerhaustüren ein, schiebt das Mittelstück zusammen und schließt ab.

Tagposition (T)   Nachtposition (N)

Dabei kann man das Lenkrad in das Schließsystem mit einbeziehen (zusätzlicher Autodiebstahlschutz, T) oder nicht (schneller Notstart möglich, N).

Den **WOMO®-Knackerschreck** erhalten Sie bei WOMO ab 49,90 Euro (incl. Versand nur unter: shop.womo.de/catalog).

Nun kann es sein, dass Sie sich sagen: Ein Diebstahl ist ja schlimm, aber finanziell meist zu verkraften. Ganz anders sieht es aus, wenn die Diebe in aller Bescheidenheit gleich das ganze Wohnmobil mitgehen lassen. Abziehen des Zündschlüssels und Einrasten der Lenkradsicherung sind Selbstverständlichkeiten (auch bei sekundenkurzem Aufenthalt!), werden aber von Profis nur belächelt. Machen wir den Profis doch einige Probleme:

Der einfache "**Lenkrad-Krückstock**", an Pedal und Lenkrad eingehängt, zusammengeschoben und abgeschlossen, kann nur mit "schwerem Gerät" geknackt werden und ist, was in diesem Fall nicht schlecht ist, von außen sichtbar (Baumärkte, KFZ-Handel, ebay, ab 15 Euro).

Für 15 Euro bekommen Sie beim KFZ-Handel einen **Batterie-Hauptschalter** (Nato-Knochen), mit dem Sie zum Beispiel die Stromzufuhr zum Anlasser unterbrechen könnten, um ihn (den Nato-Knochen) dann zur Sicherheit in der Hosentasche spazierenzutragen. Ein nicht drehender Anlasser strapaziert die Intelligenz der Diebe jedoch nicht besonders (außerdem sind die Kabel zum Anlasser sehr dick und damit schlecht zu bearbeiten). Sorgen wir lieber dafür, dass der Anlasser kurbelt (und uns dabei vielleicht am Strand aufschreckt), der Motor aber nicht anspringt.

Dafür können wir auch den "Nato-Knochen" oder jeden beliebigen **Geheimschalter** verwenden. Als Dieselfahrer lassen Sie sich das Kabel zum **elektrischen Kraftstoffventil** zeigen und legen eine Schleife über Ihren Zusatzschalter. Ohne Strom öffnet es nicht – und ohne Diesel startet er nicht! Fürs Blockieren von Benzinmotoren bietet sich die **Klemme 15** an der Zündspule an (die Zahl ist an der Zündspule eingepresst). Auch hier legen Sie für das zuführende (meist schwarze) Kabel einen Umweg über Ihren Schalter – und ohne Zündfunken röhrt zwar der Anlasser – aber nicht der Motor!

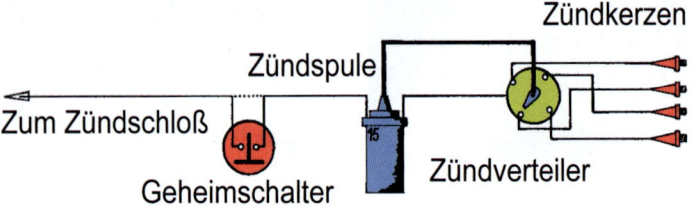

Diese Tipps haben wir unter vielen herausgesucht. Denn einmal eingebaut, soll der Diebstahlschutz in Sekundenschnelle aktiviert werden können – nur dann wird er auch benutzt. Deshalb halten wir auch nichts vom ausgebauten Zündverteiler oder, noch gemeiner, einem Pappstückchen im Unterbrecherkontakt. Es könnte sonst sein, dass Sie dem wartenden Dieb bei Ihren Gymnastikübungen im Motorraum auch noch zeigen, wonach er suchen soll!
Wer jedoch gar nicht mehr an Diebstahl denken möchte, dem empfehlen wir eine besonders auffällige **Bemalung** des Wohnmobils. Oder wie wäre es mit einem zusätzlichen Nummernschild, riesengroß aufs Wohnmobildach lackiert?
Den Verlust des Fahrzeuges können wir mit unseren Vorkehrungen sicher verhindern. Aber es soll schon Camping-Hausmänner gegeben haben, die nicht nur die Bouletten in der Pfanne, sondern gleich das ganze Wohnmobil verbrannt haben! Wie schnell ist ein Vorhang in die Flamme hineingeweht oder ein Ölbrand ausgelöst.
Sicher, der gewiefte Feuerwehrmann würde jetzt sagen: „Deckel drauf, alles erledigt!" Oder: „Wozu haben Sie Ihre **FEUERLÖSCHDECKE** oder die Handbrause?"

Der erschrockene Laie jedoch wird erst einmal davonstürzen – wie gut, wenn er dann am Ausgang an einem praktischen **FEUERLÖSCHER** vorbeikommt!
In den Katalogen werden uns bereitwilligst die verschiedensten Ausführungen für jeden Geldbeutel angepriesen.
Dazu ist zu sagen:
Die billigen Pulverlöscher veranstalten solch eine bomben-

mäßige Sauerei, dass von ihrer Anschaffung nur dringendst abgeraten werden kann – es sei denn, Sie wollen sich und Ihren Lieben zusätzlich zum Brandschaden auch noch tagelange Putzarbeiten aufhalsen.

Ich verwende – nicht nur im Urlaub – seit Jahren einen **Kohlensäure-Löscher**. Gewiss, er ist ein bisschen größer und schwerer als der (inzwischen verbotene) Halonlöscher, aber er hinterlässt ebenfalls keine Spuren und reicht für Ihren Boulettenbrand allemal.

Unsere Statistik zeigt, dass nur die Hälfte aller WOMOs mit Feuerlöschern ausgerüstet ist. Aber sie belegt auch, dass er nur bei 0,4% aller Fahrten eingesetzt werden musste – zum Beispiel für den qualmende Fernseher oder das auf der Gasflamme abgestellte Plastiktablett!

Mit Feuerlöscher 58%, ohne Feuerlöscher: 42%

Ursache für ein Feuer, das Sie dann vermutlich nicht mehr löschen werden, könnte ein Leck in Ihrer Gasanlage sein. Sicher, die Wahrscheinlichkeit ist äußerst gering, wir machen regelmäßig unseren "Manometertest" und die Schlauchbruchsicherung haben wir auch eingebaut.

Aber in unserem Wohnmobil können uns auch noch andere Gase den Garaus machen: **Kohlenmonoxid und Kohlendioxid**. Ersteres könnte bei Undichtigkeit des Abluftkamins in den Wohnraum eintreten und zweiteres produzieren wir selbst in großen Mengen.

Für den Abtransport des Kohlendioxids reichen die nicht verschließbaren Zwangsentlüftungen, für das Erschnüffeln von Kohlenmonoxid, Propan, Butan und sogar Rauch gibt's ein kombiniertes **GAS/RAUCHWARNGERÄT** (Campingfachhandel, ca. 100 Euro).

Wer alle unsere Übernachtungsplatz-Warnungen in den Wind schlägt und sich auf dem Parkplatz einer italienischen oder französischen Autobahnraststätte zur "Ruhe" bettet, der ist gut mit einem **NARKOSEGAS-WARNGERÄT** bedient (ab 80 €, Campingfachhandel), für nochmals den gleichen Betrag kann man dieses um Stroboskop-Blitzlampe und Alarmsirene erweitern.

Am Ende unseres Wochenendtrips hatte der billige Batterierasierer seinen Geist aufgegeben (dabei rasierte er von Anfang an nicht gut), die Kinder waren muffig, weil die Walkmen stehenblieben und die Munddusche wurde allgemein vermisst. Für diese "Kleinstromprobleme" gibt es eine Reihe von recht praktischen Lösungen:

Die Akku-Rasierer von Braun und Philips sind qualitativ von den Netzgeräten nicht zu unterscheiden und lassen sich mit dem 12-Volt-Ladekabel am Zigarettenanzünder und an jeder 12-Volt-Steckdose rasch aufladen.
Sie haben schon einen guten 220-Volt-Rasierer, an den Sie sich so gewöhnt haben? Dann packen Sie ihn ein und die Munddusche gleich mit dazu und ordern beim Versandhandel einen **DC-AC-SPANNUNGSWANDLER**, der 12-V-Gleichstrom in 220-V-Wechselstrom umformt (auch **Wechselrichter** genannt). Stellt man an die Ausgangsleistung nur geringe Anforderungen und ist mit 250 W zufrieden – zahlt man dafür im Versandhandel 25 - 70 Euro.

Wegwerf-Batterien sind "out", es lebe der wiederaufladbare Nickel-Metall-Hydrid-Akku (NMH-Akku). Diese Akkus gibt es im Format aller handelsüblichen Batterien in jedem Kaufhaus. Im Wohnmobil-Urlaub betreiben Sie die Walkmen, das WLAN-Radio, die Digitalkamera, das Blitzlichtgerät und natürlich die vielen Taschenlampen für Grotten und byzantinische Kirchen. Um Sie mit 12-Volt-Bordspannung aufladen zu können, brauchen wir ein mit 12-V-betriebenes **AKKU-LADEGERÄT** (Conrad, 20-60 €), natürlich microprozessorgesteuert (das Gerät erkennt sowohl den Akkutyp als auch den Ladezustand, die Akkus werden nie überladen).

War da nicht gerade von einem **WLAN-RADIO** die Rede? Brauche ich das auch noch?
Na klar, und zusätzlich ein **GPS-GERÄT**, einen **DVD/CD/MP3-PLAYER**, einen **FERNSEHER** (mit Schüssel analog/digital – oder eher mit DVB-T?).
Natürlich wollen Sie auch auf **DIGITALKAMERA**, **VIDEOKAMERA**, **PLAYSTATION** – und **INTERNETANSCHLUSS** nicht verzichten!!?

Nein, ich fange jetzt nicht an zu spinnen – ich gehe nur "mit der Zeit"! Was Sie von diesen multimedialen Segnungen mit in Ihren Urlaub nehmen wollen, ist ja schließlich Ihre Entscheidung (oder die Ihrer Kinder?).
Ich will nur informieren und sortieren, vielleicht lässt sich gar der eine oder andere Doppelkauf vermeiden – mit einem **LAPTOP** (Notebook), denn dieser könnte die Zentrale ihres multimedialen Wohnmobilhaushaltes werden!
Beginnen wir mit der Stomversorgung des Laptops, unseres multimedialen Zauberkastens. Natürlich hat er einen eingebauten Akku, aber der ist bei der von uns geplanten Beanspruchung nach spätestens 4 Stunden ausgelutscht. Sie erinnern sich an den bereits empfohlenen **Wechselrichter**?

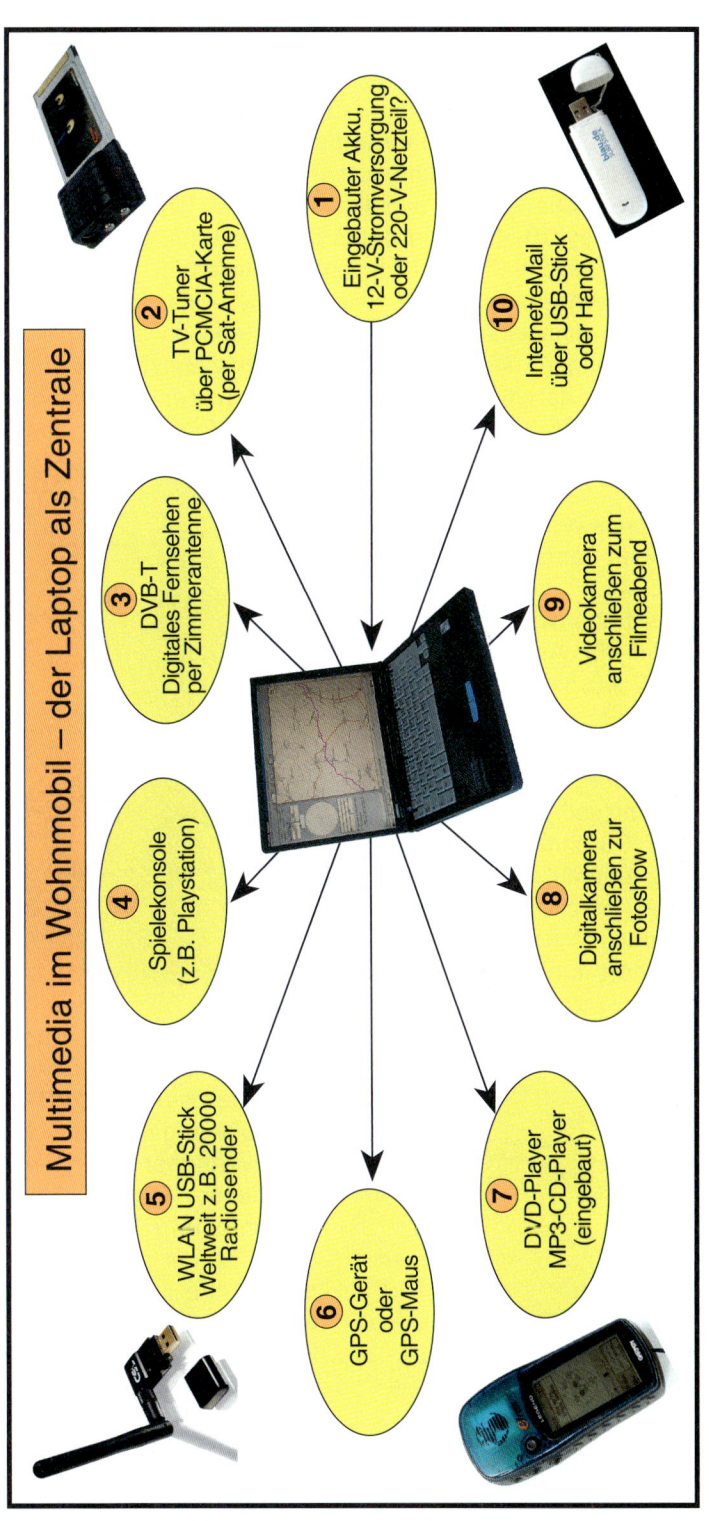

An ihn können Sie das Netzteil des Laptops anschließen und (viel länger – und mit einer Solaranlage "ewig") aus der Zweitbatterie zehren. Gute Arbeit leistet nach unserer Erfahrung

① auch ein (Gleich-)**Spannungswandler** (DC-DC-Wandler). Er schafft es mit elektronischen Tricks, die 12-V-Spannung der Zweitbatterie in die benötigten 15-24 V "hinaufzuverwandeln" (eBay, 20-50 €). Beachten Sie beim Kauf, dass er auch die erforderliche Stromstärke von 3-5 A liefert!

Einen Fernseher hat jeder zweite WOMO-Urlauber an Bord. Seitdem man einen LCD-TV platzsparend an die WOMO-Wand hängen kann, nimmt ihre Zahl noch mehr zu. Aber auch der Laptop hat einen LCD-Bildschirm – und mit entsprechender

② **PCMCIA-Karte** (Personal Computer Memory Card International Assoziation, kurz: PC-Card) ist er schnell und preiswert per **TV-Tuner** in einen Fernseher verwandelt.

Allerdings wird der Aufwand für Antennenmast und Schüssel dadurch nicht geringer; in europäischen Randgebieten muss das blecherne Lauschohr statt 65 cm (gelb) sogar 85 cm (rot) Durchmesser haben bzw. statt auf Astra auf Eutelsat (Hot bird) ausgerichtet werden (schwarz).

Da hört man die Kunde

mit großer Freude, dass

③ das "Digitale Überallfernsehen" **DVB-T** seit 2008 in ganz Deutschland verfügbar sei. Denn da dieses "Digital Video Broadcasting-Terrestrial" durch Sender auf der Erdoberfläche ausgestrahlt wird, braucht man für seinen Empfang nur eine kleine Zimmerantenne – und für unseren Laptop natürlich einen entsprechenden Tuner, der als Mini-DVB-T-Stick

160 Kapitel 6

(www.pearl.de, 20 €) am USB-Anschluss zwar winzig ausfällt, aber großes leistet:

TV-Empfang, Video-Aufzeichnung, zeitversetztes Fernsehen. Für den doppelten Preis bekommen Sie den Hybrid-DVD-Stick, mit dem Sie digitales (DVB-T) <u>und</u> analoges Fernsehen empfangen können. Denn einen Haken hat das DVB-T: Man kann es (deutschsprachig) eben nur in Deutschland gucken!

④ Wie gut, dass wir für die lieben Kleinen die **Spielekonsole** von Playstation o. ä. dabei haben. Angeschlossen an den Laptop können sie mit brillantem Bild feindliche Raumschiffe verfolgen und fremde Planeten retten ...

Da die Großen sich eher Gedanken um unsere Mutter Erde machen, möchten Sie auch fern der Heimat nicht auf aktuelle Nachrichten verzichten. Zwar kann man, eine Schüssel vorausgesetzt, über den TV-Tuner auch heimische UKW-Sender empfangen. Für die paar TV-Verweigerer, die es noch geben soll, war bisher der quietschende und rauschende Kurzwellenempfänger die einzige Lösung – aber Abhilfe ist da!

Nach und nach schalten fast alle Sender ihre analogen Kurzwellenkanäle ab und um auf die digitale Kurzwelle (**DRM** = Digital Radio Mondial)! Die Markteinführung entsprechender KW-Empfänger zieht sich allerdings hin.

Wie gut, dass man mit unserem Laptop auch Online Radio hören kann – und zwar über 20.000 Sender weltweit – falls
⑤ ein WLAN-Spot in der Nähe ist. Schnell einen **WLAN-USB-Stick** (Amazon ab 12 €) angeschlossen, den WLAN-Anschluss konfiguriert, im Internet www.radio.de eingetippt und schon empfangen Sie Nachrichten aus aller Welt oder vom heimischen UKW-Sender, z.B. MDR.

Aber auch diverse Fernsehsender sind kostenlos empfangbar! Versuchen Sie es doch einmal mit: **www.daserste.de** (Live) oder **www.zdf.de** (Livestream).

"Navi-Geräte" sind in aller Munde – und auf jedem Werbezettel! Auch zu den Stellplätze in den WOMO-Reiseführern kann man
⑥ sich inzwischen navigieren lassen – wenn man das <u>richtige</u> **GPS-Gerät hat**! Hier ein paar Fakten:

Das GPS (Global Positioning System) ist ein seit 1995 vom US-Verteidigungsministerium entwickeltes Satellitensystem zur weltweiten Standortbestimmung. Bereits heute gibt es hunderte von <u>verschiedensten</u> "Navi-Geräten" zu kaufen - die Verwirrung von Otto-Normalverbraucher ist komplett! In den WOMO- Reiseführer sind für alle Übernachtungsplätze die <u>Koordinaten</u> angegeben. Vor dem Kauf eines GPS-Gerätes sollte man sich folglich vergewissern, dass man mit ihm nicht nur zu einer gewünschten Adresse (PLZ, Ort und Straße) navigieren kann, sondern auch zu entsprechenden Koordinaten, z. B. N 50° 36' 38.2" E 10° 07' 55.6" (WOMO-Verlag, 98634 Mittelsdorf). 81 % unserer Leser haben zwar ein Navi im WOMO – aber nur bei 70 % kann man auch Koordinaten eintippen! Deshalb empfehlen

„Nachlese"

wir Geräte von Garmin, TomTom oder Falk.
Besitzer der "richtigen" GPS-Geräte geben sinnvollerweise die Koordinaten der Stellplätze vor dem Urlaub direkt in das Gerät ein – oder per PC über das mitgelieferte Kabel. Wer es noch bequemer haben möchte, erwirbt beim WOMO-Verlag die "GPS-CD zum Buch" – und die GPS-Daten aller Stellplätze usw. werden automatisch vom Computer aufs GPS-Gerät überspielt (Info-Tel.: 036946-20691).

Was aber hat GPS mit dem Laptop zu tun?
GPS-Geräte gibt es in verschiedenen Größen und Preisklassen. Die großen (und teuren) Geräte sind nicht portabel, die kleinen, preiswerteren zwar ideal als Führer bei Wanderungen – im WOMO ist die Größe ihres Displays unzureichend – es sei denn, man schließt sie an den Laptop an. Jetzt hat man vor sich eine Übersicht, die diesen Namen verdient und kann sich komfortabel navigieren lassen (auf eine gute Autokarte sollte man trotzdem nicht verzichten!).
Abends genießt man, auch ohne Fernseher, einen Film auf

(7) DVD, schließlich hat der Laptop einen eingebauten **DVD-Player**. Oder wollen Sie lieber Ihre aktuellen Fotos auf der Digitalkamera sichten? Schnell das USB-Verbindungskabel
(8) angeschlossen – und schon kann die **Fotoshow** beginnen. Das gleiche gilt natürlich für die **Videokamera**. Die Filmbearbeitung sollten Sie aber lieber zu Hause in Angriff nehmen,
(9) sonst verpassen Sie noch den Strandspaziergang mit dem schönen Sonnenuntergang. Schließlich sind Sie im Urlaub, sollen ihn genießen und entspannen fern aller Hektik ...
Da klingelt das Handy! Ein "äußerst wichtiger" Kunde will Ihnen eine noch wichtigere Mail schicken – kein Problem!
Schnell das **Handy** per "Bluetooth" mit dem Laptop verbunden
(10) oder einen **USB-Surf-Stick** eingesteckt – und schon klappt der Datentransfer. Anschließend können Sie gleich noch ein bisschen im Internet surfen?

Liebe Freunde, wir sind "durch" mit unseren Empfehlungen. Falls Sie etwas vermissen, dann könnten wir es mit Absicht weggelassen haben. Vielleicht steht es auf der "schwarzen Liste" des TÜV oder wir halten es für ungeeignet oder gar unsinnig.
Haben Sie jedoch etwas entdeckt, was Ihres Erachtens für den Camper eine kleine oder große Hilfe sein könnte, dann freuen wir uns auf Ihre Zuschrift.
Halt – eines habe ich noch vergessen!
Sieht das WOMO nach der ersten Fahrt nicht mehr ganz fabrikfrisch aus? Nach einer schwedischen Naturstraßenfahrt im Regen werden Sie es nicht wiedererkennen! Als kraftvollen Reiniger und Konservierer nutzen wir eddy (www.eddypflege.de).

Kapitel 7: „Urlaubsvorbereitung"

Das große Abenteuer will geplant sein
(mit Profipackliste am Ende des Kapitels)

Der Tag der Tage rückt immer näher – der Abflug zur großen Freiheit. Was haben Sie schon erledigt?
Am Anfang wird die große Diskussion mit der Familie gestanden haben:
- ☞ Sonniger Süden oder unberührte Nordlandnatur?
- ☞ Vielleicht ein Inselurlaub?
- ☞ Bitte nicht so weit! Oder: So weit weg wie möglich?
- ☞ Hauptsache, es gibt mit freiem Campen keine Probleme!
- ☞ Oder sollten wir doch lieber auf einen Campingplatz.....?

Wir haben versucht, mit unserer 18-Länder-Übersicht die grundlegendsten Fragen zu beantworten. An den Anfang stellen wir wieder die Auswertung von insgesamt 68272 Auslandsübernachtungen, für die unsere Leser zu 42,6% (18.262 Übernachtungen) einen Campingplatz aufsuchten, während 57,4% (39205 Übernachtungen) die freie Natur vorzogen:

42,6 % auf Campingplatz / 57,4 % freie Übernachtungen

Zusätzlich haben wir notiert, wie oft man sich in den jeweiligen Urlaubsländern durch Polizei oder Privatpersonen **belästigt** fühlte. Insgesamt wurden uns 219 Fälle gemeldet, was 0,56 % der freien Übernachtungen entspricht. Das Spektrum reichte von aufgedrängten Dienstleistungen über Polizeikontrollen bis zu: „Bis 9 Uhr haben Sie den Platz zu verlassen!"
Ein einziger Fall wurde uns berichtet, in dem wegen einer freien Übernachtung (?) wirklich ein Strafzettel ausgestellt wurde – am Badeplatz von Bovallstrand in Schweden (aber die Zufahrt war auch nur für PKWs gestattet)!
Wir haben auch einen neugierigen Blick auf die Streuung der Belästigungen geworfen und sichteten Erstaunliches:
Langzeiturlauber brachten es auf 60, 90, ja sogar (Rekord) 280 freie (!) Auslandsübernachtungen in einem Jahr – und hatten kaum über Belästigungen zu klagen!
Ein WOMO-Freund brachte es auf 98 freie Übernachtungen in Frankreich ohne eine einzige Belästigung, ein zweiter wurde bei 58 freien Übernachtungen 5x belästigt, ein dritter bei 20 Übernachtungen 3x, ein vierter hatte bei keiner einzigen von drei freien Übernachtungen in Italien seine Ruhe.
Unsere Deutung:
Unerfahrenheit bei der Wahl des Platzes! Lesen Sie nach unter **"Platzsuche während der Anfahrt"** und **"Freies Camping"**!

Besonders haben uns natürlich **Diebstähle und Überfälle** interessiert. Während uns zu unserer Freude von keinem einzigen Überfall auf das Wohnmobil (samt Personen) berichtet wurde, kam es zu 82 Diebstählen, das entspricht 0,12 % der Gesamturlaubstage im Ausland (2010: 0,18%; 2002: 0,16 %). Warum wir hier nicht nur die freien Übernachtungen zählen? Weil der weitaus überwiegende Teil der Diebstähle **auf Autobahnraststätten, Parkplätzen und Straßen von Städten** stattfand, während unsere Urlauber tankten, einkauften oder durch die Straßen schlenderten. Nur vier mal waren die Knacker am Werk, als sich die Wohnmobilfamilie am Strand sonnte. Weitere vier mal versuchte man gar, die schlafende Mannschaft zu beklauen; dreimal auf südfranzösischen Autobahnraststätten, einmal auf einer italienischen!

Ohne Alarmanlage: 81 % der Einbrüche erfolgreich

Mit eingeschalteter Alarmanlage: 48 % der Einbrüche erfolgreich

Unsere statistische Auswertung zeigt Ihnen weiterhin, was eine Alarmanlage wert ist. Während ein Dieb sich im ungesicherten Fahrzeug in der Regel auch bedienen kann, wird er nach Aufheulen der Systeme wenigstens in jedem zweiten Fall vertrieben. Wie wär's mit einem Einbau? Nur 28 % aller Wohnmobile sind mit einem Langfinger-Schreck ausgerüstet (1998 waren es noch 36 %)!

Ausgestattet mit Alarmanlage: 28 %

Was Sie gegen Diebstähle tun können? Lesen Sie im Kap. 6 unter Alarmanlage bzw. im Kap. 8 unter Diebstahl, Überfall und Diebstahlsicherung nach!

Im Anschluss an unsere eigenen Recherchen listen wir die offiziellen Richtlinien, Verkehrs- und Zollbestimmungen auf, soweit sie den Wohnmobilurlauber interessieren.

Wir haben die Länder nach der Gesamtzahl der Übernachtungen sortiert. Dadurch wird Frankreich mit 16500 Urlaubsnächten (Campingplatz 5016, frei 11484) eindeutiger Spitzenreiter. Auch Irland, obwohl nur auf Platz 15, hält einen Rekord, denn dort pflegte man sich 77 % der Schlafplätze außerhalb der Campingplätze zu suchen. Schlusslicht war in dieser Hinsicht Kroatien, wo sich nun wiederum über 76 % der WOMO-Urlauber auf einem Campingplatz zur Ruhe betteten.

Aber: Panta rhei - alles ändert sich mit der Zeit!

 | 21,6 % aller Übernachtungen
I. PLATZ | 37,5 % Camping / 62,5 % frei |

Entfernung: Frankfurt - Landesgrenze: 150 km
Frankfurt - Paris: 570 km
Belästigungen: 21   Diebstähle: 14
Übernachten auf Straßen oder Parkplätzen: ja
Übernachten auf Privatgrund m. Erlaubnis: ja

Verkehrsamt: Postfach 100128, 60001 Frankfurt
eMail: info.de@franceguide.com
Botschaften: Pariser Platz 5, 10117 Berlin
Tel.: 030-590 03 90 00, Fax: 590 03 9171
13/15, Av. Franklin D. Roosevelt, Paris
Tel. (0) 153834500, Fax (0) 143597418
377, Boulevard du Wilson, Bordeaux
Tel. (0) 556171222, Fax: (0) 556423265
Dokumente: Ausweis, Grüne Versicherungskarte empfohlen
Haustier: EU-Heimtierpass, Chip.
Grenze: EU-Bereich, Waren für eigenen Gebrauch frei.
Verkehr: Bis 3,5 to: 50/90/110-130 km/h
Bei Nässe: 50/80/110 km/h
Über 3,5 to: 50/80/100-110 km/h
Gurtpflicht: ja, Promillegrenze: 0,5.
Polizeiruf: 17, Rettungsdienst: 17
Deutschspr. Notruf: (04) 72171222 (ADAC),
Refl. Warnweste, Alkoholteströhrchen (?).
Notrufsäulen an Autobahnen,
08 00089222, 05 106106 (AIT-Assistance)
Geld: Visa, Eurocard, Eurocheque-Karte (Automat).
Telefon: Nach F: 0033, D: 0049; A: 0043, CH: 0041.

Korsika, Marina di Sorbo (WOMO-Reihe, Band 3)

„Urlaubsvorbereitung" 165

II. PLATZ 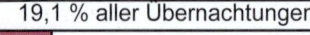 19,1 % aller Übernachtungen
43,0 % Camping / 57,0 % frei

Entfernung: Frankfurt - Landesgrenze: 590 km
Frankfurt - Rom: 1.310 km
Belästigungen: 27 Diebstähle: 18
Übernachten auf Straßen oder Parkplätzen: ja
Übernachten auf Privatgrund m. Erlaubnis: ja

Verkehrsamt: Barckhausstr. 10, 60325 Frankfurt
Tel. 069-237434, Fax 069-232894
Botschaften: Hiroshimastr. 1, 10785 Berlin
Tel.: 030-25 44 0, Fax: 25 44 0169
Via della Battaglia, Rom, Tel. (06) 49 213-1
Via Solferino 40, Mailand, Tel. (02) 6231101
Dokumente: Ausweis, Grüne Versicherungskarte empfohlen
Haustier: EU-Heimtierpass, Chip.
Grenze: EU-Bereich, Waren für eigenen Gebrauch frei.
Verkehr: Bis 3,5 to: 50/90-110/130 km/h
Ab 3,5 to: 50/ 80/ 100 km/h
Gurtpflicht: ja, Promillegrenze: 0,5.
Achtung: "Panello" (rot-weiße Hecktafel) bei überstehenden Lasten vorgeschrieben!
Reflektierende Warnweste, tagsüber Abblendlicht!
Voller Reservekanister und Lichtsignale verboten.
Bei Unfall Angaben auf Scheibenplakette notieren.
Polizeiruf: 113, Rettungsdienst: 113
Pannenhilfe: Notrufsäulen bzw. 116 (ACI)
Geld: Visa, Eurocard, Eurocheque-Karte (Automat).
Telefon: Nach I: 0039, D: 0049; A: 0043, CH: 0041.

Sizilien, Agrigento, Juno-Tempel (WOMO-Reihe, Band 40)

III. PLATZ	9,6 % aller Übernachtungen
	46,4 % Camping / 53,6 % frei

Entfernung: Frankfurt - Landesgrenze: 1.240 km
              Frankfurt - Madrid: 2.440 km
Belästigungen: 21   Diebstähle: 10
Übernachten auf Straßen oder Parkplätzen: ja
(nicht in Wohn- und Wasserschutzgebieten und an Stränden)
Übernachten auf Privatgrund mit Erlaubnis: ja

Verkehrsamt: Myliusstraße 14, 60323 Frankfurt
             Tel. 069-725033, frankfurt@tourspain.es
Botschaften: Lichtensteinallee 1, 10787 Berlin
             Tel.: 030-25 40 070, Fax: 25 79 9557
             eMail: embespde@mail.mae.es
             Calle de Fortuny 8, E-28010 Madrid
             Tel. (91) 557 90 95, (91) 557 90 70
Dokumente: Ausweis, Grüne Versicherungskarte.
Haustier: EU-Heimtierpass, Chip.
Grenze: EU-Bereich, Waren für eigenen Gebrauch frei.
Verkehr: WOMOs bis 3,5 to: 50/70-80/90 km/h
             WOMOs ab 3,5 to: 50/70-80/80 km/h
             Gurtpflicht: ja, Promillegrenze: 0,5.
             Achtung: Panello, Warnweste vorgeschrieben!
             ADAC-Ruf Madrid: (91) 5 93 00 41
             Notrufe: Barcelona + Madrid: 091 + 092
             sonst verschieden.
             Pannenhilfe: (91) 593 33 33 (RACE)
             Barcelona: (93) 4 78 78 78
Geld: Visa, Eurocard, EC-Karte (Automat)
Telefon: Nach E: 0034, D: 0049, A: 0043; CH: 0041.

Ostspanien, Wanderweg El Parizzal (WOMO-Reihe, Band 28)

„Urlaubsvorbereitung" 167

IV. PLATZ | 5,9 % aller Übernachtungen
31,8 % Camping / 68,2 % frei

Entfernung: Frankfurt - Fähre (Travemünde): 570 km
Frankfurt - Vogelfluglinie - Oslo: 1.390 km
Belästigungen: 5 Diebstähle: 0
Übernachten auf Straßen oder Parkplätzen: ja
Übernachten auf Privatgrund m. Erlaubnis: ja

Verkehrsamt: Mundsberger Damm 45, 22087 Hamburg
Tel. 040-22 71 08 10, Fax: 22 71 08 15.
Botschaften: Rauchstraße 1, 10787 Berlin
Tel.: 030-50 50 58 600, Fax: 50 50 58 601
www.norwegen.org; emb.berlin@mfa.no
Oscarsgate 45, N-0244 Oslo
Tel. 23 27 54 00, Fax: 22 44 76 72
Dokumente: Personalausweis, Grüne Karte empfohlen.
Haustier: EU-Heimtierpass, Bluttest, Bandwurmbehandl.
Info: www.mattilsynet.no/english/import_export/deutsch
Grenze: 200 Zigaretten; 2 L Wein, 2 L Bier (ab 20 J.)
Verkehr: Bis 3,5 to: 50/80/90 km/h
Bis 7,5 to: 50/80/80 km/h
Gurtpflicht: ja, Promillegrenze: 0,2.
Tagsüber Abblendlicht einschalten!
Polizeinotruf: 112, Rettungsdienst: 113
Pannenhilfe des Automobilclubs NAF:
Tel.: 22 34 16 00
Geld: Visa, Eurocard, EC-Karte (Automat).
Telefon: Nach N: 0047, D: 0049; A: 0043, CH: 0041.

Nord-Norwegen, Mitternachtssonne (WOMO-Reihe, Band 21)

5,6 % aller Übernachtungen
78,5 % Camping / 21,5 % frei

Entfernung: Frankfurt - Landesgrenze: 820 km
Frankfurt - Zagreb: 890 km
Belästigungen: 16   Diebstähle: 0
Übernachten auf Straßen oder Parkplätzen: nein
Übernachten auf Privatgrund mit Erlaubnis: ja

Verkehrsamt: Hochstraße 23, 60313 Frankfurt
Tel. 069-23 85 35-0, Fax 23 85 35-20
Botschaften: Ahornstraße 4, 10787 Berlin
Tel. 030-2191 5514, Fax: 030-2362 8965
eMail: berlin@mvpei.hr, Net: de.mfa.hr
Ul. grada Vukovar 64, HR-10000 Zagreb
Tel. +385 1 6300 100, Fax: 1 6155 536
Dokumente: Personalausweis oder Pass
Haustier: EU-Heimtierpass mit Tollwutimpfzeugnis (15 Tage - 6 Monate alt), Chip.
Grenze: Waren für eigenen Gebrauch frei.
Verkehr: Bis 3,5 to: 50/80/100/130 km/h
Ab 3,5 to: 50/80/80/80 km/h
Gurtpflicht: ja, Promillegrenze: 0,5, < 25 J. 0,0.
Reflektierende Warnweste, tagsüber Abblendlicht!
Überholverbot von Bussen an Haltestellen.
Polizeiruf: 92, Rettungsdienst: 94
Pannenhilfe: 987 (HAK)
Geld: Visa, Eurocard, EC-Karte (Automat).
Telefon: Nach HR: 00385, D: 0049; A: 0043, CH: 0041.

Kroatien, Blick auf Korcula (WOMO-Reihe, Band 48)

„Urlaubsvorbereitung" 169

VI. PLATZ

5,4 % aller Übernachtungen

28,4 % Camping / 71,6 % frei

Entfernung: Frankfurt - Fähre (Travemünde): 570 km
Frankfurt - Vogelfluglinie - Stockholm: 1.400 km
Belästigungen: 5 Diebstähle: 1
Übernachten auf Straßen oder Parkplätzen: ja
Übernachten auf Privatgrund mit Erlaubnis: ja

Verkehrsamt: Frankfurt, Tel.: 069 - 22 22 34 96
www.visitsweden.com
eMail: germany@visitsweden.com
Botschaften: Rauchstraße 1, 10787 Berlin
Tel.:030-505060, Fax:50506789
Skarpögatan 9, Stockholm, Tel. (08) 6 70 15 00
Drottninggatan 63, Göteborg, Tel. (031) 17 83 65
Dokumente: Personalausweis, Grüne Karte empfohlen.
Haustier: EU-Heimtierpass, Chip.
Internet-Info: www.sjv.se (auch auf deutsch)
Grenze: EU-Bereich, Waren für eigenen Gebrauch frei.
Grenzwerte: Ab 18 J.: 800 Zigaretten; ab 20 J.:
90 L Wein, 20 L Schnaps, 110 L Bier.
Verkehr: Bis 3,5 to: 50/70-90/90-110 km/h
Über 3,5 to: 50/80/90 km/h
Auch am Tage ist Abblendlicht Vorschrift!
Gurtpflicht: ja, Promillegrenze: 0,2.
Allgemeiner Notruf: 90 000 bzw. 112
Deutschsprachige Notrufe:
Stockholm: 08-24 10 00, Göteborg: 031-25 10 00
Malmö: 040-10 00 00, Örebro: 019-14 00 00
Geld: Visa, Eurocard, EC-Karte (Automat).
Telefon: Nach S: 0046, D: 0049; A: 0043, CH: 0041.

Schweden, typischer Badesee bei Östad (WOMO-Reihe, Band 4)

 **VII. PLATZ** 5,3 % aller Übernachtungen / 29,6 % Camping / 70,4 % frei

Entfernung:	Frankfurt - Landesgrenze: 2.010 km
	Frankfurt - Athen: 2.620 km
Belästigungen:	15 Diebstähle: 0
Übernachten auf Straßen oder Parkplätzen: nein	
Übernachten auf Privatgrund mit Erlaubnis: ja	

Verkehrsamt:	Neue Mainzer Str. 22, 60311 Frankfurt
	Tel. 069-23 65 61-63, Fax 23 65 76
Botschaften:	Jägerstraße 54/55, 10117 Berlin
	Tel. 030-20 62 0, Fax: 20 62 64 44
	www.griechische-botschaft.de; eMail: press-and-information@griechische-botschaft.de
	Karaoli & Dimitriou 3, 10675 Athen-Kolonaki
	Tel. 0030 / 210-72 85 111, Fax: 210-72 85 335
	Leoforos Magalou Alexandrou 33, Thessaloniki
	Tel. 0030 / 2310-25 11 20 (Generalkonsulat)
Dokumente:	Ausweis (für RU/BG-Transit bzw. Autoput HR-SRB-MK jedoch Pass <u>und</u> Grüne Versicherungskarte mit entsprechender Freischaltung).
Haustier:	EU-Haustierpass (Balkan zusätzl. Antikörpertest)
Grenze:	EU-Bereich, Waren für eigenen Gebrauch frei.
Verkehr:	WOMO bis 3,5 to: 50/80/80/90 km/h
	WOMO ab 3,5 to: 50/80/80/90 km/h
	Gurtpflicht: ja, Promillegrenze: 0,5.
Polizeiruf:	100, Rettungsdienst: 166
	Pannenhilfe: 104 (ELPA); privates Abschleppen ist verboten, Reservekanister verboten.
Geld:	Visa, Eurocard, EC-Karte (Automat).
Telefon:	Nach GR: 0030, D: 0049; A: 0043, CH: 0041.

Griechenland, Peloponnes (WOMO-Reihe, Band 19)

VIII. PLATZ	3,3 % aller Übernachtungen	
	27,6 % Camping / 72,4 % frei	

Entfernung: Frankfurt - Landesgrenze: 1.500 km
Frankfurt - Lissabon: 1.930 km
Belästigungen: 3 Diebstähle: 1
Übernachten auf Straßen oder Parkplätzen: ja
(nicht in Wohn- und Wasserschutzgebieten und an Stränden)
Übernachten auf Privatgrund mit Erlaubnis: ja (jedoch s.o.)

Verkehrsamt: Schäfergasse 17, 60313 Frankfurt
Tel. 069-234094, Fax 069-231433
Botschaften: Zimmerstraße 56, 10117 Berlin
Tel.: 030-590 06 35 00, Fax: 590 06 36 00
Campo dos Mártires da Pátria 38
P-1169-043 Lisboa, Tel. 00351-21-8810210
Dokumente: Personalausweis, Grüne Karte empfohlen.
Haustier: EU-Heimtierpass mit Tollwutimpfung 30 Tage -
12 Monate alt, Chip.
Grenze: EU-Bereich, Waren für eigenen Gebrauch frei.
Verkehr: Bis 3,5 to: 50/90-100/120 km/h
Bis 7,5 to: 50/80-90/90 km/h
Über 7,5 to: 50/70-80/90 km/h

Gurtpflicht: ja Promillegrenze: 0,5.
Polizeinotruf: 115, Rettungsdienst 115.
Achtung: Warnweste vorgeschrieben!
Pannenhilfe des Automobilclubs ACP:
01-9425095 (Süden), 02-8301127 (Norden).
Geld: Visa, Eurocard, EC-Karte (Automat).
Telefon: Nach P: 00351, D: 0049; A: 0043, CH: 0041.

Portugal,Chaves, Brücke über dern Rio Tâmega (WOMO-Reihe, Band 23)

 **IX. PLATZ** — 3,2 % aller Übernachtungen / 54,0 % Camping / 46,0 % frei

Entfernung: Frankfurt - Landesgrenze: 530 km
Frankfurt - Wien: 720 km
Belästigungen: 2   Diebstähle: 0
Übernachten auf Straßen oder Parkplätzen: ja
Ausnahme: In Wien und Tirol generell verboten.
WOMO-Tipp: Wien (nur StPl.) und Tirol meiden!
Übernachten auf Privatgrund mit Erlaubnis: ja

Verkehrsamt: Klosterstr. 64, 10179 Berlin
Tel. 030-219148-0, Fax: 030-2136673.
www.austria.info/de
Botschaften: Stauffenbergstr. 1, 10785 Berlin
Tel.: 030-202870, Fax: 22 90 569
www.oesterreichische-botschaft.de;
berlin-ob@bmeia.gv.at
Metternichgasse 3, A-1030 Wien
Tel. 01-7 11 54-0, Fax: 01-7 13 83 66
Dokumente: Personalausweis
Haustier: EU-Heimtierpass, Chip.
Grenze: EU-Bereich, Waren für eigenen Gebrauch frei.
Verkehr: Bis 3,5 to: 50/100/130 km/h
Über 3,5 to: 50/ 70/ 80 km/h
Gurtpflicht: ja, Promillegrenze: 0,5.
Reflektierende Warnweste, tagsüber Abblendlicht!
Polizeinotruf: 133, Rettungsdienst: 144
Pannenhilfe: 120 (ÖAMTC)
Geld: Visa, Eurocard, EC-Karte (Automat).
Telefon: Nach D: 0049; A: 0043, CH: 0041.

Österreich (Ost), Blick auf Hochwolkersdorf (WOMO-Reihe, Band 59)

 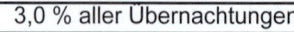 

X. PLATZ — 3,0 % aller Übernachtungen — 39,2 % Camping / 60,8 % frei — GB

Entfernung:	Frankfurt - Landesgrenze: 615 km
	Frankfurt - London: 735 km
Belästigungen: 0	Diebstähle: 0
Übernachten auf Straßen oder Parkplätzen: nicht einheitlich	
Übernachten auf Privatgrund m. Erlaubnis: ja	

Verkehrsamt:	BTA (British Tourist Authority)
	Westendstr. 16-22, 60325 Frankfurt/Main
	Tel.: 069-97 11 23, Fax: 97 11 24 44
	www.visitbritain.com/de/DE/
Botschaften:	Wilhelmstraße 70, 10117 Berlin
	Tel.: 030-20 45 70
	23 Belgrave Square, London SW1 X (PZ
	Tel.: 020-78 24 13 00, Fax: 020-78 24 14 49
Dokumente:	Personalausweis, KFZ-Schein,
	Grüne Versicherungskarte empfohlen.
Haustier:	EU-Heimtierpass mit Tollwutimpfung 30 Tage - 12 Monate alt, Bandwurmbehandlung, Chip.
Grenze:	EU-Bereich, Waren für eigenen Gebrauch frei, Geflügel-, Schweinefleisch, Eier verboten!
Verkehr:	48/96/112 km/h. Achtung: Linksverkehr, alle Angaben in Meilen (1,61 km).
	Gurtpflicht: ja, Promillegrenze: 0,8.
	Allgemeiner Notruf: 999 oder 112
Brücken:	WOMO-Höhe in Fuß? 1 ft = 30,48 cm
Geld:	Visa, Eurocard, Eurocheque-Karte (Automat).
Telefon:	Nach GB: 0044, D: 0049; A: 0043, CH: 0041.

Schottland, durch die Highlands (WOMO-Reihe, Band 33)

2,6 % aller Übernachtungen	
58,7 % Camping / 41,3 % frei	

Entfernung: Frankfurt - Tarifa (Fähre): 2500 km
Frankfurt - Sète (Fähre): 1030 km
Belästigungen: 12 Diebstähle: 0
Übernachten auf Straßen oder Parkplätzen: ja
Übernachten auf Privatgrund m. Erlaubnis: ja

Verkehrsamt: Graf-Adolf-Straße 59, 40210 Düsseldorf
Tel.: 0211-37 05 51/52
www.tourismus-in-marokko.de/
Botschaften: Niederwallstraße 39, 10117 Berlin
Tel.: 030-20 61240, www.botschaft-marokko.de
botschaft@marokko.com
7, Zankat Madine, Rabat, Tel.: 07-70 96 62
Dokumente: Reisepass (noch 6 Monate gültig), KFZ-Schein, Grüne Karte (gültig für Marokko!).
Haustier: Amtstierärztliches Gesundheitszeugnis (max. 10 Tage alt, engl. oder franz.), Chip.
Grenze: Waren für eigenen Gebrauch frei. Sehr strenge Drogenkontrollen!
Verkehr: 40/60/100/120 km/h.
Gurtpflicht: ja, Promillegrenze: 0,0.
Notruf: 19, Feuerwehr: 15,
ADAC: 0034 935 08 28 08
Geld: Visa, Eurocard, Eurocheque-Karte (Automat).
Telefon: Nach MA: 00212, D: 0049; A: 0043, CH: 0041.

Marokko, Dünen des Erg Chebbi (WOMO-Reihe, Band 67)

XII. PLATZ

2,1 % aller Übernachtungen
51,0 % Camping / 49,0 % frei

Entfernung: Frankfurt - Landesgrenze: 580 km
Frankfurt - Warschau: 1050 km
Belästigungen: 0   Diebstähle: 1
Übernachten auf Straßen oder Parkplätzen: ja
Übernachten auf Privatgrund m. Erlaubnis: ja

Verkehrsamt: Marburger Straße 1, 10789 Berlin
Tel. 030-210 09 20, Fax: 030-210 09 214
Botschaften: Lassenstraße 19-21, 14193 Berlin
Tel.: 030-223 13 0, Fax: 030-223 13 155
www.polen-botschaft.de
Ambasada Republiki Federalnej Niemiec
PL-03-932 Warszawa, ul. Dabrowiecka Nr. 30
Tel. +48-22-617 30 11, Fax: +48-22-617 35 82
Dokumente: Personalausweis, KFZ-Schein, Grüne Versicherungskarte empfohlen.
Haustier: EU-Heimtierpass mit Tollwutimpfung 30 Tage - 12 Monate alt, Chip.
Grenze: EU-Bereich, Waren für eigenen Gebrauch frei.
Verkehr: Bis 3,5 to: 50/90-110/130 km/h
Über 3,5 to: 50/70/80 km/h
Gurtpflicht: ja, Promillegrenze: 0,2.
Tagüber Abblendlicht einschalten.
Allgemeiner Notruf: 999, Polizei: 997
Polnischer Automobilclub PZM: 022-259 734
Geld: Visa, Eurocard, Eurocheque-Karte (Automat).
Telefon: Nach PL: 0048, D: 0049; A: 0043, CH: 0041.

Polen (N), am Jezioro Kierskie bei Posen (WOMO-Reihe, Band 61)

XIII. PLATZ	2,0 % aller Übernachtungen	DK
	45,6 % Camping / 54,4 % frei	

Entfernung: Frankfurt - Landesgrenze: 660 km
Frankfurt - Kopenhagen: 810 km
Belästigungen: 5 Diebstähle: 0
Übernachten auf Straßen oder Parkplätzen: ja
Übernachten auf Privatgrund mit Erlaubnis: ja

Verkehrsamt: Glockengießerwall 2, 20095 Hamburg
Tel. 040-32 02 11 41, Fax: 33 70 83
www.daenemark.dt.dk
Botschaften: Rauchstraße 1, 10787 Berlin
Tel.: 030-50 50 20 00, Fax: 50 50 20 50
www.daenemark.org, beramb@um.dk
Stockholmsgade 57, 2100 Kopenhagen
Tel. +45 35 45 99 00, Fax: 35 45 99 11
Dokumente: Personalausweis, Grüne Karte empfohlen.
Haustier: EU-Heimtierpass mit Tollwutimpfzeugnis.
Grenze: EU-Bereich, Waren für eigenen Gebrauch frei.
Verkehr: Bis 3,5 to: 50/80/110-130 km/h
Über 3,5 to: 50/70/70 km/h
Gurtpflicht: ja, Promillegr.: 0,5, Anfänger: 0,1.
Tagsüber Abblendlicht einschalten!
Allgemeiner Notruf: 112 münzfrei
Pannenhilfe: 70 10 80 90 oder 70 10 20 30
Deutschsprachiger Notruf: 45 93 17 08
Geld: Visa, Eurocard, Eurocheque-Karte (Automat).
Telefon: Nach DK: 0045, D: 0049; A: 0043, CH: 0041.

Dänemark, frisches Badeidyll an der Ostsee (WOMO-Reihe, Band 53)

XIV. PLATZ	1,8 % aller Übernachtungen	
	76,8 % Camping / 23,2 % frei	

Entfernung: Frankfurt - Landesgrenze: 260 km
Entfernung: Frankfurt - Amsterdam: 440 km
Belästigungen: 0 Diebstähle: 0
Übernachten auf Straßen oder Parkplätzen: nein
Übernachten auf Privatgrund m. Erlaubnis: nein

Verkehrsamt:	Postfach 270580, D-50511 Köln
	Tel.: --
	Fax: --
Botschaften:	Klosterstraße 50, D-10179 Berlin
	Tel.: 030-20956-0,
	Fax: 030-20956 441
	Seftigenstrasse 7, CH-3000 Bern
	Tel.: 031-350 87 00
	Postfach 190, A-1015 Wien
	Tel.: 01-589 39-0
	Fax: 01-589 39-265
Dokumente:	Personalausweis, Führerschein, KFZ-Schein
Haustier:	EU-Heimtierpass mit Tollwutimpfung, Chip.
Grenze:	EU-Bereich, Waren für eigenen Gebrauch frei.
Verkehr:	50/80/100/130 km/h
	An gelben Fahrbahnrändern Parkverbot.

Niederlande, Oosterscheldekering (WOMO-Reihe, Band 71)

1,4 % aller Übernachtungen
48,1 % Camping / 51,9 % frei

Entfernung: Frankfurt - Landesgrenze: 320 km
Entfernung: Frankfurt - Bern: 420 km
Belästigungen: 6   Diebstähle: 0
Übernachten auf Straßen oder Parkplätzen: ja (1x)
Übernachten auf Privatgrund m. Erlaubnis: ja

Verkehrsamt: Kaiserstraße 23, 60311 Frankfurt
  Tel. 069-25 60 010, Fax: 069-25 60 01 10
Botschaften: Kirchstraße 13, 10557 Berlin
  Tel.: 030-390 40 00, Fax: 391 10 30
  Willadingweg 83, CH-3000 Bern 16
  Tel. 031-3 59 41 11
  Kirchgasse 48, CH-8001 Zürich
  Tel. 01-2 65 65 65 (Generalkonsulat)
Dokumente: Personalausweis
Haustier: EU-Heimtierpass mit Tollwutimpfung 30 Tage - 12 Monate alt, Chip.
Grenze: 200 Zigaretten, 1 L Schnaps, 2 L Wein.
Verkehr: Bis 3,5 to: 50/80/100/120 km/h
  Über 3,5 to: 50/80/100/100 km/h
  Gurtpflicht: ja, Promillegrenze: 0,5.
  Polizeinotruf: 117, per Handy 112
  Rettungsdienst: 144, Pannenhilfe: 140
Geld: Visa, Eurocard, EC-Karte (Automat).
Telefon: Nach CH: 0041, D: 0049; A: 0043, CH: 0041.

Schweiz (W), (WOMO-Reihe, Band 50)

„Urlaubsvorbereitung" 179

XVI. PLATZ	1,2 % aller Übernachtungen	H
	76,8 % Camping / 23,2 % frei	

Entfernung: Frankfurt - Landesgrenze: 820 km.
Entfernung: Frankfurt - Budapest: 980 km
Belästigungen: 1   Diebstähle: 1
Übernachten auf Straßen oder Parkplätzen: nein
Übernachten auf Privatgrund m. Erlaubnis: nein

Verkehrsamt:	Wilhelmstr. 61, 10117 Berlin
	Tel.: 030-24 31 46 0
	Fax: 030-24 31 46 13
Botschaften:	Unter den Linden 76, D-10117 Berlin
	Tel.: 030-20 31 00, Fax: 030-22 91 31 4
	Muristrasse 31, CH-3006 Bern
	Tel.: 031-352 85 72, Fax: 031-352 85 73
	Bankgasse 4-6, A-1010 Wien
	Tel.: 01-537 80 300, Fax: 01-535 99 40
Dokumente:	Ausweis/Reisepass, Führerschein, Fahrzeugschein
Haustier:	EU-Heimtierpass mit Tollwutimpfung, Chip (vor 2011 Tätowierung)
Grenze:	EU-Bereich, Waren für eigenen Gebrauch frei. Grenzwerte: Ab 18 J. 250 Zigaretten, 2 l Wein, 1 l Schnaps.
Verkehr:	50/90/110/130 km/h, m. Anhänger 80 km/h
Geld:	Visa, Eurocard, EC-Karte (Automat).
Telefon:	Nach H: 0036, D: 0049; A: 0043, CH: 0041.

Ungarn, Reiterakrobatik in der Pußta (WOMO-Reihe, Band 34)

XVII. PLATZ — 1,1 % aller Übernachtungen / 34,9 % Camping / 65,1 % frei

Entfernung: Frankfurt - Landesgrenze: 1175 km.
Entfernung: Frankfurt - Dublin: 1175 km
Belästigungen: 2   Diebstähle: 0
Übernachten auf Straßen oder Parkplätzen: nicht einheitlich
Übernachten auf Privatgrund m. Erlaubnis: ja

Verkehrsamt:	Untermainanlage 1, D-60329 Frankfurt/Main Tel.: 069-923 185 50, Fax: 923 185 55
Botschaften:	Jägerstraße 51, D-10117 Berlin Tel.: 030-22 07 20, Fax: 22 07 22 99 info@irish-embassy.de 31 Trimlestone Avenue, Booterstown, Co. Dublin Tel.: 01-269 3011 (von D: 003531-269 3011)
Dokumente:	Ausweis, Führerschein, Fahrzeugschein Grüne Versicherungskarte empfohlen
Haustier:	EU-Heimtierpass mit Tollwutimpfung 30 Tage - 12 Monate alt, Bandwurmbehandlung, Chip.
Grenze:	EU-Bereich, Waren für eigenen Gebrauch frei. Geflügel, Schweinefleisch, Eier verboten!.
Verkehr:	48/96/112 km/h. Achtung: Linksverkehr, alle Angaben in Meilen (12,61 km) Gurtpflicht: ja, Promillegrenze: 0,8 Allg. Notruf: 999, 100 oder 112 Pannenhilfe: 1800-667788
Geld:	Visa, Eurocard, EC-Karte (Automat).
Telefon:	Nach IRL: 00363, D: 0049; A: 0043, CH: 0041.

Irland, Inch Strand (WOMO-Reihe, Band 29)

„Urlaubsvorbereitung" 181

| sonst. Länder | 5,8 % aller Übernachtungen |  |
| | 50,2 % Camping / 49,8 % frei | |

Genau 5,8% aller Übernachtungen fehlen in unserer Übersicht. Aber Sie glauben ja gar nicht, in welchen Ecken der Welt sich WOMO-Fahrer auch herumtreiben: Aus den USA, Neuseeland, Mexiko, ja sogar aus verschiedenen Staaten der ehemaligen UdSSR erreichte uns schon Post, aber auch das Baltikum, Belgien, Bulgarien, Rumänien, Island, Luxemburg, die Slowakei oder Tschechien hatte zu geringe Besucherzahlen aufzuweisen, um ausgewertet werden zu können.
Welches wird nun Ihr nächstes Urlaubsland werden?

Wie wär's mal mit Belgien? (WOMO-Reihe, Band 45)

Immerhin soll es auch Leute geben, die suchen sich ihr Urlaubsland nach der Kaufkraft des Geldes aus. Hier die Daten des "Statistischen WOMO-Amtes" (errechnet aus Campingplatzgebühren, Treibstoffkosten, Supermarkt- und Gaststättenpreisen):

Devisen

„Rechtzeitig vor Fahrtantritt Geld umtauschen!" so liest man's vor den Ferien allenthalben. Dabei kommt inzwischen kein Fernreisender mehr auf die Idee, seiner Bank oder einem Dieb das Geld in den Rachen zu werfen.

In der Regel kann man davon ausgehen: Je kleiner (Pardon: unbedeutender) das Land ist und je weiter weg, desto schlechter ist der Kurs seiner Währung bei einer deutschen Bank!

Aber selbst, wenn im Ausland kaum ein Pfennig Gewinn herauszuholen wäre (und das gesamte Euroland ist ja kein Ausland mehr!) – welcher vernünftige Mensch schleppt denn mehr Geld mit sich herum, als er für eine Woche braucht? Folglich tauschen wir für die Transitländer nur die Beträge um, die für Treibstoff, Gaststättenbesuche und eventuell Campingplatz zu erwarten sind und nehmen den Rest in "verschlüsselter mit. Darunter verstehen wir "Geld", das ein Dieb
entweder gar nicht mitnimmt oder womit er nichts anfangen kann: Visa- oder Eurocard, ec-Karten (ec = electronic cash) oder Traveller- (Reise-)schecks bieten sich dafür an.

Wertung:

Visa und Co. sind ideal, um größere Rechnungen zu bezahlen; beim Tanken und beim Bezahlen der Autobahnmaut tun sie beste Dienste. Allerdings sollte man ein waches Auge darauf haben, was mit der Karte geschieht – und ob der abgezogene Betrag auch stimmt! Geht die Karte verloren oder wird sie gestohlen, haftet man bis max. 50 Euro (mit Foto des Inhabers auf der Karte überhaupt nicht).

Für die Benutzung der Karte brauchen Sie im Inland nichts zu bezahlen (dafür wird Ihr Geschäftspartner geschröpft). Erkundigen Sie sich aber rechtzeitig, welche Gebühr man für den Auslandseinsatz berechnet (sie liegt meist zwischen 1% und 2%). Für die Bargeldbeschaffung sind Visa & Co. ungünstig, weil man jetzt **Sie** schröpfen möchte (ca. 3% Gebühr + Auslandseinsatzgebühr!). Uns bekannte Ausnahmen sind die DBK, comdirect und die ING-DiBa, mit deren Visa-Karten man einige Male (auch im Ausland) gebührenfrei Geld abheben kann.

Preiswerter ist die sich schnell ausbreitende Möglichkeit, den Geldautomaten mit der ec-Karte (+ Geheimzahl) zu füttern: Von Andorra über A, B, CH, DK, E, F, GB, GR, IRL, I, L, NL, N, P, S bis Zypern bekommt man an ca. 900.000 Automaten mit dem Maestro-Logo pro Tag etwa 300-1000 Euro in Landeswährung und zahlt dafür einheitlich nur 2,50 Euro.

Man sagt zwar: „Bargeld lacht", und manch' günstigen Kauf haben wir direkt mit den bunten Scheinen getätigt.

Aber es gibt leider auch Mitmenschen, die haben den Kurs für sich 1 : 0 festgesetzt! Deshalb kann man für größere Bargeldvorräte nur raten: Festgeschraubter Tresor an versteckter, schwer zugänglicher Stelle oder ein wirklich gutes Geheimfach, z.B. im hohlen Tischrohr oder, wasserdicht verschlossen, im Wassertank.

Schließlich haben wir ja einiges getan, um Dieben den Einbruch so schwer wie möglich zu machen oder sie zu vertreiben, bevor sie sich in Ruhe an die Suche machen können. Falls es ihnen wirklich gelingen sollte, das ganze Auto zu klauen, dann machen die paar Euro den Kohl auch nicht fett.

Wenn Ihre Kredit- oder ec-Karte geklaut wurde, müssen Sie sofort die zentrale Sperrnummer anrufen, um Ihre eigene Haftung einzugrenzen:
In Deutschland: 116 116, vom Ausland aus: 0049-116 116
Praktischerweise sollte man die Sperrnummer, die Kontonummer, die BLZ bzw. die Kartennummer ins Handy einspeichern oder hier notieren:

ec-Karte Konto-Nr. _____	BLZ: _____
Kreditkarten-Nr. _____	

Autobahngebühren

Als unsere Vorfahren noch mit dem Ochsengespann durch die deutschen Länder zogen, zierte jede Landesgrenze ein Schlagbaum mit zwei Zollhäuschen. Die dort tätigen Geldeintreiber hatten sich, obwohl weiland Christus mit ihren Vorfahren gespeist hatte, nicht gebessert. Da heute nicht mehr an den Grenzen, sondern "nur" bei regelmäßigen Staus der Verkehr aufgehalten wird, haben Mautstellen das Geldeintreiben übernommen.

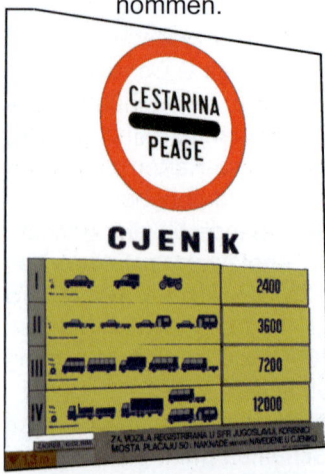

Im Gegensatz zur "guten, alten Zeit" kann jetzt fast jeder Passant lesen. Um ihn trotzdem übers Ohr hauen zu können, wurden Tarifklassen eingeführt, die so verwirrend sind, dass oft selbst ein minutenlanges Studium der Preistafeln sinnlos wäre – wenn man sich die Zeit nehmen könnte, ohne von den Nachdrängenden gelyncht zu werden.

Ein Beispiel aus "alter" Zeit: Die Brücke zur kroatischen

Adriainsel Krk ist zollpflichtig. PKWs, PKWs mit Hänger, LKWs, LKWs mit Hänger, so lauten die Piktogramme, die mit den (meist mehrfach überklebten) Beträgen der kroatischen Währung garniert sind. Meine Empörung, in die LKW-Klasse aufgenommen zu werden, ignoriert der Schlagbaumbediener mit Gelassenheit – die Nachfolgenden werden es mir schon zeigen, denkt er. Aber er hat Pech, es folgt z.Zt. keiner und ich beginne mit Wendemanövern.

Da schwingt er sich aus dem Sessel, nähert sich mir mit einem Prügel – ich ahne schlimmes – und macht mir damit klar, dass mein Fahrzeug über der Vorderachse höher als 1,30 Meter sei – und deshalb ein LKW. Übrigens, Krk war schön, sonnig und fast menschenleer – aber wir schrieben auch den achten April.

Wie verhält sich der gewarnte Maut-Bezahler?

- Er besorgt sich bei seinem Automobilclub oder beim Fremdenverkehrsamt des entsprechenden Landes ein Mautverzeichnis und studiert es genau.
- Er macht sich mit der Währung vertraut. Zu Beginn des Urlaubs kann es leicht passieren, dass man statt 1000 den 10.000er einer fremden Währung hinlegt.
- Auch außerhalb der EU nimmt man gern den €, meist zu überhöhtem Kurs. Halten Sie einheimisches Geld bereit! Oft werden zu Beginn einer Mautstrecke Karten per Hand ausgeteilt, mit deren Hilfe am Ende der Strecke automatisch der Betrag berechnet wird. Dies weckt Vertrauen!
- Der Kartenausteiler kann Sie aber (mit der Karte) bereits in die falsche Kategorie eingeteilt haben. Der Beifahrer sollte die Zeit zum Studium der Aufschrift nutzen.
- Müssen Sie gleich zahlen: Suchen Sie sich eine längere Schlange aus! Hier können Sie sorgfältiger die Symbole studieren und sofort Widerspruch ein legen. Später haben Sie keine Chance!

Reiseplanung

Wir kommen zum Hauptthema! Beim Wohnmobilurlaub sind Sie Reisebüro, Busunternehmer, Hotelier und "maître de plaisir", was so viel wie ein Unterhaltungskünstler ist, gleichzeitig – oder zumindest der Reihe nach.

Ein Plaisir wird Ihr Urlaub aber nur, wenn da "etwas geboten ist"! Sicher, wir sind auch schon "ins Blaue" gefahren und haben Tolles erlebt, wunderschöne Gegenden entdeckt, die in keinem Reiseführer standen – aber der "Urlaubsrahmen" muss wenigstens abgesteckt sein.

Wie geht der Reiseprofi vor?

Sie haben sich mit Ihren Lieben auf ein Urlaubsziel geeinigt? Na bravo, der "kleine Rest" kann, mit ein bisschen Übung, zur

Routine werden!
Nehmen wir einmal an, Sie und Ihre Familie haben sich für Nordspanien entschieden (eine gute Wahl!).

☞ Zunächst brauchen Sie eine Übersichtskarte des Urlaubslandes (Maßstab 1:200.000 – 1:800.000, je nach Größe des ausgewählten Reisezieles; für Nordspanien z. B. die 1:350.000 von Reise-KnowHow). Diese heften Sie an eine freie Wand in Ihrer Studierklause und legen farbige Textmarker parat.

☞ Ihr nächster Weg führt Sie idealerweise in die Stadtbücherei, wo Sie passende Reise-/Kunstreise- und Wanderführer ausleihen. Wir kommen nie ohne Baedeker, DuMont, Michelin und Michael-Müller-Verlag aus, für die Wanderplanung lieben wir die roten Rother-Wanderführer.

Keine Leihbücherei in der Nähe? Dann wird's teurer!
Beim Betreten Ihrer Buchhandlung stolpern Sie fast über die Drehständer mit den billigen Massenprodukten. Bleiben Sie standhaft! Deren "Insidertipps" können nur zu Massenansammlungen führen. Blättern Sie in den o. a. Werken, falls sie vorrätig sind. Ansonsten können wir für die Suche im Internet www.buchhandel.de oder www.buch24.de empfehlen.
Die Bücher Ihrer Wahl liegen bereit?

Frankreich, Languedoc, am Strand von Espiguette (WOMO-Reihe, Band 22)

Dann folgt das Literaturstudium!

☞ **Färben** Sie auf Ihrer Übersichtskarte all das an, was Ihnen sehenswert erscheint. Seien Sie nicht sparsam – Zügel müssen Sie sich erst anlegen, wenn es um die Tourenplanung geht:

☞ Am Beginn steht die Urlaubszeit (Beispiel: 26 Tage)!
Rechnen Sie für die Transitstrecken ein **Tageslimit** von etwa 500 Kilometern. Die dafür benötigten Tage ziehen Sie von der Urlaubszeit ab (Beispiel: D – Nordspanien – D: 2500 km = 5 Tage). Jetzt sind noch drei Wochen übrig. Diese Zeit teilen

Sie wieder durch drei: Eine Woche Nichtstun, zwei Wochen Mixed-Programm mit Besichtigungen, Baden und täglichem "Weiterrücken" um etwa 100 km. Auf diese Weise kommen Sie (in unserem Beispiel) bis in die entlegenste Ecke Galiciens, pilgern bis Santiago de Compostela und kehren wieder zur spanisch-französischen Grenze zurück.

Nord-Spanien, Playa de Baleo (WOMO-Reihe, Band 2)

☞ Jetzt müssen Sie von einem großen Teil der farbigen Kleckse auf Ihrer Karte Abschied nehmen und einen **Tourenverlauf** einzeichnen. Aber trösten Sie sich! Die Farbe ist haltbar – und jedes Jahr hat einen Sommer....
Bestens gerüstet für die Reise? Nein, keineswegs!
Denn wo wollen Sie abends Ihr müdes Haupt betten bzw. Ihr WOMO abstellen?
Zum Kauf eines Campingführers raten wir nur bedingt. Bedenken Sie: Campingplätze sind in erster Linie für Dauergäste eingerichtet, nicht für durchreisende Unruhegeister. Auf die ist man gar nicht scharf, schon gar nicht in der Hauptsaison.
Sie wollen gar nicht auf einen Campingplatz, zumindest nicht jeden Abend; Sie wollen reisen (nicht rasten)!?
Nun, dann werden Sie sich Abend für Abend auf die oft recht zeitraubende Suche nach einem geeigneten Schlafplätzchen machen müssen. Das macht Spaß, ist aber wie gesagt recht zeitaufwändig und endet manchmal mit frustrierenden Ergebnissen und Reinfällen.
Ich will Ihnen an dieser Stelle ganz sicher keine Angst machen, ich weiß nur, wovon ich rede. Schließlich mache ich seit über 30 Jahren nichts anderes, als Reiseführer für Wohnmobilurlauber zu schreiben!
Falls Ihnen Ihre Zeit zu schade für Experimente ist: Die schöns-

ten Plätzchen Europas findet man in den über 80 WOMO-Reiseführern. Es gibt kaum eine (bereisenswerte) Ecke, über die es keinen WOMO-Reiseführer gibt.

Aber sein Inhalt erschöpft sich nicht in schönen Übernachtungsplätzen! Die Höhepunkte von Kunst und Kultur, Gaststätten und Natur des Urlaubslandes sind aufgereiht an schönen Touren, die man bequem abfahren kann. Dabei denken die Autoren des WOMO-Verlages natürlich viel professioneller an die Bedürfnisse eines Wohnmobilurlaubers, als es ein "normaler" Reiseführerautor könnte: Freie Stellplätze, differenziert in Bade-, Picknick- und Wanderparkplätze, schöne Campingplätze, Ver- und Entsorgungsstationen, öffentliche Toiletten, Trinkwasserstellen, Duschen werden aufgeführt und samt Anfahrt präzise beschrieben, natürlich fehlen auch GPS-Koordinaten nicht. Bereits während der Anreise zum Urlaubsland wird man auf ausgesuchten Strecken bestens begleitet und mit Übernachtungsplätzen versorgt.

"Blind" <u>kann</u> man dem Tourenverlauf folgen, <u>muss</u> man aber nicht! Abkürzungen, Umwege, Tourenvarianten sind jederzeit möglich. Deshalb hat der Autor zu jedem WOMO-Reiseführer die <u>beste</u> Autokarte aus dem Angebot herausgesucht (gibt's beim WOMO-Versand), während die empfohlenen Anreiserouten und Touren natürlich mit Spezialkarten im Buch versehen sind, auf denen auch die freien Stellplätze, Campingplätze, Wasserstellen usw. eingezeichnet sind.

Griechenland, Pindos-Gebirge (WOMO-Reihe, Band 1)

Trotzdem will ich an dieser Stelle einen kurzen Blick auf das Kartenangebot in Europa werfen:

Ähnlich gut bedient wie in Deutschland mit seinem perfekt abgestuften Kartenprogramm werden wir nur in Skandinavien, Frankreich, Österreich und der Schweiz. Auch über Portugal,

Spanien und Italien (z. B. Michelin-Karten) können wir nicht klagen. Je mehr wir uns aber nach Südosten entfernen, desto spärlicher fließt die Information. Seien es nun politische oder militärische Gründe, der Tourist hat das Nachsehen.

Oft war unsere einzige Rettung an einer unbeschilderten Straßenkreuzung unser Kompass (oder das GPS-Gerät).

Sie werden zwar sehr schnell feststellen, dass es in den Ländern mit den schlechtesten Karten die nettesten Menschen gibt, die auch noch in aller Eile einen ehemaligen Gastarbeiter hervorzaubern werden, der Ihnen in einwandfreiem Schwäbisch (Mercedes, Stuttgart) oder Kölsch (Ford, Köln) den Weg zeigen wird. Aber es breitet sich eine noch freundlichere Atmosphäre aus, wenn Sie wenigstens mit einigen Brocken in der Landessprache antworten können.

Ob Sie sich jetzt nun für ein **Taschenwörterbuch** im herkömmlichen Sinne entscheiden, in dem sehr viele Vokabeln stehen, die Sie sehr schnell finden – oder für ein Büchlein mit Redewendungen, die aber im Notfall wie verhext versteckt sind, das müssen Sie selbst entscheiden. Wir empfehlen die Sprechführer der **Kauderwelsch-Reihe** (die Sie auch beim WOMO-Verlag bestellen können), denn nur in ihnen finden Sie eine geradezu geniale "Einführungsgrammatik", mit deren Hilfe man die fremde Sprache einfach lernen muss!

Benutzungsvollmacht

Sie fahren mit dem eigenen Wohnmobil, dessen KFZ- Schein auf Ihren Namen ausgestellt ist? Sie haben auch nicht die Absicht, am Ende des Urlaubs die Heimreise mit PKW, Bahn oder Flugzeug anzutreten und zum Beispiel Ihren Eltern oder Kindern das Fahrzeug zum Urlaub zu überlassen? Dann können Sie diesen Abschnitt überblättern.

Wer aber sein Gefährt gemietet oder auch kostenlos geliehen hat oder es zu diesem Zwecke erst im Urlaubsland übernimmt, der kann ohne entsprechende Dokumente erhebliche Probleme bekommen.

Schlimmster Fall:
Sie mieten ein Wohnmobil, der deutsche Vermieter bietet Ihnen an, mit dem Flugzeug anzureisen und das Wohnmobil erst im Urlaubsland zu übernehmen – eine an sich bestechende

Idee! Der Vermieter verstößt aber gegen eine ganze Latte von Steuer- und Zollgesetzen, denn schließlich ist er mit seinem Gewerbe nur im Heimatland angemeldet – den Ärger bekommen Sie, vor Ort.

Falls Sie von guten Freunden ein Wohnmobil geliehen haben, per Flieger anreisen und das Fahrzeug erst im Gastland übernehmen?

Dann darf bei anfallenden Behördengesprächen **nie** die Rede von Bezahlung dafür sein!

Wie verhält sich der korrkte Wohnmobil-Mieter?

- Prinzipiell raten wir zur Mitnahme der ausgedruckten Vollmacht. Es reicht, wenn Sie sich davon eine Fotokopie machen und alles, bis auf die Bestätigung, gemeinsam mit dem Verleiher ausfüllen. Diese Bestätigung ist für die meisten Länder nicht vorgeschrieben.
- Für die Länder Serbien, Bulgarien und die Türkei sowie alle außereuropäischen Länder brauchen Sie zusätzlich diese offizielle Bestätigung. Dafür können Sie einen Notar aufsuchen, Ihren Automobil-Club bemühen – oder die fertig ausgefüllte Vollmacht an die Botschaft des Urlaubslandes zwecks Bestätigung übersenden.

Wann ist der Crew-Wechsel genemigungspflichtig?

- Prinzipiell kann man auch hier sagen: Wo kein Kläger, da kein Richter! Das heißt, wenn niemand den Tausch feststellen kann, ist sein Verbot auch nicht zu überwachen. Dies ist jedoch leicht möglich, wenn das Fahrzeug in den Pass eingetragen wird – wie es z. B. an der türkischen und marokkanischen Grenze geschieht.
- Für den Crew-Wechsel in solchen Ländern empfiehlt sich also zunächst eine Anfrage bei der entsprechenden Botschaft in Berlin – gleichzeitig mit der Bitte um offizielle Bestätigung der Vollmacht.
- Die Übertragung des Fahrzeuges von Pass zu Pass vollziehen die Zollämter im Urlaubsland.

Sie möchten eine Empfehlung haben, die diesen zeitaufwendigen Behördenkram möglichst umgeht? Dann vollziehen Sie den Crew-Wechsel im **Niemandsland**, also zum Beispiel zwischen den Schlagbäumen Bulgariens und der Türkei. Dort sind große Parkplätze und damit günstige Voraussetzungen, mit Sack und Pack umzuziehen – und Passprobleme kann es nicht geben, denn das Fahrzeug ist ja bereits aus dem Pass des Heimkehrers aus- und in den Pass des Neuurlaubers noch nicht eingetragen!

Authorization * Vollmacht * Procuration

Herr / Frau
Mr. / Mrs.
M. / Mme. _____

ständiger Wohnsitz
permanent residence
domicilié (e) à _____

genaue Adresse / full address / adresse complète

ist berechtigt, mein / unser Fahrzeug für Fahrten ins Ausland zu benutzen unter Berücksichtigung der nationalen Zollvorschriften.
is authorized to use my / our vehicle for driving abroad, provided that be observes the national customs regulations.
est autorisé à conduire mon / notre véhicule lors de voyages à l'étranger, à condition de respecter les réglementations douanières nationales.

Marke
Make
Marque _____

Pol. Kennzeichen
Registration no.
No. d'immatriculation _____

Bestätigt durch
Certified by
Certifié par

_____ _____
                                              Datum / date

Dienstsiegel
Official seal
Cachet officiel
propriétaire du véhicule

Unterschrift und evtl. Stempel des Kraftfahrzeuginhabers
Signature and, if available, stamp of vehicle owner
Signature et eventuellement cachet du

"Urlaubsvorbereitung" 191

Ein Punkt nur noch am Rande:
Ewig darf ein ausländisches Fahrzeug natürlich nicht im auserwählten Urlaubsland weilen (denn man zahlt ja dort weder Steuer noch Versicherung).

Meist wird man nach mehr als sechs Monaten straffällig, nur Finnland, die Schweiz, die jugoslawischen Nachfolgestaaten und die Türkei möchten schon nach drei Monaten unser Wohnmobil am Grenzübergang sehen. Theoretisch würde es nun reichen, eine Ehrenrunde im Niemandsland zu drehen – aber wer hat schon mehr als drei Monate Urlaub?

Krank im Urlaub

Gemein, solch ein Thema überhaupt anzusprechen. Aber noch gemeiner wäre es, im Falle einer Krankheit auch noch von einem ausländischen Arzt oder sogar der heimatlichen Krankenversicherung finanziell gerupft zu werden.

Mit den meisten Ländern Europas haben die deutschen Krankenversicherer Verträge abgeschlossen, die die kostenlose ärztliche Betreuung garantieren (sollen). Dies setzt natürlich voraus, dass Sie krankenversichert sind! Und da das keineswegs in ganz Europa so selbstverständlich ist wie bei uns, möchte man ein "Dokument" vorgelegt bekommen – den internationalen Krankenschein. Keineswegs ist der für alle Länder gleich, warum auch, dann könnten Sie ja jedes Jahr den gleichen mitnehmen und alles wäre viel zu einfach – nur innerhalb der EU ist kein Auslandskrankenschein mehr erforderlich! Lassen Sie sich vor der Reise bei Ihrer Kasse kostenlos die neue Europäische Krankenversicherungskarte EHIC (Euroean Health Insurance Card) ausstellen. Im Ausland genügt es dann, die Karte beim Arzt oder im Krankenhaus vorzulegen. Wer privat versichert ist, braucht natürlich keinen Krankenschein was nicht unbedingt ein Vorteil ist:

- In Spanien landete ich einmal in der Poliklinik beim letzten Hilfspfleger, weil man mich mangels "Dokument" für einen Sozialfall hielt.
- Mancher Landarzt glaubt, mit dem reichen Ausländer ein gutes Geschäft machen zu können – und sahnt kräftig ab. Ich wurde in Griechenland schon ganz unschuldig gefragt: „Wie hoch soll ich denn die Rechnung ausstellen – ich bekomme von Ihnen auf jeden Fall 300 €."
- Landen Sie mit Ihrem Urlaubsleiden in den Klauen eines vielbeschäftigten Kurarztes, dann hilft Ihnen oft der schönste Krankenschein nichts: Bargeld oder weiterleiden – und weitersuchen!
- Internet-Infos: www.reiseapotheke.de; www.reisevorsorge.de

Urlaubsplagen

Jetzt hat er uns schon mit dem Krankenschein geschockt, was gibt es denn noch?
Quallen, Seerosen, Seeigel, Drachenfische, Menschenhaie, Spinnen, Skorpione, Mücken, Wespen, Bienen, Hornissen – und Schlangen.
Reicht das?

Fangen wir mit dem **Menschenhai** an, der eigentlich in die tropischen und subtropischen Ozeane gehört und sich früher nur vereinzelt in Nordsee oder Mittelmeer verirrte. Seit der Einweihung des Suezkanals 1869 pilgerten, im Kielwasser der vielen Schiffe mit ihren leckeren Küchenabfällen, tausende dieser Badealpträume in unser Lieblingsgewässer. Wir dürfen uns aber damit trösten, dass Haie in erster Linie Fischschwärme anpeilen und keine Badegäste und eine steile Felsenküste den seichten Sandstränden vorziehen.

Je kleiner die Plagegeister, desto leichter übersieht man sie!
20 - 40 Zentimeter werden die **Petermännchen**, die zu den

Drachenfischen gehören. Die Strahlen der ersten Rückenflosse und ein Stachel des Kiemendeckels besitzen Giftdrüsen. Nun wird es

Petermännchen *Trachinus draco*

uns weniger gelingen, beim Baden mit ihnen in Kontakt zu kommen. Eher gelingt uns das mit unserer Neugier, die uns beim Bummel über den Fischmarkt dazu verführt, alles anzufassen – denn die Petermännchen sind schmackhafte Speisefische. Echte Plagen, vor allem an verschmutzten Felsenküsten, sind die **Seeigel**. Manche Strandpartien sind von ihnen geradezu überschwemmt, falls sich nicht eine seeigeleierstockschlürfende Franzosenfamilie über sie hergemacht hat – wofür wir ihr leicht schaudernd dankbar sind.

Das zweitbeste Mittel gegen Seeigel sind Badeschuhe. Wir brauchen sie aber nicht auf die Merkliste für die Urlaubsein-käufe

zu setzen – gibt es doch an Ort und Stelle viel billigere und schönere – in lila und gold! Ist trotzdem das Malheur passiert:
Merfen-Orange oder ein anderes **Wunddesinfektionsmittel** drauf, eine Stecknadel in der Gasflamme drei Sekunden desinfizieren und dann einen abgebrochenen Stachel nach dem anderen herauspuhlen. Keine schöne Arbeit, vor allem in den

Schwarzer Seeigel
Arbacia lixula

harten Hornhäuten der Fersen- und Zehenballen, aber eine notwendige, denn sonst kommt es zu eitrigen Entzündungen.
Ach ja, das beste Mittel:
Weiterfahren – Sie haben doch ein Wohnmobil und keine Ferienwohnung.

Das gleiche gilt für **Quallen**! Vor dem ersehnten "Sturz in die Fluten" an einem neuen Plätzchen sollte man lieber erst mal seinen Kopf mit Taucherbrille unter die Wasseroberfläche stecken. So sieht man die schönen Nesseltiere, gemütlich pumpend, heranschweben. Manchmal sind die Schwärme so dicht, dass ein Hindurchkommen unmöglich ist – und am nächsten Tag, die Strömung hat sich verändert, ist das Meer von ihnen wie leergefegt.

Leuchtqualle
Pelagia noctiluca

Bei auch nur leichtestem Kontakt werden vom Tier Nesselfäden ins vermeintliche Opfer geschossen, deren giftiger Inhalt zu brennesselartigen Rötungen, Schwellungen, aber, je nach Art, auch zu Atemnot und Herzrhythmusstörungen, Fieber oder Schüttelfrost führen kann.
Eine dicke Sonnenölschicht auf der Haut mindert die Verletzungsgefahr – und Soventol lindert Schwellung und Schmerzen.

Soventol ist auch unser "Kindertröster" bei jeder Form von Insektenstichen. Während **Wespen** und **Hornissen** so gefährlich sind, dass man bei Massenauftritten, wie sie in der Nähe von Obstbäumen mit faulendem Fallobst vorkommen, mit einem Platzwechsel reagiert, sind **Mücken** allgegenwärtige Plagegeister.
Niemand solle glauben, nur in Finnland würden sie das Urlauberleben zur Hölle machen. Auch in Griechenland, Korsika, ja in der sommertrockenen Türkei sieht man sich, vorzugsweise während der Zeit des Sonnenuntergangs, von Stukaschwärmen umringt.
Eine Reihe von Flak-Techniken haben wir mit wechselndem Erfolg ausprobiert:

- **Rückzug ins Wohnmobil**, bis sich der stärkste Ansturm gelegt hat.
- **Qualmendes Lagerfeuer**, Qualmverstärkung durch Gras oder anderes Grünzeug oder Nadelhölzer.
  Hier muss deutlich, wie später noch mehrfach, auf die riesige Waldbrandgefahr in den sommertrockenen Urlaubsländern hingewiesen werden.
- **Einsprühen mit Autan**. Das in manchen Publikationen so

hochgelobte Dschungelöl enthält die gleichen Wirkstoffe wie Autan. Decken Sie sich reichlich in Deutschland ein, am Urlaubsort gibt es meist nur kleine Fläschchen – zum Preis von großen. Eingesprüht werden müssen alle freien Körperteile und die, an denen die Kleidung direkt anliegt. Ein Mückenrüssel geht locker durch die dickste Jeans!

- Sehr wirksam ist auch das Einsprühen der Kleidung, kann aber wegen der enthaltenen Parfümstoffe zu Flecken führen. Übrigens – Autan ist am billigsten, wenn man es aus der Flasche in einen Pumpzerstäuber umfüllt.
- **Räucherspiralen mit Pyrethrum-Wirkstoffen.** Diese Mittel, gewonnen aus afrikanischen Chrysanthemen, wirken, wenn die Insekten in den aufsteigenden Qualm geraten. Dafür muss man jedoch eine ganze Batterie von "Rauchtöpfen" aufstellen, die man bei jeder Bewegung zusammentritt. Außerdem sind die Dinger sehr zerbrechlich – etwas für Geduldige mit Sitzfleisch. Besonders wirksam erwiesen sich die Räucherspiralen bei Wespen, die sonst jedes Bierglas bzw. Marmeladenbrot umkreisen.
- Manche (!) Insekten werden von Licht angelockt. Diese Tatsache (und die Unwissenheit der Kunden) nutzt man bei den sogenannten **Hochspannungs-Insektenkillern**, die es außer für 220V inzwischen auch für 12-V-Anschluss gibt. Ausgerechnet Stechmücken lieben aber die Dunkelheit, deshalb sind Ihre leckeren Waden und Knöchel unterm Tisch besonders gefährdet.
- Ein schlechter Witz sind die kleinen **Mückenpiepser**, deren hochfrequenter "Sound" mückenvertreibend wirken soll. Die eine Hälfte unserer "Testmücken" war offensichtlich schwerhörig, die andere indessen von dem elektronischen Sound so verzückt, dass sie sich in Scharen auf meine Hand (mit dem Gerät) niederließen und wie verrückt losstachen.

Gibt es denn keine **Schluckimpfung** gegen Mückenstiche? **Natürlich!**

- Manche Ärzte empfehlen (vor allem bei allergischen Reaktionen auf Mückenstiche) eine vorbeugende Einnahme von 100 Milligramm B1/Tag. Konsultieren Sie aber Ihren Arzt.

Sie haben einen schönen Abend am Strand verbracht, hatten sich gut gegen die fliegenden Saugrüssel gewappnet – jetzt hoffen Sie auf eine ungestörte Nachtruhe. Leider mussten wir feststellen, dass es unter den Mücken ausgesprochene Feinschmecker gibt, die einen Menschen bis zu zwanzigmal anstechen, bis ihnen die Saugstelle zusagt.
Jede Probebohrung ist leider tief genug, um zu Schwellung und Juckreiz zu führen:

Im Wohnmobil darf nachts nicht eine einzige Mücke ihr Unwesen treiben!

Wie erreichen wir das?
- Vor dem abendlichen Umtrunk Wohnmobilfenster schließen, Innenraum mit Mückenspray einnebeln. Nach zehn Minuten kann wieder gelüftet werden.
- Da bei südlicher Hitze an Nachtschlaf nur zu denken ist, wenn alle Lüftungslöcher geöffnet sind, müssen **alle** Fenster, **alle** Dachlüfter, aber auch die Lüftungsöffnungen des Kühlschranks mit Gaze verschlossen sein.

„In meinem Wohnmobil sind Fliegenrollos vorhanden!"
Ja werden Sie denn von Fliegen gestochen?
Mücken sind viel schlanker und passen erst in voll gesaugtem Zustand nicht mehr durch die groben Karos.
Wer auf "Nummer sicher" gehen will, kauft sich **Moskito-Gaze** – teuer in Trekking-Fachgeschäften, billig als Tüll in Stoffgeschäften vom Meter.
Diese Moskitogaze näht man ringsherum um und zieht einen Gummizug ein. Jetzt noch vier Häkchen neben die vier Ecken des Fensters schrauben (oder kleben) und den Gummizug bei Bedarf einhängen. Man kann die Moskitogaze auch zu den Fenstern passend mit Klettband umnähen, das Gegenstück rings um die Fenster kleben und die Gaze nur bei Moskitoalarm andrücken.
Eine besonders kritische Stelle ist die Tür, die ja dauernd geöffnet und geschlossen wird. Hier hat sich bei uns eine Moskitogaze bewährt, die in der Mitte längs mit einem Reißverschluss unterteilt ist, andere schwören auf zwei sich überlappende Gazebahnen, bei denen man nicht dauernd den Reißverschluss bedienen muss.

Schlangen sind ausgesprochen scheue Tiere. Beißen werden sie nur, wenn sie erschreckt keinen anderen Ausweg sehen. Diese Situation kann bei Wanderungen in einsamen Gebieten schon auftreten – an belebten Plätzen kaum. Deshalb sollte man keine Wanderung in Shorts und Sandalen antreten, sondern immer in **festem Schuhwerk** und **langen Jeans**.

Ringelnatter (ungiftig)

Wandern, Bergwandern, Wildniswandern

„Schön war's schon, aber von Einsamkeit keine Spur!"
Das sagte uns vor kurzem ein "Griechenland-Fan", den wir bei seiner Heimfahrt trafen.
„Wo waren Sie denn?" fragten wir harmlos.

„Fast überall!" kam die selbstsichere Antwort und dann eine fast lückenlose Aufzählung aller griechischer Strandabschnitte.

Wir konnten uns ein Grinsen nicht verkneifen. So hatten wir auch einmal angefangen, bis uns jemand – abartige Idee – ins **Gebirge** schleppte.

Dort glaubten wir, in Alices Wunderland geraten zu sein: Grüne Matten, blühende Orchideen, klare Gebirgsbäche, Einsamkeit – und das nur wenige Kilometer von dürrgebrannten Rasenresten und Hitzestau entfernt!

Wir haben damals unsere Lektion gelernt und gleichzeitig begriffen, welche ungeahnten Möglichkeiten uns unsere **fahrbare Almhütte** bietet, denn nur Wohnmobilbesitzer oder Asketen können sich in den meisten europäischen Gebirgen außerhalb der Alpen aufhalten – eine "Infrastruktur" mit Würstchenbuden und Almdisco gibt es nicht – noch nicht.

Auch Wanderwege mit Markierungen darf man nicht im Alpenvereinssinne erwarten.

Wie stellt man sich auf diese besonderen Bedingungen ein?

☞ Fragen Sie beim Fremdenverkehrsamt des Urlaubslandes Ihrer Wahl nach der Adresse des jeweiligen Bergsteigerverbandes.

☞ Schreiben Sie ihn an; man freut sich über Ihr Interesse. Erkundigen Sie sich nach Kartenmaterial, örtlichen Bergsteigersektionen sowie der Lage der Schutzhütten.

Diese Berghütten brauchen Sie natürlich in der Regel nicht, aber man kann sie oft gerade noch mit dem Wohnmobil anfahren und von dort aus seine Tour starten.

Pyrenäen (WOMO-Reihe, Band 20)

Für Ihre Bergtouren – wir sprechen immer von Wanderungen, keinen Kletterpartien – müssen Sie ausgerüstet sein. Gebirge haben ein wesentlich wechselhafteres Wetter als Tieflandbereiche:

Bergschuhe, Anorak, Rucksack mit Foldflasche, Proviant, Karte und Kompass (oder GPS-Gerät) sind unverzichtbar!

Häufig sind als Wegweiser Farbkleckse auf die Felsen gemalt oder Steinmännchen aus flachen Steinen aufgeschichtet.

Südliche Gebirge wirken, sonnendurchflutet, fröhlich und harmlos, der Unterschied zu einem plötzlichen Sommergewitter, vielleicht sogar mit Hagelschlag, ist um so krasser.
Lassen Sie sich also bitte nicht zur Sorglosigkeit verleiten.

- Gehen Sie nie allein auf Tour!
- Nehmen Sie möglichst den gleichen Rückweg. Wenn Sie sich verirren, findet Sie so schnell niemand.
- Achten Sie auf die Wettervorhersagen (die kann man in einheimischen Zeitungen auch anhand der Piktogramme deuten, wenn man den Text nicht lesen kann).
- Brechen Sie eine längere Tour lieber ab, wenn das Wetter umzuschlagen beginnt. Vom Wohnmobil aus ist ein Gewitterregen romantisch, unter einem Baum feuchtkalt!
- Jede Wanderung, sei sie ein Gipfelsturm oder eine mehr gemütliche Rundwanderung, belohnt Sie mit atemberaubenden Blicken auf grandiose Landschaften.
- In Skandinavien, wo die Natur noch Wildnis ist, wird auch eine Wanderung durch Naturschutzgebiete oder Urwälder zu einem unvergesslichen Erlebnis.

Filmen / Fotografieren

Manchmal sind wir selbst im Zweifel, was schöner ist: Vorfreude, Urlaub – oder die Betrachtung der optischen oder sogar akustischen Urlaubserinnerungen.

Dabei gibt es ein paar Kleinigkeiten zu berücksichtigen, obwohl wir natürlich wissen, dass unter unseren Lesern eine Unmenge von Fotoprofis ist, denen wir sicher nichts mehr beibringen können:

- Kaufen Sie Ihr Filmmaterial im Frühjahr, zur Zeit der Sonderangebote, nicht drei Tage vor dem Abfahrtstermin. Sie können das Verfallsdatum monatelang durch Aufbewahren im Kühlschrank hinauszögern.
- Für Aufnahmen in Kirchen, Klöstern und dunklen Tropfsteinhöhlen brauchen Sie ein kräftiges Blitzlicht mit zwei Batteriesätzen (falls Blitzen verboten ist - ein Stativ!). Dürfen wir Sie nochmals auf die wieder aufladbaren NiMH-Akkus und das Ladegerät mit 12-V-Anschluss hinweisen?
- Kommen Sie nicht auf die Idee, die belichteten Filme mit der Post nach Hause zu schicken – Sie werden sonst zu Hause auf Ihre Filme warten müssen.
- Sie haben eine neue Digitalkamera? Die mitgelieferte Speicherkarte ist ein (schlechter) Witz!
- Bedenken Sie: Ein Foto in guter Auflösung braucht 1/2 MB. Zur Ausrüstung gehören mindestens 2 GB Speicher! Wer auf "Nummer sicher" geht, macht Zwischenspeicherungen auf dem Laptop (siehe "Multimedia").

☛ An vereinzelten Stellen gibt es noch das berühmte Schild mit dem durchkreuzten Fotoapparat, häufiger im ehem. Jugoslawien, in Polen oder der Slowakei. Meist gibt es außer einer alten Eisenbahnbrücke nichts zu sehen und eine Kaserne hat ja auch keinen Erinnerungswert – lassen Sie dort das Fotografieren bleiben. Es wäre schade um die anderen Bilder des Filmes, wenn Sie ihn vor den Augen der Miliz vernichten müssen.

Flora und Fauna

Wer mit seinem Wohnmobil in der Einsamkeit steht, ist von Natur umgeben – die ihm zum größten Teil völlig fremd ist.
Es ist nicht nötig, resignierend vor der unbekannten Vielfalt zu kapitulieren, denn gut gestaltete Bestimmungsbücher helfen uns, Licht in unser Wissensdunkel zu bringen.
Da können wir zunächst einmal beim Strandspaziergang allerlei angeschwemmtes Leben (oder die Reste davon) zusammentragen und bestaunen, wie die Gehäuse von Muscheln und Schnecken, die Skelette von Krebsen und Krabben, den Schulp des Tintenfisches oder vertrocknete Seesterne.
Eine waghalsige Salzbodenvegetation tastet sich bis zum Flutsaum vor – Pankrazlilien und Stranddistel, Wilder Fenchel und Strandflieder.
Dahinter beginnt im Süden die immergrüne Macchie mit Baumheide, Mastixstrauch und Cistrosen, zwischen denen Stein- und Kermeseichen aufragen.
Steigen wir ins Gebirge auf, begrüßen uns heimatliche, sommergrüne Buchen und Eichen.
In Skandinavien wären wir jetzt schon oberhalb der Baumgrenze, im Fjäll mit seiner bezaubernden, farbenfrohen, aber vom Wind an den Boden gefesselten Minivegetation.

WOMO-Literaturtipps:
☛ Aichele: Was blüht denn da? Kosmos
☛ Polunin: Pflanzen Europas (Sonderausgabe, BLV)
☛ Grey-Wilson: Pareys Bergblumenbuch, Parey-Verlag
☛ Schönfelder: Die Kosmos-Mittelmeerflora
☛ Erich Götz: Die Gehölze der Mittelmeerländer, Ulmer
☛ Baumann: Die griechische Pflanzenwelt in Mythos ..., Hirmer
☛ Campbell: Der Kosmos-Strandführer

Wir haben unsere Themensammlung an dieser Stelle abgeschlossen, setzen sie aber bald wieder beim Thema "Auf großer Tour" fort.
Jetzt wollen wir nur nochmals alles zusammenfassen mit der.......

PACKLISTE

Brieftasche/Handtasche/Geheimfach
Pässe, Personal-, Kinderausweis (gültig!)
Fährtickets
Führerscheine, Vollmacht
KFZ-Schein
Grüne Vers.-Karte (gültig!)
Impfbücher/Impfpass Haustier
Fotokopien dieser Papiere (auf USB-Stick)
Bargeld/Brustbeutel
Devisen/Reiseschecks
ec-Karte, Kreditkarte (Visa o. a.)
Auslandskrankenscheine, EHIC-Karte
Zusatzversicherungen/Schutzbrief
Vignette/Pickerl/GO-Box

_____
_____

Wohnmobilhaushalt
Wecker (z. B. Fähre!)
Einkaufstasche (groß)
Kaffee-, Teekanne
Filtertüten/Filter
Geschirr/Gläser
Vesperbrettchen/Bestecke
Brotmesser/Kartoffelschäler
Schöpflöffel/Schneebesen
Töpfe/Schnellkochtopf
Pfannen/Sieb
Topflappen
Butterdose/Plastikdöschen mit Deckel
Flaschentrage
Thermoskanne
Eierbehälter
Küchenpapier/Alufolie
Nähzeug/Schere
Klebstoff/Klebeband
Wäscheleine/Klammern
Waschpulver
Plastikschüssel
Abtreter
Schuhputzzeug
Kabeltrommel
Verbindungskabel CEE-Schuko
Stecker (Ausland)
Doppelstecker
Gasflaschen (voll?)
Handfeger/Kehrschaufel
Putzlappen
Klappspaten
Hammer/Nägel/Axt
Zündhölzer/Feuerzeug
Gasanzünder
Taschenlampen
Kerzen
Petroleumlampe/Petroleum
Ersatzbirnen 12 V/220 V
Ersatzsicherungen für jedes Gerät
Ersatzwasserpumpe
5 m passender Wasserschlauch
Feuerlöscher
Insektenspray/Insektenlampe
Moskitogaze / Moskitonetz
Toilette/Clo-Papier
Toilettenchemikalien (oder Schmierseife)
Dosen-, Flaschenöffner, Korkenzieher
Spülmittel/Bürste
Scheuerpulver
Geschirrtücher
Leim/5 m Schnur
5 m Schwachstromkabel zweiadrig
Wasserschlauch mit Passstück für verschiedene Wasserhähne
Trichter
Wasserentkeimungsmittel
Müllbeutel

_____
_____

Reiseapotheke
Mittel gegen See-, Reisekrankheit
Soventol (lindert Insektenstiche usw.)
Husten-, Schnupfenmittel
Fieberzäpfchen
Kohle-Kompretten
Mittel gegen Durchfall
Mittel gegen Kopfschmerzen
Mittel gegen Verstopfung
Nasen-, Ohrentropfen
Halsschmerztabletten
Wundsalbe/Brandsalbe
Wunddesinfektionsmittel (Merfen-Orange)
Sprühpflaster
Elastikbinden
Salbe gegen Prellungen
Fieberthermometer
Pinzette
Auto-Verbandskasten O.K.?
Persönliche Medikamente

_____
_____

Auto
Allgemeines Wohnmobil-Handbuch
Navigationsgerät (aktuelle Karten?)
Bedienungsanleitungen
Bordbuch/Wörterbücher
Reiseführer/Campingführer
Straßenkarten/Autoatlas
Auffahrkeile/Stützböcke
WOMO®-Knackerschreck (Beschreibung und Bestellzettel am Buchende)
Wasserwaage/Autokompass
D-Schild (Italien: rot/weißes Panello)
Kundendienst gemacht?
Ersatzteilset von der Werkstatt?
Pannenausrüstung komplett?
Reservekanister voll?
1-2 Liter Reserveöl (SAE 5W-40)
Reserverad Luftdruck O.K.?
Abschleppstange, ausprobiert?
Passender Wagenheber, ausprobiert?
Luftpumpe, Arbeitshandschuhe
Warndreieck, Warnweste, Alkoholtester (F)
Werkzeugkoffer komplett?
Kundendienststellenverzeichnis, neu?

_____
_____
_____

Kleidung
Unterwäsche
Socken/Strümpfe
Hemden/Blusen
Schuhe/Sandalen
Hausschuhe
T-Shirts/Shorts
Hosen/Jeans
Kleider/Röcke
Pullover/Jacken/Stola
Anoraks/Windjacken
Sonnenhüte/Kopftücher
Nachthemden/Schlafanzüge
Bikinis/Badehosen
Wanderstiefel
Sonnenbrille/Ersatzbrille
Regenschirme/Schmuck (oder nicht?)
_____
_____

Campingartikel
Stühle/Tisch/Liegestühle
Liegematten/Hängematte
Markise/Sonnenschirm(e)
Sonnensegel/Stangen/Häringe/Leinen
Grill/Grillzange/Holzkohle
WOMO®-Pfannenknecht (Beschreibung und Bestellzettel am Buchende)
_____
_____

Unterhaltung
Handy/Autoladekabel
KW-Radio/Fernseher
Schreibzeug/Adressbuch
Handarbeitszeug
Kinderspielzeug
Malutensilien/Spiele
WOMO®-Bücher/Bestimmungsbücher
Kassettenrekorder/Kassetten
CD/DVD-Player/CDs/DVDs
Taucherbrillen
Wasserball/Fußball/Wurfringe
Frisby/Indiaca usw.
Schlauchboot/Pumpe/Ruder
Luftmatratzen
Sandspielzeug
Schwimmflügel/Schwimmreif
Surfbrett/Zubehör
Fotoapparat/Filme/Speicherkarten
Videokamera/Kassetten/Akkus
GPS-Gerät/12-V-Kabel
Ersatzbatterien/Ladegerät für 12 V
Rucksäcke
Kartentasche
Fernglas/Kompass
Iso-Matten/Zelte/Kochtopfset
Feldflaschen/Taschenmesser/Angelzeug
SOS-Kettchen (vor allem für Kinder)
Mitbringsel für evtl. Einladungen
_____
_____

Lebensmittel
Allgemeines Wohnmobil-Kochbuch
Getränke (Limo, Bier, Wein)
H-Milch/Dosenmilch/Coffeemate
Milchpulver/Limopulver/Zitronenteepulver
Wurst-, Fischkonserven
Fertiggerichte/Beutelsuppen
Tee/Kaffee/Kaba
Müsli
Butter/Margarine
Brot/Dosenbrot
Reis/Nudeln/Grieß
Kartoffelpüree/Mehl
Babykost
Puddingpulver
Schokolade/Bonbons/Kaugummi
Marmelade/Honig/Nutella
Bratfett/Öl/Essig
Mayonnaise, Senf, Gewürze
Zwiebeln
Ketchup/Maggi/Salz
Zucker/Süßstoff
Kartoffeln
Eier
Zwieback/Salzstangen
_____
_____

Wäsche / Toilettenartikel
Schlafsäcke, Bettwäsche, Kopfkissen
Laken (Spannlaken)
Hand-, Badetücher, Waschlappen
Geschirrtücher
Tempo-Taschentücher
Kämme/Bürsten
Haarfestiger/Lockenwickel/Haarspangen
12 V-, Akku- oder Nassrasierer
Nageletui/Hygieneartikel
Empfängnisverhütungsmittel
Windeln/Creme/Babycreme
Seife/Rei in der Tube
Sonnencreme, -öl
Fettstift (Labello)
Zahnbürsten/Zahnpasta
Autan gegen Mücken
Ohropax gegen Lärm
_____
_____

Nicht vergessen!
Post/Zeitung abbestellen
Offene Rechnungen bezahlen
Haustier abgeben
Blumen versorgen
Mülleimer leeren
Kühlschrank abstellen?
Antennen herausziehen
Wasch-, Spülmaschine, Bügeleisen aus?
Wasser, Gas, Heizung, Boiler abgestellt?
Rolläden schließen
Haustür verschließen!
Nachbarn/Verwandte benachrichtigen:
Reiseroute, Autokennzeichen mitteilen.
Reserveschlüssel abgeben.
_____
_____
_____
_____

Kapitel 8: „Auf großer Tour"

Tipps und Tricks für alle Lebenslagen

„Es ist vollbracht!"
Muttern hängt total urlaubsreif in den Seilen, aber die halbe Wohnung ist ausgeräumt. Dafür platzt das Wohnmobil aus allen Nähten. Die Kinder schleppen nach und nach ihren gesamten Spielzeugvorrat an und müssen laufend an das begrenzte Platzangebot erinnert werden.

- Die Wasserbehälter sind randvoll.
- Alle Batterien sind geladen.
- Der Reifendruck wird beim Volltanken um 0,3 atü auf "Fernstreckenniveau" angehoben (im kalten Zustand)!
- Die Toilette ist oben voll, unten leer (oder konnten Sie nicht auf ein Schnapsgläschen Chemie verzichten?).
- Der mit 220 V vorgekühlte Absorber wird auf 12 V umgestellt.
- Ein letzter Rundgang durchs Haus! Ist auch jeder Wasserhahn geschlossen, sind Gas, die Wasch- und Spülmaschine und das Bügeleisen abgestellt?
- Ein Blumentopf wird noch im bereits abgedunkelten Wohnzimmer entdeckt und in die Badewanne gerettet.

Jetzt aber nichts wie weg!
Die Nachbarn winken bereits, da saust die Hausfrau nochmal zurück – sie hat die Hausschuhe noch an!
Der Diesel brummt fröhlich auf, die Kinder haben ihren ersten Streit um den schönsten Platz – URLAUB!

An der zweiten Kurve scheppert es entsetzlich, und der Kühlschrankinhalt ergießt sich über den Boden. Zwangspause, einräumen, gut verriegeln. Sicherheitshalber ein erneutes Überprüfen aller Klappen und Türen – dicht!
Wesentlich vorsichtiger biegen wir in die Autobahn ein: „Mama, ich muss pinkeln!" Die Fahrtroutine hat begonnen .....

Wohnmobile sind gemütliche Gesellen und damit Ihren "Herrchen" ähnlich. Unter hunderten von Gesprächspartnern waren nur einzelne, die die PS-Stärke Ihrer rollenden Ferienhäuser nutzen, um die Höchstgeschwindigkeit auszureizen.
Man erkennt es sofort an der Art, wie sie am Steuer sitzen: Gemütlich nach hinten gelehnt, oft im komfortablen Pilotensitz, den Blick weit nach vorn gerichtet, der Gasfuß ist stabiler als ein eingebauter Tempomat. Alles nach der Devise: „Wir haben Urlaub!"
Diese Devise bestimmt auch den Zeitpunkt der Abfahrt.

Während die Hotel- und Ferienhausbucher am Samstag früh Richtung Spanien zischen, fahren sie bereits am Freitagabend los. Eine Übernachtung mehr? Kostet ja nichts und macht keine Mühe! Dafür durchqueren Sie das schlafende München um Mitternacht und suchen sich ein ruhiges Plätzchen am Chiemsee (Seebruck) oder fahren den großen Parkplatz in der stillen Unterstadt von Traunstein an.

Am nächsten Morgen, der Bäcker hatte schon die Brötchen fertig, rollen Sie über den Grenzübergang Salzburg – kein Betrieb: Der Pulk nähert sich erst gegen Mittag!

Für den Urlaubsbeginn lassen sich folgende Regeln aufstellen:

- Große Städte und Engpässe nachts durchfahren.
- Grenzübergänge zwischen 20 und 8 Uhr anfahren.
- Wochenenden und Feiertage meiden bzw. nachts fahren.

Sie haben alles beachtet und geraten doch in einen aussichtslosen Stau? **Dann handeln Sie antizyklisch!** Das heißt schlicht und einfach: Machen Sie das Gegenteil von dem, was die anderen machen. Diese wollen vorwärts, haben Eile. Da Sie (hoffentlich) keine Eile haben, nehmen Sie Ihren Reiseführer zur Hand und suchen sich die nächstbeste Sehenswürdigkeit heraus. Genießen Sie dort eine, zwei Stunden mit Besichtigung, Spaß und Spiel und vielleicht einem Imbiss in einer kleinen Gaststätte.

Und wenn es zu spät zum Weiterfahren ist, dann entdecken Sie dabei sicher einen ruhigen **Übernachtungsplatz** – und morgen früh (oder bereits nach einer Stunde) hat sich der ganze Stau-Spuk in Wohlgefallen aufgelöst.

Dies gilt nicht nur für einheimische Gefilde. Auf den französischen Nationalstraßen zum Beispiel bildet sich nach einem Unfall sofort eine endlose Blechkarawane, denn sie sind oft nur zweispurig und bieten, bis die Wracks zur Seite geräumt sind, keinerlei Weiterkommen. Außer schweißtreibendem Warten gibt es nur eine Alternative:

Abbiegen, (falls noch möglich) oder wenden (mit größter Vorsicht) und ab ins Gemüse.

Bei der Gelegenheit werden Sie auch zwangsläufig an die so oft zitierten "Langstreckenregeln" erinnert:

- Jede Stunde 10 Minuten Pause.
- Nach drei Stunden eine halbe Stunde Pause.
- Nach fünf Stunden eine ganze Stunde Pause, usw.

Diese Regeln sind genauso gut gemeint wie stumpfsinnig und werden weder von den berufsmäßigen Langstreckenpiloten noch von den Hobby-Kapitänen der Landstraße befolgt.

Wir haben uns deshalb bemüht, drei Dinge unter einen Hut zu bekommen:

☞ Praktische Durchführbarkeit,
☞ Zügiges Vorankommen,
☞ Physische und psychische Verträglichkeit.

Dabei ist folgender Langstreckenstil herausgekommen, mehrfach ausprobiert und für gut befunden worden:

☞ Den (zweiten und jeden weiteren) Fahrtag so früh wie möglich beginnen. Wecker stellen, wir denken an eine Weckzeit zwischen Sonnenaufgang und halb sieben Uhr.
☞ Toilette machen, nicht frühstücken, Kinder schlafend in die Sitze "betten", Abfahrt, drei Stunden fahren, dabei im Stundenrhythmus abwechseln und bei Bedarf Äpfel und Kekse frühstücken. Während dieser Zeit wachen die Kinder auf und dösen in den Morgen, beginnen zu spielen (siehe dazu aber nächstes Kapitel!).
☞ Falls sinnvoll, unterwegs nach einem Bäcker Ausschau halten, denn gegen 10 Uhr folgt das zweite Frühstück, nach dem sich auch die Kinder zurecht machen, während das Fahrerteam eine Joggingrunde dreht.
☞ Weiterfahrt bis in die Mittagszeit gegen 13 Uhr. Etwas abseits der Rennstrecke Suche nach einem "Mittagsschlafbaum mit Spielwiese". Zwei Stunden Pause!
☞ Statt Mittagsschlaf kann hier natürlich eine Besichtigung oder, noch besser, eine kleine Wanderung unternommen werden, die keiner besonderen Vorplanung bedarf.

Mittagsschatten für WOMO und Besatzung

☞ Erst nach Abklingen der größten Mittagshitze, nach 15 Uhr, Weiterfahrt. Je nach angepeiltem Tagesziel entweder bis maximal 18 Uhr durchfahren mit stündlichem Fahrerwechsel und dann, im Tageslicht, Suche nach einem Übernachtungsplatz, Abendessen, früh schlafen. Oder, falls ein weitergestecktes Ziel unbedingt erreicht werden soll, nach dem Abendessen die Kinder bettfertig machen, im Kindersitz (!) lesen oder spielen lassen und geruhsam weiterfahren bis zum Einbruch der Dämmerung.
☞ Keinesfalls im Dunkeln weiterfahren! Auf jeden Fall noch bei Tageslicht den Übernachtungsplatz suchen!

Zwei Punkte, die im Kreis der "Urlaubsprofis" häufig diskutiert werden, möchten wir noch näher ansprechen:

Schlafen im fahrenden Wohnmobil

Hier gehen die Ansichten, auch der einschlägigsten Experten, weit auseinander. Wir meinen, nach fünfundzwanzig Jahren WOMO-Praxis mit drei Kindern einige Erfahrungen gesammelt zu haben, können uns aber den neuen Sicherheitsbestimmungen nicht verschließen:

☀ Kinder gehören in den für sie vorgeschriebenen **Kindersitz**, auch wenn im Wohnmobil noch so viel schöner Platz zum Liegen ist.

Das beginnt mit dem Abholen von der Geburtsklinik und endet erst mit Beginn des 13. Lebensjahres (oder mit einer Körpergröße von 1,50 m). Die ersten 12 Monate kommt das Baby in einen Kindersitz der Gruppe 0/0+. Dieser wird mit dem 3-Punkt-Gurt entgegen der Fahrtrichtung befestigt.

Baby-Sitz Gruppe 0+

Frühestens ab dem 9. Monat wird in den Kleinkindersitz Gruppe 1 umgestiegen, der auch in Fahrtrichtung montiert werden kann; er kann bis zum 3./4. Lebensjahr genutzt werden. Danach sind (bis zum 12. Jahr) die Gruppen 2 und 3 dran.

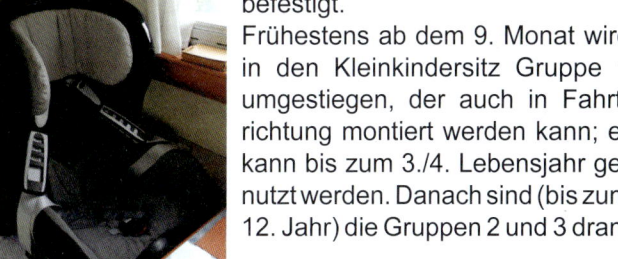
Kindersitz-Sitz Gruppe 1

☀ Besonders gefährlich ist das **"unangemeldete Herumlaufen"** im Wohnmobil. Natürlich genießen wir, dass jeder problemlos seinen Bedürfnissen nachgehen kann, ohne dass die Fahrt unterbrochen werden muss. Aber wie schnell ändern sich Straßenzustand oder Verkehrsdichte, eine unerwartete Kurve taucht auf oder man muss schnell abbiegen. Kinder, die sich nur sporadisch für das Verkehrsgeschehen interessieren, bekommen das in den seltensten Fällen mit. Sie bewegen sich zwar bereits nach wenigen Stunden breitbeinig wie alte Seebären durch das schaukelnde Straßenschiff, aber Schiffe bremsen nicht plötzlich – und schon ist die schönste Schmarre oder Beule produziert und das Geschrei ist groß!

Führen Sie ein eisernes Gesetz ein: Jede Platzveränderung muss laut gemeldet und vom Fahrer erlaubt werden: „Darf ich aufs Klo?" „Moment, gleich sind wir auf der Autobahn, da ist es ruhiger!" Sie werden durch strikte Einhaltung, an die sich jeder schnell gewöhnt, sicher manches Unheil verhüten!

Platzsuche während der Anfahrt

Immer wieder erleben wir, leider auch an uns selbst, dass wir während der langen Anfahrtsstrecken von einer verständlichen, aber gefährlichen Unrast geplagt werden. Dabei haben wir Urlaub und sollten – das hatten wir uns zumindest vorgenommen, bereits die Anreise genießen.
Planen Sie deshalb Ihre "Kilometerfresserei"! Nach unserem Langstreckenplan können Sie, falls Sie mit Ihrem Partner abwechseln und Ihre Kinder nicht aufmucken, bis zu **acht Stunden am Tag** fahren. Das ist wahrlich genug.
Rechnen Sie nun eine **Durchschnittsgeschwindigkeit von 80 km/h**, so sind Sie in einem Tag an der Fähre nach Korsika, in zwei Tagen an der spanischen und in drei an der griechischen Grenze – was wollen Sie noch mehr!?
Hören Sie deshalb spätestens dann auf, wenn die Dämmerung einsetzt! Diese dringliche Ermahnung hat viele Gründe. Die schwerwiegendsten sind:
Wir (ich schreibe mit Absicht "wir", damit Sie sich nicht zu sehr aufregen) sind keine Profis hinterm Steuer eines Wohnmobils und Nachtfahrten erfordern einen Profi, der total mit seinem Fahrzeug vertraut ist. Die meisten Urlaubsstraßen sind anders als einheimische Autobahnen oder Bundesstraßen. Da stehen LKWs am Straßenrand, von Felsbrocken umrahmt und werden repariert. Wissen Sie, was Ihr Lenkrad macht, wenn Sie solch einen Felsen überrollen? Da kreuzen ganze, natürlich unbeleuchtete, Ziegenherden die Straße oder eine weidende Kuh streckt ihr Hinterteil bis zum Mittelstrich.
All das ist die Ausnahme! **Die Regel ist jedoch ein geradezu archaisches Recht des Stärkeren**, das mit Einbruch der Dunkelheit erwacht, dann nämlich, wenn viele Kapitäne der Landstraße, sprich die LKW-Fahrer, die Polizei nicht mehr fürchten: Da wird aufgeblendet, aufgefahren, gerast und überholt, dass auch mir abgebrühten, ehemaligen Taxifahrer die Kehle eng wird!
Nein, Freunde, lasst es bleiben! Ganz egal, in welcher Ecke Europas Ihr Euch befindet, fürchtet die Nacht wie der Vampir den Knoblauch!
Es gibt aber auch weniger dramatische Gründe, den Fahrtag lieber gemütlich zu beschließen:

- Wir müssen am nächsten Tag wieder früh raus. Was wir jetzt auf gefährlicher Nachtstrecke dahinzockeln, spulen wir morgen früh, ganz frisch, viel lockerer ab.
- Der Abend ist zum Genießen da! Hier wartet eine gemütliche Kneipe auf uns, wo wir Lokalkolorit und die örtlichen Weine studieren – und nicht die rauhen Sitten der nächtli-

chen Landstraße. Hier können wir den Tag Revue passieren lassen und uns auf den nächsten freuen.

Vor dem Genuss aber die Arbeit! Ganz egal, ob Sie noch in eine Gaststätte wollen oder nicht – zuerst wird das **Schlafplätzchen** gesucht. Wie oft haben wir den Fehler begangen und sind in der Gaststätte hängen geblieben. Dann haben wir entweder mit dem (meist lauten) Gaststättenparkplatz vorliebgenommen oder haben uns in der Dunkelheit auf die Suche gemacht.
Das ist ein hartes Brot!
Weil es Ihnen aber erfahrungsgemäß auch passieren wird, zunächst dazu einige Tipps:

- Biegen Sie in eine **Neben**straße ab. Die ist ruhiger und Sie haben nicht dauernd einen Überholwilligen auf den Fersen. Falls sich doch einer nähert, blinken Sie rechts und lassen Sie ihn überholen.
- Blenden Sie jetzt auf und fixieren Sie den **rechten Straßenrand**. Sie dürfen noch **maximal 40 km/h** fahren. Wenn Sie einen Wald- oder Wiesenweg entdecken, halten Sie ganz rechts **hinter** der Einfahrt und schalten die **Warnblinkanlage** ein.
- Gehen Sie mit einer **Taschenlampe** den Weg ab, bis Sie die Straße nicht mehr sehen. Wenn er sich eignet, lassen Sie sich **rückwärts** in den Weg einweisen.
- Fahren Sie so weit zurück, bis das Fahrzeug von der Straße **nicht mehr gesehen** werden kann. Achten Sie rechtzeitig auf Ihre Wasserwaage – sonst läuft Ihnen während dem Schlafen das Blut in den Kopf und die Butter aus dem Kühlschrank.
- Lesen Sie die Vorsichtsmaßnahmen durch, die wir bereits für Deutschland aufgestellt haben.
  Mussten Sie vorwärts in den Weg einfahren, dann sollten Sie **auf jeden Fall noch wenen**!
- Ein letzter Tipp: An Straßen, die leuchtende Leitpfosten haben, sind die Reflektoren vor und hinter den Abzweigungen orange statt weiß – so kann der Seitenweg noch früher entdeckt werden.

Der beste WOMO-Tipp jedoch: Bei Tageslicht suchen!

Was haben wir dabei schon für idyllische Plätzchen entdeckt: Golfrasen-Frühstückswiesen am plätschernden Quell oder eine malerische Kapelle, die nur auf unsere Besichtigung wartete.
Bei Nacht haben wir stattdessen Ehrenrunden auf Müllplätzen gedreht und Hunde von Einödbauern rebellisch gemacht ....
Wenn Sie also unsere **Warnung** beachten wollen, dann biegen

Sie noch bei Tageslicht ebenfalls von der Rennstrecke ab, fahren ein bis zwei Kilometer von ihr weg auf den nächsten Ort zu und beginnen Ihre Suche, die sicher bald von Erfolg gekrönt sein wird. Achten Sie aber auch hier darauf, dass man Sie von der Straße aus nicht sieht – das lockt nur Neugierige an.

Romantisches Plätzchen in Tartsch; Südtirol (WOMO, Band 30)

Dann können Sie, nachdem Sie sich die **Abzweigung** genau eingeprägt oder durch einen kräftigen Stock **markiert** haben, zum Abendschoppen in die nächste Kneipe fahren.
Wenn Sie sich an der Abzweigung auch noch den **Kilometerstand aufschreiben** (oder gar im GPS-Gerät die Position eintragen), finden Sie sicher zurück.
Sie wollen gar nicht zurück? Sie fühlen sich zwischen Häusern, auf einem städtischen Parkplatz, viel sicherer? Diesen Gedanken werden wir Ihnen sicher nicht ausreden. Bedenken Sie dabei nur folgendes:

- Falls in dem Land, in dem Sie gerade Ihr müdes Haupt betten wollen, das freie Übernachten verboten ist, stehen Sie auf einem städtischen Parkplatz wie auf einem Präsentierteller. Wundern Sie sich bitte nicht über offizielle nächtliche Besucher.
- Im heißen Süden hält man mittags Siesta, dafür macht man die Nacht zum Tage. Fußgängermassen wälzen sich durch die Straßen, in und vor den Gaststätten ist Jubel, Trubel, Heiterkeit – ob Sie da schlafen können?
- Sie haben einen einsamen, ruhigen, leeren Platz entdeckt? Passen Sie auf, dass Sie nicht am nächsten Morgen zwischen Obst- und Gemüseständen erwachen!

Sie haben einen Reiseführer der WOMO-Reihe dabei? Glückwunsch! Denn dort finden Sie bereits bei der Anreise praktische, ruhige Übernachtungsplätze genau beschrieben (und natürlich mit GPS-Daten versehen).

Campingübernachtungen während der Anfahrt

An dieser Stelle wollen wir ein **Loblied** auf die Campingplätze singen! Sie sind auf Karten und in Campingführern markiert und beschrieben, und an den Straßen sind sie ausgewiesen – es ist wirklich keine Kunst, sie zu finden. Wenn Sie es also vorziehen möchten, für die Nacht einen Campingplatz anzufahren, dann ist das gewiss nicht falsch.

Sie werden zwar keine ruhige Nacht haben, weil viele noch nach Ihnen kommen – und die anderen schon wieder vor Ihnen fahren werden, aber Sie ruhen in der Gemeinschaft, was Ihnen das Gefühl der Sicherheit vermittelt.

Meinen Sie also bitte nicht, wir wollten Ihnen die Campingplätze vergraulen – wir haben nur nicht die Absicht, uns darüber zu verbreiten. Das können andere viel besser.

Hier also lieber ein paar Tipps:

- Fahren Sie so bald wie möglich den Campingplatz Ihrer Wahl an. Dann ist noch Duschwasser da und vielleicht auch warm, und Sie können unter den Standplätzen wählen.
- Wählen Sie Ihren Übernachtungsplatz nicht nach der Nähe der Dusche, sondern nach maximaler Entfernung von der lauten Hauptstraße aus.
- Stellen Sie sich auf einen Platz ins hintere Eck, der ringsherum noch leer ist. Wer nach Ihnen kommt, fährt vielleicht auch erst nach Ihnen.
- Zahlen Sie gleich Ihre Übernachtungsgebühren, geben Sie möglichst nicht Ihren Pass aus der Hand.
- Falls Sie Ihren Pass abgeben müssen, kleben Sie sich einen Merkzettel auf den Hupenknopf.

Tipps für Fährenbenutzer

Sie haben sich (finanziell) durchgerungen, einen Teil Ihrer Urlaubsanfahrt WOMO, Leib und Leben einem Kahn anzuvertrauen. Dies ist eine weise Entscheidung, denn **Schiffchen fahren ist viel sicherer als der Straßenverkehr**.

Sie haben auch auf den Rat erfahrener Freunde gehört und **frühzeitig gebucht**. Recht so, denn zumindest in der Hauptreisezeit wäre ein unfreiwilliger Wartetag im turbulenten Fährhafen gewiss kein erholsames Vergnügen.

Dafür haben Sie jedoch ein terminiertes Billet und müssen pünktlich sein – keine Fähre wartet auf ein einzelnes WOMO, und wäre es noch so groß. Sicher, für den Fall aller Fälle könnte man eine Reiseausfallversicherung abschließen, aber gegen den Zeitverlust wegen einer kleinen Panne hilft schon eine **gute Planung**:

☛ Teilen Sie Ihre Strecke so ein, dass Sie zwei Stunden vor Abfahrt der Fähre am Kai stehen. Diese Zeitspanne reicht als Zeitpuffer – und wer als erster auf das Schiff rollt, verlässt es meist auch als erster.

☛ Die Auffahrrampen haben manchmal abenteuerliche Steigungen. Nehmen Sie die "Hürde" zügig, damit Sie nicht den Motor abwürgen, aber nicht hastig, sonst bleiben  Auspuff, Wassertank oder Abstellstützen hängen. Beim Verlassen der Fähre sollten Sie gegebenenfalls schleichen wie eine Schnecke – auch wenn der Hintermann durch die Scheibe springt.

☛ Im Fährbauch begrüßt Sie oft eine hysterisch pfeifende und schreiende "Staumannschaft", die im Vorberuf Sardinendosen gefüllt hat. Sie können deren Anweisungen folgen, aber nur, wenn Sie den Befehlen jeweils zehn Zentimeter eigenen Sicherheitsabstand hinzufügen.

☛ Haben Sie auf der Fähre Ihr WOMO verlassen, können Sie während der Überfahrt durch die genannte Stautechnik vielleicht nur als Schlangenmensch hinein – oder wegen möglicher Verbote überhaupt nicht. Machen Sie sich schon vorher eine Liste, was Sie an Deck alles brauchen (Ausweise, Geld, Verpflegung, Spielzeug, Lektüre, Badeklamotten für Schwimmbad oder Sauna) und packen Sie alles, bevor Sie an Bord gehen, in die große Einkaufstasche.

☛ Schalten Sie die Alarmanlage ein, schließen Sie das WOMO gut ab; für Wertsachen haben Sie hoffentlich ein gutes Versteck oder einen angeschraubten Tresor. Notieren Sie für sich und Ihre Kinder **Nummer, Farbe oder sonstige Kennzeichnung Ihres WOMO-Standplatzes**. Sie glauben nicht, wie lange man sonst danach suchen muss.

☛ Fähren wurden nicht für WOMOs erfunden, sondern für LKWs. Da sich der Zwangsaufenthalt auf dem Schiff prima zum Schlafen eignet, schnarchen die sparsamen Fahrer meist in ihren Brummis statt in einer Kabine. Natürlich ist eigentlich schon das Betreten des Cardecks verboten, aber der Konkurrenzdruck lockert ja manche Vorschrift. An dieser Stelle erwarten Sie sicher, dass ich Ihnen eine Empfehlung bezüglich Kabinenbuchung oder nicht gebe: **Ich kann mich beherrschen!** Sie müssen sich schon selbst überlegen, ob

Sie bei einem Schiffsunglück im Wohnmobil oder in einer Luxuskabine ertrinken möchten. Zusätzlich dürfen Sie die Möglichkeit nicht außer acht lassen, dass bei sehr schwerem Seegang die Fahrzeuge verrutschen und Sie einklemmen könnten. Außerdem ist es im Cardeck manchmal so heiß, dass Sie in der Sauna besser schlafen werden.

Manche Mittelmeer-Fährlinien bieten für WOMOs "Camping an Bord" = "Open Deck" an, wo man auch offiziell im WOMO übernachten darf. Versuchen Sie, einen Platz an der Reling zu erhaschen, wo der kühlende Fahrtwind weht (ein Trinkgeld beim Einweisen hilft viel!).

Fähre nach Sardinien mit "Open Deck"(WOMO-Reihe, Band 7)

Laut Vorschrift ist der Betrieb von Gasanlagen auf Fähren verboten, das gilt auch für Absorber-Kühlschränke! Nach unseren Beobachtungen ist aber jedem zweiten Camper das kalte Bier wichtiger. Erfahrene Camper haben ein langes 230-V-Kabel dabei **und** einen Doppelstecker um, so vorhanden, auf Strom umschalten zu können).

Natürlich ist auch bei "Camping an Bord" die Gasbenutzung streng verboten. Da die Fahrzeuge aber in der Regel mit einem 230-V-Anschluss versorgt werden, kann man den Kühlschrank umschalten. Jetzt braucht man nur noch einen **Tauchsieder**, und dem morgendlichen heißen Kaffee steht nichts mehr im Wege

Fährfahrten sind eigentlich langweilig. Machen Sie sich einen Zeitvertreib daraus, mit Ihren Kindern das Anlegen der Rettungswesten in allen Einzelheiten zu üben. Es macht Spaß – und schaden kann es sicher nicht!

Trinkwasserversorgung

Für Benzin und Diesel, Brot und Obst gibt es Einkaufsmöglichkeiten in Hülle und Fülle – um ein paar Liter Wasser muss man bitten wie ein Verdurstender – diesen Zustand findet eine halbe Million Wohnmobilbesitzer in ihrer deutschen Heimat vor. Sicher, da und dort sprudelt noch einer der alten Marktbrunnen, wo sich früher Mensch und Vieh labten, manch Gemeinderat hat auch einen neuen, plätschernden Blickfang für das fußwandelnde Einkaufspublikum geschaffen – aber gleich mit dem Warnschild >Kein Trinkwasser< versehen lassen.

Wozu auch Trink**wasser** für die Öffentlichkeit? Wer trinkt denn schon Wasser? Für die Befriedigung seiner Getränkewünsche hat man gefälligst eine Gaststätte aufzusuchen!

Was, Sie wollen Ihren Wassertank auffüllen? Da könnte ja jeder kommen! Gehen Sie gefälligst auf einen Campingplatz!

Wird es uns im Ausland auch so gehen? Und wie sollen wir denn eigentlich in unserem Heimatland die Wasserversorgung gestalten? Nur zum Wasserfassen einen Campingplatz anzufahren – da käme man sich ja wirklich blöd vor!

Tipps für die Trinkwasserversorgung in Deutschland

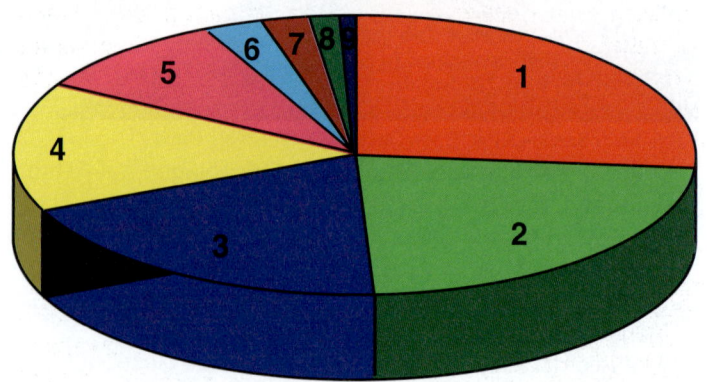

Frischwasserversorgung Deutschland (Leserumfrage)

1: 26,4 % Campingplatz
2: 22,6 % zu Hause
3: 18,8 % Ver-/ Entsorg.station
4: 15,6 % Brunnen/Quellen
5: 9,5 % Tankstellen
6: 2,9 % Friedhof
7: 2,2 % am Hafen
8: 1,4 % privat erbeten
9: 0,6 % Gaststätte

Die meisten Stadtbrunnen sind zu Müllkloaken degeneriert. Zwar werden die allermeisten aus dem gleichen Wassernetz gespeist wie die Wasserhähne der Haushalte, aber zum Wasserfassen reizen sie wahrlich nicht.

Tankstellen haben stets einen Wasserhahn. Meist reicht ein freundliches „Darf ich bitte ..." und man wird Ihnen den Wasserschlauch aus der Waschhalle reichen. Bedenken Sie aber bitte, dass in deutschen Landen ein Wasserzins von rund 1,5-5 Euro/Kubikmeter zu zahlen ist. Es ist also durchaus angebracht, dass man folgendermaßen vorgeht:

☛ Tanken

☛ Um Wasser bitten: „Ziehen Sie bitte 1 Euro mehr ab für einen Tank voll Wasser?" (Das entspricht dem Gegenwert von 100-300 Litern Wasser).

☛ Meist wird man Ihren "Finanzierungsvorschlag" großzügig zurückweisen.

Tankstellengullis müssen wegen anfallender Benzin- und Ölreste besonders ausgerüstet sein. Mit Sicherheit sind sie an die örtliche Kläranlage angeschlossen. Sie können also, ohne dass hierbei für den Tankstellenbesitzer zusätzliche Kosten anfallen, absolut umweltgemäß Ihr **Abwasser entsorgen**.

Nun schaffen es in der Regel nur selbstbewusste Frohnaturen, eine Tankstelle lediglich zum Wasserfassen und -entsorgen anzusteuern. Das Bitten fällt uns schwer, wenn wir dabei nicht gleichzeitig eine Gegenleistung in Form einer Dieseltankfüllung erbringen! Wie wäre es, wenn wir das Bitten wieder üben würden? Wir haben damit (meist) gute Erfahrungen gemacht.

Eine sichere Sache sind die **Wasserspender unserer Friedhöfe**. Gut, es ist nicht jedermanns Sache, mit gefüllten Wasserkanistern zwischen Gräbern herumzutappen. Aber erstens befindet sich meist ein **Wasserhahn** direkt am Eingang und zweitens muss man seine Wassernot ja nicht gerade am Sonntagvormittag oder während einer Beerdigung stillen.

Sie sind unterwegs mit bestem Kartenmaterial, fahren gerade den Ausgangsort für eine Wanderung an? Dann suchen Sie auf Ihrer Wanderkarte nach den **Quellensymbolen**! In der Nähe von Straßen sind auch in Deutschland manche Quellen zu schönen Brunnenhäusern gefasst – und Quellwasser ist allemal besser als aufbereitetes Flusswasser!

Die Zahl der **Ver- und Entsorgungsstationen** speziell für Wohnmobile nimmt seit den letzten Jahren immer mehr zu. Man findet sie keineswegs nur auf Campingplätzen, sondern auch an freien Übernachtungsplätzen, Tankstellen, Autobahnraststätten, bei Wohnmobilherstellern, -vermietern und Campinghändlern. Dort kann man nicht nur Clo und Abwassertank leeren, sondern auch Frischwasser bunkern – natürlich nicht kostenlos.

Aber unsere Umfrage ergab das statistische Ergebnis: Ein WOMO-Besitzer ist bereit, für eine komplette Ver- und Entsorgung **knapp 4,00 Euro** zu bezahlen.

Wir haben die vielen **Ver- und Entsorgungsmöglichkeiten** im Kapitel 5 bei den 3200 freien Übernachtungsplätzen in Deutschland blau markiert!

So, die Möglichkeiten in Deutschland haben wir abgeklopft. Vielleicht entdecken Sie aber bei Ihren Touren durch heimische Lande, dass ein Gespräch "übern Gartenzaun" oder mit der Verkäuferin im Bäckerladen auch zu einem Wasserschlauch "gleich nebenan" führt.

Tipps für die Trinkwasserversorgung im Ausland

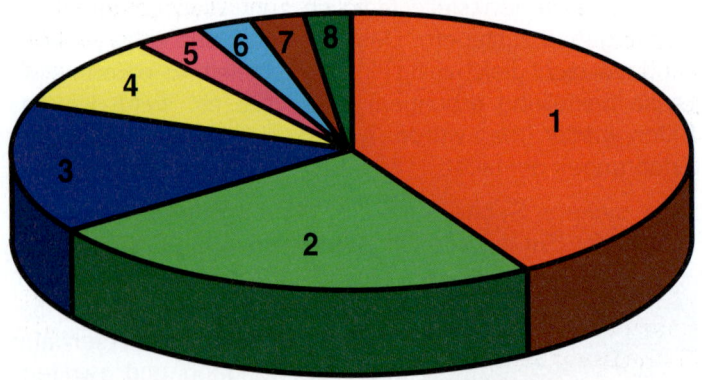

Frischwasserversorgung Ausland (Leserumfrage)

1: 41,4 % von Campingplätzen 5: 3,1 % zu Hause
2: 24,2 % Ver-/ Entsorg.station 6: 2,8 % am Hafen
3: 15,6 % Brunnen/Quellen 7: 2,5 % vom Friedhof
4: 8,3 % Tankstellen 8: 2,1 % privat erbeten

So dicht besiedelt und hochindustrialisiert wie die Bundesrepublik sind in Europa nur Belgien und die Niederlande. Das hat uns unseren Reichtum, aber auch unsere Umweltprobleme gebracht. Manchmal haben wir deshalb im Ausland das Gefühl, die Landschaft sei geradezu entvölkert – nur Natur, so weit das Auge reicht!

Aber durch die geringere Industrialisierung sind auch häufig die gewachsenen, alten, ländlichen Strukturen erhalten geblieben: In **allen** Dörfern Südeuropas findet man einen öffentlichen Brunnen. Hier wird auch noch Wasser geholt. Sei es, weil die örtliche Wasserversorgung mal wieder zusammengebrochen ist, weil es gar keine gibt oder weil das Wasser aus dem Brunnen eben besser schmeckt. Ja, hier wird noch Wasser getrunken – und auch jedem Gast als erste und selbstverständliche Begrüßung gereicht.
>Kein Trinkwasser<, erinnern Sie sich?
Ganz im Gegenteil im Süden. Hier wird auf strengste Sauberkeit geachtet, in Notzeiten kann die ganze Dorfversorgung davon abhängen. Sogar: „Wäschewaschen streng verboten!" kann man hier lesen (wenn man der Sprache mächtig ist) und man wird sich mit Sicherheit den größten Ärger einhandeln, wenn man dort auch nur die Hände mit Seife wäscht! Welch Unterschied zu unseren "Fußgängerzonenspringbrunnen".
Hier können Sie Ihren Kanister bedenkenlos füllen oder Ihren Zapfschlauch anschließen, denn oft ist statt des Dauersprudlers ein Wasserhahn installiert – Sparsamkeit ist die Devise.
Aber nicht jede Gegend wird von Neptun vernachlässigt. Die Gebirgsregionen leben im Wasserüberfluss. Trotzdem ist nahezu jede erreichbare Quelle gefasst – es könnte ja ein durstiger Wanderer oder ein Hirte mit seinem Vieh vorbeikommen! In der Castagniccia im Nordosten Korsikas haben wir auf einem nur fünfzehn Kilometer kurzen Straßenstück einmal sieben Brunnen gezählt. Unnötige Geldverschwendung oder Ehrfurcht vor dem wichtigsten Element?
Die Antwort erhält man bei jeder Bitte um Wasser! Nie wurden wir abgewiesen, Bezahlung wurde meist als Beleidigung aufgefasst.
Besonders bequem ist das Wasserfassen natürlich dort, wo ein Schlauch wartet:
☛ An Tankstellen
☛ Bei Gaststätten
☛ Vor Geschäften
Dabei gilt meist: Je kleiner der Ort, desto problemloser die Wasserversorgung.

Wichtigster Satz in der jeweiligen Landessprache ist also nicht: „Was kostet das?"
Sondern: „Wo gibt es Trinkwasser?"
Oder: „Können wir etwas Wasser haben, bitte?"

Südeuropa ist in der Tat kein Problem – es sei denn, das Wasser wird in den Sommermonaten wirklich knapp, wie regelmäßig in Istrien und manchen Gebieten Süd-Spaniens.

Etwas blöd haben wir uns anfangs in Skandinavien angestellt: So viel Natur und kein einziger Quell oder Wasserhahn! Bis wir schließlich begriffen hatten, dass Wasser dort allgegenwärtig ist. Kein Mensch käme ob dieses Überflusses auf die Idee, dafür etwas zu verlangen. Alle Tankstellen sind auf Selbstbedienung eingerichtet und haben stets top-saubere Wasserhähne in separaten Plastikkästen (damit sie im Winter nicht einfrieren). Hier kann sich jeder, auch ohne zu tanken, kostenlos bedienen. Wegen unseres Kirchen-Besichtigungs-Fimmels landeten wir aber häufig an einem Friedhofswasserhahn – stets griffbereit direkt neben dem Eingang. Dieser ist natürlich kein Fall für den Wassertank, sondern nur für unseren separaten 5-l-Kaffeewasserkanister.

Ganz egal jedoch, wo wir unsere Behälter füllten, ob auf der Peloponnes oder auf dem schwedischen Fjäll: Stets kam eine Portion **Wasserentkeimungsmittel** hinein. Gut, seien wir ehrlich! Manchmal, bei einem klaren Gebirgsquell, den wir mit eigenen Augen aus dem Fels sprudeln sahen, haben wir das Tropffläschchen im Fach gelassen, aber ansonsten waren wir eisern: **LIEBER CHLOR ALS KLO!**

Zum Schluss wieder ein bisschen Statistik.
Wir hatten in unserer Fragebogenaktion gefragt: Wie groß ist Ihr Frischwasservorrat, wie lange reichen Sie damit?
Die Ergebnisse zeigen uns, dass kaum ein Wohnmobilteam länger als für fünf Tage bunkern kann, denn hier wird aus Platz- und Gewichtsgründen von den Herstellern meist gegeizt. Oft war nur Platz für gut hundert Liter.

> **Frischwassertank: 120,5 Liter reichen für 5,35 Tage**
> **Durchschnittliche WOMO-Familie: 2,35 Personen**
> **Tagesbedarf: 9,58 Liter Trinkwasser pro Person**

Folglich sollten Sie die Anschaffung von 2-3 **Faltkanistern** ins Auge fassen, wenn Sie vorhaben, ab und zu länger an einem einsamen Plätzchen zu verweilen. Sie nehmen leer kaum Platz weg, sind billig und trotzdem erstaunlich haltbar.

Die wichtigste Regel aber lautet:
Fahre nie an einem Wasserhahn vorbei, wenn auch nur ein paar Liter nachgefüllt werden können! Das schönste Plätzchen müssen Sie sonst mit Sicherheit schon am nächsten Tag verlassen – **wegen Wassermangel**!
Ein separater 5-l-Kanister (für Tee-, Kaffee- und Sprudelwasser) ist besonders schnell mit **frischem** Nass gefüllt!
Und trotzdem passiert es immer wieder, auch bei aller Sparsamkeit – die Wasserpumpe röhrt asthmatisch im leeren Be-hälter.

Wie können wir sparen:
- Bach-, See-, Flusswasser kann man ohne weiteres zum Spülen, Duschen, Waschen und Haarewaschen verwenden, wenn es klar, das heißt optisch rein ist. Wir behandeln, wie bereits betont, jeden Tropfen Wasser, der ins Wohnmobil kommt, mit Entkeimungsmittel. Also kann auch beim Zähneputzen keine Infektionsgefahr bestehen.
- Salzwasser ist am Strand ja überreichlich vorhanden. Man kann damit prima das Geschirr spülen, wenn das "Spüli" keine "Anionischen Tenside" enthält. Auf der Flasche nachschauen – oder einfach ausprobieren.
- Haarewaschen klappt ebenfalls wunderbar! Auch hier ist Seife nicht geeignet. Wir nehmen flüssige "Seife", wie Eubos (Apotheke). Die Haare werden dabei seidig weich. Warum? Wir haben darauf noch keine befriedigende Antwort gefunden.

Abwasserentsorgung in Deutschland

Fast so schnell, wie das Frischwasser aufgenommen ist, scheint es sich durch die diversen Schläuche hinab in den Abwassertank zu verflüchtigen.
Die Statistik lieber gleich vorneweg, damit uns die Problematik recht bewusst wird:

> **Durchschnittliches Abwassertankvolumen: 103,4 Liter**
> **Er ist gefüllt nach: 5,63 Tagen**
> **Pro Tag fallen pro Person an: 7,81 Liter**

Zunächst fällt uns, spontan erfreut, auf, dass wir weniger Abwasser produzieren, als wir Frischwasser verbrauchen. Das ist leider ein böser Trugschluss, denn die Differenz von fast 1,8 Litern muss sich, rein biologisch betrachtet, in der Campingtoilette befinden! Verfolgt man die Verdauungswege von

Tipps für die Abwasserentsorgung in Deutschland

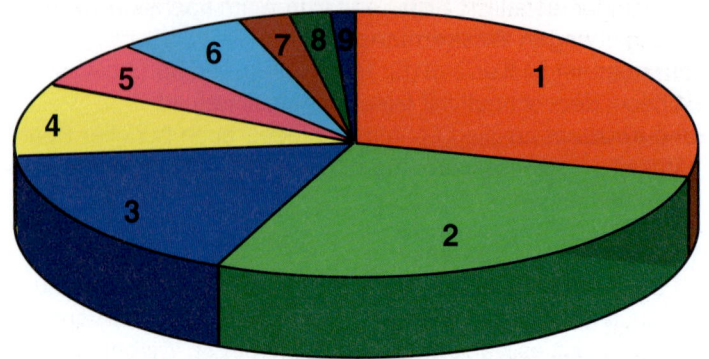

Abwasserentsorgung (Leserumfrage)
1: 29,2 % Campingplatz
2: 27,4 % Ver-/ Entsorg.station 6: 6,0 % Tankstellengulli
3: 16,4 % zu Hause 7: 2,7 % Straßengraben
4: 9,4 % Straßengulli 8: 2,0 % Tröpfelm. am Platz
5: 6,1 % Feld, Wald, Wiese 9: 0,8 % sonst. Angaben

Bier, Wein, Limonade und dem Wasseranteil der Obst- und Gemüsetüten, die man zusätzlich ins Wohnmobil schleppt, dann kann einem bereits jetzt Himmelangst werden. Aber keine Sorge, wir werden uns diesem Thema noch mit besonderem Eifer widmen.

Inzwischen schleppen wir zunehmende Mengen von Abwasser durch die Lande, deren organischer Anteil, wie Soßen- und Suppenreste, Seife sowie Dreck und Fett unserer Haut von den allgegenwärtigen Bakterien genüsslich aufgefressen wird. Da der Abwassertank nicht gerade kläranlagenmäßig durchlüftet wird, vermehren sich in erster Linie **anaerobe Bakterien**, also solche, die auch ohne Sauerstoff leben und arbeiten können. Diese aber produzieren als Stoffwechselprodukte recht **stinkende Gase**, die bald unseren Abflussöffnungen entschweben – und das um so kräftiger, je sommerlicher die Temperaturen sind. Man kann sagen, dass die Bakterien bei jeder Temperaturerhöhung um 10 Grad ihren Arbeitseifer (und den Gestank) verdoppeln.

Um dabei unsere Riechorgane und unseren Geldbeutel zu schonen, sollten wir **so oft wie möglich** zur Entsorgung schreiten, denn 100 Liter Abwasser wiegen nun einmal zwei Zentner, und die sind nur mit Treibstoffverbrauch zu transportieren! Einschlägige "Informatoren" empfehlen uns jetzt flugs einen

Trip zur nächsten Kläranlage! Gut, dachten wir uns, probieren wir es aus! Erst ging alles prima und der kostenlose Rundgang war auch sehr informativ. Leider erwiesen sich die "Folgetrips" als weniger erfreulich – die nächsten vier Kläranlagen waren verriegelt und verrammelt, und niemand erhörte unser sehnliches Rufen.

Wie verfährt nun der "saubere Camper"? Er bringt sein Abwasser nicht zur Kläranlage – **er lässt bringen!**

Vielen Campern ist nicht bekannt, dass **fast alle Straßengullis** Deutschlands in ein Sammelrohr münden, in dem die häuslichen und gewerblichen Abwässer und Fäkalien zur Kläranlage geleitet werden; man nennt das **Mischkanalisation**.

In Norddeutschland, wo das Regenwasseraufkommen viel höher ist, findet man ab und zu die **getrennte Kanalisation**: Regenwasser von Dächern und Wegen wird direkt in Bäche oder Flüsse geleitet.

Meist führen die Gullis in Ortschaften aber zur Kläranlage!
Ein Anruf beim Stadtbauamt – und Sie können Ihr Wohnmobilabwasser ökologisch einwandfrei entsorgen!

Darf man Abwasser auch in den Straßengraben schütten!?
Bevor jetzt bei Ihnen eine hitzige Diskussion einsetzt, zunächst noch ein Wort zur Ökologie:

Wenige Tropfen Altöl oder Benzin, unbedacht oder fahrlässig in den Straßengraben gespritzt, sind schädlicher als 100 Liter Abwasser aus Küche und Bad. Das zeigt, dass es beim Thema Abwasser nicht so sehr um ökologische Probleme geht, sondern viel mehr um Ästhetik:

Ein Mensch, der in aller Öffentlichkeit uriniert, ist ein Ferkel – wer sein Wohnmobil "urinieren" lässt, wird halt als Schwein bezeichnet. Dabei geht es nicht so sehr darum, wie **ich** meinen Wohnmobilnachbarn bezeichne, der das Spülwasser unter sein und mein Wohnmobil trielen lässt (das sage ich ihm lieber selbst), sondern was die "Öffentlichkeit" von uns sagt und hält! Deshalb können wir uns bei der Entsorgung nicht nur auf ökologische Korrektheit berufen, sondern müssen auch darauf Rücksicht nehmen, dass der bereits angeknackste Ruf der Wohnmobiler nicht weiter ruiniert wird:

Abwasserentsorgung ideal:
- Ausgewiesene Entsorgungsstationen (blau markiert im Stellplatzführer Kapitel 5)
- Gullis von Tankstellen und Busunternehmungen
- Gullis von Autobahnraststätten
- Kläranlagen

Abwasserentsorgung entschuldbar:
- Straßengullis in Ortschaften (vorher erkundigen!)
- Einsamer Feld- oder Wiesenrain

Abwasserentsorgung nur für Schweine:
- Am Straßenrand von Ortschaften
- Auf dem Parkplatz
- Auf dem Standplatz (Campingplatz oder freier Platz)
- Tröpfelmethode während der Fahrt.

Selbstverständlich muss die Abwasserentleerung so erfolgen können, dass sich nicht stinkende Wasserlachen auf der Straße bilden, bis sie das (Gulli-)Loch ihrer Bestimmung gefunden haben.

Als besonders praktisch hat sich dafür ein Bajonettverschluss erwiesen, den man an das Entleerungsventil anschraubt. Das Gegenstück mit einem Schlauchstück wird erst bei Bedarf angeflanscht und in den Straßengulli gesteckt. Dadurch bekommen Sie keine verspritzten Hosenbeine – und machen bei Ihrer Umgebung einen guten, weil professionellen Eindruck.

Ein Wort noch zur "Tröpfelmethode während der Fahrt":
Manche Mitmenschen haben offensichtlich das Bedürfnis, ihren Duft über das gesamte Straßennetz Europas zu verteilen. Aus biologischer Sicht ist das vergleichbar dem "Reviermarkieren" der Rüden, die an jedem Baum ihr Bein heben – und damit wenigstens begreifbar.

Unentschuldbar wird es, wenn man sich vorstellt, was ein nachfolgender Autofahrer von uns denkt oder ein Motorradfahrer vielleicht sogar abbekommt. Ich bin mir sicher, dass die paar "Tröpfler" unter uns, nach einigem Nachdenken, zu einer der besseren Entsorgungsmethoden überwechseln werden.

Was aber sollen wir den knapp 3 Prozent Wohnmobilfahrern empfehlen, die noch immer keinen **Abwassertank** besitzen? Am fehlenden Platz kann es ja nicht liegen, denn sogar für den VW-Bus gibt es Unterflurtanks bis 40 Liter Inhalt.

Sollte es Sparsamkeit am falschen Platze sein? Dann können wir gerne weiterhelfen mit unserem **Spezialtipp für Bastler**:
Im Baustoffhandel gibt es orange PVC-Abwasserrohre mit verschiedenen Durchmessern, dazu passende Blindstutzen und Gummidichtungsringe.

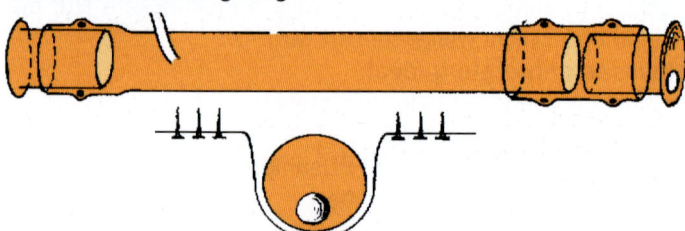

Findet sich für solch ein Rohr ein Platz, z. B. quer oder längs unter dem Wagenboden, so erhält man den wohl preiswertesten Abwassertank.

Für den Zulaufschlauch bohrt man eine Öffnung in die Oberseite und drückt den in kochendem Wasser erweichten Abwasserschlauch hinein. Für die Entleerung bohrt und feilt man ein kreisrundes Loch ganz unten in die Stirnseite des Blindstutzens auf der rechten (!) Seite des WOMOs. Hier wird das Abwasserventil mit dem Bajonettverschluss eingeschraubt. Kleines Luftloch für den Druckausgleich nicht vergessen! Spätestens wenn dort Abwasser austritt, müssen Sie einen Gulli aufsuchen – sonst wird man Sie noch für einen "Tröpfler" halten.

Abwasserentsorgung im Ausland

Bevor Sie auf die Idee kommen, wir würden nationalistische Ideen haben: Oben angeführte Empfehlungen gelten für alle nord- und mitteleuropäischen Länder, von denen wir annehmen können, dass ihre Städte und Dörfer an Kläranlagen angeschlossen sind. Dies ist nördlich der Alpen und östlich der Pyrenäen meist der Fall.

In Südeuropa, der Urlaubszielrichtung der meisten Wohnmobilfahrer, sieht es ganz anders aus! Nicht nur kleine Dörfchen, sondern auch viele Großstädte müssen dort noch **ohne Kläranlagen** auskommen. Wir haben keinesfalls die Absicht, dies zu kritisieren – wir können es nur bedauern und uns wünschen, dass eines Tages genügend Geld für diese dringenden sanitären Aufgaben vorhanden sein wird.

Wie sieht es aber zur Zeit aus?

Alle größeren Ortschaften haben eine Kanalisation. In ihr fließen die Regen- und Abwässer mit den Fäkalien zusammen und münden in großen Rohren – ins nächstbeste Gewässer! Hier kann man wegen fehlender Gelder zwar keine Rücksicht auf ökologische Zwänge nehmen – die Urlauber darf man aber auf keinen Fall vergraulen. Deshalb werden in Badeorten die Rohre **einige Meter weit ins Meer** hinausgeführt und enden dort, wo man sie nicht mehr sieht.

Dies ist schlimm genug, und oft genug wird ja auch nach Wasseruntersuchungen Alarm geschlagen. Was aber hilft die schönste Feuerglocke, wenn kein Wasser zum Löschen da ist?

Wie verhält sich der "saubere Camper"?

- ☞ Er meidet die Strandgebiete von größeren Städten, aber auch von Riesencampingplätzen, um sich nicht selbst zu gefährden.
- ☞ Er beteiligt sich nicht auch noch an der Gewässerverschmutzung.

Da aber die Einleitung von Abwasser in die Kanalisation in südlichen Ländern gleichzusetzen ist mit Gewässerverschmutzung, bleibt uns nur die **"einsame Feld- und Wiesenrain-Methode"**. Unser Abwasser sickert durch den Boden und wird von den Mikroorganismen gereinigt, ohne dass vorher ein Badefreund durch unsere Spaghettisoße schwimmen muss.

Wir müssen aber nicht extra betonen, dass die "Schweinemethoden" auch außerhalb Deutschlands Schweinemethoden bleiben!?

An manchem idyllischen Strand steht man länger, als es der größte Abwassertank verkraftet. Natürlich kann man in seiner Not jetzt die guten Vorsätze vergessen und, wenn alle am Strand sind, seinen Abwasserschieber öffnen. Diese Ferkelei ist aber gar nicht nötig, denn beim nächsten Einkauf oder Tankstellenaufenthalt bietet sich sicher eine Möglichkeit!

Toilettenentsorgung in Deutschland

Wir sind beim delikatesten Thema unseres Entsorgungsprogramms angelangt:

Niemand spricht gern darüber und trotzdem ist sie dauernd voll – die Campingtoilette!

Campingtoilette vorhanden: 96,9 %

Wenn es nur um die Entleerung ginge, da könnten wir uns ja bei jedem Landwirt Rat holen, denn er muss geradezu großtechnisch seine Schweine und Rinder "entsorgen". Aber er käme nie auf die Idee, seinen Schnitzelfabriken Chemikalien in die Gülle zu schütten, nur weil ihre Notdurft stinkt.

Unsere Probleme sind also zum größten Teil "hausgemacht". Wie kommen wir heraus aus der Sch......?

Der einfachste Weg ist der **Verzicht auf jede Form von Chemie** in der Toilette. Sie können mir glauben – das geht.

Natürlich wird der Gärungs- und Gasungsprozess, der sich durch die Zugabe diverser Chemikalien etwas hinauszögern lässt, viel schneller ablaufen.

Aber das ist alles Natur, liebe Freunde: Öffnet die Dachluke – oder baut euch einen **"Abgasschornstein"**!

????

Im Zubehörhandel erwirbt man einen gewinkelten Tankanschlussstutzen, evtl. mit Absperrhahn (etwa 1/2 - 1 Zoll).

In den Ausgussstutzen der Kassettentoilette bohrt man ein Loch und setzt den Stutzen ein.

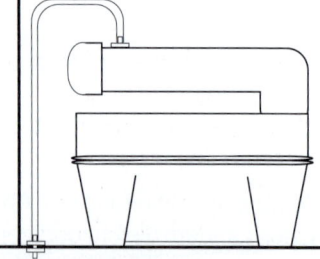

Den Platz für Loch bzw. Stutzen muss man nach den jeweiligen Gegebenheiten des Toilettenraumes selbst geschickt wählen. Beim Tragen der Toilette sollte der Stutzen (logisch) nach oben zeigen.

Auf den Stutzen steckt man einen passenden Schlauch (Abgasschornstein) und führt ihn am besten durch den Fahrzeugboden. Nun können die Faulgase bequem entweichen und belästigen bei der nächsten Sitzung kaum noch unsere Nase. Häufiges Leeren der Toilette tut ein übriges, um auf Chemikalien verzichten zu können.

Das Nonplusultra ist die **elektrische Toilettenentlüftung** der Fa. Sog (www.sog-dahmann.de). Kaum hat man den Toilettenschieber betätigt, saugt ein kräftiges Gebläsemotörchen die Düfte unterm Hintern weg nach draußen. Bereits 40 % aller Wohnmobile sind mit dieser praktischen Einrichtung ausgestattet, die jegliche Chemiezugabe überflüssig macht (und damit die Entsorgung stark vereinfacht!).

Wohin entleeren?
Ohne Chemikalien ist das eigentlich kein Problem:
Ist eine öffentliche Toilette in der Nähe, dann hinein mit den Resten opulenter Urlaubsmahle – aber bitte mit Vorsicht, ohne Gespritze.

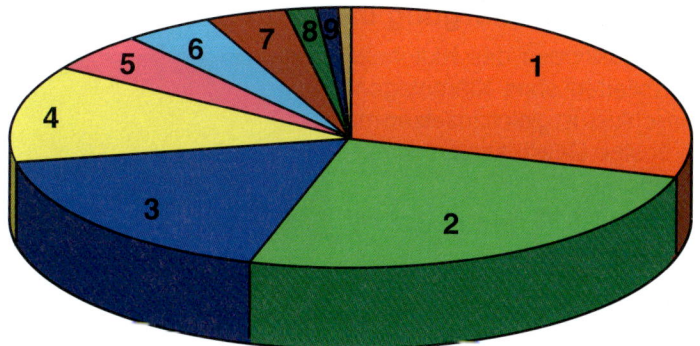

Tipps für die Toilettenentsorgung in Deutschland

Toilettenentsorgung (Leserumfrage)

1: 30,4 % Campingplatz
2: 24,8 % Entsorgungsstation
3: 16,7 % zu Hause
4: 12,3 % öffentl. Toilette
5: 4,7 % gehe mit Spaten
6: 4,1 % Tankstelle
7: 4,0 % Ödland vergraben
8: 1,4 % Kläranlage
9: 1,2 % Acker geschüttet
10: 0,4 % Straßengulli

„Auf großer Tour"

Da dies nur langjährigen Profis in ihren besten Tagen gelingt, einige WOMO-Tipps:

- 👉 Nehmen Sie einige Küchentücher mit, die helfen beim Putzen besser als das labberige Klopapier.
- 👉 Beim Gang zur Toilettenschüssel hilft ein schnelles Hin- und Herdrehen des Toilettenunterteils, die gröberen Bestandteile zu lösen und zu verteilen.
- 👉 Kassetten-Unterteile lassen sich dank ihres Ausgussrüssels auch von Anfängern leicht entleeren.

Natürlich kann auch die freie Natur ohne Chemikalien nicht vergiftet werden. Laut Wasserwirtschaftsamt ist gegen das "weitflächige Ausbringen" von Fäkalien nichts einzuwenden. Schließlich macht das jeder Landwirt – aber nicht zu jeder Zeit! Günstig sind Äcker und Stoppelfelder, ungeeignet sind wachsende Kulturen. Dann werden Sie wohl oder übel einen Waldlauf machen müssen. Da wir hier nicht ausschließen können, dass Pilz- oder Beerensucher unterwegs sind, raten wir im Wald zum **Vergraben des Toiletteninhalts**!

Sie können ohne Chemie nicht?
Dann verfolgen Sie weiterhin das Gezänk in der Presse, besorgen sich das jeweils umweltfreundlichste (oder besser: am wenigsten umweltschädliche) Mittelchen – und tragen Ihre "Chemikaliensuppe" brav zu einer öffentlichen Toilette oder Entsorgungsstation.

Toilettenentsorgung in Südeuropa

Das Auskippen des Kloinhalts in Toiletten ohne Kläranlagenanschluss ist gleichzusetzen mit gröbster Gewässerverschmutzung.
Wir können es auch noch krasser ausdrücken:

Wundern Sie sich nicht, wenn Sie dem Inhalt Ihrer Campingtoilette beim Baden nochmals begegnen!

Wir können deshalb für die Toilettenentsorgung im sanitär unterentwickelten Ausland eine einfache WOMO-Regel aufstellen:

"Entsorgungsstation" in Populonia/Toskana (WOMO-Reihe, Band 31)

Die für die Umwelt und die Menschen beste Methode ist das Vergraben auf Ödland. Da unsere Urlaubsziele dünn besiedelt sind, ist es nur in den seltensten Fällen weiter als ein paar Kilometer, bis man in unbesiedeltes und landwirtschaftlich kaum genutztes Gebiet kommt.

Auch die Strandregionen, die der freie Camper vorzieht, sind in der Regel unbewohnt. Um eine Gewässerverschmutzung mit Sicherheit auszuschließen, muss man sich mit Spaten und Toilettenunterteil mindestens **100 Meter vom Gewässer** entfernen und dort den Inhalt **sorgfältig und tief vergraben**. Leider gehen viele Badegäste nur mit rosa Toilettenpapier "zwischen die Büsche". Es wäre zu viel der Strafe, wenn sie auch noch bis zu den Knöcheln in Ihrer Toilettengrube landen würden.

Tipps für die Toilettenentsorgung im südl. Ausland

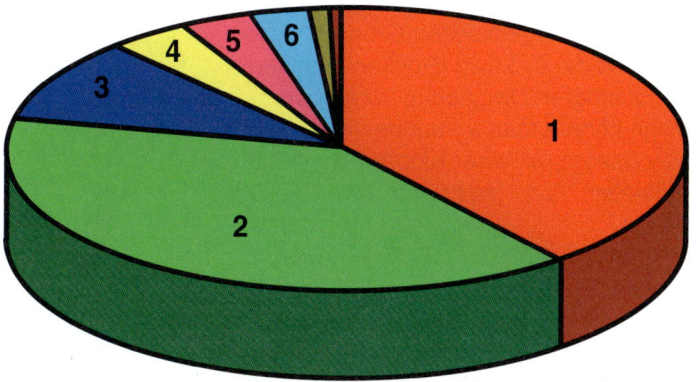

Toilettenentsorgung südl. Ausland (Leserumfrage)

1: 39,4 % auf Campingplätzen
2: 39,3 % Entsorgungstation
3: 9,5 % öffentl. Toiletten
4: 3,9 % Ödland vergraben
5: 3,7 % bei Tankstellen
6: 3,3 % zu Hause
7: 0,8 % bei Kläranlagen
8: 0,1 % Straßengulli

Mit der fäkalen Verekelung ganzer Strandpartien müssen wir uns zum Schluss unseres "Klogespräches" auch noch beschäftigen. Niemandem, der seinen Urlaub schon mal an einem freien Badestrand in Südeuropa verbracht hat, ist dieses Problem fremd.

Aber nur keinen Rassenhass! Als unsere Autobahnen noch weniger Raststätten hatten, waren alle Parkplätze förmlich vollgesch.....

Auch heute noch weht von den Rasenflächen und Buschrändern der Autobahnparkplätze ein typischer Pissoirgeruch herüber. Gut, wir können uns an die Unschuldsbrust klopfen, wir haben unsere Campingtoilette dabei!

Das tröstet uns aber wenig, wenn der Spaziergang durch südländische Strandgefilde in einen peinlichen Slalomlauf ausartet. Und guter Rat ist zudem teuer!
Unsere Beobachtungen haben folgende Übeltäter ausgemacht:

- Einheimische und ausländische Tagesbadegäste (u. a. aus Pensionen, Hotels usw.)
- Zelturlauber
- Rucksacktouristen
- Kinder von WOMO-Touristen, aber auch diese selbst!

Wie können wir helfen, die Verunzierung und Verseuchung der Strände zu vermindern?
Jeder Wohnmobilfahrer hat einen **Klappspaten** dabei!
Schon aus hygienischen Gründen haben wir stets die dicksten Brocken in unserer unmittelbaren Umgebung vergraben.
Dann könnte man an unübersehbarer Stelle den Spaten mit einer Klopapierrolle am Stiel aufstellen – und jedem zur Benutzung anbieten.
Vergessen wir nicht: Wenige haben solch ein praktisches Utensil dabei. Und wenn jeder seinen Haufen verbuddeln würde –
welch paradiesischer Gedanke.....

Müllentsorgung

Wissen Sie, wie man sogar ein großes Umweltferkel zu einem Saubermann machen kann? Nein??
Dann fahren Sie mal nach Schweden in den Urlaub. Dort gibt es keinen Parkplatz, weder in Ortschaften, noch in der freien Natur, der nicht üppig mit Mülleimern ausgerüstet wäre – meist wartet auch noch ein Toilettenhäuschen.

Folge:
Man kann sich gar nicht schweineigelnd benehmen!
Viele Länder praktizieren diese Art der Erziehung, manchen fehlt dafür schlicht das Geld.

Allgegenwärtig: Toilette am schwedischen Badesee

So verwandeln sich Jahr für Jahr die paradiesischsten Strandabschnitte Europas in wilde Müllhalden – und mittendrin sitzen die reichen Touristen, fühlen sich nicht recht wohl, beteiligen sich jedoch locker an der "Müllbeuteltechnik", die alles nur noch schlimmer macht.

Sie kennen die Müllbeuteltechnik nicht?
Die funktioniert ganz einfach:
Jeder Strandbesucher produziert Müll. Da er im Einkaufsladen reichlich mit Plastiktragetaschen eingedeckt wird, steckt er seinen Müll in eine solche. Beim Verlassen des Strandes lässt er den Beutel einfach stehen, schmeißt ihn ins Gebüsch oder stellt in, im "umweltfreundlichsten" Falle, an die Teerstraße, weil ihm jemand mal erzählt hat, dass dort die Müllabfuhr
vorbeikäme – und weil dort schon viele Beutel 'rumliegen.
Der Beutelinhalt beginnt nach kurzer Zeit zu gären und zu stinken, streunende Hunde zerreißen die Folie, um an die Kotelettknochen zu gelangen, ganze Wespenstaaten umschwirren die faulenden Obstreste – eine eklige Abfallorgie ist entstanden.
Und diesen widerwärtigen Haufen sollen die Müllarbeiter aufladen – falls sie wirklich einmal vorbeikommen.
Wir schämen uns jetzt noch, dass wir uns früher, in unserem Unverstand, an der "Müllbeuteltechnik" beteiligt haben. Dabei haben es die WOMO-Besitzer doch so einfach! Immer, wenn

ein Müllbeutel voll ist, wird er vom Mülleimer ins Führerhaus verfrachtet, dort ist reichlich Platz. Bei der nächsten Einkaufsfahrt denken sogar die Beine des Beifahrers mit daran, nach einem Mülleimer Ausschau zu halten – und es gibt sie reichlich, in jeder Ortschaft, an vielen Parkplätzen.

Bitte!
☛ **Steigen Sie mit ein in die Gruppe der Verweigerer!**
☛ **Werben Sie beim abendlichen Lagerfeuer dafür!**
☛ **Übernehme Sie Vorbildfunktion!**
☛ **Nehmen Sie den Müllbeutel Ihres Nachbarn mit, wenn Sie zum Einkaufen fahren!**

Denn:
Wenn die Strände sauber sind, gibt es keinen Grund, uns aus "Umweltgründen" zu verjagen.
Sie fühlen sich am vermüllten Strand nicht wohl? Dann schnitzen Sie doch für sich und Ihre Kinder ein spitzes Stöckchen. Damit kann man wunderbar die vielen Papierchen aufpieksen – und wird mit einem paradiesischen Naturzustand belohnt!
Das Papier können Sie im Lagerfeuer verbrennen oder mit in den Müllbeutel stopfen. Vergraben können Sie Ihren Müll gar nicht tief genug, dass ihn irgendwelche Tiere nicht wieder ausbuddeln würden.

Freie Übernachtungen / Freies Camping

Wir haben die lange Anfahrt heil überstanden, das Warten an den Grenzübergängen, sind am Ziel unserer Wünsche!?
Der Liebhaber von Campingplätzen blättert in seinem Campingführer, sucht in Gedanken schon nach dem Stromkabel. Wir wollen uns am Busen der Natur lagern, wie stellen wir das am geschicktesten an?

Zunächst einmal gilt die einfache WOMO-Regel:
Wo schon ein Wohnmobil steht, wird für uns sicher auch noch Platz sein – und für Unterhaltung für uns und unsere Kinder ist auch gesorgt.
Falls unsere Fahrstraße an der Küste entlangführt, reicht also meist ein sorgfältiges **Beäugen des Strandbereiches** – Wohnmobile sind schlecht zu übersehen.
Wenn man mal davon absieht, dass ein von der Straße einsehbarer Standplatz nicht ideal ist – die meisten Straßen führen nicht direkt am Strand entlang!
Je nach Urlaubsland haben nun die Behörden unterschiedliches Interesse, die Zufahrten zu den Badegelegenheiten deutlich zu markieren.
An einigen Beispielen wollen wir das verdeutlichen:

- In Nord-Spanien ist jede Zufahrt zu einem Badestrand auf großen Hinweistafeln mit "Playa ....." ausgeschildert - ideal, keine Probleme.
- In Skandinavien sind die Meerbadestrände mit "Strand" oder "badplats" ausgeschildert. Alle Badeplätze, auch die an den vielen Tausend Seen, sind auf den Autokarten markiert, meistens findet man sie auch.

- In Griechenland sind offizielle Wegweiser nur sporadisch zu finden. Einige Kommunen, manchmal offensichtlich auch Privatpersonen, haben Hinweisschilder mit der Hand gepinselt. Sie sind oft winzig, deshalb leicht zu übersehen – und in bestem griechisch.

Wenn Sie schlau sind, suchen Sie aber nicht lange herum, sondern wenden sich an die **"Eingeborenen"**, die ihre Umgebung schließlich am besten kennen (Tankstelle, Einkaufsladen, Passanten). Diese geben gerne **Auskunft**, meist im flüssigen einheimischen Dialekt; beim gemeinsamen Blick auf Ihre Karte kommt selten etwas Vernünftiges heraus. Nehmen Sie **Stift und Zeichenblock** zur Hand und lassen Sie sich eine Skizze machen. So schonen Sie Ihr Kurzzeitgedächtnis und haben ein **Erinnerungsstück** für Ihr Tagebuch.

Nicht jeder Strand ist für freies Camping geeignet. Meiden Sie die Nähe von Ortschaften. Profis gehen genau **zwischen zwei Küstenorten** auf Suche, denn Hotel- und Pensionsurlauber bleiben meist in der Nähe ihrer Unterkunft.

Wenn Sie den Strand nicht einsehen können, müssen Sie jeden Stichweg genau mustern:
- Führen viele Staubspuren auf die Teerstraße?
- Sind Müllbeutel an die Abzweigung gestellt?

Sind diese beiden Kennzeichen nicht zu erblicken und der Weg ist schmal und in schlechtem Zustand, dann **müssen** Sie ihn zunächst zu Fuß abgehen – wenn Sie in der Einsamkeit im Sand versacken, ist es zu Fuß sehr weit bis zum nächsten Traktor!

Kartenprofis können Strände ahnen!
Wenn die Höhenlinien weit auseinander liegen, das Gelände also flach absinkt und sich dieses Bild auch noch im Wasser fortsetzt, dann **muss** dort ein Sandstrand versteckt sein!? Hier lohnt es sich, einen oder mehrere Stichwege auszuprobieren. Es ist Ehrensache, "seine" **Plätzchen** sorgfältig auf der Karte

zu markieren und sie **mit anderen WOMO-Fahrern auszutauschen**. Dies gilt natürlich auch für Wasserstellen, Wandertouren, empfehlenswerte Gaststätten und Sehenswürdigkeiten.

Griechenland, Traumplätzchen unter Palmen (WOMO-Reihe, Band 1)

Da stehen Sie nun an Ihrem ganz privaten Plätzchen, haben sich Ihren lang gehegten Traum erfüllt, strecken genüsslich die Füße ins Wasser, den Bauch in die Sonne und den Kopf in den Schatten – da naht **der Hüter des Gesetzes**, die Polizei. Bleiben Sie cool, lieber Freund, auch wenn uns die sommerlichen Temperaturen eher zu hitzigen Disputen verführen würden. Überlegen wir zunächst einmal, was den uniformierten Freund hierher treibt, statt im Schatten einer Bodega ein Bierchen zu trinken:

Kein Polizist wird einen Touristen ohne triftigen Grund ernsthaft verärgern. Er ist lediglich angewiesen, "nach dem Rechten zu schauen". Ist das freie Camping in Ihrem Urlaubsland verboten, wird er Sie zu einem Campingplatz schicken wollen, denn die ortsansässigen Campingplatzbesitzer stecken sehr häufig hinter dem "Arbeitseifer" der Polizei.

Wie reagieren Sie als Gast im Lande?
Zunächst einmal **begrüßen** Sie den Herrn freundlich, möglichst **in seiner Heimatsprache** und bieten ihm einen Platz unter Ihrer schattigen Markise an. Dann zeigen Sie sich von den Schönheiten seiner Heimat beeindruckt und weisen ihn deutlich darauf hin, dass Sie sie schätzen **und** schützen (**Müllbeutel, Abwassertank, Toilette**). Wenn Sie jetzt noch ein deutsches Bier haben, wird er sich freundlich mit Ihnen unterhalten und Ihnen noch viel Spaß in seinem Heimatland wünschen.

Sollte er den "faux pas" begehen, das Wort "Camping" zu verwenden, dann weisen Sie ihn freundlich aber bestimmt darauf hin, dass Sie hier **nicht campieren**, sondern lediglich baden und bald weiterfahren werden. Zumindest eine weitere Übernachtung lässt sich meist herausschinden.

Eine **große Hilfe** bei besonders störrischen Gesetzeshütern sind einheimische Urlauber, mit denen Sie sich schon vorher bekannt gemacht haben. Diese pflegen mit Begeisterung für Sie Partei zu ergreifen und so lange auf den Störenfried einzureden, einen Gast gefälligst in Ruhe zu lassen, bis er irritiert den Rückzug antritt.

Haben Sie sich dummerweise an eine Stelle verirrt, an der Sie wirklich jedermann **im Weg herumstehen**, dann ist es jetzt allerdings höchste Zeit, dass Sie sich **entschuldigen – und weiterfahren**.

Wer im Besitz des entsprechenden Reiseführers der WOMO-Reihe ist, wird wohl kaum Probleme mit der Platzsuche haben. Schließlich sind die vielen freien Plätzchen sogar mit supergenauen GPS-Daten versehen ...

Fahren in Sand und Schlamm, auf Schotter- und Lehmpisten

Nicht überall, aber in allen Ländern Südeuropas (und Skandinaviens), ist der Begriff des Freien Campings verbunden mit Wegen und Pisten abseits der Teerstraßen. Seien wir froh darum, denn je schlechter die Zufahrt, desto geringer der Andrang (meistens).

Damit Sie aber auch ans Ziel Ihrer Wünsche kommen – und aus einer Zwangslage wieder heraus, hier einige ausprobierte Tipps. Diese sollen Sie nicht zu Off-Road-Spezialisten machen, dazu ist uns Ihr Porzellangeschirr zu schade, sondern zunächst einmal Ihre Augen schärfen:

- Pisten, auf denen sich frische Fahrspuren befinden, müssen nicht zwangsläufig an ein "Ziel" führen. Mancher kann sich vor Ihnen verirrt haben – seine Spuren bleiben.
- In steilem Gelände mit Geröll- oder Schotterpisten, eventuell auch noch mit Serpentinen, sind leichte Fahrzeuge mit Heckantrieb eindeutig im Vorteil. Was haben Sie für ein Fahrzeug?
- Ist es eben, können uns Sand oder Geröllschotter zur Verzweiflung bringen.
- Verblüfft stehen Sie plötzlich vor einer wassergefüllten Furt. Kann man da durch – oder "ersäuft" das WOMO??

Jeder Weg sollte unter dem Gesichtspunkt angegangen werden:

Kann ich jederzeit noch wenden bzw. mein Abenteuer (rechtzeitig) abbrechen?
Deshalb empfiehlt es sich dringend, schwierige Passagen zunächst **zu Fuß abzuschreiten**. Bei der Gelegenheit wäre natürlich ein Fahrrad (oder Motorrad) Gold wert!
Die erste Frage, die man sich bei einem Wegle abseits der Teerstraßen stellt, lautet:
Ist für ein solches Abenteuer mein WOMO nicht viel zu breit, zu hoch und zu lang?
Die Antwort geben Ihnen selten völlig unüberwindliche Hindernisse, sondern "Schikanen" wie Äste, Dornenzweige, Schlaglöcher, Bodenwellen, Furchen, herausragende Steine, Baumstümpfe oder Wurzeln.
Die meisten Pisten dienen landwirtschaftlicher Nutzung, also muss ein Traktor samt Anhänger durchpassen.
Nach unseren Erfahrungen kommt man **bis 2,30 m Breite**, von den angedeuteten Kratzern abgesehen, eigentlich überall durch. Auch bis **3 m Höhe** geht es meist gut, von regnenden Oliven und rauschenden Ästen mal abgesehen.
Die Länge des Fahrzeuges wäre unwichtig, wenn es nicht bei kurzem Radstand ein lang überhängendes Heck und bei langem Radstand einen "Hängebauch" hätte – diese Stellen können bei Bodenwellen, steilen Abfahrten von der Teerstraße oder tiefen Schlaglöchern leicht aufsitzen.
Unsere Umfrage zeigt, wie vernünftig und weitsichtig die meisten unserer Leser sind, die sich nicht von den "tollen Riesenschlitten" auf der Campingmesse blenden lassen:

Durchschnittslänge: 6,44 m
Durchschnittsbreite: 2,25 m

Sardinien, Furt an der Costa verde (WOMO-Reihe, Band 7)

Steile Abfahrten zu schönen Stränden müssen Sie irgendwann auch wieder hinauf. **Schauen** Sie, **fragen** Sie die Besitzer der Fahrzeuge am Strand, wie "schlimm" die Rückfahrt ist. Ist auch ein WOMO von Ihrem Typ oder ein ähnliches dabei?
Steile Geröllpisten gehen Sie prinzipiell im kleinsten Gang an und zwar hinab und hinauf. Donnern Sie aufwärts lieber über einen kleinen Felsen, als den Motor abzuwürgen – wer weiß, ob Sie wieder anfahren können.
Furten sind im Sommer meist trocken und deshalb überschaubar. Falls Sie sich trauen, hindurch mit Schwung, denn rundgeschliffene Kiesel wirken unter den Rädern wie Kugellager. Da kann man wunderbar hängenbleiben. Wassertiefen bis Wadenhöhe sind bei festem Untergrund kein Problem.
Um sich schön einzubuddeln, muss man sich eine **Sandpiste** suchen. Keine Angst, die gibt es wie (eben) Sand am Meer!
Schreiten Sie verdächtig aussehende Stellen ab, stochern Sie mit einem Stock, wie tiefgründig der Sand ist. Verdächtig sind alle sandigen Stellen ohne oder mit geringem Pflanzenbewuchs. Eindringliche Warnzeichen sind die Überreste von "Ausbuddelaktionen" wie tiefe Furchen und herausgerissenes Buschwerk, ungefährlicher sind wurzeldurchsetzte Passagen.
Sie wollen durch?
Dann zwanzig bis dreißig Meter zurück, Schwung holen, alle Leute festhalten und los geht's.
Entweder Sie queren schaukelnd und sandschleudernd oder das Tempo wird bei gleicher Motordrehzahl immer geringer – **bis Sie festsitzen**.
Versuchen Sie jetzt **auf keinen Fall**, sich durch Gasgeben selbst herauszuarbeiten zu wollen. Der runde Reifenquerschnitt mit dem schönen Profil wirkt wie eine Holzraspel auf Styropor,

... aber wer hat schon Sandbleche dabei?

das Fahrzeug arbeitet sich immer tiefer. Am besten wäre nun die Nähe eines passenden Zugfahrzeuges (Traktor, LKW, Allradfahrzeug) **und** Ihre Ausrüstung mit Abschlepp**seil** – oder noch besser: Abschlepp**stange**.

Bevor ich's vergesse: Für solche Helfer in der Not sollte man immer ein **kleines Dankeschön** in Form von Zigaretten, Bierdosen, Kaffee o. ä. parat haben, denn oft wird Bezahlung empört zurückgewiesen!

Kein helfender Engel in Greifweite?

Dann ist Ihr weiteres Vorgehen von der Nähe des rettenden, "festen Ufers" abhängig und davon, wie tief Sie bereits festsitzen.

1. Nah und flach:
- Alle verfügbaren Leute zum Schieben antreten.
- Vorderräder in Geradeausstellung bringen.
- Bei Heckantrieb Handbremse leicht anziehen.
- Im **zweiten** Gang vorsichtig anfahren. Lieber den Motor mehrfach abwürgen, als die Räder durchdrehen zu lassen.

2. Nah und tief:
- Mit Klappspaten vor den Antriebsrädern flache Rinnen schaufeln. Zweige, Gummimatten, Teppichstücke unterlegen, dann wie 1.
- Übrigens: GFK Waffleboards sind teuer, wären aber jetzt ideal (siehe z.B.bei: www.nakatanenga-tours.de).

3. Nah und ganz tief:
- Mit dem Wagenheber nacheinander die Antriebsräder hochbocken, Loch zuschaufeln, festes Material unterlegen, dann wie 2. Als Unterlage für den Wagenheber eignen sich Ihre stabilen Auffahrbohlen oder flache Steine.

4. Fern:
- Es ist völlig sinnlos, sich mit den obigen Techniken mehrfach neu einzubuddeln. Wir müssen die Ursachen dafür abstellen. Das gelingt ganz einfach durch Veränderung des Reifenquerschnitts. Lassen Sie die Luft in den Antriebsrädern bis auf 0,5 at ab; hoffentlich haben Sie einen Druckmesser dabei!?
- Der Reifen liegt nun flach auf, bildet in der Mitte sogar einen Hohlraum – Sie fahren wie auf Schienen aus dem Ungemach heraus! So unglaublich es klingt, das funktioniert.

Anschließend haben Sie jedoch das zweifelhafte Vergnügen, die Reifen wieder aufpumpen zu müssen, denn so können Sie natürlich nicht weiterfahren. Eine Fußpumpe ist gut, eine Doppelkolbenpumpe ist besser, ein elektrischer Kleinkompressor schont die Muskeln.

Bevor Sie nunmehr voreilig zum Kaufe schreiten, bedenken Sie, dass ein 20-Euro-Kompressorlein von Westfalia für einen einzigen Reifen fast eine halbe Stunde braucht – falls ihm nicht zwischendurch auch noch die Puste ausgeht. Wir empfehlen Ihnen einen **Handpumpe**, denn sie ist noch am bequemsten zu bedienen (Outdoor-Geschäfte, KFZ-Handel).

Sandige Stellen machen auch den Unerfahrenen sofort misstrauisch. Wie unschuldig lockt dagegen eine saftige Wiese, ein schattiger Waldweg....
Nach einem Regenschauer kann sich die Unschuld aber in eine glitschige, klebrige Krake verwandelt haben, an der selbst die Fahrkünste eines Profis verzweifeln.

Hier helfen nur Ketten!
Ja, ganz gewöhnliche Schneeketten! Sie sollten eigentlich im Fahrgepäck nie fehlen, zumindest nicht von Herbst bis Frühjahr oder in Nordeuropa. Mit Ketten kommen Sie ganz sicher heraus – und das Auflegen haben Sie ja im Winter bereits geübt.
Schlamm hat also viel mit Schnee zu tun, er ist **nur viel schmutziger**. Am Ende Ihrer Befreiungaktion können Sie aussehen wie nach einer Schlammschlacht – ziehen Sie vorher was Altes über oder lassen Sie sich anschließend die Außendusche reichen.
Beim KFZ-Zubehör im Kaufhaus finden Sie sog. **Anfahrhilfen**: Es sind meist kurze Plastikstücke mit eingegossenen Spikes; ein Gurt, den man durch einen Schlitz der Felge führt, arretiert die "Rutschbremse" auf der Lauffläche.
Im Prinzip ist die Idee nicht schlecht (weil man sich nicht so einsaut wie beim Kettenauflegen und die kleinen Dinger auch schnell gereinigt sind) – leider mussten wir bei unserem Testprodukt erst den (zu kurzen) Gurt auswechseln. Testen Sie lieber gleich nach dem Kauf dessen Länge!

Noch zwei Tipps fürs Fahren auf Schotterpisten, vornehm auch "Makadam" genannt:
Der aufgewirbelte Staub findet durch jede, aber auch jede offene Ritze seinen Weg ins Fahrzeuginnere! **Verstopfen** Sie auf jeden Fall die **Öffnung der Heizung** auf der Fahrzeugunterseite, verschließen Sie Fenster und Zwangsentlüftungen (vor allem im Heckbereich) und stellen Sie bei Gegenverkehr die Frischluftzufuhr ab. Halten Sie Abstand zum Vordermann. Entgegenkommenden Fahrzeugen jedoch sollten Sie **"auf die Pelle rücken"**: Fahren Sie bei Gegenverkehr nicht so weit rechts wie üblich, sondern mehr am "Mittelstrich". Eventuell aufspritzende Steine treffen Ihr Fahrzeug dann noch weit unten – und nicht in Fensterhöhe.

Diebstahl, Überfall

Wie wir bereits berichteten, kam es bei 68.272 Urlaubstagen im Ausland zu "nur" 82 Diebstählen bzw. Diebstahlsversuchen und keinem einzigen Überfall (wobei wir die zwei nächtlichen "Gas-Überfälle" auf südfranzösischen Autobahnraststätten als Diebstahlsversuche werten, weil die Diebe die Türen nicht öffnen konnten). Ich glaube, die Verteilung der "Ereignisse" über Europa bedarf keiner weiteren Erläuterung!
Nur so viel: Übernachten Sie bitte NIE bei Autobahnraststätten, vor allem nicht bei norditalienischen, südspanischen und vor allem südfranzösischen!!!

Verteilung der gemeldeten 82 Diebstähle in Europa

Es ist nun sicher nicht unsere Aufgabe, deshalb dieses Ungemach zu verharmlosen – ganz im Gegenteil: Wir wollen es verhindern helfen! **Diebe sind ängstliche Menschen**, sonst würden sie einen Urlauber direkt berauben. Folglich müssen wir ihnen gehörig **Angst machen**: Angst vor Entdeckung, Angst davor, verprügelt oder gebissen zu werden.
Diebe treten dort auf, wo sie sich die besten Chancen ausrechnen: Im Gedränge der Großstadt, an überlaufenen Stränden aber auch an ruhigeren Stellen, wo immer wieder Urlauber ihr Fahrzeug unbeaufsichtigt lassen. Dabei sind Wohnmobile nicht unbedingt "Lieblinge" der Diebe, denn ihr Innenraum ist schlecht zu überblicken. Wie peinlich für einen Dieb, wenn mitten in der "Arbeit" eine Faust aus dem Alkoven auftaucht....

Wie machen wir den Dieb unsicher?
Alarmanlagenattrappe (Blinklicht) von Westfalia (5 Euro).
Schließen aller Vorhänge oder Rollos.
Parken neben einem zweiten Wohnmobil.
Parken vor Gaststätten mit Außenbewirtung. Durch diese Maßnahmen weiß der Dieb nie genau, ob nicht jemand im WOMO oder in der Nähe ist.

Wie sichern wir das Fahrzeug am Strand?
Fahrzeug möglichst in Sichtweite parken.
Alarmanlage (oder el. Hund) immer **(immer!)** einschalten!
Immer den WOMO®-Knackerschreck anschließen.
Wertvolle Gegenstände aus dem Sichtbereich räumen.
Nachbarn um Aufmerksamkeit bitten.
Sie haben keine Lust, immer die Tür zu verriegeln, wenn das Auto in Sichtweite steht? Dann integrieren Sie in Ihre Alarmanlage eine Alarmtrittmatte im Türbereich (Conrad-electronic, 10 Euro). Sie werden schnell lernen, nicht daraufzutreten, der Dieb hat dazu keine Gelegenheit.

Wie enttäuschen wir einen Dieb?
Einen Einbruch kann man mit all unseren Vorkehrungen nicht ganz ausschließen, wir können jedoch den Schaden begrenzen.
- Handschuhfach offen lassen!
- Papiere (Pässe usw.) immer im Rucksack mitnehmen.
- Keinen Schmuck mit in den Urlaub nehmen.
- Statt einer Rolex tut es auch die 5-Euro-Uhr vom Wühltisch.
- Die Fotoausrüstung gehört in eine stabile, festgeschraubte und verschlossene Blechkiste.
- Geld, Reise-Schecks und Schlüssel gehören in einen angeschraubten Tresor (z.B. www.mobil-safe.net).
- Wichtige Medikamente gehören nicht in den Kosmetikkoffer (der wird besonders gern geklaut).
- Zur Ablenkung empfehlen wir einen kaputten Fotoapparat sowie einen Geldbeutel mit einigen Münzen an auffälliger, jedoch von außen nicht einsehbarer Stelle.

Gegen Gewaltverbrecher sind unsere Mittel sehr begrenzt. Warnen können wir nur vor Gegenwehrmaßnahmen mit Gaspistolen, Sprays oder Schlagstöcken, wenn der Angreifer bewaffnet ist: **Lieber um ein paar Euro ärmer als tot!**
Damit wir uns recht verstehen: Wir sprechen nicht vom Handtaschendiebstahl in der Neapolitanischen Altstadt, sondern von einem nächtlichen Raubüberfall:
- Wenn nachts an Ihr Wohnmobil geklopft wird, dann schalten Sie erst einmal die Außenbeleuchtung ein und schauen durch einen Vorhangspalt, ohne sich sehen zu lassen.
- Ist der ungebetene Gast uniformiert, dann lassen Sie sich seine Papiere zeigen (durchs geschlossene Fenster).
- Falls nicht, dann sausen Sie ans Steuer und machen die Fliege.

Pardon – aber weiter fällt uns zu diesem Thema nichts ein. Wir haben da Gott sei Dank keinerlei Erfahrungen und gedenken sie auch nicht zu sammeln.

Nur zur Wiederholung:

**Die (richtige) Wahl des Schlafplatzes
bietet den besten Schutz!**

Wir wissen nur noch eines: **Gemeinsamkeit macht stark!**
Deshalb haben wir **WUPS** gegründet!
Damit niemand alleine in den Urlaub fahren muss!
Lesen Sie nach in Kapitel 14!

Unfall/Panne im Ausland

Ein letztes unerfreuliches Thema! Jeder zehnte unserer Fragebögen war bei "Unfall bzw. Panne im Ausland" mit "ja" angekreuzt. Die Schadenssummen betrugen zwischen 7000 € und 0 € (kostenlose Garantiereparaturen), im Schnitt musste man 450 € löhnen.

Wie verhalten wir uns speziell bei einem Unfall, wie **begrenzen** wir den Schaden?

Zusätzlich zu den Verhaltensweisen, die Sie auch in Deutschland automatisch absolvieren, wie Absichern der Unfallstelle und Versorgen von Verletzten einige Tipps, um den Ärger nicht noch zu vergrößern. Dabei gehen wir davon aus, dass es sich nicht um einen Bagatellschaden handelt, den Sie mit ein paar Euro hin (oder her) regeln können:

Machen Sie so schnell wie möglich **Fotos** der Unfallstelle.
Zeichnen Sie die Stellung der Fahrzeuge nach dem Unfall und die Anfahrtsrichtung (wenn möglich auf die Straße und auf ein Blatt Papier, Vordruck bei: **www.unfallskizze.de**)
Lassen Sie stets die **Polizei** holen.
Zahlen Sie **nie bar** an Ihren Unfallgegner – dafür ist Ihre Versicherung da.
Bestehen Sie bei Vernehmungen auf einen **Dolmetscher**, der Ihnen auch die Gespräche Ihres Unfallgegners mit der Polizei übersetzt.

Wenn's ganz Ernst ist:
Rufen Sie bei der Deutschen Botschaft an und lassen Sie sich einen deutschsprechenden Rechtsanwalt vermitteln (Die Telefonnummern finden Sie im Kapitel 7).

Übrigens:
Beiträge für Vollkaskoversicherung und Rechtsschutzversicherung sind bei den "Leistungen" vieler ausländischer Versicherungen gut angelegtes Geld!

Das Wichtigste am Schluss!
Fahren Sie so, dass ein Unfall so unwahrscheinlich wie möglich ist:

Fahren Sie **NIE** nachts!

☞ Lassen Sie sich Zeit – Sie haben doch Urlaub!

Veranstalten Sie Wende- ☞ und Rückfahrmanöver nur mit einem Einweiser.

Überholen Sie – lieber nicht, sondern halten Sie rechts und machen Sie ein schönes Foto von der Landschaft.

Süd-Italien (Ost): Traumplätzchen an der Adria (WOMO-Reihe, Band 35)

Tagebuch / 6-sprachiges Miniwörterbuch

Der Urlaub ist schön – noch schöner aber ist die Erinnerung daran! Leider fliegen viele Eindrücke an uns vorbei, sind nach wenigen Tagen völlig vergessen. Machen Sie sich die kleine Mühe eines **Urlaubstagebuches**, Sie werden noch nach Jahren gerne darin blättern!

Um Ihnen eine kleine Anregung zu geben, haben wir auf den beiden Folgeseiten ein Tagebuchblatt entworfen, das Sie in Ihr Tagebuch übertragen können. Noch bequemer wäre es natürlich, wenn Sie sich die Doppelseite für jeden Urlaubstag einmal fotokopieren würden. Im Din-A-4-Format bleibt seitlich genügend Rand für eine Lochung oder Heftung. Die 7 x 10-cm-Abzüge gibt's immer noch beim Drogeriemarkt zum Sparpreis!

Auf die Tagebuchdoppelseite folgt unser 6-sprachiges Mini-Wörterbuch. Sie sollen es nicht erst dann aufschlagen, wenn Sie es brauchen, sondern die wichtigsten Begriffe des Gastlandes vorher einüben - umso mehr freut man sich über Sie!

Mit diesen Anregungen sind wir am Schluss des Urlaubskapitels. Es bleibt uns noch, Ihnen an dieser Stelle stets gute Fahrt, viele unvergesslich schöne Erlebnisse – und ein paradiesisches Plätzchen an Ihrem Urlaubsziel zu wünschen – ähnlich dem auf unserem Titelbild.

Ankunftszeit:............ Uhr	km-Stand an:.................
Abfahrtszeit:............. Uhr	km-Stand ab:.................
Fahrdauer:............... Std.	Tages-km:......................

Fahrstrecke: _____

_____
_____
_____
_____
_____
_____

Streckenbeschreibung, Erlebnisse, Wetter:

_____
_____
_____
_____
_____
_____
_____

"Foto des Tages"

7 x 10 cm

Getankt bei km:	Datum: ....
Liter:.............................	.... .Urlaubstag
Betrag:	mies 5 4 3 2 1 Spitze Stimmungs-Barometer

Unternehmungen, Besichtigungen:

_____
_____
_____
_____
_____
_____

Beschreibung unseres Übernachtungsplätzchens:

_____
_____
_____
_____
_____
_____

GPS-Koordinaten:

Foto unseres Übernachtungsplätzchens
7 x 10 cm

„Auf großer Tour" 241

D	GB	F
Guten Morgen	good morning	bonjour
Guten Tag	good afternoon/hello	bonjour
Wie bitte? (Frage)	Excuse me?	comment/pardon?
bitte ... (um etwas)	please	s'il vous plaît
Danke	thank you	merci
Ja/nein	yes/no	oui/non
Auf Wiedersehen	good bye	au revoir
Ich verstehe nicht.	I don't understand.	Je n'ai pas compris.
Sprechen Sie deutsch/englisch?	Do you speak german/english?	Parlez-vous allemand/anglais?
Ich möchte ...	I want ...	Je voudrais bien...
Was kostet es?	how much is?	Ça coûte combien?
Straße	street, road	rue/route/chemin
Platz/Parkplatz	place/car park	place/parking
rechts/links	right/left	à droite/à gauche
geradeaus	straight ahead	tout droit
Gaststätte	restaurant	restaurant
essen/trinken	eat/drink	manger/boire
Verkehrsbüro	tourist office	office de tourisme
Telefonkarte	prepaid card	télécarte
Wo ist eine Telefonzelle?	Where is a call box?	Où se trouve un(e) ... cabine téléphonique?
Wo ist ein(e) Arzt?	Where is a doctor?	... médecin/docteur?
... Apotheke?	... a chemist's shop?	... pharmacie?
... Krankenhaus	... an hospital?	... hôpital?
... Polizeiwache?	... a police station?	... poste de police?
Ich wurde bestohlen!	I was stolen!	Je suis volé!
Wo ist eine ... Bank?	Where is a ... bank?	Où se trouve une ... banque?
... eine Tankstelle?	... filling/petrol station?	... poste dèssence?
... eine Toilette?	... lavatory/toilet?	... toilette/WC cabinets
Wo gibt es Trinkwasser?	Where can I get drinking water?	Où y'a-t-il dell' eau potable?
Brunnen	well/spring	puits/source/fontaine
Abwasser	sewage	les eaux résiduelles
Entsorgung	dumping/disposal	traitement des déchets
Gasflasche	gas bottle/cylinder	bouteille de gaz
Wie kommt man zum Strand?	Where is the way to the beach?	Comment on peut aller à la plage?
Darf man hier im Womo übernachten?	It's allowed, to sleep here in the camper?	On peut dormir dans le camping-car ici?
Wo ist ein Campingplatz?	Where is a camping site/ground?	Où se trouve un terrain de camping?

I	E	GR
		(einfache Lautschrift)
Buon giorno	Buenos días	káli méra (bis 12)
Buon giorno	Buenas	kálispéra (nach 12)
Come prego?	Cómo?	parakaló
Per favore	Por favor	Oríste
Grazie	Gracias	efcharistó
si/no	sí/no	nä/oichí
arrivederci/ciao	Adiós/Hasta la vista	jássu/adío
Non ho capito!	No comprendo	Thén katalavá típota.
Parla	Comprende	Miláte
tedesco/inglese?	alemán/inglés?	jermaniká/angliká?
Vorrei ...	Deseo ...	egó thélo ...
Quanto costa?	Cuánto cuesta eso?	pósso kostísi?
strada/via	Calle	drómos
Piazza/Parcheggio	Plaza/Aparcamiento	platia/parking
destra/sinistra	derecha/izquierda	deksjá/aristerá
diritto	recto	katheftían
Ristorante/Trattoria	restaurante	estatório/taverna
mangiare/bere	comer/beber	fai/píno
Ufficio turistica	Oficina de turismo	turistikés plioforíes
Carta telefonica	Tarjeta telefónica	tilekárta
Dove è un (una)	Dónde hay un(a)	Puh íne to (i)
... cabina telefonica?	... cabina telefónica?	... tilefonikós thálamos?
... medico/dottore?	... médico?	... iatrío?
... farmacia?	... farmacia?	... farmakío?
... ospedale?	... hospital?	... nossokomío?
... posto di polizia?	... estación de policía?	... astinomía?
Sono stato derubato!	Me han robado!	Me ächune klépsi!
Dove è un (una)	Dónde hay un	Puh íne éna (mia)
... banca?	... banco?	... trápeza?
... stazione di servizio?	... gasolinera?	... vensinádiko?
... toletta/gabinetto?	... baño?	... toualétta?
Dove c'è	Dónde hay	Puh ipárchie
... dell'acqua potabile?	... agua potable?	... pósimo neró?
fonte/pozzo	Fuente	pijí, vríssi
acqua di scarico	Desagüe	apónoro
trattamento di rifiuti	Basura	biologikós katharismós
bombola (del gas)	Bombona	boukála petrogás
Como si arriva	Cómo voy	Puh íne o drómos
alla spiaggia?	a la playa?	pross paralía?
Si può pernottare	Se puede pasar la noche	Epitrépete namínome
nel camper qui?	acquí en auto caravana?	ethó metó aftokinitóspito?
Dove è	Dónde hay	Puh ipárchie
un campeggio?	un camping?	ena camping?

„Auf großer Tour" 243

Kapitel 9: „Das Essen ist fertig!"

Gourmet-Rezepte für die Wohnmobil-Küche

„Eigentlich ist Urlaub eine ungerechte Sache! Der Hausherr muss nicht zur Arbeit – die Hausarbeit für die Hausfrau jedoch bleibt."

Meine Herren – diesen Spruch dürfen Sie nicht auf sich sitzen lassen! Wir haben deshalb Rezepte zusammengestellt, die auch aus Ihnen einen perfekten Urlaubskoch machen werden – oder doch zumindest einen brauchbaren Küchengehilfen. Dabei haben wir versucht, Unvereinbares unter einen Hut zu bekommen, nämlich:

- Gaumengenuss
- Geringsten Zeitaufwand
- Geringen Aufwand an Töpfen, Kochstellen und Abwasch – und damit geringen Gasverbrauch.
- Verwendung von Frischem, wenn erhältlich und Konserven, wenn sinnvoll.

Wir würden uns freuen, wenn es Ihnen bei uns schmeckt. Für Anregungen und weitere Rezepte ist Ihre WOMO-Kochmannschaft jederzeit dankbar! Alle Gerichte sind – wenn nicht anders angegeben – für **vier mittlere Esser** berechnet.

Ein Loblied möchten wir zuvor auf den Schnellkochtopf (**Dampftopf**) singen! Er begleitet uns auf jede Reise, erspart uns Zeit, manches Kilo Gas und wallende Dampfschwaden im Wohnmobil – was vor allem in der kälteren Jahreszeit ein Riesenvorteil ist. Darum haben wir einige Rezepte auf den Dampftopf zugeschnitten, was natürlich nicht heißt, dass sie "ohne" nicht zuzubereiten wären.

Trotzdem ist es keineswegs ein Vergnügen, bei sommerlichen Temperaturen im WOMO am heißen Herd zu stehen. Ein Ausweg war bisher nur der Holzkohlengrill mit all seinen Vor- und Nachteilen.

Bei einem unserer Einkaufsgänge entdeckten wir jedoch einen äußerst praktischen Gasgrill, der wahrscheinlich Ihren Holzkohlengrill ablösen wird, den

Camping-Gaz-Party-Grill !

Kein Mitschleppen von Holzkohle mehr, keine schwarzen Finger, kein Gepuste – und vor allem keine trockenen Ledersteaks, sondern Saftiges – und das alles unter freiem Himmel. Wir haben uns für die Ausführung mit einer 2,75 kg-Gasflasche

Gemütliche Pause mit dem Party-Grill

entschieden, die bei Gasnot auch noch als Ersatzflasche dienen kann (es gibt den Party-Grill auch für Gaskartuschen). Bequem neben dem Klapptisch positioniert, steht Ihrer abendlichen Grillparty nichts mehr im Wege (auch dort, wo offenes Feuer verboten ist). Nimmt man die Teflon-beschichtete Grillplatte mit ihren praktischen Grilleinteilungen ab, so kann man das Gerät natürlich auch als Kocher verwenden!
Übrigens: Die Camping-Gaz-Butangasflaschen erhält man europaweit (und ganz besonders günstig in Spanien) z. B. beim Eisenwarenhändler.

Kalte Vorspeisen
.... oder wenn's mittags zum Kochen zu warm ist.

GRIECHISCHER SALAT

2 große Tomaten, 1 kleine Gurke, 3-4 grüne Paprikaschoten, 1 Zwiebel, 10-15 schwarze Oliven, 100-200 g Schafskäse, Essig, Olivenöl, Pfeffer, Salz, Oregano (griech. "Rigani").

Gemüse gut waschen. Tomaten und Paprika in mundgerechte Stücke schneiden. Gurke der Länge nach halbieren und in 1/2 cm dicke Scheiben schneiden, Zwiebel halbieren und in feine Streifen schneiden, Schafskäse würfeln. Salat mit Essig, Öl und Gewürzen verrühren, Oliven und Schafskäse darauf verteilen. Als Hauptmahlzeit benötigt man die doppelte Menge.

ZAZIKI

500 g Speisequark Magerstufe (oder Joghurt), 1 mittlere Salatgurke, 3-4 Zehen Knoblauch, 20 ml Essig, 50 ml Olivenöl, Salz, Pfeffer, (Dill).

Die gewaschene Gurke grob raspeln, das Ergebnis in einem Sieb gut ausdrücken. Gurkenwasser trinken oder wegschütten. Knoblauchzehen schälen, fein reiben oder durch Presse drücken. Gurkenmasse, Quark, Knoblauch, Essig und Öl gut vermengen, nach Geschmack salzen und pfeffern, evtl. mit Dill bestreuen. Zaziki kann im Kühlschrank 2-3 Tage aufbewahrt werden.

NUDELSALAT

300 g Nudeln, 250 g Fleischwurst (oder Schinkenwurst aus der Dose), 4-5 Tomaten, 4 EL Mayonnaise, Pfeffer, Salz.

Nudeln in Salzwasser garen, abgießen. Wurst in Würfel, Tomaten in mundgerechte Stücke schneiden. Alles mit der Mayonnaise verrühren, nach Geschmack würzen.

MEERSBURGER WURSTSALAT

400 g Fleischwurst (oder Würstchen aus der Dose), 5 Tomaten, 1 Camembert (150 g), 1 Zwiebel, 3 Knoblauchzehen, Essig, Olivenöl, Salz, Pfeffer.

Fleischwurst, gewaschene Tomaten und Camembert in mundgerechte Stücke schneiden, geschälte Zwiebel und Knoblauch in feine Ringe schneiden, Salz und Pfeffer dazugeben. Olivenöl und Essig mischen, über den Salat gießen, 30 min. ziehen lassen.

AUBERGINENSALAT

4 Auberginen, Saft von zwei Zitronen (oder Essig), 2 Knoblauchzehen, Salz, Olivenöl.

Auberginen mit Schale grillen. Wenn sie bruzzeln, mit der Gabel viele Löcher hineinstechen, damit Fruchtwasser herauströpfeln kann. Häufig wenden, bis die Früchte ganz weich sind (die Haut wird schwarz und unansehnlich). Haut abziehen, Inhalt in kleine Stücke schneiden und mit der Gabel zerdrücken. Salzen, mit Öl, Zitronensaft und feingehacktem Knoblauch verrühren. Für Gourmets: Grobgehackte Walnusskerne untermischen. Kalt servieren.

GAZPACHO

1 große Dose gehäutete Tomaten (oder 1/4 l Tomatensaft und 250 g enthäutete Tomaten), 1/2 l kalte Instantbrühe, 3 EL Öl, Saft von 3 Zitronen, 2 Knoblauchzehen, 2 Zwiebeln, 1 hartgekochtes Ei, 1 Salatgurke, 1 rote, 2 grüne Paprikaschoten, Salz, Pfeffer, Weißbrot.

Die Säfte mit der Brühe und dem Öl verschlagen, feingehackte Zwiebel und Knoblauch zugeben, kalt stellen (oder Eiswürfel zugeben). Das Gemüse putzen, würfeln und in Schälchen füllen.
Die kalte Suppe wird mit gehacktem Ei bestreut und kommt in die Tischmitte, drumherum die Gemüseschälchen. Jeder bedient sich selbst mit Suppe und Zutaten. Statt frischem Stangenweißbrot - alte Weißbrotscheiben würfeln und in Fett rösten.

IMAM BAYILDI
(Der Imam fiel in Ohnmacht)

4 lange Auberginen, 10-15 Knoblauchzehen, 5-6 Tomaten, 3 Zwiebeln, Salz, Öl.

„Das Essen ist fertig!"

Man schält die Auberginen zu einem längsgestreiften Zebra (abwechselnd 2 cm schälen, 2 cm Schale belassen) und salzt sie kräftig. Jede Knoblauchzehe viertelt man längs und spickt damit die geschälten Auberginenstreifen. Die fein gewürfelten Zwiebeln brät man im Öl an, legt die Auberginen und die kleingeschnittenen Tomaten darauf und dünstet zugedeckt alles weich. Bei dicken Auberginen empfiehlt sich der Dampf-topf, Garzeit dann 10-12 Minuten. Abkühlen lassen, mit Weißbrot servieren.

Der Dampftopf
...................erspart viel Dampf in der WOMO-Hütte

KALTE ZUCCHINI
(Garzeit 4 Minuten)

4 mittelgroße Zucchini, 4 Tomaten, 1 Zwiebel, 1-3 Knoblauchzehen, 2 EL Öl, Salz, Pfeffer.

Zucchini in dünne Scheiben schneiden, im offenen Dampftopf mit Zwiebelwürfeln und dem geriebenen Knoblauch anbraten. In den ungelochten Einsatz umfüllen, würzen, Tomatenviertel auflegen. 1 Tasse Wasser in den Dampftopf schütten, Einsatz einstellen, Topf schließen.
Nach dem Garen Topf öffnen, Tomatenhäute entfernen, Tomaten mit den Zucchini vermengen, abkühlen lassen.

IRISH STEW
(Garzeit 15 Minuten)

500 g Hammelfleisch, 500 g Weißkraut, 2 Stangen Lauch, 4 mittelgroße Kartoffeln, 2 Zwiebeln, 1/2 l Wasser (oder Instantbrühe), Salz, Pfeffer, Lorbeerblatt, Thymian.

Fleisch waschen, in gleichgroße Brocken schneiden, Weißkraut, Lauch und Zwiebeln zerkleinern, Kartoffeln schälen, waschen und in Scheiben schneiden. Lagenweise, d.h. abwechselnd Fleisch, Gemüse und Kartoffeln in den Dampftopf schichten, jede Lage würzen. Wasser (oder Brühe) darübergießen, Dampftopf schließen.

RÜHREIERKARTOFFELN
(Garzeit 5 Minuten)

8 mittelgroße Kartoffeln (1 kg), 4-5 Eier, 1 Zwiebel, 3 EL Öl, Pfeffer, Salz, (evtl. gebratene Speckwürfel).

Kartoffeln schälen und in Scheiben schneiden. Eier würzen und verquirlen. Zwiebeln in Scheiben schneiden.
Öl in den ungelochten Dampftopfeinsatz geben, Kartoffel- und Zwiebelscheiben hineinschichten und mit dem verquirlten Ei übergießen. 1 Tasse Wasser in den Dampftopf schütten, Einsatz hineinstellen, Dampftopf schließen.

POLENTA
(Garzeit 5 Minuten)

1 Tasse Maisgrieß, 1 EL Schweinefett (oder Butter), 1 EL Rindsbouillon (Instant), 4 Tassen Wasser, 100 g geriebener Käse, 50 g Butter, Salz.

Das Wasser im offenen Dampftopf zum Kochen bringen. Grieß, Fett und Bouillon einrühren, aufkochen lassen. Den Brei in den ungelochten Einsatz umfüllen und salzen. 1 Tasse Wasser in den Dampftopf schütten, Einsatz einstellen, Topf schließen. Die fertige Polenta herausstechen, mit Käse bestreuen und brauner Butter übergießen.

MILCHREIS
(Garzeit 10 Minuten)

1 Tasse Reis, 3 Tassen Milch, 1-2 EL Zucker, Salz, Rosinen, 1 EL Butter.

Ungelochten Einsatz einfetten. Den gewaschenen Reis mit den anderen Zutaten einfüllen. 1 Tasse Wasser in den Dampftopf schütten, Einsatz einstellen, Dampftopf schließen.

GEFÜLLTE HEFEKLÖSSE
(Garzeit 5 Minuten, 1. Ring darf nicht sichtbar sein)

300 g Mehl, 10 g Hefe (oder Trockenhefe), 2 Eier, Salz, etwas Milch, Fleisch- oder Schinkenreste, 1 kleine Zwiebel, Semmelbrösel, Marmelade oder Zwetschgen.

„Das Essen ist fertig!"

Aus dem Mehl, der aufgelösten Hefe, 1 Ei, Salz und Milch einen halbfesten Hefeteig bereiten. Fleisch- oder Schinkenreste kleinschneiden, mit Ei und Semmelbröseln vermengen. Hefeteig nach dem ersten Gehen zu kleinen Schüsseln formen, Fleisch, Marmelade oder Zwetschgen einfüllen, Klöße schließen und nebeneinander in den gefetteten, ungelochten Einsatz legen. Den Einsatz über kochendes Wasser in den Dampftopf stellen, Topf schließen. Die fertigen Klöße, je nach Füllung, mit brauner Butter oder/und gebräunten Zwiebeln übergießen.

COQ AU VIN

1 Hähnchen (oder Poularde), 1/4 l Wein der Region (rot oder weiß), 2 Zwiebeln, evtl. 1 Knoblauchzehe, etwas Mehl, Butter und Sahne (oder Crème fraîche), 1 kl. Dose Champignons, Salz, Pfeffer, Zucker.

Hähnchen in Stücke schneiden, sehr gut in Butter anbraten, Zwiebelwürfel hinzufügen, mit Salz und Pfeffer würzen und wenn alles gut angebraten ist, mit dem Wein ablöschen. Deckel schließen und max. 30 Minuten garen. Soße mit Mehl binden und mit Sahne abrunden, zerschnittene Champignons in der Soße erwärmen und mit Wein, Zucker, Salz und Pfeffer abschmecken.

ULRIKE'S BRATENTIPP

Ca. 1 kg Bratenfleisch (Rollbraten, Schweine- oder Rinderbraten), 2 Zwiebeln, 4 Knoblauchzehen, etwas Gemüse der Saison zum Mitdünsten, 1/4 l Rotwein, Öl, Senf, Paprika (edelsüß oder scharf), Pfeffer, Salz, Mehl.

Fleisch sehr gut mit Senf, Paprika, Pfeffer und Salz einreiben und im Öl scharf anbraten. Dann Zwiebelwürfel, zerkleinerten Knoblauch und das geschnittene Gemüse zufügen, andünsten und mit dem Wein ablöschen. Topf schließen, 40-60 Minuten garen. Anschließend die Soße mit Mehl binden und abschmecken.

**Pfannengerichte
.......auf einer Flamme oder mit dem Party Grill.**

BLITZGULASCH

1/2 l Fleischbrühe (Instant), 4 Scheiben durchwachsener Speck (200 g), 1 Zwiebel, 4 TL Butter, 4 EL Ketchup, 1 TL Mehl, 1 Dose Corned Beef, 1 kleine Gewürzgurke, 4 EL Sahne (oder Dosenmilch), 1 TL Rosenpaprika, Salz, Pfeffer, Zucker.

Speck in Würfel schneiden, Zwiebel in feine Würfelchen schneiden. Butter in der Pfanne erhitzen, Zwiebel- und Speckwürfel darin anrösten, Ketchup und Mehl unterrühren und 2 min. leicht köcheln lassen.
Corned Beef und Gewürzgurke in Würfel schneiden, beides zur Soße geben, mit Salz, Pfeffer und Zucker abschmecken, weitere 5 min. köcheln lassen. Die Sahne mit dem Rosenpaprika verrühren und das Gulasch damit abrunden.

BUNTE PAPRIKAPFANNE

2 große Zwiebeln, 5 Tomaten, 1 Gurke, 200 g durchwachsener Speck, 4 grüne Paprikaschoten, 2 EL Öl, 1/4 l Wasser, Salz, Pfeffer, Paprikapulver, 2 EL Speisestärke, 1 Tasse Sahne.

Zwiebel und Gurke schälen und in Würfel schneiden, Speck kleinschneiden, Tomaten vierteln, Paprika in Streifen schnei-

„Das Essen ist fertig!"

den. Öl in der Pfanne erhitzen, Zwiebel und Speck anbraten. Wasser, Gurke, Tomaten und Paprika dazugeben. Mit Salz, Pfeffer und Paprikapulver abschmecken und zugedeckt 10 Minuten schmoren lassen. Speisestärke in der Sahne anrühren, Gemüse damit binden und unter Rühren aufkochen lassen. Bei Bedarf nachwürzen - es soll (für Erwachsene) scharf schmecken.
Dazu passt Weißbrot oder Reis.
Reis geht prima im Dampftopf! Auf eine Tasse Langkornreis nimmt man nur 1 Tasse Wasser im ungelochten Einsatz. Garzeit 8-10 Minuten.

HEIDIS BAUERNFRÜHSTÜCK

8 mittelgroße Pellkartoffeln, 2 Zwiebeln, 1-2 Dosen Rindfleisch im eigenen Saft, 2 Eier, 3 EL Fett, Kümmel, Pfeffer, Salz, Paprikapulver.

Die Kartoffeln pellen und in Scheiben schneiden, die Zwiebeln würfeln. Zwiebeln im Fett anbraten, Kartoffelscheiben braten und zerkleinertes Rindfleisch zugeben. Am Schluss Eier mit Paprikapulver, Pfeffer und Salz verquirlen, darübergießen und stocken lassen.

BOHNENPFANNE

1 Zwiebel, 3 EL Butter, 1 große Dose grüne Bohnen, 1 Dose Rindfleisch im eig. Saft, Salz, Pfeffer, Bohnenkraut, Kümmel.

Zwiebel fein würfeln und in der Butter anbraten, Rindfleisch in Würfel schneiden und mit den Bohnen zugeben. Würzen, nur wärmen, nicht kochen. Dazu Salzkartoffeln oder auch nur Brot.

PAPRIKA-GULASCH

1 Zwiebel, 1 rote Paprika, 2 Dosen Rindfleisch im eig. Saft, 1 Tasse Fleischbrühe, Salz, Pfeffer, Paprikapulver, Cayennepfeffer, etwas Rotwein.

Zwiebelringe schneiden und mit etwas Fett aus der Rindfleischdose anbraten. Paprika in Ringe schneiden und zugeben. Rindfleisch würfeln, zugeben, mit den Gewürzen abschmecken. Dann mit der Fleischbrühe auffüllen und mit etwas Rotwein abrunden.

NUDEL-PFANNE

300 g Spätzle oder Hörnchennudeln, 1 Dose Rindfleisch im eig. Saft, Salz, Pfeffer, Bratfett.

Nudeln kochen, Kochwasser abgießen. Nudeln in der Pfanne anbraten, dann Rindfleisch in Würfeln zugeben, mit Salz und Pfeffer abschmecken. Dazu gehört ein großer Salatteller.

SCHWEINEGESCHNETZELTES

600 g Schnitzelfleisch, 3 EL Butter, 1 mittlere Zwiebel, 1/4 l Brühe (Instant), 1/8 l Rotwein, Salz, Pfeffer, Curry, 1/8 l Sahne (oder Kondensmilch), 1 kl. Dose Ananasstücke, 1 kl. Dose Mandarinen.

Fleisch trocken in Streifen, Zwiebeln in kleine Würfelchen schneiden. Fleisch und Zwiebeln im Fett anbraten. Mit Brühe und Rotwein ablöschen, dann zugedeckt 30 min. dünsten. Danach mit den Gewürzen abschmecken und mit 1/8 l Sahne abrunden. Kurz vor dem Servieren Mandarinen und Ananas zugeben und erwärmen.

RAVIOLI-TUNING

2 Dosen Ravioli, 1 Dose Würstchen, 1 kl. Dose geh. Tomaten (oder zwei Tomaten brühen, pellen und würfeln), 2 EL Butter, 2 Zwiebeln, 1 Knoblauchzehe, 1 Paprikaschote, 1 Stange Lauch, Milch, Oregano, Pfeffer, Salz, Zucker.

Würstchen in Scheiben schneiden, Zwiebeln würfeln, Lauch und Paprika in Ringe schneiden, alles in heißer Butter anbraten. Die Ravioli und die Tomaten mit etwas Milch zugeben und erhitzen. Mit den Gewürzen pikant abschmecken.

TÜRKISCHER REISTOPF

2 Tassen Reis, 3 Tassen Brühe (Instant), 2 Zwiebeln, 2 EL Butter, 2 Dosen Gulasch, 1 kl. Dose gehäutete Tomaten (oder zwei Tomaten brühen, pellen und würfeln), 1 kl. Glas Kürbis (oder ein paar Würfel Honigmelone), 1 kl. Dose Ananasstücke, 2-3 reife Bananen, Salz, Pfeffer, Curry.

Die Zwiebeln in Ringe schneiden und mit dem Reis in der heißen Butter kurz anbraten. Mit der Brühe auffüllen und 30 min. zugedeckt garen. Bananen in dicke Scheiben schneiden und mit den anderen Zutaten unter den gegarten Reis heben, erhitzen und abschmecken.

ARME RITTER

6 Eier, 1/2 l Milch, 10-15 Scheiben altes Weißbrot (2 cm dick), Fett oder Öl, Marmelade und Zucker oder Salz und Pfeffer.

Man verrührt die Eier mit der Milch und tränkt darin die Brotscheiben, bis sie vollgesogen sind (2 Std.). Dann bäckt man sie in Fett oder Öl aus. Kinder lieben sie mit Marmelade, Apfelmus oder Zucker, Erwachsene würzen sie mit Pfeffer und Salz und essen dazu Salami, Dosenfisch und Salat.

WOMO-RATATOUILLE

Frisches Gemüse (möglichst viele Sorten), in der Reihenfolge der Garzeit z.B. Kartoffeln (oder Reis), Auberginen, Paprika, Zucchini, Gurken, Tomaten säubern, grob würfeln und in der großen Pfanne mit Zwiebeln und etwas Fett dünsten.
Als Fleischanteil empfiehlt sich Rindfleisch aus der Dose, das man ganz am Schluss gewürfelt unterrührt; auch Corned Beef oder Würstchenstücke sind geeignet.

Eil-Variante: Statt Kartoffeln oder Reis nur Brot.

IZMIR KEFTEDES 1821

Für die Hackfleischröllchen: 1 kg gemischtes Hackfleisch, 2 Eier, 20 ml Milch, 1 große Zwiebel, 2 Knoblauchzehen (zerkleinert), 1 TL Petersilie, 1 TL Oregano, Pfeffer, Salz, Olivenöl.

Alle Zutaten vermischen, daraus kleine Röllchen formen und in heißem Öl knusprig braten.

*Für die Knoblauchsoße:
2 Zwiebeln, 4 Zehen Knoblauch, 1 kl. Dose geh. Tomaten, 1 Tasse Wasser, 1 EL "KNORR-Soße zu Braten" oder 1 EL Mehl, Salz, Pfeffer, Oregano.*

Zwiebeln in kleine Würfelchen schneiden und im Stieltöpfchen mit wenig Öl glasig dünsten, Knoblauch durch Presse drücken und mit den Gewürzen zugeben, 5-10 min. köcheln lassen. Die Tomaten zugeben und soviel Wasser, dass alles bedeckt ist. Jetzt 10-15 min. kochen. Am Schluss mit Bratensoße oder Mehl andicken und über die Hackfleischröllchen gießen.

MONIKAS BAUERNPFANNE

1 kg Pellkartoffeln, 2 EL Fett, 2 Zwiebeln, 2 Tomaten, 2-3 EL Wurst- oder Schinkenreste, 2 Eier, 1/8 l Milch, Salz, Pfeffer.

Die Kartoffeln pellen und in Scheiben schneiden, die Zwiebeln fein würfeln. Das Fett in einer großen Pfanne erhitzen und die Kartoffeln, Zwiebeln und Wurstreste darin braten. Die Eier mit der Milch, Salz und Pfeffer verrühren. Die Tomaten in Scheiben schneiden und auf die Kartoffeln legen. Eiermilch darübergießen, Pfannendeckel auflegen und stocken lassen. Man isst das Gericht aus der Pfanne.

HACKFLEISCH "FIDEL CASTRO"

500 g Hackfleisch, 500 g Zwiebeln, 2 große, reife Bananen, Ketchup, Pfeffer, Salz, Cayennepfeffer.

Das Hackfleisch in einer Pfanne zerkleinert anbraten. Die Zwiebeln würfeln und hinzugeben. Eine Tasse Wasser zufügen und zugedeckt schmoren lassen. Zum Schluss reichlich Ketchup und die in Scheiben geschnittenen Bananen unterrühren und weichschmoren lassen. Mit den Gewürzen scharf abschmecken.
Dazu passt am besten Reis.

CHILI-DOGS

300 g Hackfleisch, 1 Dose Wiener Würstchen, 1 große Dose geh. Tomaten, 1 kl. Dose Kidney-Bohnen, 2 Zwiebeln, 1 Knoblauchzehe, Chili- oder Paprikapulver, Salz, Pfeffer, Zucker, 2 EL Öl.

Öl in großer Pfanne erhitzen, gewürfelte Zwiebeln und Hackfleisch darin scharf anbraten, mit Salz, Pfeffer, Zucker, geriebenem Knoblauch und (reichlich) Chilipulver würzen, mit den Dosentomaten und ihrem Saft ablöschen, 15 min. zugedeckt leicht köcheln lassen. Kidney-Bohnen und Wiener Würstchen vom Wasser abgießen, zugeben und erwärmen. Dazu schmecken Weißbrot, Salat und ein großes Bier (zum Löschen).

LETSCHO

5 Tomaten, 5 grüne Paprikaschoten, 400 g Fleischwurst (oder Würstchen aus der Dose), 1 Zwiebel, Öl, Pfeffer, Salz.

Tomaten, Paprika und Wurst kleinschneiden. Zwiebeln würfeln, in Öl anbraten, dann Tomaten und Paprika zugeben und zugedeckt schmoren lassen. Zum Schluss Wurststücke zugeben und würzen.
Am besten passt dazu Reis.

ZUCCHINIPUFFER

500 g Zucchini, 2 Zwiebeln, 1 Tasse Mehl, 4 Eier, Olivenöl, 1 TL Salz, 1/2 TL Pfeffer, evtl. 1 Bund Dill.

Zucchini und Zwiebeln reiben und mit Mehl, Eiern, Salz, Pfeffer (und dem feingeschnittenen Dill) in einer Schüssel zu einer halbflüssigen Masse vermengen. In der Pfanne Olivenöl erhitzen, mit einem Esslöffel Teigmasse portionsweise in die Pfanne gleiten lassen, beidseitig gut anbraten und heiß servieren. Kinder mögen sie mit Zucker, Erwachsenen empfehlen wir dazu Zaziki (siehe bei "Kalte Vorspeisen") oder Joghurtsauce aus 250 g Joghurt, den man mit 4 geriebenen Knoblauchzehen verrührt.

SCHINKENNUDELN

300 g Nudeln, 200 g Schinkenwürfel (roh oder gekocht), 1 Zwiebel, 5-6 Eier, 1/2 Tasse Milch, Pfeffer, Salz, Edelsüßpaprika.

Nudeln in Salzwasser garen, abgießen. Schinkenwürfel und kleingeschnittene Zwiebel anbraten. Eier, Milch und Gewürze verrühren. Nudeln zum Schinken in die Pfanne geben und mit der Eiermilch übergießen. Stocken lassen und einigemal wenden.

LEBERKÄSE-ZUCCHINI-PFANNE

4 mittlere Zucchini, 400 g Leberkäse (zur Not Fleischwurst), 2 Zwiebeln, 2 Knoblauchzehen, Salz, Pfeffer, Curry, Olivenöl.

Zucchini und Leberkäse in feine Streifen schneiden, Zwiebeln und Knoblauch in feine Ringe schneiden. Olivenöl in einer Pfanne erhitzen, die Zwiebeln und Knoblauch darin anbraten. Zucchini und Leberkäse dazugeben, weiterbraten und kräftig würzen.
Dazu passt Ketchup und ein Baguette.

CHILI CON CARNE

500 g Hackfleisch, 500 g Tomaten, 2 Päckchen Chili-con-Carne-Gewürz, 1 große oder zwei kleine Dosen Kidney-Bohnen, etwas Wasser, Thymian, Rosmarin.

Hackfleisch in Öl krümelig braten, Tomaten in Stücke schneiden und dazugeben, 15 min. schmoren, würzen. Bohnen unterrühren und miterhitzen, evtl. mit etwas Wasser verdünnen.
Ideale Beilage: Reis.

Im Dampftopf
....................jetzt aber ohne geschlossenen Deckel

MIESMUSCHELN

3 kg Muscheln, 2 Zwiebeln, 1 Möhre, 1 Bund Suppengrün, 1 Tasse Weißwein, 1 Tasse Wasser.

Die Muscheln gründlich säubern und bürsten. Zwiebeln, Möhre und Suppengrün kleinschneiden und mit Wein, Wasser und den Muscheln in den Topf geben. Deckel (ohne Ventil) auflegen und Inhalt bei starker Hitze 5-6 Minuten kochen lassen. Topf während des Kochens mehrmals schütteln, damit die Muscheln gleichzeitig gar werden. Die Muscheln auf Suppenteller verteilen, den Sud durch ein feines Sieb darüber gießen. Als Gabel benutzt man eine leergegessene Muschel.
Dazu reicht man pro Person eine halbe Zitrone, Weißbrot und

Weißwein. Muscheln, deren Schalen sich beim Kochen nicht öffnen oder die vorher schon geöffnet waren, sollte man wegwerfen. Sie sind höchstwahrscheinlich verdorben.

EXPRESS-PASTA

1 Dose Corned Beef, 2 EL Öl, 1 Zwiebel, 1 kl. Dose Tomaten, Pfeffer, Salz, Oregano, 300-400 g Spaghetti, 100 g geriebener Käse.

Die kleingeschnittene Zwiebel in Öl anbraten, das zerkleinerte Corned Beef dazugeben und weiterbraten. Schließlich mit den Tomaten ablöschen und würzen. Währenddessen die Spaghetti in Salzwasser kochen, Kochwasser abgießen. Die Spaghetti auf die Teller verteilen, die Soße darübergießen und mit Käse bestreuen.

GABYS RINDFLEISCHNUDELN

1 Zwiebel, 1 Dose "Balm"-Rindfleisch, 1 kl. Dose Champignons (oder Mais), 300 g Bandnudeln, Salz, Pfeffer, Tomatenmark, 2 Knoblauchzehen, 1 Tasse Weißwein, Bratfett.

Feingehackte Zwiebeln im Fett anbraten, gewürfeltes Rindfleisch zugeben und stark weiterbraten. Mit Wein ablöschen, Champignons zugeben und würzen. Nebenbei Nudeln kochen, abgießen und unter die Fleischmasse rühren, abschmecken.

NUDELN MIT GORGONZOLASAHNE

400 g (beliebige) Nudeln, 150 g Gorgonzola, 200 g Sahne, Salz, Zitronensaft.

Nudeln bissfest kochen. Inzwischen den Gorgonzola mit der Gabel grob zerkleinern, mit der Sahne unter Rühren erhitzen, mit Salz und Zitronensaft abschmecken.
Vor dem Servieren die Gorgonzolasahne über die Nudeln verteilen.

NORWEGISCHE NUDELN

400 g Bandnudeln, 400 g Sahne, 150 g Räucherlachs in Scheiben, 2 EL Zitronensaft, Salz, Pfeffer.

Sahne mit Zitronensaft etwas einköcheln lassen. Inzwischen die Nudeln in einem Topf in reichlich Salzwasser kochen. Lachs in dünne Streifen schneiden und unter die Sahne heben, mit Salz und Pfeffer abschmecken. Die Nudeln abgießen und sofort unter die Sauce mischen.

APFEL, BOHNEN UND SPECK

1 säuerlicher Apfel, 1 Zwiebel, 1 große Dose grüne Bohnen, 50 g Räucherspeck, Salz, Zucker, Pfeffer, etwas Zitronensaft.

Speck fein schneiden und in einem Topf auslassen, Grieben herausnehmen. In der Zwischenzeit die Zwiebel klein schneiden, den Apfel schälen, entkernen, ebenfalls klein schneiden. Zwiebel ins Fett geben und bei kleiner Hitze andünsten, dann die Apfelstücke und nach weiteren zwei Minuten die Bohnen und die Gewürze hinzufügen. Bei kleiner Hitze noch acht Minuten weiterköcheln lassen. Dazu passen Salzkartoffeln.

NUDELN MIT THUNFISCH
(für 2 - 3 Personen)

1 Dose Thunfisch, 2 Schmelzkäseecken, 1 Zwiebel, 1/4 l süße Sahne, 250 g Bandnudeln (möglichst grüne), Salz, Pfeffer, (evtl. Dill und 50 g Parmesankäse).

Nudeln bissfest kochen. In der Zwischenzeit den Thunfisch, die fein geschnittene Zwiebel und den Schmelzkäse in einer großen Pfanne ca. 5 min. unter Rühren anbraten. Gewürze und zum Schluss die Sahne zugeben. Alles mit den Nudeln vermischen und noch 5 min. in der Pfanne braten.
Dazu passt Salat der Saison und ein kräftiger Rotwein.

PORREESUPPE

1 1/2 l Brühe (Instant), je 1 Ecke Kräuter- und Sahneschmelzkäse, 500 g Porree (in Streifen geschnitten), 300 g Hackfleisch (zu kleinen Bällchen geformt), Pfeffer, Salz.

„Das Essen ist fertig!"

Die Brühe mit dem Käse erwärmen bis der Käse geschmolzen ist. In die heiße Suppe die Hackfleischbällchen gleiten lassen und Porreestreifen zugeben, dann 15 min. leicht köcheln lassen, würzen, evtl. mit Sahne verfeinern.
Dazu passt ein frisches Baguette.

Auf dem Grill
.... oder in der Pfanne auf dem Party Grill

MARINIERTE KARBONADEN

4 Nackenkarbonaden (Schweinehals), 2 Zwiebeln, Öl, Essig, Grillgewürz.

In einer Schüssel mit dicht schließendem Deckel bedeckt man den Boden mit Öl und einem kleinen Schuss Essig. Die erste Karbonade legt man in die Schüssel, würzt sie, belegt sie mit Zwiebelringen und träufelt Öl darüber. Das wiederholt man mit den anderen Karbonaden, gibt den Rest der Zwiebelringe und einen Schuss Essig darüber und schließt die Schüssel. Die Schüssel kommt in den Kühlschrank und wird jeden Tag einmal gewendet.
Camping-Vorteil: Das Fleisch kann eingelegt mehrere Tage im Kühlschrank aufbewahrt werden.
Schmeckt gegrillt oder aus der Pfanne.

SOUVLAKIA
(Griechische Fleischspießchen)

750 g Schweine- oder Lammfleisch, Öl, Zitronensaft, Salz, Pfeffer, Oregano.

Wer Zeit hat, bereitet eine Marinade aus 6 EL Öl, 3 EL Zitronensaft, Pfeffer und Salz und legt die 2-cm-Fleischwürfelchen 2-3 Stunden ein. Dann Fleischwürfel trockentupfen und auf kleine Holzspießchen stecken, grillen, dabei wenden und gelegentlich mit der Marinade bestreichen. Mit Salz und viel Oregano bestreuen und an den Spießchen servieren.

Eilvariante: Fleischwürfel unmariniert auf Spießchen stecken und während dem Grillen mit Zitronensaft/Öl-Marinade bestreichen.

CEVAPCICI

600 g gem. Hackfleisch, 1 Zwiebel, 3 Knoblauchzehen, 1 EL Mehl, 1 EL Paprika edelsüß, 2-3 EL Olivenöl, evtl. 3 EL gehackte Petersilie.

Hackfleisch mit sehr fein gehackter Zwiebel, Knoblauch und Petersilie vermengen, Mehl einarbeiten, Fleischteig würzen, fingerlange Röllchen formen, in Mehl wenden und etwas ziehen lassen. Die Röllchen mit Öl bestreichen und so grillen, dass sie außen knusprig und innen rosa sind. Als Beilage reicht man gehackte Zwiebeln und Ajvar (eine Soße aus Paprika, Auberginen, Tomaten und Knoblauch, die es als Konserve auf dem Balkan und auch in Deutschland gibt).

WÜRSTCHEN-SCHASCHLIK

4 Bockwürste, 100 g durchw. Speck, 2 Zwiebeln, 1 kl. Salatgurke, 1 rote, 1 grüne Paprikaschote, 3 EL zerlassene Butter, Salz, Pfeffer.

Würste in 2 cm dicke Scheiben, Speck in dünne Rechtecke, Zwiebeln in Achtel schneiden. Gurke schälen, längs halbieren, Kerne herausschälen und Fruchtfleisch in Zentimeterstücke schneiden. Paprika in 5-DM-Stücke zerschneiden. Das Ganze abwechselnd auf Spieße stecken, mit zerlassener Butter beträufeln und in der Pfanne braten. Zwischendurch wenden und weiter mit Butter beträufeln. Die fertigen Spieße salzen, pfeffern und mit Reis oder Weißbrot und feuriger Schaschliksoße servieren.

Bei Verwendung eines Holzkohlengrills sollte man die Spieße auf Alu-Folie legen.

GRILL-MAISKOLBEN

4 Maiskolben, Salz, 3 EL Öl, Pfeffer, 100 g Butter.

Maiskolben waschen, in Salzwasser 15 Minuten kochen (Dampftopf 5 min.). Maiskolben herausnehmen, trocken tupfen, mit dem Gemisch aus Öl, Salz und Pfeffer bestreichen und 10-15 Minuten grillen. Je zwei Holzspießchen in die Enden stecken, vom Grill nehmen, mit Butter bestreichen und aus der Hand essen.

GRILL-BANANE

4 reife Bananen, Zucker, Cognac (oder Rum).

Die Bananen werden auf dem Holzkohlengrill oder in der Pfanne so lange gewendet, bis sie weich sind. Dann skalpiert man sie längs und zuckert die Innenseite. Mit einem Esslöffel verteilt man auf dem Zucker den Cognac, entzündet ihn und löffelt die Bananen aus der Schale.

..................und zum Abschluss einen Kaffee ?

Aber nein, Sie werden uns doch nicht etwa einen "Löslichen" anbieten wollen?

Das Gefummel mit Filterpapier und dem wackligen Kaffeefilter können Sie im Urlaub nicht gebrauchen?

Wie gut, dass wir für Sie die **Ital-Express**, eine original italienische Espressomaschine aus Hartaluminium getestet haben (gibt's auch in Edelstahl).

Sie braucht keinen Filterpapier und filtert den Kaffee doch – per Wasserdampf und Metallsiebeinsatz. Sie ist völlig unzerbrechlich, leicht zu reinigen und bestens geeignet für jeden Gaskocher – also ideal für den Campingeinsatz.

Sie wollen keinen Espresso, sondern richtigen "Deutschen Kaffee"? **Bekommen Sie!**

Kaufen Sie einfach die größte Espressomaschine, die erhältlich ist – für 12-16 (!) Tassen Espresso. Dieses Maß entspricht in etwa vier "richtigen" Tassen Kaffee. Wenn Sie die Maschine mit dem üblichen Kaffeepulver füllen, so erhalten Sie auch "normalen Kaffee". Nehmen Sie das schärfer gebrannte Espressokaffeepulver, dann erhalten Sie "Espresso"!

So einfach ist es – und bequem noch dazu. **Viel Spaß!**

Ein frisch gebackener Kuchen dazu wäre nicht schlecht?
Und das labberige Baguette geht Ihnen auch schon seit Tagen auf den Geist – Sie hätten gern ein frisches, dunkles Brot?
Wie Sie das im Urlaub in der **Pfanne** (Sie haben richtig gelesen!) backen können, das verraten wir Ihnen im

"Allgemeinen Wohnmobil Kochbuch"

– und natürlich noch viele andere tolle Tipps & Tricks & Rezepte für die Küche unterwegs (Bestellschein am Buchende).

Kapitel 10: „Wann sind wir endlich da?"

Mit Kindern in den Wohnmobilurlaub

Wir werden nie die ungläubigen, ja verständnislosen Blicke unserer Nachbarn vergessen, wenn wir Sportwagen und Tragekiepe, ja sogar den sperrigen Laufstall im WOMO verstauten und uns mit Babys und Kleinkindern Richtung Süden oder Norden, aber immer weit weg, aufmachten.

Achtunddreißig Jahre ist jetzt unsere Älteste – und längst mit eigenen Kindern im WOMO unterwegs. Wir glauben, einige Erfahrungen weitergeben zu können.

Korsika, San Pellegrino Plage (WOMO-Reihe, Band 3)

Fangen wir an mit den Babys und Krabbelkindern – sie erfordern zwar ein Höchstmaß an Packgeschick, sind dann jedoch recht "pflegeleicht", denn alle "Lebensbedürfnisse" Ihres Lieblings bringen Sie von zu Hause mit:

☀ Babykost, eine Packung Windeln (gibt's überall), Cremes, Medikamente – und die Kinderbadewanne. Gehen Sie nicht das Risiko ein, in einer ausländischen Apotheke oder Drogerie nicht verstanden zu werden. Konsultieren Sie jedoch unbedingt vorher Ihren Kinderarzt und nehmen Sie seine Telefonnummer mit auf die Reise.

☀ Falls Sie die Kindernahrung selbst zubereiten, sollten Sie während des Urlaubs auf Fertignahrung umsteigen. Sie werden wohl kaum die Auswahl und die Waschwassermengen haben, die Sie von Ihrer Küche gewohnt sind.

Während der Fahrt liegt der Schatz im **Baby Autositz** (Gruppe 0/0+), wenn er noch nicht sitzen kann. Dieser muss entgegen der Fahrtrichtung auf der Sitzbank festgegurtet werden. Ein Elternteil sollte sich im Sichtbereich des Babys aufhalten, wenn es nicht schläft.

Erfahrungsgemäß gewöhnt sich ein Baby schnell an das Schaukeln und das **Motorengeräusch**. Diese Gewöhnung kann so weit gehen, dass es beim Abstellen des Motors aufwacht – wir haben sehr oft mit laufendem Motor getankt.....
Historie: Im (alten) VW-Bus hatten wir als Schlafplatz den Heckbereich hinter der Querbanklehne auserkoren. Trotz unmittelbarer Lage über dem Motor gab es keinerlei Schlafprobleme.

Am **Strand** gehört der Kinderwagen in Reichweite unter einen großen Sonnenschirm. Über ihn decken Sie eine Moskitogaze – oder Ihren Brautschleier.
Denken Sie daran:

Babys unter drei Monaten dürfen keinerlei **Sonnenstrahlung** ausgesetzt werden. Auch Ältere sollten, selbst bei Verwendung von Sonnencreme mit höchsten Schutzfaktoren, anfangs nur minutenweise in der Sonne krabbeln.

Kann der Kleine schon gut sitzen, gurten Sie den Auto-Kindersitz im Wohnbereich so fest, dass das Kind möglichst mit dem **Rücken zur Fahrtrichtung** sitzt, das ist am sichersten. Setzen Sie sich gegenüber, dann blicken Sie in Fahrtrichtung und zu Ihrem Liebling.

Wenn **Müdigkeit** einkehrt, stecken Sie Ihren Schatz in einen "Leinenschlafsack mit Hosenträgern". Die Träger dranzunähen ist keine Kunst, der Erfolg ist jedoch groß, denn das Kind kann nicht mehr herausrutschen. Wenn Sie jetzt am Fußende des Schlafsacks noch eine Schlaufe annähen und am Bettchen einen Karabinerhaken anbringen, kann es auch keine Streifzüge mehr durchs Wohnmobil machen.

Als Bettchen empfiehlt sich der **Alkoven**, denn hier ist Ihr Liebling am ungestörtesten. Zusätzlich sollten Sie noch ein Netz gegen das Herunterfallen einhängen, denn doppelt genäht hält besser...
Was müssen wir, vor allem in heißen Ländern, beachten, damit Kleinkinder vor Krankheiten geschützt werden? Im Wohnmobil herrschen zwar nahezu heimische Hygienebedingungen, was schleppt man jedoch an Nahrung herbei?

Die mitgebrachte **Gläschenkost** ist, wenn man sie nicht zu hohen Temperaturen (maximal 35 Grad) oder direkter Sonnenbestrahlung aussetzt, über den ganzen Urlaub hinweg haltbar. Trotzdem sollte jedes Gläschen auf Unterdruck (eingedellter Deckel) untersucht werden, sonst ist sein Inhalt mit Sicherheit verdorben.

☀ **Restinhalt** angefangener, erwärmter Gläschen sollte auf jeden Fall weggeworfen werden. Füttern Sie kalt, können Sie den Rest bis zum nächsten Tag im Kühlschrank aufbewahren.

☀ **Fertigbrei** wird mit Wasser angerührt – aber welches soll man nehmen? Unmengen der großen Plastikflaschen verunzieren viele Strände Europas – ist das die Lösung? Wir haben darauf von Anfang an verzichtet, nicht nur wegen des Müllproblems. Wenn unsere Kinder zu Hause **gechlortes Wasser** vertragen (siehe: Trinkwasser), dann wird es ihnen wohl im Urlaub nicht schaden, sagten wir uns! Und siehe da, von Durchfallproblemen blieben wir meist verschont.

Meist, wohlgemerkt! Denn mancher Darm spielt schon verrückt, wenn seinem Besitzer zu heiß wird. Da helfen nur Kohlekompretten und ein bequemer Liegestuhl im Schatten – und in der Nähe der Toilette!

Falls Ihnen unser Chlorvorschlag nicht gefällt, dann können Sie immer noch einen Wasserkanister für Getränke und Milchbrei mit Micropur ansetzen. Die alte "Wasserabkochmethode" ist nicht nur sehr gas- und zeitintensiv, sie treibt auch jegliche Gase aus dem Wasser aus, das dann wie eingeschlafene Füße schmeckt.

Die größte Gefahr in der Hitze ist der Wasser- und **Salzverlust** des Körpers. Erfüllen Sie deshalb unbedingt jeden Getränkewunsch Ihrer Kinder, allerdings nicht mit Limo oder Cola, sondern mit schwach gesüßtem Tee oder selbst angerührter Limonade (als Pulver mitnehmen). Gekaufte Getränke sind meist viel zu zuckerhaltig, um erfrischend zu wirken.

Das Limo-Pulver rührt man erst bei Bedarf mit entkeimtem Wasser an; deshalb ist es ideal auch bei Wanderungen und Bergtouren, um den "Wassergeschmack" zu verbessern.

☀ Die Getränkeflasche steckt man in einen tropfnassen Waschlappen – die Verdunstung hält den Flascheninhalt lange kühl.

☀ Gegen den Salzverlust dürfen Sie ab und an etwas "verliebter" kochen. Und da abends am Lagerfeuer gerne geknabbert wird – im schweißtreibenden Süden sind Salzstangen geradezu "gesund".

Ist Ihr Schätzchen sechs Monate alt, lohnt sich die Mitnahme von Buggy und Rückentrage. Manche Besichtigung oder reizvolle Wanderung brauchen Sie sich nicht zu verkneifen, wenn Ihr Kind altersgemäß und den Wegeverhältnissen entsprechend transportiert werden kann. Auch wenn das erste Jahr herum ist, klettern die Kleinen nach kurzer Trippeltour wieder gern in "Vaters Rückenbeutel".

Im zweiten Halbjahr können Krabbelkinder schon abenteuerliche Entdeckungsreisen unternehmen. Dabei erforschen sie alles nach dem Motto: Kann man's essen? Muscheln, Zigarettenstummel – und Ziegenknuddel haben wir ihnen schon mit krummem Zeigefinger aus dem Mund gefischt! Ein Laufstall ist zwar noch sperriger als er aussieht, aber Gold wert. Im Verweigerungsfall empfehlen wir Ihnen die Mitnahme eines großen Rechens, um einige hundert Quadratmeter Strand säubern zu können.

Nach dem ersten Lebensjahr ist die "Sonderbehandlung" bei der Ernährung meist vorbei. Dafür will das Kind anspruchsvoller unterhalten werden!

Griechenland, Euböa (WOMO-Reihe, Band 1)

Lieblingsbeschäftigungen sind singen und malen.
Treten Sie keine Reise ohne ein kleines Liederbuch an, sonst haben Sie nach wenigen Tagen ein "Hänschen-klein-Syndrom" oder einen "Alle-meine-Entchen-Ohrwurm".

Malen ist für Viele nur schön mit knalligen Filzstiften. Wenn Sie es fertigbringen, Ihre Kinder für Holzfarben zu begeistern, haben Sie weniger Sauerei an Händen, Polstern und Möbeln, dafür aber schönere Bilder.

Natürlich haben Sie den Malblock von Oma eingepackt, wo Donald Duck oder der Indianerhäuptling nur noch eingefärbt werden müssen!?

Wie wäre es, wenn Sie stattdessen für Ihr Kind Urlaubsmotive vorzeichnen: Das WOMO, die Fähre, Mutter am Steuer?

Und vergessen Sie nicht eine stabile Sammelmappe – nicht nur Hochglanzfotos sind Urlaubserinnerungen!

Wenn alle Lieder gesungen sind, lassen wir uns etwas vorsingen. Beste Unterhaltung (nicht nur für Kinder) mit großem,

pädagogischen Tiefgang bieten die Lieder-CDs von "Rolf und seine Freunde" (Supermarkt/Musikabteilung).
Wenn Sie "Schulweghitparade", "Rolfs Vogelhochzeit" und "Was Spaß macht..." auswendig können, sind die Spiele dran. Wir haben Ihnen einige "Spielchen" notiert, die wir mehr oder minder erfolgreich ausprobiert haben:

Liedersummen (Ihr Vorrat ist ja nun groß genug).
Wer das Lied als erster errät, darf anschließend vorsummen.

Ich sehe was, was du nicht siehst – und das ist grün (oder gelb, blau, rosa/lila gestreift....)
Da die Umgebung während der Fahrt rasch wechselt, sollte man nur Dinge im Wohnmobil suchen lassen. Als Variante kann auch der Anfangsbuchstabe des Begriffes angegeben werden.

Stolperverse
Kleine Kinder können keine Kirschkerne knacken.
Fischers Fritze fischte frische Fische; frische Fische fischte Fischers Fritze.
Brautkleid bleibt Brautkleid und Blaukraut bleibt Blaukraut.
In Ulm, um Ulm und um Ulm herum.
Die Katze tritt die Treppe krumm.
Sieben Schneeschipper schippen sieben Schippen Schnee.
Zwei zischende Schlangen saßen zwischen zwei zwitschernden Schwalben.
Für Nichtschwaben besonders schwer: Schellet se net an sellere Schelle, selle Schelle schellet net! Schellet se an sellere Schelle, selle Schelle schellet!
Vielleicht borgt uns Vater seine Stoppuhr, damit wir den Sieger genau ermitteln können?

Wörterkette
Der erste nennt ein zusammengesetztes Wort, zum Beispiel "Rasenschere", der nächste nimmt die zweite Hälfte und hängt wieder ein Wort an: "Scherenschnitt" – "Schnittblume" – "Blumenkorb". Man kann stattdessen auch ein Wort suchen, das immer mit dem Endbuchstaben des vorausgehenden beginnt: "WOMO" – "Ochse" – "Esel"– "Laus" – "Sau" – "Unsinn" – "Nordpol" – "Liebe" usw.
Für größere Kinder können die Hürden höher gehängt werden, indem nur bestimmte Begriffsbereiche erlaubt werden, wie Tiere, Pflanzen oder geographische Begriffe.
Genauso gut kann man diese Begriffe nach dem Alphabet zusammensuchen:
"Affe" – "Bär" – "Chamäleon" – "Dachs" – "Ente" – "Floh"– "Gämse" – "Hase" usw.

Beheim-Sprache

Das größte Vergnügen für Kinder: Sich untereinander zu verständigen, ohne dass die Erwachsenen ein Wort verstehen – sozusagen als Rache für unsere Fremdsprachenkenntnisse. Hinter jeden Selbstlaut setzt man ein "B" und den gleichen Selbstlaut nochmals ein: „Guter Rat ist schwer!" wird zu: „Gu(bu)ter Ra(ba)t i(bi)st schwe(be)r!" Also: „Gubuter Rabat ibist schweber!"

Autokennzeichen-Sätze

Jeder muss so schnell wie möglich einen Satz bilden, dessen Worte mit den Buchstaben beginnen, die auf dem Kennzeichen des gerade vorbeifahrenden Autos stehen. So wird aus KA-VR: "Keine Angst vor Regen" und: "Heute Nacht oder nie" entstand natürlich aus HN-ON.

Autoatlas

Ein Spiel mit tausend Varianten ist das Erraten der Herkunft anderer Autos. Was bedeuten die Nationalitätskennzeichen? Woher kommt das Auto mit den Anfangsbuchstaben ROK, ROL, ROT oder ROW ? Und zum Spaß bekommt der Fahrer gleich noch den passenden Namen, der letzte also Ralf-Otto Wendehals.

Sie sehen, unsere Kinder sind schnell herangewachsen und damit die Ansprüche der Spiele. Jetzt beginnt bald die Lese- und Disco-Music-Zeit. Sorgen Sie unbedingt dafür, dass die Walk- und Discmen sowie MP3-Player (und genügend aufladbare Batterien) mit auf die Reise gehen – sonst haben Sie am Urlaubsziel ein Dampfhammersyndrom.

Wie Sie hören, brauchen wir uns während der Fahrt nicht mehr so sehr anzustrengen. Dafür müssen wir uns am Urlaubsziel auf die Suche nach "passenden" Plätzen machen! Nein, nicht nach schönen Stränden, sondern nach passenden Spielgefährten, Eisdielen, Discos. Und wehe, der oder die "Passende" ist gefunden – dann wird die Weiterfahrt zum Weltuntergang ....

Für die Kleinkindermuttis zum Schluss die:

Kleinkinder-Checkliste

Für die Fahrt griffbereit:
* 3-7 Schnuller
* gefülltes Teefläschchen
* Babyflaschen/Lätzchen
* Töpfchen
* Waschlappen in Plastikbeutel
* Eine Packung Windeln
* Ölpflegetücher/Babycreme
* Papiertaschentücher

* Decke/Kissen/Spielzeug
* Kinderapotheke/Kinderausweis/Impfbuch

Kleidung
* Hemdchen/Jäckchen/Strampelhöschen
* Söckchen/Strumpfhosen/lange, kurze Höschen
* Strickjacke/Mäntelchen
* Pullover/T-Shirts
* Badehöschen
* Schuhe/Sandalen
* Gummistiefel/Hausschuhe
* Schlafanzug/Schlafsack/Strampelsack
* Bettwäsche/Gummieinlage (Molton)

Ernährung
* Fertignahrung in Gläschen
* Milch-Fertignahrung für die Flasche
* Milch-Fertigbreie
* Kindertee/Fencheltee/Pfefferminz-, Kamillentee
* Kinder-Kalk-Zwieback
* Heilnahrung
* Sterilisierbad für Flaschen und Sauger
* Sterilisieren geht auch sehr gut im Schnellkochtopf (3 min. unter Druck), dann bis zum Gebrauch im SKT lassen.
* Flaschenwärmer (gibt's auch für 12 Volt)
* Flaschenbürste/Breiteller/Becher/Löffel

Spielzeug
* Lieblingsstofftier/Schlafpuppe
* Bilderbücher
* Malblöcke/Kritzelpapier/Stifte
* Bausteine (Lego duplo)/Steckspiele
* Sandspielzeug (für **jedes** Kind einen Satz!)
* Schwimmflügel/Schwimmreif
* Bälle/Gummireifen
* Spieluhr mit Gutenachtlied

Sonstiges
* Kinderwagen/Buggy
* Kindersitz/Rückentrage
* Laufstall (wenn möglich)
* Moskitonetz für Kinderwagen und Bettchen
* Kinderbadewanne

Und noch ein letzter WOMO-Tipp:
Falls Sie zum Wäschewaschen nicht extra einen Campingplatz mit Waschmaschine aufsuchen wollen – ein verschraubbares Plastikfass (gibt's z.B. in Griechenland für Oliven) ist für die kleine Wäsche zwischendurch allemal geeignet:
Zu Beginn einer Tour warmes Wasser, Waschpulver und Wäsche einfüllen, Deckel aufschrauben – der Rest erledigt sich durch das Geschaukel von ganz allein!

Kapitel 11: „Unser bester Freund!"

Mit dem Hund in den WOMO-Urlaub

„Warum wir das WOMO lieben? Weil wir nur so unseren Urlaub mit unserem besten Freund problemlos verbringen können!" Diese Antwort kann man häufig hören, wenn neben Herrchen und Frauchen das spitzbübische Gesicht eines Foxterriers oder der wachsame Blick eines Schäferhundes im WOMO-Fenster zu sehen ist.

Ich kann Ihnen an dieser Stelle nicht die Frage beantworten, ob Sie sich für Ihren WOMO-Urlaub einen Hund zulegen sollten. Mit Sicherheit würde er ihn nicht problematischer gestalten, und als Wächter ist der Haushund *(Canis familiaris)* seit über 12.000 Jahren (Mittlere Steinzeit) unübertroffen.

Betrachten wir den WOMO-Urlaub zunächst **aus Sicht des Hundes**! Während eine Katze sich viel mehr ihrer Umgebung verbunden fühlt, ist "Hund" nur glücklich im Rudel – und sein Rudel ist nun mal die Familie. Wäre er vor die Wahl gestellt, die nächsten Wochen fern seines Rudels in einer (bequemen) Hundepension zu verbringen oder die Strapazen einer langen Reise auf sich zu nehmen – er käme mit Ihnen! Dabei ist, im Gegensatz zum PKW, ein WOMO geradezu ein Schlaraffenland für kleine und auch große Hunde: Stets erträgliche Temperaturen im Schatten, immer frisches Wasser (auf Wunsch sogar eine Dusche), das gewohnte Futter reichlich an Bord, sogar etwas "Auslauf" (am Sicherheitsgurt) – was braucht "Hund" mehr?

Ja, wenn es die vielen Vorschriften nicht gäbe, um die sich Herrchen oder Frauchen kümmern müssen, was für ein schönes WOMO-Hunde-Leben wäre das!

Kümmern wir uns folglich, bevor wir den WOMO-Urlaub überhaupt planen, um die "europaweiten Hundevorschriften":
Sie wollen gar nicht ins Ausland? Deutschland ist auch schön? Da haben Sie recht, aber es ist eine "Bundes"republik, in der jedes Bundesland seine eigenen Minister und damit auch seine eigene **Hundeverordnung** hat. Falls Sie aber nicht gerade einen ganz besonderen Kampfhund besitzen, sollten Sie, ausgestattet mit Hundeleine und Maulkorb, innerhalb Deutschlands wohl keine Probleme bekommen.

In folgenden Bereichen sollten (oder müssen) Sie Ihren Hund anleinen: Im Gewühle der Städte, in Landschaftsschutzgebieten und speziell in Naturschutzgebieten: Ein übereifriger Jäger könnte sonst davon ausgehen, wenn er Sie nicht sieht, dass der Hund wildert ...

☀ Sie planen eine Reise ins Ausland?
Dann müssen Sie nur noch überlegen, ob Sie innerhalb der EU bleiben oder sich in ein sogenanntes "Drittland" wie Norwegen oder die Türkei wagen wollen. Natürlich gibt es innerhalb der EU auch noch ein paar Ausnahmen (haben Sie's geahnt?).
Innerhalb der EU hat man sich 2004 geeinigt, jawohl!
In der "Verordnung 998/2003 des Europäischen Parlamentes und des Rates vom 26.5.2003" wird die Ein- und Ausfuhr von Haustieren (Hunde, Katzen und Frettchen!) zwischen Mitgliedsstaaten und aus Drittländern in die EU vereinheitlicht geregelt.
Zunächst einmal muss das Tier durch einen implantierten ☀ **Microchip** (nach Norm ISO 11784 oder 11785) eindeutig identifiziert werden können (erstellt vor dem 3.7.01 gilt auch eine gut leserliche Tätowierung).

Desweiteren verlangt das Gesetz einen einheitlichen Ausweis für Ihr Tier mit ☀ dem dem schönen Namen **EU-Heimtierpass**.
In ihm – und das ist das wichtigste – muss vom Tierarzt (wo man den Pass auch erhält) die Impfung gegen **Tollwut** eigetragen sein. Diese muss mindestens 30 Tage und längstens 12 Monate vor dem Grenzübertritt erfolgt sein. Für die Erstimpfung muss der Hund mindestens 3 Monate alt sein.
Weitere Impfungen sind nicht vorgeschrieben, können aber in den Pass eingetragen werden.
Aber was heißt schon "nicht vorgeschrieben"?
Sie lassen ja eigentlich Ihr Tier nicht für die Behörden impfen, sondern, weil Sie sich um seine Gesundheit sorgen – und das sollten Sie vor allem auch in der Fremde!
In südlichen Ländern ist nicht nur die Ansteckungsgefahr mit spez. Infektionskrankheiten besonders groß, auch Zecken und Stechmücken übertragen üble Parasiten (Info: www.intervet.de):

Babesiose
Blutparasitenkrankheit, tödl. Verlauf ist selten. Verbreitung: Tropen und Mittelmeerländer, aber auch Ungarn, Süd- und Westschweiz. Symptome: Atemnot, Fieber. Überträger: Zecken. Vorbeugung: Zeckenhalsband, besser: Medizinischer Haarspray (Tierarzt), schützt 4-6 Wochen. Spez. Impfung (2-3 Monate vor der Reise).

Leishmaniose
Blutparasitenkrankheit, tödl. Verlauf häufig. Verbreitung: Mittelmeerländer, Normandie, Paris. Symptome: Schwere Ekzeme, Fieber, nicht heilbar! Überträger: Meist Sandfliegen durch offene Wunden. Vorbeugung: Fliegenspray, Moskitonetz, Protectorband (Tierarzt), evtl. Wundverband!

Ehrlichiose
Blutparasitenkrankheit, kann ohne Behandlung abheilen oder chronisch werden (anfällig sind besonders Schäferhunde). Verbreitung: Tropen und Suptropen, Mittelmeerländer. Symptome: Fieber, Krämpfe, Lähmungen. Überträger: Zecken. Vorbeugung: Med. Haarspray (Tierarzt).

Hepatozoonosis (Hepatitis)
Blutparasitenkrankheit, kann ohne Behandlung abheilen oder zum Tode führen. Verbreitung: Afrika, Südostasien, Italien, Frankreich. Symptome: Fieber, Apathie, Abmagerung. Überträger: Durch Verzehr einer bestimmten Zeckenart wird der Überträger frei. Vorbeugung: Med. Haarspray (Tierarzt).

Filariose/Herzwurm
Parasitischer Wurm, der vom Blut ins Herz des Hundes wandert, führt erst nach 3-4 Monaten zu Atemnot und "innerem Ersticken". Verbreitung: Afrika, Mittelmeerländer (Spanien!). Überträger: Blut saugende Mücken. Vorbeugung: Fliegenspray, Moskitonetze; spez. Wurmmittel (30 Tage vor, während und nach der Reise).

Staupe und Parvovirose
Hier handelt es sich um häufige, virale Erkrankungen des Hundes, gegen die eine konsequente Impfung geradezu "Menschenpflicht" ist .

Tollwut
Jetzt ist nicht Ihr Hund gefährdet, Sie selbst können von streunenden Hunden gebissen und angesteckt werden. Deshalb sollten Sie herrenlose Hunde nie mitnehmen (die Einfuhr nach Deutschland ist ohnehin kaum möglich). Bitte suchen Sie nach einem Hundebiss sofort einen Arzt auf!

Nicht nur Parasiten können dem Hund schaden, auch der Mensch!
Hunde können nicht so schön schwitzen wie wir, sie hecheln. Bereits nach wenigen Minuten können sie wegen Überhitzung einen tödlichen Hitzschlag erleiden. Auch im WOMO kann es zu heiß werden. Will (oder muss) man seinen Hund im Fahrzeug lassen, muss es im Schatten und mit geöffneten Fenstern (evtl. mit eingepasstem Belüftungsgitter) abgestellt werden. Besser: Den Hund, mit Wassernapf versehen, angeleint unters WOMO kriechen lassen.
Es gibt auch Hunde, die Autofahren schlecht vertragen! Ein Beruhigungsmittel (Tierarzt), regelmäßige Bewegungspausen und wenig Futter während der Fahrt lassen auch sie die Reise gut überstehen.
Auch Hunde können Sonnenbrand bekommen! Allerdings meist nur auf dem Nasenspiegel. Tiere mit kurzem, weißem Fell (z.B. Dalmatiner) sollten möglichst im Schatten bleiben.
Viele Hunde (wie Menschen!) reagieren empfindlich auf Futterumstellungen. Nehmen Sie die gewohnte Nahrung reichlich mit.
Achtung: Futterreste aus der Dose verderben schnell, sie müssen umgehend beseitigt werden!

Reisecheckliste für den Urlaub mit Hund

* EU-Heimtierpass O.K.?
* Infos für Nicht-EU-Reisen eingeholt?
* Tierarzt zum Urlaubsziel befragt, erforderliche Medikamente besorgt?
* Zecken-/Herzwurmprophylaxe
* Reisezubehör, Futter kaufen
* Haftpflichtversicherung O.K.?
* Leine/Maulkorb/Adress-Schild
* Wassernapf, Futternapf
* Plastiktüten und Schaufel
* Hundemedizin
* Futter, Leckerein, Kauknochen
* Bürste, Kamm, Spielzeug
* Mittel gegen Reisekrankheit
* Körbchen, Decke
* Antibiotika
* Mittel gegen Durchfall (Canikur)
* Wundspray/Desinfektionsmittel
* Augensalbe/Ohrentropfen

Keine Lust mehr!?

Übergangsrichtlinien für spez. EU-Länder, dokumentiert <u>zusätzlich</u> zu den Pflichtangaben im EU-Heimtierpass. Bitte beachten Sie, dass ein <u>erstmaliger</u> "Bluttest" (Test auf Tollwut-Antikörper) lange vor dem Urlaubsantritt (ca. 1/2- 3/4 Jahr) erfolgen muss!

Richtlinien für EU-Länder und die Schweiz

Irland, Malta, Norwegen, Schweden und United Kingdom dürfen noch für eine Übergangszeit ihre bisherigen schärferen Anforderungen stellen, z.B. die Bestimmung des Tollwut-Titers sowie besondere Bestimmungen hinsichtlich Bandwurm- und Zeckenbehandlung. Auch Finnland darf noch für die genannte Übergangszeit eine Behandlung gegen Bandwürmer verlangen.

Ab 1. Januar 2012 können Hunde, Katzen und Frettchen innerhalb der EU und von bestimmten Ländern, deren Tollwut-Risiko als gering eingestuft ist, ohne vorherigen Bluttest und Zeckenbehandlung nach Großbritannien, Nordirland, Irland und Malta einreisen. Es genügt Mikrochip zur Identifikation (datiert vor einer Tollwutimpfung) und gültige Tollwutimpfung (muß mindestens 21 Tage zurückliegen), dokumentiert im EU-Heimtierpaß. Vorgesehen ist eine Sondervorschrift über Fuchsbandwurmbehandlung (Echinococcose) 24-48 Std. vor Abreise (dokumentiert im EU-Heimtierpaß), über deren Genehmigung die EU bislang (11/2011) jedoch noch nicht entschieden hat.

Richtlinien für Drittländer

Norwegen
(Info: www.hunde-urlaub.net/einreisebestimmungen/einreise-norwegen/)
Antikörpertiter (frühestens 120, längstens 365 Tage nach der letzten Tollwutimpfung bzw. regelmäßige Auffrischung), Impfung gegen Staupe und Leptospirose.
Entwurmung gegen Zwergbandwurm, innerhalb von 10 Tagen vor der Einfuhr <u>und</u> innerhalb der ersten 7 Tage nach der Einfuhr durch einen beliebigen Tierarzt in Norwegen (Tierarzt = dyrlege).
Eigenerklärung, dass der Hund sich in den letzten 6 Monaten nur in der EU oder der EFTA aufgehalten hat.

Sonst. Drittländer (Infos: www.msd-tiergesundheit.de * www.tierpro.de/einreisebestimmungen.htm)

Es gelten die Vorschriften der jeweiligen Länder.
Der Veterinärdienst empfiehlt: Lassen Sie Ihr Haustier grundsätzlich chippen. Auch die generelle Blutentnahme zur Bestimmung der Tollwut-Antikörper ist zu empfehlen (Pflicht bei Wiedereinreise aus der Türkei, Marokko, Tunesien).

Kapitel 12: „Wohin im Frühjahr und Herbst?"

Tipps und Tricks für die Un-Saison

Wenn im Spätherbst das schlechte Wetter zur Dauereinrichtung wird, spätestens jedoch, wenn Schneematsch, Kälte und Dunkelheit unsere Psyche belasten, bauen wir uns mit Sommer-Urlaubs-Träumen auf. Dann wird geplant, gespart und vorbereitet – alles für den einen Zweck: Sommerurlaub! Derweil steht das WOMO herum, rastet und rostet...

Nein, so ist es natürlich nicht bei Ihnen, nicht ganz. Da war das Wochenende bei Tante Erna und der Herbstausflug zum Pilzesuchen. Und überhaupt – richtig Urlaub machen, außerhalb der Saison? Da müssen doch die Kinder in die Schule! Nun, nicht alle Kinder gehen schon zur Schule – und Ferien gibt's da doch massenhaft: Ostern, Pfingsten, Herbstferien.

Italien, Südtirol (WOMO-Reihe, Band 30)

Wie wäre es, wenn Sie eine oder sogar zwei Wochen für einen Urlaub in der Un-Saison aufsparen würden? Was das bringen soll?

Na, dann lassen Sie uns mal erklären:
Wie man weiß, versuchen Reiseveranstalter pausenlos, ihre Kundschaft genau zu diesen von uns angesprochenen Terminen in ihre Hotels zu locken, unterbieten sich mit Lock- und Sparangeboten.

Die Gründe sind leicht zu erraten: Die Hotels stehen leer, die Kellner herum, die Kassen klingeln nicht.

Was uns das bringt?

Leere!
Wie viele von uns bereits aus eigener – leidvoller – Erfahrung wissen, sind die bequemsten Reiseziele für WOMO-Urlauber verbaut:
Südspanien, Südfrankreich, Italien, Istrien – gerammelt voll von Hotel- und Pensionstouristen, die Strände überfüllt und verdreckt, auf Campingplätzen ist "reisendes Volk", das nicht für vierzehn Tage im voraus buchen will, nicht erwünscht.
Es gibt Ortschaften, die sich innerhalb weniger Tage von einer Fischerdorfidylle mit einhundertundfünfzig Einwohnern in eine tosende Tausend-Personen-Urlaubs-Stadt verwandeln.
Der Sommer vergeht, die Touristen fahren wieder ab, Ruhe und Gemütlichkeit kehren zurück – jetzt machen die Einheimischen Urlaub – hätten Sie keine Lust, dabei zu sein?

Sie würden Ihren Urlaubsort nicht wiedererkennen!
Die Disco hat geschlossen, meist auch der Campingplatz. Die Preise beim Lebensmittelhändler haben "Normal-Niveau", der Gastwirt übt wieder seine Muttersprache. Man ist endlich zu Hause im eigenen Ort! Jetzt sollten, jetzt könnten Sie ihn kennenlernen, mit seinen Menschen, ohne Hast, ohne Gedränge. Niemand wird sich Ihnen aufdrängen, Sie überdeutlich zum Touristen, zur Geldquelle erniedrigen – in dieser Zeit wären Sie wirklich Gast.

Haben wir Sie nachdenklich gemacht?
Dann kommt als letztes Argument das Wetter! Richtig, baden können Sie in den angeführten Gebieten kaum noch – oder noch nicht, denn wir möchten ja gerade dorthin fahren, wo es uns in der Hauptsaison nicht gefällt, in unsere überlaufensten Nachbarländer.

Dafür werden Sie zum Beispiel eine Frühlingspracht erleben, für die Sie sich bei uns schon in eine Gartenausstellung bemühen müssten, eine Blütenfülle, die wir ausgerottet glaubten – Natur pur!
Nehmen wir als Beispiel nur drei Gebiete, in denen sich im Sommer die Touristen herdenweise drängen: Die malerischen Schluchten und Felsstöcke im Nationalpark der französischen Cevennen zwischen St. Etienne und Montpellier, die sowohl historisch als auch landschaftlich so abwechslungsreiche kroatische Halbinsel Istrien mit ihrem italienischen Flair und die "wilde" Fels- und Sandküste der spanischen Costa Brava.
Im April, also zur Osterzeit, haben wir in München eine mittlere Höchsttemperatur von 13 Grad und 10 Regentage, unsere drei Zielgebiete liegen aber schon bei 18 Grad und regnen tut's nur an 6 Tagen. Wenn Sie sich bis zum **Mai** gedulden, München hat inzwischen mit 18 Grad nachgezogen, werden Sie bereits von freundlichen 21-23 Grad begrüßt und im Gegensatz zu

Temperaturübersicht

Angegeben sind sowohl die täglichen Höchsttemperaturen (langjährige Mittelwerte) als auch die Wassertemperaturen im Küstenbereich.

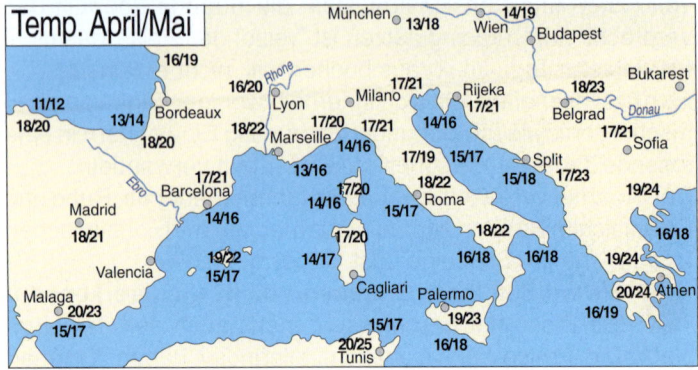

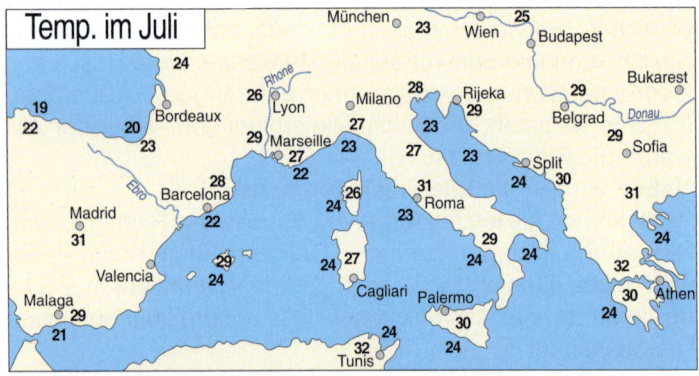

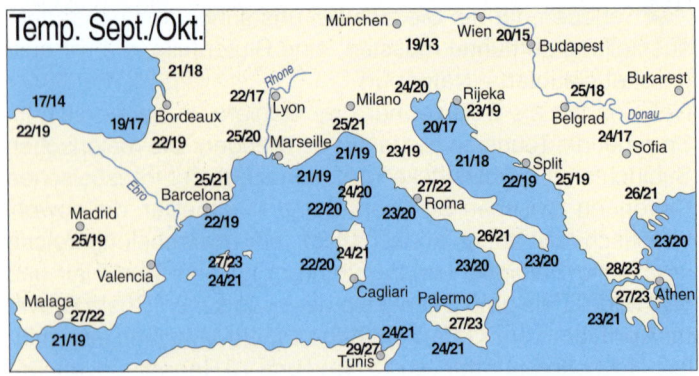

12 Tagen Schnürlregen in München öffnen sich nur an der Hälfte dieser Tage die Himmelsschleusen. Ans Baden können Sie jetzt in Istrien auch schon gehen, mit 17 Grad haben Sie Nordsee-Saison-Temperatur.

Elsaß, Herbstwanderung bei Colmar (WOMO-Reihe, Band 6)

Betrachten wir den Herbst:

Im **September**, in Münchens Biergärten ist mit 19 Grad der Sommer vorbei, locken uns 25 Grad Luft- und 21 Grad Wassertemperatur in unsere Un-Saison-Gebiete. Sogar noch im **November**, in München verkriecht man sich bei 7 Grad Höchsttemperatur wieder ins warme Wohnzimmer, kann man dort bei 15-17 Grad noch feine Wanderungen unternehmen, denn Regen ist nur an 8-10 Tagen angesagt.

Unsere Klimaangaben sind natürlich, als langjährige Mittelwerte, nur grobe Anhaltspunkte. Aber sie zeigen uns doch recht anschaulich, wie wir, nach kurzer Anfahrt, den deutschen Sommer verlängern oder den Winter verkürzen könnten.

Das Wichtigste aber: Es gibt Platz!

Und weil die Parkplätze, Gaststätten und Läden leer sind, freut man sich über jeden, der da kommt – auch wenn er sein Nachtlager nicht auf einem Campingplatz aufschlagen möchte. Selbst der eifrigste Polizist resigniert, weil der Campingplatz, auf den er sonst seine "Schäfchen" schickt, noch (oder schon) im Winterschlaf döst – **ein paradiesischer Zustand für freie Übernachtungen.**

Probieren Sie es aus – es lohnt sich!

Kapitel 13: „Etwas für Verrückte!?"
Mit dem Wohnmobil zum Wintersport

Erst schwärmt er von südlichen Gestaden im Sommer, dann will er uns die "Un-Saison" einreden – jetzt auch noch an den Skilift mit dem WOMO?

Zugegeben, beim letzten Skiwochenende, als wir erst Ärger in der überfüllten Gaststätte hatten und sich dann die Kinder die Füße am Lift fast abfroren, da haben wir die fröhlichen Gesichter hinter dem Wohnmobilfenster, nur wenige Schritte daneben, weidlich beneidet.

Aber wie wird es nachts, wenn die Temperaturen auf sibirische Minusgrade fallen? Wird da nicht das Ab- und vielleicht sogar das Trinkwasser einfrieren? Schafft es die kleine Gasheizung, Gemütlichkeit zu verbreiten, und wie schnell quittiert die 12-Volt-Umluftanlage ihren Dienst?

Kriegen wir auch den Dieselmotor wieder an und was sagt der Schneeräumdienst, wenn wir im Weg herumstehen?

Fragen über Fragen – wir haben alles ausprobiert!

Zunächst dürfen wir davon ausgehen, dass Sie Ihr WOMO vorschriftsmäßig für den Winterschlaf **eingemottet**, also alle Wasserleitungen und Tanks entleert hatten. Das Kühlwasser des Motors hatten Sie nochmals "aus-gespindelt", das heißt, seine Frostsicherheit überprüft. Das alte, dicke Sommeröl hatten Sie gegen ein dünnflüssiges Winteröl ausgetauscht. Nur "Wenigfahrer" sind mit dem Ganzjahresöl-Kompromiss besser dran. Die Batterie hängt an einem Batterie-Erhaltungsgerät oder einem Ladegerät mit Schaltuhr, um täglich ein paar Minuten aufgefrischt zu werden. Falls Sie die Zeit genauer ermitteln möchten: Ein 5 Ah-Ladegerät braucht etwa 20 Stunden, um eine leere 66 Ah-Batterie zu laden. Da diese Batterie sich zu 10 Prozent pro Monat entlädt, das heißt 6,6 Ah, müssen wir pro Monat diese 10 Prozent von 20 Stunden, also zwei Stunden **nachladen**. Das sind pro Tag vier Minuten.

Im WOMO stehen die Fenster auf Ritze, die Dachluke ist schräg gekippt, sämtliche Klappen und Innentüren stehen sperrangelweit offen. Auf den Tischen warten mit Kochsalz gefüllte Suppenteller darauf, sich mit **Feuchtigkeit** vollsaugen zu können, trotzdem haben ganz Vorsichtige die Polster zu Hauszelten aufgetürmt oder gar in den trockenen Keller geschleppt. Alle Gummidichtungen sind mit Silikonspray behandelt, die Gasflasche ist zugedreht, die Reifen sind um 0,5 at über den Normaldruck aufgepustet!?

Sie haben eine leere Scheune oder Riesengarage ergattert? Herzlichen Glückwunsch! Aber sorgen Sie bitte dafür, dass **Zugluft** herrschen kann, sonst rostet und muffelt Ihr Liebling mehr als unter der Laternengarage.

Um Zugluft zu erzeugen, braucht man übrigens **zwei** große Öffnungen an möglichst gegenüberliegenden Wänden der WOMO-Unterkunft!

Spätestens **zwei Tage vor Ihrem Winterabenteuer** sollten Sie, falls Frost herrscht, Ihre rollende Skihütte in einen **temperierten Raum** bringen oder vorheizen, denn Feuchtigkeitsreste in den Schläuchen, Hähnen oder der Wasserpumpe sind gefroren – nur vorsichtige Dreh- und sekundenkurze Pumpversuche sind gestattet.

Wer's eilig hat: Gewöhnliche Tauchpumpen erwachen in einem Gefäß voll heißem Wasser schnell wieder zum Leben und die Druckpumpe freut sich über eine Innenfüllung heißen Wassers. Dazu schrauben Sie den Einlaufstutzen ab und füllen das heiße Nass mit Trichter und Schläuchlein oder einer Spritzflasche ein. Wer zum Auseinanderbau zu faul ist, kann wie bei den eingefrorenen Hähnen mit Fön oder Heißluftgebläse zu Werke gehen.

Jetzt geht's an die Trinkwasserbevorratung! Alles, was mit Wasser zu tun hat, darf sich nur im Innenraum abspielen. Hier gilt folgende Wärmeverteilungsregel: Je weiter oben und je weiter von der Wand weg – um so wärmer. Da wir die Wassertanks jedoch schlecht unter die Decke hängen können, sollten wir schauen, ob wir ihnen wenigstens eine kleine Lücke zur Außenwand und etwas Warmluft von der Umluftanlage spendieren können. Führt ein Warmluftschlauch an Tank oder Kanister vorbei, lohnt sich der Einbau einer **Ausströmöffnung** oder das Einschneiden einiger Ausblasschlitze.

Übrigens: Auch der Boiler ist eine Art Wassertank. Da er aber gegen Wärmeverlust gut isoliert ist, reicht es, ihn täglich ein oder zweimal in Betrieb zu nehmen, um seinen Inhalt auf Plustemperaturen zu halten – und daran werden Sie spätes-tens dann denken, wenn Sie sich mit eiskaltem Wasser waschen sollen.

Im Winter, das können die Veteranen von der Ostfront bestätigen, funktionieren am besten und vor allem am längsten die primitivsten Systeme.

Für uns bedeutet das: Wenn trotz elegantester Technik alles eingefroren ist, dann hilft ein gewöhnlicher Wasserkanister, aus dem man ganz schlicht in das Waschbecken oder den Pfeifkessel umfüllt. Diesen Notkanister kann man auch, wie praktisch, am Abend neben die Gasheizung stellen und hat morgens angewärmtes Waschwasser. Aber das sind bereits Extremsituationen, die nur bei miserabler Anordnung des Tanks und Außentemperaturen unter -25 °C auftreten können.

Wenn kein Wasser mehr vorhanden ist, kann auch keines mehr einfrieren!
Nein, wir wollen Ihnen nicht den Verzicht auf Hygiene und Morgenkaffee nahelegen – aber wo bekommen wir im Winter, am Skilift, Frischwasser her?
Die bequemste Quelle wäre natürlich eine, die man zu Fuß erreichen kann. Zwar hat jede Skilifttoilette auch Waschbecken, die Sauberkeit nimmt bei dem täglichen Massenandrang jedoch von Stunde zu Stunde rapide ab.
Sorgen Sie also bereits am frühen Morgen für Wassernachschub – und vergessen Sie Ihren Zapfschlauch nicht, denn unter den Wasserhahn eines Handwaschbeckens bekommen Sie Ihren Kanister garantiert nicht. Sicher, es ist mühsam, Kanister für Kanister in den Tank zu füllen....
Nun gut, dann fahren Sie eben eine Tankstelle an! Der günstigste Zeitpunkt dafür ist der frühe Abend. Dann hat sich der Parkplatz bereits geleert, und Sie bekommen bei der Rückkehr Ihren Stammplatz wieder.

Loipenparkplatz an der Hochrhönstraße

Weniger erfreulich ist die Abwassersituation! Welches Wohnmobil hat schon einen innenliegenden Abwassertank?
Macht nichts, dann legen wir ihn nach innen!
An dieser Stelle zunächst ein Wort zu unseren Beobachtungen an Lift und Loipe: Unter den Winterpiloten gibt es eine nicht unbeträchtliche Zahl, deren Argumentation sich auf folgenden

Nenner bringen lässt: „Was kann ich dafür, wenn das Abwasser im Außentank einfriert?"
Folge: Sie ziehen einfach den Abwasserschlauch ab und lassen es trielen wie zu Urgroßvaters Zeiten. Diesen "Wintertrielern" sollte man wünschen, dass sie auf ihrer selbstgemachten Eisbahn mal eine ordentliche Landung auf dem bequemen Gesäß machen!
Es gibt keine Entschuldigung für Umweltferkelei! Entweder man bewältigt seine Probleme, oder man bleibt am häuslichen Herd und schaut sich den Winter im Fernseher an!

Wir haben für das Abwasser die **Umstecktechnik** ausprobiert: Unterhalb von Küchen- und Duschraumwaschbecken schneidet man die Abwasserschläuche durch und setzt Schlauchkupplungen ein (Campingzubehörhandel). Nur im Winter wird die Kupplung getrennt und ein Kanister untergestellt. Dieser steht im molligwarmen Innenraum und wird bei Bedarf in die Toilette beim Skilift oder, im Notfall, beim Abendspaziergang in den Wald entleert und der Standplatz bleibt sauber!
Mit Erstaunen, ja Empörung lesen wir immer wieder die Empfehlung, "eine Hand voll Salz" ins Abwasser zu schütten. Dieser Spruch ist total unsinnig – und umweltschädlich. Nach den Gesetzen der Gefrierpunktserniedrigung müssten Sie, um einen Liter Abwasser bis minus 10 Grad "kältefest" oder besser "kälteflüssig" zu machen, genau 157 Gramm Kochsalz zugeben, bei einem 100-Liter-Tank also bereits über 15 Kilogramm. Wohin wollten Sie diese Sole denn guten Gewissens entleeren?

Es gibt keinen Skilift ohne **öffentliche Toilette**. Deshalb können wir eigentlich keine diesbezüglichen Entsorgungsprobleme entdecken. Natürlich ist es nicht jedermanns Sache, mit seinem Toilettenunterteil durch die Menschenmassen zu pilgern. Zart besaiteten Gemütern sei deshalb – eine C&A-**Tragetasche** ans Herz gelegt. Sie ist so voluminös, dass das Toilettenunterteil mühelos Platz findet – und Sie können ohne Scham zum "Umziehen" auf die Toilette gehen. Selbst bei der Durchquerung vollbesetzter Gaststätten ernten Sie keine finsteren Blicke...
Da wir gerade beim Klo sind: Skilifte befinden sich im Gebirge und dort ist der Luftdruck niedriger als im Flachland. Wenn Sie vor Benutzung der Toilette den Schieber öffnen, entweicht fauchend der "Flachland-Überdruck" und Sie sehen gar nicht gut aus – es sei denn, Sie haben bereits unseren Abgasschornstein aus dem Entsorgungskapitel montiert ....
Kleben Sie sich am besten ein Warnschild auf den Deckel:

„Erst Schieber, dann Deckel öffnen!"

 Anmerkung: Die neuen Cassettentoiletten haben ein Überdruckventil.

Dass die Winterkälte uns zu schaffen macht, war vorauszusehen. Aber wir wollen ja ins "kalte Wintervergnügen" mit der "Jederzeitgarantie" unserer gemütlichen "WOMO-Skihütte". Gemütlichkeit steht und fällt aber mit der Funktion der Heizung. Die ist zwar nicht besonders störanfällig, aber unwahrscheinlich fressgierig. So ist die üppige Bevorratung an Brennstoff das "A und O" unseres Winterabenteuers.

Standheizungsbesitzer haben's da gut, die wärmen sich und ihr WOMO mit Benzin oder Diesel aus dem großen Kraftstofftank. Seien Sie nicht neidisch – dafür verbrauchen diese Heizungen Strom und bleiben so kalt wie eine Hundeschnauze, wenn die Zweitbatterie ihren Geist aufgibt.

Tipp für Standheizungsbesitzer: Heizung lieber viel höher einstellen, dafür ständig lüften (was sowieso zu empfehlen ist). Die Batterie wird mehr durch die ständigen Zünd- oder Vorglühprozesse bei niedrigem Thermostat-Stand belastet als durch das Gebläse. Und: Kraftstoff kann man in Sekundenschnelle nachtanken, Batterieladen dauert lange.

Die meisten Wohnmobile aber sind mit einer Truma-Gasheizung mit 12-Volt-Gebläse ausgerüstet. Hier müssen wir wieder zwischen den kompakten C/E-Heizungen mit integriertem Gebläse und den "herkömmlichen" S-Heizungen mit separatem Gebläse unterscheiden. Während die ersteren nur mit Gebläse (und entsprechendem Stromverbrauch funktionieren), kann man die anderen auch ohne jegliche Stromversorgung betreiben, das heißt, das 12-Volt-Gebläse nur nach Wunsch, Bedarf oder Stromreserve zuschalten.

Natürlich steigt der Wärmekomfort beträchtlich durch die Verteilung der Warmluft in alle Ecken des Wohnmobils, aber lieber wenig Komfort als gar keine Wärme! Damit nun die Stand- und E-Heizungsbesitzer keine Bange vor dem Wintercamping bekommen, einige Daten:

Der Strombedarf obiger Heizungen bewegt sich, ganz grob, zwischen 3 Ampère bei Standheizungen und 0,2-1,8 Ampère bei Truma-C/E-Heizungen.

Das bedeutet, dass man eine 60 Ah-Zweitbatterie nach zehn Stunden zur Hälfte geleert hat – und mehr sollte man ihr auch im Winter nicht zumuten.

Was dann?

Wir haben uns stets für die Einschränkung des Wärmekomforts entschieden und das Gebläse nur zur Zeit der morgendlichen und abendlichen Waschprozeduren angeschaltet.

Folge:
Probleme mit **Kondenswasser** an unzugänglichen Stellen.

Eine elegante Lösung stellt auch hier wieder die Auffrischung der Zweitbatterie mit Hilfe eines **Solarpaneels** dar. Bereits das im Kapitel 2 beim Absorberkühlschrank vorgestellte 20-Watt-Paneel würde der Batterie kräftig unter die Arme greifen und mit zwei Stück wären Sie aus dem Schneider – falls die Sonne wenigstens durch die Wolken blinzelt.

Weniger elegant, ja schon recht plump ist das stundenlange Laufenlassen des Motors zur Batterieladung (auch die Benutzung eines brummenden Stromerzeugers macht Ihren Nachbarn nicht zum Freund!). Dann doch lieber eine kleine Besichtigungsfahrt, wenn die Schlange am Lift keine Freude mehr aufkommen lässt. Kehren Sie gegen Abend zurück, ist die Batterie fast voll und der Skihang für ein halbes Stündchen bei Flutlicht wieder fast leer.

Das Thema **"lüften"** war bereits angesprochen. Es muss neben den Frostproblemen das Hauptanliegen beim Winteraufenthalt sein!

Nasse Klamotten, Küchendämpfe, aber auch unsere körpereigene Wasserausscheidung beim Atmen und Schwitzen reichern die WOMO-Luft bis zur Sättigungsgrenze mit Wasserdampf an – und dann kondensiert es eben an den kältesten Stellen aus: An Scheiben (mit Vorliebe im Fahrerhaus), hinter den Rückenlehnen, unter den Polstern im Alkoven, an jeder Kältebrücke wie Türrahmen, Außenwandklappen, durchgesteckten Schrauben von Markisen oder Fahrradständern.

Diese Feuchtigkeit aber ist nicht nur der Ausgangspunkt für langwierige Schimmelpilzprobleme, sondern erhöht auch den Gasbedarf für die Heizung, denn Luft ohne Wasser lässt sich natürlich schneller und sparsamer erwärmen als Luft mit Wasser.

Folglich lautet die Hauptdevise im Winter:

Heizen und lüften – und das am besten gleichzeitig!

Nur durch die aufsteigende und aus der Dachluke entweichende Warmluft kann Feuchtigkeit mitgeführt werden – und nach oben wird natürlich nur Luft entfleuchen, wenn unten frische nachgeliefert wird.

Die schlimmste Sünde ist folglich das Verstopfen der Zwangsbelüftungen im Türunterteil.

Aber trösten Sie sich:

Diese Dummheit währet nicht lange! Durch mangelnde Frischluftzufuhr wird der Atemsauerstoff nach und nach verbraucht und die Kohlendioxidkonzentration immer größer, bis die Insassen keinerlei Heizungsprobleme mehr verspüren –

SIE SIND NÄMLICH TOT !

Schlussfolgerung:
Lüften hilft Gas sparen und verlängert das Leben ganz beträchtlich!
Der angesprochene Warmluftstrom geht ungern Umwege. Deshalb bleiben die verstecktesten Ecken feucht und kalt. Folglich kann nur eine **reichhaltige Umluftanlage** mit Ausströmern in allen Ecken, hinter den Rückenlehnen und in den Staukästen optimale Trockenergebnisse bringen.
Besonders mies sieht es meist **unter** den Sitzpolstern aus, vor allem, wenn sie als Schlaffläche gedient haben. Da stießen wir eines Tages auf einen **ausgedienten Lattenrost:**
Im Nu waren die Latten auf Maß gesägt und im 5-cm-Abstand (= Luftschlitze) unter den Sitzpolstern auf die Klappen der Staufächer geschraubt. Für die Tischfläche tackerten wir sie im gleichen Abstand auf zwei Spanngurte, die beim Bettenbau schnell um die Tischplatte herum festgezogen sind.

Wie kann man den Gasverbrauch noch senken?
Ein "Wärmefenster" im wahrsten Sinne des Wortes sind die Einfachverglasungen des Führerhauses. Die eleganteste Lösung ist hier seine komplette Abtrennung mittels einer dicken und dichten **Winter-Iso-Matte**, die als Zubehör beim Kauf des Wohnmobils gleich miterworben werden sollte.
Gut geeignet zum Nachrüsten: KanTop-Isomatten (72475 Bitz, Tel.: 07431-81206, Fax: 4335; WOMO-getestet).
Bei Integrierten wird das Führerhaus mitbenutzt, folglich kann man es nicht abtrennen. Dies ist zweifelsohne einer der großen Nachteile dieses WOMO-Typs. Man behilft sich mit aluminisierten Iso-Matten, die im Fachhandel passgenau für jeden Fahrzeugtyp angeboten werden und die man außen an den Fensterscheiben befestigt. Vor einer Tour empfiehlt es sich, die Matten wieder abzuknöpfen.....

Rollos und Vorhänge haben einen hohen Isolationseffekt. Nachts schließt man sie und tagsüber reißt man sie so weit wie möglich auf – dann schafft es die Sonne, das WOMO auch ohne Heizung wie einen Wintergarten durchzuwärmen. Allerdings nur, wenn ein, zwei große Fenster in ihre Richtung zeigen.

10 l Gas reichen im Winter für 4,5 Tage.

Sie haben genügend Gas dabei?
WIRKLICH?

Unsere Umfrageergebnisse ermittelten einen durchschnittlichen, täglichen Gasverbrauch von 2,2 kg, folglich sollte man mit einer 11-kg-Flasche für ein verlängertes Wochenende gerüstet sein. Das Spektrum der Antworten reichte von 1,5 bis 8 Tagen, bis eine 11-kg-Flasche geleert war.

Vorsichtige Winterfahrer werden folglich schlimmen Frost einkalkulieren, mindestens zwei 11-kg-Flaschen mitnehmen und die nächste Gastauschstelle bzw. Gastankstelle in Erfahrung bringen. Wir haben im Kapitel 15 die Adressen der meisten deutschen Gastankstellen aufgeführt.

So, der Worte sind genug gewechselt, wir wollen Taten sehen!?

Halt, haben Sie ordentliche **SCHNEEKETTEN** dabei – und das Anlegen auch geübt? In den Wohnmobilwinter ohne Schneeketten, das wäre grobe Fahrlässigkeit, denn Sie wollen ja nicht nur auf der Autobahn rollen, sondern hoch hinaus, ins Gebirge.

Seit einigen Jahren geht man auch in Deutschland wieder etwas zögerlicher mit der Salzschaufel um und mancher Parkplatz besteht aus einer spiegelnden Eisfläche. Aber bereits wenige Zentimeter Eis können eine unüberbrückbare Entfernung werden.

Wie hilft man sich und anderen?

Eigentlich könnten wir Sie bitten, beim "Anfahren in Sand" nachzulesen, die Probleme sind ähnlich. Während sich aber im Sand durch das in dieser Situation völlig idiotische Differential das eine Rad immer tiefer wühlt, während das andere gemütlich stehen bleibt, produziert das "Laufrad" auf Eis in Sekundenschnelle einen Spiegelglanz, von dem kein Wegkommen mehr ist.

Beim Hinterradantrieb kann man noch versuchen, durch leichtes Anziehen der Handbremse das zweite Rad zur Mitarbeit zu bewegen. Bei Vorderradtrieblern hilft nur die Schaukelmethode mit schnellem Wechsel vom ersten in den Rückwärtsgang und wieder zurück.

Aber meist werden Sie sehr schnell merken, dass das reine Dieselverschwendung ist – und suchende Blicke in die Runde werfen, nach kräftigen Schiebehelfern.

Da selbst bayerische Gebirgsburschen beim Anblick eines 3,5-Tonners fern bleiben, greift man halt zur modernen Kette, die sich schon fast von selbst auflegt und zieht sich mit eigener Kraft aus dem Schlamassel.

Glauben Sie aber den Werbesprüchen nur zur Hälfte: Nach den ersten drei Radumdrehungen sollten Sie auf jeden Fall die Ketten nachziehen – falls sie Ihnen nicht schon wieder 'runtergefallen sind!

Es könnte aber auch sein, dass Sie sich sagen: „Für ein paar

Zentimeter Eis lege ich doch keine Ketten auf, da nehme ich lieber **ein Säckchen Sand und eine Schaufel** mit!" Und wir würden antworten: **"Gute Idee!"**

Für ein paar Meter Eisglätte reicht auch die von uns bereits beschriebene **ANFAHRHILFE** (siehe dort).

Misstrauisch beäugen sollte man jeden verschneiten Parkplatz. Wie tief und weich ist die weiße Pracht? Komme ich da wieder raus?

Machen Sie den gleichen Test auf Tiefgang wie bei Sandpisten und fahren Sie den Platz in der Weise an, dass die Antriebsachse so nah wie möglich an der Einfahrt bleibt. Dadurch minimieren Sie mögliche Probleme – und falls es nachts schneit, brauchen Sie nicht so weit zu schippen.

Nun stehen Sie auf dem Liftparkplatz Ihrer Wahl!

Wenn Sie abends angekommen sind, haben Sie die Qual der (Platz-)Wahl: "Soll ich mich zu den drei anderen WOMOs stellen oder lieber abseits, ich will mich ja nicht aufdrängen!"

Drängen Sie ruhig! Erstens wird es am nächsten Morgen sowieso wieder dicke, zweitens haben die anderen gar nichts dagegen, nette Leute kennenzulernen und mit Ihnen fachzusimpeln, und drittens könnte ja abends oder am frühen Morgen der Schneepflug oder die Schneefräse kommen, und dessen Fahrer ist überhaupt nicht wild darauf, um drei verschiedene "Restposten" herumzugurken. Sie können es sich auch gar nicht leisten, diesen Herren zu erzürnen, sonst setzt er Ihnen einen (Schnee-)Haufen vor die WOMO-Tür, an dem Sie eine Weile schippen werden.

Ergreifen Sie lieber die Eigeninitiative, begrüßen Sie den Herrn mit einer Tasse heißen Kaffee und fragen Sie ihn

bei der Gelegenheit, wo Sie am wenigsten stören – mit der WOMO-Blockbildung wird er aber schon ganz zufrieden sein.
Übrigens: Sie haben nach dem Einparken doch nicht etwa die Handbremse angezogen? Legen Sie den ersten Gang ein und einen Eisklumpen unter, das reicht auf ebenem Platz!

Manche Liftparkplätze sind durch herzerfrischende Schilder verziert: "Parken nur von 8-20 Uhr" oder "Übernachten nicht gestattet", Sie kennen das? Manchmal taucht auch ein Zerberus auf und markiert den wilden Mann. Fragen Sie ihn zunächst höflich, woher er seine Legitimation hat, denn die meisten Liftunternehmungen sind gemeindeeigen und natürlich auch die Parkplätze.

Lassen Sie sich nicht ins Bockshorn jagen! Ein Besuch im Gemeinde- oder Bürgermeisteramt oder gleich beim Bürgermeister könnte recht aufschlussreich sein. Erklären Sie dort, wie perfekt umweltfreundlich Ihr WOMO ausgerüstet ist, denn die "Anti-Stimmung" kommt ja nicht von ungefähr. Wir können es uns nicht leisten, uns immer wieder mit eingezogenem Schwanz wegschicken zu lassen.

 Vielleicht reicht es den Herren, wenn Sie die Kurtaxe bezahlen. Solche Fälle wurden uns schon berichtet!

Im übrigen gilt natürlich die Regel:
Wo man uns in Ruhe lässt, da gehen wir essen, da kaufen wir ein! Andere Plätze strafen wir mit Verachtung – und meiden sie!

Wo macht man Wintercamping?

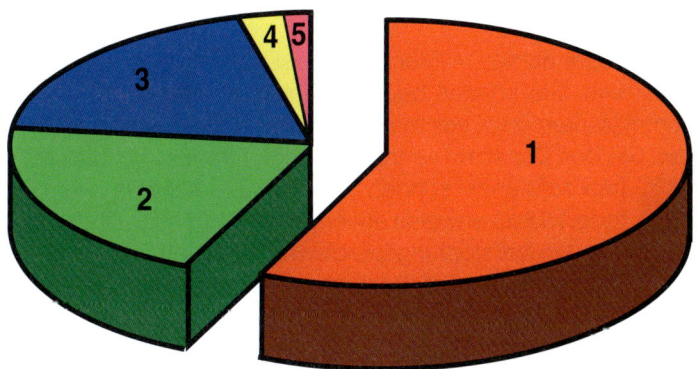

Wintercamping (Leserumfrage)
1: 57,0 % Nie Wintercamping
2: 20,5 % Park-/Stellplatz
3: 18,7 % Campingplatz
4: 2,8 % Liftparkplatz
5: 1,0 % an der Loipe

„Sollte man nicht wenigstens im Winter auf den Campingplatz gehen?"

Der Anteil der Campingplatzübernachtungen betrug in Deutschland im Sommer genau 21,8 Prozent der Gesamtübernachtungen – im Winter gingen auch nur 43,5 Prozent unserer "Kandidaten" auf Campingplätze:
Man sieht: **Vielen WOMO-Fahrern graut es vor gar nichts!** Wir würden uns freuen, wenn Sie's auch mal probieren würden!

Das Ski-Wochenende war schön, jetzt möchten Sie wieder nach Hause. Was heißt möchten, Sie müssen, aber der Motor springt nicht an.
Dies ist nach einfrierendem Wasser und Feuchtigkeitsproblemen die "dritte Plage" der Winterurlauber.
Besonders schlecht sind Dieselfahrer dran, vor allem, wenn Ihre Motoren den Glanz junger Jahre schon hinter sich haben. Schon manch alter Mercedes-Diesel ließ sich nur nach diversen "Kuren" wieder zum Leben erwecken. Aber in erster Linie sind es keine Altersprobleme, sondern im System begründete: Die verschiedenen Kohlenwasserstoffe des Dieseltreibstoffs sind längerkettig als die im Benzin. Folglich gehen sie bereits bei höheren Temperaturen (besser: weniger tiefen) in den festen Aggregatzustand über (versulzen, ausflocken von Paraffin) – und verstopfen die Kraftstoffleitung.
Die möglichen Gegenmaßnahmen beruhen auf zwei völlig verschiedenen Überlegungen:
1. Erhöhung der Fließfähigkeit durch Zugabe von Dieseladditiven:
Beim sogenannten Winterdiesel geschieht das bereits in der Raffinerie; Sie können bei jeder Tankstelle erfahren, ob Sie schon Winterdiesel bekommen und bis zu welchen Minusgraden Sie den Zusätzen vertrauen können (meist -15° bis -25°).

☼ Im Fachhandel können Sie diese Zusatzstoffe (ziemlich teuer) döschenweise erwerben und müssen sie **vor** dem Auftreten von Verstopfungsproblemen zugeben.

☼ Die älteste Technik besteht in der Zugabe von (Normal-)Benzin. Ein Anteil von maximal 30 Prozent reicht für Temperaturen bis -21°C.

2. Anwärmen des Kraftstoffes mit einer Kraftstoff- oder Filterheizung:
Bei neueren Fahrzeugen sind diese Heizungen oft schon eingebaut, bei Bosch kann man für etwa 100 Euro plus Einbau nachrüsten lassen.
Diese Heizungen haben nur einen kleinen Nachteil: Der Motor muss erst mal laufen, bevor sie ihren Betrieb aufnehmen.

Vertrauen wir also auf den Winterdiesel!
Trotzdem sollte man einem besonders altersschwachen Dieselveteran ein **Leichtlauföl** – und jedem als Notausrüstung ein **Starthilfekabel** mit 25 qmm Querschnitt spendieren. Falls er dann immer noch nicht "kommt", ein zweites parallel dazu.

Die nächste Steigerung wäre anschleppen. Wie schön, wenn Sie jetzt eine **Abschleppstange** hätten, denn besonders im Winter rutscht man dem hilfreichen Vordermann leicht an die Stoßstange.

Alle (?) möglichen Probleme haben wir angesprochen. Wir sind uns aber sicher, Sie werden sie, falls sie überhaupt auftreten, mit Bravour bewältigen!

Winterspaziergang im Tannheimer Tal (Österreich)

Kapitel 14: „Gemeinsam sind wir stark!"

Wohnmobilclubs

Wenn drei Deutsche sich treffen, dann gründen sie einen Verein – so sprach man zu Großvaters Zeiten. Für bald eine Million Wohnmobilbesitzer, mit ihren Frauen und Kindern, haben wir auf unserer aktuellen Liste inzwischen gute 150 Wohnmobilclubs in Deutschland (1988 waren es erst 36).

Gar nicht so schlecht für Leute, die man eigentlich unter die Nonkonformisten, freiheitsliebenden Einzelgänger und Eigenbrötler einordnet!?

Aber das stimmt ja gar nicht! Kaum, dass irgendwo zwischen Jokkmokk und Monemvasia zwei Wohnmobile nebeneinander parken, kommt es schon zu internationalen Verständigungen mit langandauernden Verbrüderungsgelagen.

Haben die deutschen Wohnmobiler begriffen, dass man eine starke Lobby braucht, um seine Wünsche und Vorstellungen nicht nur zu äußern, sondern sie auch durchzusetzen?

Gut, die Arbeit der Wohnmobilzeitschriften ist aller Ehren wert, aber da ist auch schon das Ende der Fahnenstange. Dazu kommt, dass das Engagement der verschiedenen Redakteure sich in der Vorstandsetage mit wirtschaftlichen Zwängen herumschlagen muss:

Können sie zum Beispiel das freie Übernachten lauthals propagieren und gleichzeitig erwarten, dass Campingplatzbesitzer weiter annoncieren werden?

Wer bezahlt denn die seitengroßen Anzeigen, in denen Campingführer angepriesen werden ....

Trotzdem ist seit 1988 viel erreicht worden. Der Wohnmobilurlauber hat in Deutschland Rechtssicherheit, wenn er sein müdes Haupt abends im WOMO auf einem (beliebigen) Parkplatz niederlegt. Hunderte von offiziellen Stellplätzen wurden geschaffen, wo man auch länger als eine Nacht verweilen darf, viele sind gar mit Ver- und Entsorgungseinrichtungen ausgestattet.

Aber es gibt auch Regionen, die noch (oder wieder) wohnmobiles Notstandsgebiet sind. Woran liegt das, was haben wir falsch gemacht, was sollten wir besser machen?

Sicher, viel erreichen wir durch gutes Benehmen. Die Überzeugungsarbeit einzelner ist bewundernswert. Wieviel mehr könnten wir erreichen, wenn wir gemeinsam auftreten würden: Vor dem Bürgermeister des Heimatortes, mit Briefen und Besuchen beim Landtagsabgeordneten, mit Anfragen und Beschwerden

beim Bundesminister für Verkehr.....
Dafür aber brauchen wir Absprachen, Diskussionsrunden, Ortsbegehungen – ein Club wäre dafür der rechte Rahmen.
Nicht nur für Probleme wäre ein Wohnmobilclub von Vorteil: Gemeinsame Unternehmungen, überhaupt das Kennenlernen der WOMO-Fans der Region, gegenseitige Hilfe bei Reparaturen, Austausch von Erfahrungen in verschiedenen Urlaubsländern, der Anfahrtsrouten, der Fährlinien – die Liste der Clubaktivitäten ließe sich beliebig fortsetzen.
Dafür muss nicht gleich ein e.V. gegründet werden. Ein regelmäßiges, geselliges Beisammensein in Privatwohnungen reih-um oder einer Clubgaststätte wäre ein vielversprechender Anfang.

Wie man so etwas anpackt?
Eine kurze Notiz an die verschiedenen Campingzeitschriften mit der lapidaren Mitteilung: „Ich würde gern einen Wohnmobilclub für den Ort X und Umgebung gründen. Bitte gebt diese Absicht in Eurer Zeitschrift bekannt!" Name, Adresse, Telefonnummer – da werden sich genügend Interessenten melden.
Auch wir wollen unseren Beitrag leisten und werden regelmäßig die nun folgende Liste auf den neuesten Stand bringen. Bitte teilen Sie uns deshalb jede Clubgründung sofort mit!
Mit großer Freude haben wir den Zusammenschluss vieler Wohnmobilclubs (®) zur Reisemobil-Union e. V. beobachtet. Hier entsteht hoffentlich der "schlagkräftige" Arm aller Wohnmobilfreunde, der unsere Interessen mit dem entsprechenden Nachdruck vertreten kann!?

WOHNMOBILCLUB - ADRESSEN

Reisemobil-Union e. V.
Bouraueler Straße 56, 53783 Eitdorf
Tel.: 069-424233, Fax: 069-422212
info@reisemobil-union.de, www.reisemobil-union.de

Reisemobilclub Sachsen e. V.
Ulrich Grah, Preußenstr. 3
01445 Radebeul
Tel.: 0351-8364666, Fax: 8339728
rmc.sachsen@womoweb.de

Setra Veteranen-Club
Jürgen Künz, Cauerstraße 24
10587 Berlin
Tel.: 030-3417205, Fax: 3418049

Die Ami-Fahrer
Heide Plate, Rotenkruger Weg 11
12305 Berlin-Lichtenrade
Tel.: 030-7466897

Berliner Wohnmobilfreunde
Detlev Grasemann, Wollankstr. 42
13359 Berlin
Tel.: 030-4946341

Wohnmobil-Vagabunden e.V.
Harald Hagemoser
Brunsbütteler Damm 235
13581 Berlin
Tel.: 030-3664677 Fax: 32900010

MCC Straßenfüchse e. V.
Hans-J. Rohde, Ulmenstraße 20/22
13595 Berlin
Tel. + Fax: 030-3612971

Tabbert-Club
J. Karnehl, Johann Camper Stieg 16
21129 Hamburg
Tel.: 040-7428532

® Reisemobilclub Winsen/Luhe
Waltraud Schulze, Peerort 8
21449 Radbruch
Tel.: 04178-1374

Wohn-Mobil-Club Elbe-Weser
Georg Thiel, In den Wettern 6
21423 Winsen/Luhe
04171-63524, Fax: 68494

RMC-Schleswig-Holstein
Peter Kluge, Rade 11
21456 Reinbek
Tel. + Fax: 040-7224629

RMC "Weitreisende"
Eckhard Klahre, Kalklohweg 24
24629 Kisdorf
Tel.: 04193-95577, Fax: 3323

RMF Nordschwalben
Hinrich Bredehorst, Ludw.-Meyen-Str. 7
25469 Halstenbek
Tel.: 04101-42687

IARMC Schleswig-Holstein
25551 Hohenlockstedt
gudrun@iarmc.de
www.reisemobilclub.de

® Wohnmobilclub Westküste e.V.
25899 Niebüll, Alwin-Lenz-Str. 58
Tel.: 04661-941553

® Reisemobilstammtisch Nordfriesland, Gunnar Jacobsen
25917 Enge-Sande, Mühlenweg 27
Tel.: 04662-4314, Fax: 883029
info@reisemobilstammtisch.de
www.reisemobilstammtisch.de

® Ammerländer WOMO-Stammtisch
Bad Zwischenahn, Egon Oetjen
26160 Bad Zwischenahn, Irisweg 4b
egon.oetjen1@ewetel.net

Freu(n)de mit Flair
Wilfried Bruns, Rüstinger Straße 21
26340 Zetel
Tel.: 04453-2694

® Door Geiht hen
Onno Bents, Jacksteder Weg 24
26409 Wittmund
Tel.: 04973-1352

® WOMO-Freunde Ostfriesland-Norden, Gerhard Adam
Looger Weg 28 a
26506 Norden
Tel.: 04931-12811

WMC Friesentreck
Ralf Rönnefahrt, Pappelweg 3
26605 Aurich
Tel.: 04941-10303

® ORMC-Leer
Roswitha Herde, Dieselstr. 13
26789 Leer, Tel.: 0491-65609

1. Fehntjer RMC
26817 Rhauderfehn
Tel.: 04952-1042

Papenburger RMC 2000
26871 Papenburg, Tel. 04961-75557

® Reisemobil-Club Weser-Ems e.V.
Wilhelm Holub, Glatzer Str. 9
26954 Nordenhamm
Tel. + Fax: 04731-24645

RM-Vereinigung Visselhövede
27374 Visselhövede
rmv@ewe.net
www.rmv.visselhoevede.de

® Reisemobil-Club Elbe-Weser
Ben Balk, Brakeweg 26 d
27404 Zeven
Tel.: 04284-1832 Fax: 23099

RMF "Die Nordlichter" e. V.
27801 Neerstedt, Tel.: 04432-1220

Wingamm-Freunde
28816 Stuhr, Tel.: 0421-564307

® Reisemobilclub Celle
Erich Deiters, Großer Kamp 13
29339 Wathlingen/Celle
Tel.: 05141-5326, Fax: 5326

Motorcaravan-Club Lüneburg
Siegfried Schützler, Ahornweg 2
29584 Himbergen

® Laika-Club Deutschland
Herforder Str. 104, **32130 Enger**
Tel. + Fax: 05224-3325

RMC Bünde
Postfach 2631, Dieter Restmeier
32226 Bünde
Tel.: 05223-60025

WoMofriends
Rosmarie Saaksmeier
32584 Löhne, Starenweg 4
info@womofriends.de
www.womofriends.de

CC Drei Hasen Paderborn e.V.
33175 Bad Lippspringe, Niederhof 6
CMGraute@t-online.de

GWC Gütersloh
Kalle Maschmann
Auf der Kosten 211
33334 Gütersloh
Tel.: 05241-29331

Stammtisch für Reisemobilisten
33428 Harsewinkel
Tel.: 05247-10343

® RMC Mittelhessen
Hans-Konrad Payer
Tiefer Graben 5
35085 Ebsdorfergrund
Tel.: 06424-5955

WMF Zugvögel
35796 Weinbach, Tel.: 06474-1392

1. RMC Thüringen "Albatros"
Rolf Knitel, Zum Langen Maß 7
36433 Bad Salzungen/Langenfeld
Tel.: 03695-602311

Freier Wohnmobilclub Kassel
Joachim Staub, Alte Brückenstr. 3
37218 Witzenhausen
Tel.: 05542-6604

RMC Braunschweig e. V.
38124 Braunschweig
Tel.: 0531-262683

® Hymer Mobil Eignerkreis e.V.
Peter Höhne, Steinkamp 48
38179 Schwülper
Tel.: 05303-6930, Fax: 6973
hme@hme-ev.de
www.hme-ev.de

® Reisemobilfreunde Eulenspiegel
Klaus Bock, Leipziger Str. 15
38319 Remlingen
Tel.: 05336-90934, Fax: 90935

Camping-Club Elm-Lappwald
Else Voges
Kleiner Katthagen 18
38350 Helmstedt, Tel.: 05351-2461

1. Wohnmobilclub Wolfsburg e. V.
38467 Bergfeld
Tel.: 05368-977624

® RMC Ratingen-Rhein-Ruhr
J. Schellenberg, Geranienweg 13
40468 Düsseldorf
Tel./Fax: 0211-411564

® Langenfelder WOMO-Freunde
Günter Kaaf, Postfach 1313
40738 Langenfeld
Tel./Fax: 02173-896077

Rheydter Reisemobil & Vanclub
Andre Theelen
Gartenstraße 143
41236 Mönchengladbach
Tel.: 02166-20192

Rheinische Wohnmobilfreunde Neuss
Heinrich Bockholm, Holunderweg 4
41468 Neuss

® RMC Ratingen-Rhein-Ruhr
Karl-Heinz Leye, Freund Str. 9 b
kkleye@t-online.de
42579 Heiligenhaus

® WMC Bergische Zugvögel
Max Hildebrand, Herrlinghausen 124
42929 Wermelskirchen
Tel. + Fax: 02196-5050

Wohnmobilfreunde Solingen
42853 Solingen
0212-2591178
www.wohnmobilfreunde-solingen.de

Hobbybrummis
Bernd Janke, Plaßstraße 17
44319 Dortmund
Tel.: 0231-283919

® Die Mobilisten
M. Piotrowski, Pöppinghauser Str. 173b
44579 Castrop-Rauxel
Tel.: 02305-83931, Fax. 355832

® Mobile Weltenbummler
Heinz-Dieter Zeitnitz
Nachbarsweg 128
45481 Mülheim/Ruhr
Tel. + Fax:0208-485853

Concorde-Club NRW
45529 Hattingen, Tel.: 02324-51139

® IG Reisemobile PUR
Bernd Loewe, Schubertstr. 9
45529 Hattingen
Tel.: 02324-983144, Fax: 983145

Mobile Ruhrtaler e.V.
Oskar Kleinadel, Denkmalstr. 10 a
oskar.kleinadel@mobile-ruhrtalder.de
45529 Hattingen, Tel.: 02324-53235

® RMC Ruhrpott-Tramps
Heinz Bertsch, Lipperweg 193
45772 Marl
Tel.: 02365-67871

® Mobile Freiheit
Matthias Kullmann
45884 Gelsenkirchen, Memeler Str. 22
Tel.: 0209-1209395

® RMC Gladbeck
Hans Fölz, Röttgesweg 19
45896 Gelsenkirchen
Tel. + Fax: 0209-68980
hans.foelz@t-online.de

® RMC Rolling Home
W. Wischnewski, Winkelstr. 75 a
45966 Gladbeck
Tel.: 02043-959548

® RMC Die Schnecken
Bernd Kroker, Vossundern 7
46244 Bottrop
Tel.: 02045-411941

® MCC "Die Wildgänse"
Peter Bartels, Katzbachstr. 12
47443 Moers
Tel.: 02841-53575, Fax: 58169
artobar@aol.com

RMC Rhein / Maas
Gottfried Mögden, Leni-Falk-Str. 9 a
47574 Goch
Tel.: 02823-25066, Fax: 6340

® Reisemobil-Stammtisch Rheine
Ditmar Fennecker, Finkenstr. 27
48432 Rheine
Tel.: 05975-8567

Ibbenbürener Wohnmobilisten
Bernd H. Heile, Nienkamp 33
49477 Ibbenbüren
Tel.: 05451-73437

® Reisemobilclub Osnabrück
Heinz Ferlemann, Ottendamm 41
49525 Lengerich, Tel.: 05484-212

Camp Mobil Club CMC
Manfred Visang, Zeppelinstr. 2
50667 Köln
Tel.: 0221-2573635

® Rheinisch-Bergische WMF
Leni Strunk, Wipperfürther Str. 156
51515 Kürten
Tel.: 02207-3169

® RMC Asphaltcowboys e. V.
Heike Knieper, Am Dombach 27
51465 Bergisch Gladbach
Tel.: 02202-39319

VW-Bus Club Oberberg e. V.
Dieter Matschey
Bettinger Weg 27
51545 Waldbröl-Hermesdorf
Tel.: 02291-6693

IG Pick-Up Oberberg
Dietmar Büscher, Oberhürholz 20
51789 Lindlar
Tel.: 02266-1019

® RMF im Dreiländereck
Jens Bauerdick, Josefstr. 83
bauerdick-aachen@t-online.de
52080 Aachen
Tel.: 0241-550871

® "Aachener Vagabunden"
Josef Wouters, Rödgerbachstr. 56
52080 Aachen
Tel.: 0241-550708, Fax: 1894070
josef.gitte@t-online.de

® Motor Caravan Club Bonn
B.Weiffenbach
Von-Guericke-Allee 15
52125 Bonn
Tel.: 0228-2599760

® IG Reisemobilhafen Düren
H.-J. Junk
D.-Antonie-Krebs-Str. 7
52355 Düren
Tel. + Fax: 02421-33847

® RMC Albatros e.V.
Peter Koch, Auf dem Kamp 15
52379 Langerwehe-Merode
Tel.: 02433-2752

® RM-Stammtisch Heinsberg
Peter Wolffs, Händelstr. 8
52525 Heinsberg
Tel.: 02452-64912

® Reisemobilfreunde Rhein-Sieg e. V.
Werner Walgenbach, Zilskreuz 25
53604 Bad Honnef
Tel.: 02224-919280

CMC 1980
Ursula Natrop
53919 Weilerswist
info@cmc1980.de

IG LT 4x4
Peter Kohl
Schlesische Straße 7
55450 Langenlonsheim
Tel.: 06704-2208

® Die komischen Vögel
Herta Böhnke, Erlenweg 8
55262 Heidesheim
Tel. + Fax: 06132-57890

Eura Mobil Club e.V.
55573 Sprendlingen
eura.mobil.club@arcor.de
www.euramobilclub.de

® MIR-Club
Peter Rettau
Schinderhannes 1
56291 Hausbay
Tel.: 06746-80280, Fax: 802814

VW-Bus-Club Koblenz
Manfred Klee, Erlenweg 11
56323 Waldesch
Tel.: 02628-2428

Busclub "Mobile Freizeit"
Bert Polcher, Limesweg 10
56337 Eitelborn

WMF Heimbach-Weiss
Rudolf Weiss, Burghofstr. 29 a
grweiss@online.de
56566 Neuwied-Heimbach
Tel.: 02622-81922

RMC Junge Schwalben
Wollendorfer Straße 35
56567 Neuwied
Tel.: 02361-72454

® RMF Südwestfalen
Will Röwer, Leimbachstr. 4
57047 Siegen
Tel./Fax: 0271-334155

® Wohnmobilfreunde Westerwald
Reinhard Birk

autohaus.reinhard.birk@t-online.de
57047 Siegen, Hauptstraße 11

RMC Zugvögel Hagen
Marion Kreft, Schwerter Str. 246
58099 Hagen
Tel.: 02331-67694

Campingbus Club
Eckehard Groh, Im Gäßchen 6
58239 Schwerte

Road-Runner WMC
Dieter Kruse, Berninghauser Str. 46
58256 Ennepetal
Tel.: 02333-73105

Hammer Straßenelefanten
Ehrentraud Lüke, Holunderweg 8
59063 Hamm
Tel. + Fax: 02381-23596

Womoclub Ahlen-Beckum-Hamm
Rainer Peters, Mistelweg 9
59073 Hamm
Tel.: 02381-61452

Dehler Profi Club
Friedrich Hogrebe, Postf. 1554
59245 Beckum

Freundeskreis Hobby 600
59581 Warstein, Tel.: 02925-2494

Alpha-Club
Gerhard Barth, Carls-Aue-Str. 91
59939 Olsberg
Tel.: 02962-2126, Fax: 2156

Motorcaravan Club Main-Taunus
Horst Schäfer, Gerauer Str. 16
60528 Frankfurt
Tel.: 069-672392

Freundeskreis Hobby 600
H. Paulerberg, Hinter den Zäunen 4
61137 Schöneck
Tel. + Fax: 06187-910895

® camperline.de
Frank Friedhoff, Adelhartstr. 67
61352 Bad Homburg
Tel.: 06172-941401, Fax: 941402

Caravan Camping Club Hanau
Günther Arns, Herderweg 2
63454 Hanau

„Gemeinsam sind wir stark!"

® WMF Aschaffenburg 1985
Rudi Huth, Hirtengasse 2
rudi-huth@web.de
63743 Aschaffenburg

Wohnmobilclub Darmstadt/Odenwald
Wolfgang Starke, Heinestr. 30
64295 Darmstadt
Tel.: 06151-61350

Globetrotter-Karawane
64584 Biebesheim
Tel.: 06258-6790

® Reisemobilstammtisch Bergstraße
Heike Deichert, Hambacher Tal 148
64646 Heppenheim
Tel.: 06252-76363

® Wohnmobilstammtisch Lorsch u.U.
Frank Uibel, Römerstr. 7
64653 Lorsch
Tel.: 06251-586339

Motorcaravan-Club Straßenfüchse
e.V.
65479 Raunheim, Nahestr. 3
steurer@strassenfuechse.de
www.strassenfuechse.de

Reisemobilclub Saar
Garhard Bauer, Papestraße 14
66119 Saarbrücken
Tel.: 0681-56755

® RMC Hochwald
Josef Klasen, Unterstraße 10 a
66687 Wadern
Tel./Fax: 06871-5129

WMC Landstuhl
Friedel Müller, Dresdener Str. 2
66849 Landstuhl
Tel.: 06371-15538

Westpfälzer WOMO-Schwalben
66849 Landstuhl
Tel.: 06371-62636

® Reisemobilfreunde Neustadt und
Umgebung e. V.
Rainer Lamotte, Ohliggasse 13
67454 Haßloch
rainerlamotte@gmx.de

Pfälzer Reisemobilfreunde
Rudolf Krautkrämer, Eckstr. 31
67661 Kaiserslautern

Zugvögel Rhein-Neckar-Kreis
Helmut Leiner, M 4-5
68161 Mannheim

Wohnmobil Club Heidelberg
Beate Günther, Thomas-Mann-Str. 8
69190 Walldorf

® PhoeniX-Reisemobil-Club
Manfred Schiroka, Hochdorfer Str. 11
71642 Ludwigsburg
Tel.: 07144-860180, Fax: 868181

Motor-Club Wernau
72654 Neckartenzlingen
Tel.: 07127-34815

VW-Bus & Reisemobil Club
Bernd Jänchen, Nürtinger Straße 61
72649 Wolfschlungen

Concorde-Club Baden-Württemberg
72657 Altenriet
Tel.: 07127-35535
RMC Ostalb
73431 Aalen
Tel.: 07361-33650

Freundeskreis "Mobil-Solisten"
73457 Esslingen-Lauterburg
Tel.: 0171-4736143

® Knaus WoMo Club Heidelberg
1997
Claus Müller, Zeppelinstr. 12
74909 Meckesheim

® Sonnenberg-Tramps Pforzheim
Hans-Dieter Pokorny, Murgstraße 1
75210 Keltern
Tel.: 07236-6383

® RMC Mittelbaden
Martin Lenz, Sofienstraße 25
76467 Bietigheim
Tel./Fax: 07245-4085

alPa (allein reisende Paare)
H. & L. Schleinkofer
76887 Bad Bergzabern
www.alpa-Wohnmobil.de
info@alPa-Wohnmobil.de

Bürstner Welcome Touring Club e.V.
Klaus-Peter Bolz, Elsässer Str. 80
77654 Kehl
Tel.: 07851-850, Fax: 85251

Campingfreunde Offenburg
Joel Andre, Im Allmend 12
77746 Schutterwald
Tel.: 0781-51269

WMF Südschwarzwald
78166 Donaueschingen
Tel.: 0771-83282686

Camping-Freunde Freiburg e.V.
im ADAC
Karl Heinz Huber, Postfach 6046
79036 Freiburg
Tel.: 0761-53830 und 0173 983 4684

Camping-Mobil Caravaningclub e.V.
Thomas Ketzler, Ratzelstr. 21
80997 München
Tel.: 089-8121147

® EMHC Euro-Motorhome Club e.V.
85283 Wolnzach, Schlosshof 2-6
info@emhc.eu; www.emhc.de

Münchner Campingclub e.V.
H. Herrmann, Ravensburger Ring 67
81243 München

® Münchner Wohnmobilfreunde
Walter Reichl, walter-reichl@gmx.de
81545 München, Laufzornerstr. 5

WMC Schwaben
86368 Gersthofen
Tel.: 0821-499207

® Setra Oldtimer Club e.V.
Wolfgang Westerweller
Schützenstraße 14
86637 Wertingen
Tel.: 08272-1772

® Lifestyle RMC
H.P. Pickelmann
Lange Mauerstr. 4
86732 Öttingen
Tel.: 09082-7030

® Wohnmobil-Solisten
Gisela Kappes, Fidel-Kreuzer-Str. 11
86825 Bad Wörishofen
Tel.: 08247-333705

Weiß-Blaue Wohnmobilfreunde
Hans-Jürgen Dahms
Schongauer Straße 7
86971 Peiting

Wohnmobilclub Kempten
Daniela Hammer
Aybühlweg 8
87435 Kempten

Hymer Mobil Eigner
87767 Niederrieden/Allgäu
Tel.: 08335-987725

IG Wohnmobilisten Oberschwaben
Walter Dorn
Holzstraße 41
88512 Mengen
Tel.: 07572-2450

Family Tours
89129 Langenau, Tel.: 07345-6959

RMC "Fränkische Zugvögel"
Robert Rodler
Talblick 29
90513 Zirndorf
Tel.: 0911-607544

COC Camping Oldie Club e. V.
Jürgen Scherb
71394 Kernen, Al.-Moser.Str. 58
info@cocev.de; www.cocev.de

® Wohnmobilclub Amberg
Heiner Horschelt
Rubenstr. 5
92224 Amberg
Tel.: 09621-81548

Wohnmobil-Club Oberpfalz e.V.
Elisabeth Weigl
weigl@wco-web.de
92280 Kastl, Klosterbergstr. 18 a

RMF Donau-Wald
94227 Zwiesel, Tel.: 0171-7532270

PS Private Stellplatzinitiative
Peter Krauß, Grundweg 5
95119 Naila
Tel.: 09282-95136, Fax: 95137

Concorde Club
Heinz Reimann, Concordestr. 2
96132 Aschbach
Tel.: 09555-92250, Fax: 922253

Wohnmobilclub Schweinfurt
Gerhard Reisch, Mühläckerstr. 11
97520 Röthlein
Tel.: 09723-91160, Fax: 911666

Ausland

1. Tiroler Wohnmobilclub
F. Niederl, Hans-Untermüller-Str. 4
A-6020 Innsbruck
Tel.: 0043-(0)512-273318
info@tirolerwohnmobilclub.at

RMC Austria
reisemobilclub@aon.at
Pf. 53
A-1230 Wien

RMC Wien & Umgebung
Rudi Nemeth, Postfach 53
A-1230 Wien
Tel.: 0043-16675800

® Belgiam Motorhome Club/BMHC
Hilde Verdonck-Thyssen
B-2960 St-Job-int-Goor
Tel.: 0032-(0)3-6451818

U.B.M.C.
Willy Vlaminckx
Pallaaraard 45
B-2250 Vorselaar

De Treckvogels
Theo Mannes
Esdorlaan 59
B-2940 Starbroek

MSC
Selbstbauer Club
www.msc-schweiz.ch
CH-4800 Zofingen

CCC Schweiz
Rolf Menzi, Schloßbergstr. 25
CH-5621 Zufikon
Tel.: 0041-796616743

® Reisemobil-Club Schweiz RMCS
Untere Plessurstr. 52, G. Wehrli
CH-7000 Chur
Tel.: 0041-81 252 4066
www.rmcschweiz.ch

® Dansk Autocamper Forening/DACF
Max Watson, Gartnervänget 15
DK-3520 Farum
Tel.: 0045-44994641

Camping Car Association France
26 rue E. Daumont
F-77750 St. Cry sur Morin
Tel.: 00331-160238895

Auto-Sleepers Owners Club
Sheila Henthorne
144 Devonshire Hill Lane
GB-N 177NH London

Wohnmobilclub Recanati
Vittorio dal Re, Via del Sole 12
I-62017 Porto Recanati
Tel.: 0039-(0)71-9799462
vittorio.dalre@libero.it

® Féderation Luxembourgeoise de Motorhomes
Lucien Blasen, B.P. 42
L-3901 Mondecange
Tel.: 00352-513276

Norsk Campingmobilforeining
Höyasveien 11
N-3200 Sandelfjord

® Nederlandse Kamperauto Club/NKC
T. H. Boers, Postbox 424
NL-3760 AK Soest
Tel.: 0031-35-60320088

NKC, Vanenburg 14
NL-7339 DN Ugchelen

Automobilclub Polski
Komisja Caravaningu
ul. Pánska 85
PL-00-834 Warszama

Motorhome Club of Sweden MHC
Jan Jerpal, St. Persgatan 15
S-74530 Enköping

Nordisk Motor Caravan NMC
Lars Dahlberg, Ilolantie 19
SF-01390 Vantaa

AutoCaravan Club of Finland ACCF
SF-Caravan ry, Viipurintie 58
SF-13210 Hämeenlinna

Motor Home Club of Finland
Sirkka Liisa Mahntie 10
SF-28800 Pori

Besonders gelobt sei an dieser Stelle die Zeitschrift
"Reisemobil-International" für ihr Clubforum unter:
www.reisemobil-international.de/clubs
Unser: forum.womoverlag.de mit der Rubrik "WOMO-Clubs" kennt ja jeder!?

Kapitel 15: „WUPS"

Der WOMO-Urlaubs-Partner-Service

Regelmäßig zur Vorurlaubszeit liest man sie in Zeitungen und einschlägigen Zeitschriften, die Suchannoncen der Wohnmobilfamilien, die sich nicht allein auf weite Tour wagen wollen:

> Ost-Spanien, 4 Wo. Jul./Aug. Wir 42/43/12 männl./ Hund, mit Wohnmobil suchen Begleitfamilie/n mit Kindern 9-13 J. u. eig. Wohnmobil, Tel.....

Ob sie wohl Erfolg haben? Wir wünschen es ihnen!
Was aber sind die Beweggründe für die "Partnersuche auf (Ferien-) Zeit"?
Sie können sich selbst die Gründe zusammensuchen, denn Sie hatten ja auch schon mal diese Idee. Da ist die lange Fahrt mit ihren Tücken, bei der man sich bei Problemen helfen kann. Übernachtungen in einsamer Umgebung – mit einem Partner wäre einem da viel wohler.
Gemeinsame Unternehmungen machen viel mehr Spaß; den Grill wirft man abwechselnd an (und nimmt nur einen mit), Einkäufe und Wasserholen, gemeinsam oder im Wechsel, aber nur mit einem Auto; abends, da hat man den passenden Gesprächspartner und ganz wichtig: die Kinder haben Spielgefährten im passenden Alter.

Die Liste der Vorteile gemeinsamen Reisens ließe sich noch erheblich verlängern – und so waren wir auch gar nicht verwundert, dass wir geradezu mit der Nase darauf gestoßen wurden:

> „WOMO-Verlag, unternehmt da mal etwas!"

Wir haben uns zusammengesetzt und beraten, entwickelt, verworfen und verbessert. Was wir schließlich ausgebrütet haben, lässt sich am einfachsten mit folgendem Sätzchen umschreiben:
Durch **WUPS** soll jedem Interessenten ohne den geringsten finanziellen Aufwand eine passende Urlaubspartnerfamilie vermittelt bekommen.
Das ideale Medium dafür ist das Internet!

> **Wie nimmt man teil?**

Auf unserer Homepage unter: **www.womo.de** oder direkt in unserem Internetforum unter: **wups.womoverlag.de** können

Sie sich kostenlos mit allen wichtigen Daten wie Urlaubsziel, Reisezeit, eigenem Alter (und dem evtl. mitreisender Kinder), eMail-Adresse sowie Lieblingsaktivitäten eintragen (oder von Freunden mit Internetanschluss eintragen lassen).
Es liegt nun an jedem einzelnen, den passenden Partner aus den angegebenen Daten, ergänzenden eMails oder Kurznachrichten zu ermitteln.
Jedem Teilnehmer ist es selbst überlassen, wie viele Daten er angeben möchte oder nicht (bei uns ist jeder sein eigener Datenschützer). Selbst ohne Angabe von Telefonnummer oder eMail-Adresse ist eine Kontaktaufnahme per Kurznachricht möglich, die kein anderer lesen kann!

Inzwischen haben hunderte von Wohnmobilfreunden bei **WUPS** mitgemacht und eine passende Urlaubspartnerfamilie gefunden. Die Zustimmung ist einhellig, Probleme traten vor allem durch die unterschiedlichen Ferientermine auf.
Aber unsere Teilnehmer waren findig! Wenn es schon nicht zur Ferienzeit klappte, dann fand man doch wenigstens einen WOMO-Fan in der näheren Umgebung, mit dem man mal eine Tour fürs verlängerte Wochenende planen und unternehmen konnte.
Wir wünschen schon jetzt doppelten Spaß im gemeinsamen WOMO-Urlaub.

Wie wär's mit Ihnen!?

Sardinien, gemeinsamer Urlaub an der Cala di Murtas (WOMO-Reihe, Band 7)

Kapitel 16: „Was gibt's Neues?"

* Wohnmobil- und Campingzubehör.
* Wohnmobilhersteller & -importeure.
* Alle Gastankstellen Deutschlands.
* Gasinformation Ausland.
* Internet-Adressen für Wohnmobilurlauber.
* Das WOMO-Internet-Forum.

Wohnmobil- und Campingzubehör
(Kataloge * Prospekte * Infos)

Fa. ALBA (Reisemobilzubehör, Service, Katalog)
Turnerstraße 2, 67685 Weilerbach, Tel.: 06374-3831, Fax: 4428
Fa. AL-KO Kober GmbH
Ichenhauser Straße 14, 89359 Kötz, Tel.: 08221-970, info@al-ko.de
Fa. AMS GmbH (Gasalarmanlagen), Tel.: 09643-92050, Fax: 920590
Fa. Fritz Berger (Komplettes Camping-Zubehörangebot)
Regerstraße 2, 92301 Neumarkt, Tel.: 01805-330100, Fax: 09181-3303198
beratung@fritz-berger.de, www.fritz-berger.de
Fa. Brandrup (Zelte, Vorzelte)
Sendlinger Str. 47, 80331 München, Tel.: 089-2355880, Fax: 23558870
Fa. Brutsaert (Markisen)
Kortrijkstraat 343, B-8930 Menen, Tel.: 0032-56528899, Fax: 0032-56510205
www.omnistor.com
Fa. Büttner Elektronik (Solaranlagen, Elektronik)
Rudolf-Diesel-Straße 8, 68535 Edingen, Tel.: 06203-180018, Fax: 180028
Cactus - Fa. Klean-Kontor GmbH (Trockentoilette)
Industriestraße 1, 48301 Nottuln, Tel.: 02509-99140, Fax: 991411
cactus@lidbag.de, www.cactus-00.de
Fa. Camping-Profi GmbH (komplettes Camping-Zubehörangebot)
Mühlweg 7, 92361 Berngau, Tel.: 09181-460233, Fax: 460235
camping-profi@t-online.de, www.campingprofi.de
Fa. Comet (Pumpen, Armaturen)
Industriestraße, 37308 Pfaffschwende, Tel.: 036082-4360, Fax: 43634
Fa. Conrad Electronic (Elektronik, Solar, KFZ-Zubehör usw.)
Klaus-Conrad-Str. 1, 92240 Hirschau, Tel.: 09604-408988, Fax: 408936
www.conrad.de
Fa. Electrolux (Klimaanlagen, Kühlgeräte, Kocher) www.electrolux.de
In der Steinwiese 16, 57074 Siegen, Tel.: 0271-6920, Fax: 0271-692300
Crystop GmbH (Satelliten-Empfang)
DurlacherAllee 47, 76131 Karlsruhe, Tel.: 9721-611071, Fax: 622757
info@crystop.de, www.crystop.de
Fa. Hartmut Fiedler Reisemobiltechnik (Motorradträger)
Fladengrund 7, 27572 Bremerhaven, Tel.: 0471-75875, Fax: 76604
Fa. Frankana (komplettes Camping-Zubehörangebot)
Ochsenfurter Straße 76, 97340 Marktbreit, Tel.: 09332-50770, Fax: 507750

www.frankana.de
Fa. Futura (komplettes Camping-Zubehörangebot)
Birkenweg 12, 91792 Ellingen, Tel.: 09141-86540, Fax: 865413
Fa. Globetrotter Denart und Lechhart GmbH (komplettes Outdoorangebot)
Bargkoppelstieg 12, 22145 Hamburg, Tel.: 040-67966179, Fax: 67966186
info@globetrotter.de, www.globetrotter.de
Fa. Goldschmitt GmbH (Federverstärkung, Auflastung)
Dornbergerstr. 6-10, 74746 Höpfingen, Tel.: 06283-22290, Fax: 222929
fahrzeugtechnik@goldschmitt.de
Fa. Herzog GmbH (Zelte) www.herzog-freizeit.de
Max-Eyth-Str., 74366 Kirchheim, Tel.: 07143-89440, Fax: 92950
Fa. KanTop (Isomatten)
Gartenstraße 12, 72475 Bitz, Tel.: 07431-81206, Fax: 4335
Fa. Dr. Keddo (Biochemische Produkte), Tel.: 02233-932370, www.dr.keddo.de
Fa. Kelvin (Solaranlagen)
Waisenhausgasse 2-4, 50676 Köln, Tel.: 0221-4062233, Fax: 9403397
Fa. Kuhn Autotechnik (Federverstärkung, Auflastung, Stützen))
Ürzinger Mühle, 54492 Zeltingen, Tel.: 06532-95300, Fax: 953023
kuhn.auto.technik@t-online.de, www.kuhn-autotechnik.de
Fa. LG Freizeitwelt GmbH (komplettes Camping-Zubehörangebot)
Gelthari-Ring 5-11, 97505 Geldersheim, Tel.: 09721-89077, Fax: 805254
www.freizeitwelt.de
Fa. Linnepe (Auflastung, Luftfederung, Fahrzeugstützen, Gasalarm)
Oelkinghauser Str. 6-8, 58256 Ennepetal, Tel.: 02333-98590, Fax: 985930
www.a-linnepe.de
Fa. Lutz Elektronik (Rückfahrwarner), Tel.: 07162-24842
Fa. Maxview GmbH (Antennen, Satellitenempfangssysteme)
Augsburger Str. 11, 82291 Mammendorf, Tel.: 08145-8840, Fax: 8845
www.maxview.de
Fa. Movera (komplettes Camping-Zubehörangebot)
Postfach 1355, 88332 Bad Waldsee, Tel.: 07524-7000, Fax: 700704
Multiman GmbH (Wasserentkeimung, Tankreinigung, Toilettenhygiene)
Gutenbergstr. 9, 82178 Puchheim, Tel.: 089-80071835, Fax: 80071836
info@multiman.de, www.multiman.de
Fa. Oelmühle (Sicherungssysteme)
Luisental 2, 51399 Burscheid, Tel.: 02174-2223, Fax: 8089, www.qiucksafe.de
Fa. Ormocar GmbH (Wohnmobilbauteile + Zubehör)
Alte Bundesstraße 29, 76846 Hauenstein, Tel.: 07000-6766227, Fax: 993380
Omnistor - L. Brutsaert N.V. (Markisen), www.omnistor.de
Fa. Papmahl (Leistungssteigerung von Dieselmotoren)
85122 Hofstetten, Tel.: 08406-1355, Fax: 1353, www.papmahl.de
Oyster - Fa. ten Haaft GmbH (Satellitenempfang)
Frankstraße 11, 75172 Pforzheim, Tel.: 07231-351022, Fax: 351029
Fa. Paulchen (Gepäckträgerbau)
Postfach 530268, 22532 Hamburg, Tel.: 040-83 29 590
Fa. Pick Freizeitprodukte GmbH (kompl. Camping-Zubehörprogramm)
Wilberhofener Straße 1, 51561 Windeck, Tel.: 02292-4501, Fax: 4525
pikgmbh@aol.com, www.pik-gmbh.de
Fa. Pieper Versand KG (komplettes Campingzubehörangebot)
Sandstraße 14-18, 45964 Gladbeck, Tel.: 02043-69944, Fax: 69945
shop@pieper-gladbeck.de, www.pieper-gladbeck.de

Polyroof - Gebr. Günther oHG (Hochdächer)
In der Dehne 6, 37127 Dransfeld, Tel.: 05502-2574, Fax: 2425
Fa. Primus (Warmwasserheizung)
Ensener Weg 1-3, 51149 Köln, Tel.: 02203-953150, Fax: 953171
Fa. Pro Solar (Solaranlagen)
Deisenfangstraße 47, 88212 Ravensburg, Tel.: 0751-36100, Fax: 361010
Fa. Reimo Reisemobilcenter GmbH (Dächer, Zubehör, Bausätze)
Boschring 10, 63329 Egelsbach, Tel.: 06103-400521, Fax: 42064
verkauf@reimo.com, www.reimo.com
Fa. Reimo-Pan (Möbelbausätze, Campingzubehör)
Josef-Baumann-Str. 16, 44805 Bochum-Gerthe, Tel.: 0234-891890, Fax: 8918919
Fa. Reusolar (Solartechnik mit Einbau)
Gewerbestraße 18, 88636 Illmensee, Tel.: 07558-92030, Fax: 92038
www.reusolar.de
Fa. RMC (Ausbauteile, Campingzubehör)
Wetterkreuz 29, 91058 Erlangen-Tennenlohe
Tel.: 09131-602283, Fax: 604810
Fa. Sawiko GmbH (Lastenträger, Motorradhalterungen)
Ringstr. 3, 49434 Neuenkirchen, Tel.: 05493-99220, Fax: 992222
Fa. Seagull (Trinkwasseraufbereitung)
Uhlandstraße 3, 65520 Bad Camberg, Tel.: 06434-4686, Fax: 3235
Fa. Shapeg (Mobilantennen)
Postfach 865, 82533 Geretsried, Tel.: 08171-31732, Fax: 3022
Fa. SCA (Hoch- und Aufstelldächer)
Postfach 1160, 89548 Königsbronn, Tel.: 07328-81172, Fax: 81727
Fa. Seitz (Wohnmobilfenster, Rollos)
Altkrautheimer Straße 28, 74238 Krautheim
Tel.: 06294-9070, Fax: 90740
Fa. Sellmaier (Hubstützen, Klappstützen)
Am Galgenberg 17, 89407 Dillingen, Tel.: 09071-2869, Fax: 71234
Fa. SMV Metall GmbH (Auflastung, Anhängerkupplungen, Motorradträger)
Bruchheide 8, 49163 Bohmte, Tel.: 05471-95830, Fax: 958320
smv-metall_bohmte@t-online.de, www.smvmetall.de
Fa. Sog-Dahmann (Toilettenentlüftung)
In der Mark, 56332 Löf/Mosel, Tel.: 02605-952762, Fax: 952763
info@sog-dahmann.de, www.sog-dahmann.de
Fa. Süd-West (Zelte, Rucksäcke, Schlafsäcke, Bekleidung)
Wörthstraße 40, 89129 Langenau, Tel.: 07345-807 70, Fax: 807 90
Fa. Sunset (Solartechnik, Zubehör)
Industriestraße 20, 91325 Adelsdorf, Tel.: 09195-94940, Fax: 949429
Fa. Telma Retarder (Bremssysteme)
Neckargröninger Str. 23, 71640 Ludwigsburg, Tel.: 07141-29450, Fax: 294545
telmagmbh@aol.com
Fa. Truma GmbH & Co. (Heizungen, Boiler, Klimaanlagen)
Wernher-von-Braun-Str. 12, 85637 Putzbrunn, Tel.: 089-46170, Fax: 4617116
www.truma.com
VDWH Verband Deutscher Wohnwagen- und Wohnmobilhersteller
Am Holzweg 26, 65830 Kriftel, Tel.: 06192-971200, Fax: 971223
vdwh@vdwh.de, www.vdwh.de
Fa. Votronic GmbH (Electronic-Systeme)
36352 Grebenhain, Tel.: 06644-96110, Fax: 919800

Fa. WAECO (Klimaanlagen, Kühlschränke, Elektronic)
Hollefeldstr. 63, 48282 Emsdetten, Tel.: 02572-8790, Fax: 84881
ev@waeco.de
Fa. Westfalia (Elektronik, KFZ-Zubehör, Werkzeug)
Industriestraße 1, 58093 Hagen, Tel.: 0180-530 31 32, Fax: 5303130
www.westfalia.de
Fa. Woick (komplettes Outdoorangebot)
Plieninger Straße 21, 70794 Filderstadt, Tel.: 0711-70 96 700, Fax: 70 96 770
www.woick.de
Wohnmobil-Versicherungsmakler:
ACCURA Versicherungsdienst
Eichendorffstr. 134, 90491 Nürnberg, Tel.: 0911-9593595, Fax: 9593593
ESV-Versicherungsservice
Rosentalstr. 28, 70563 Stuttgart, Tel.: 0711-732005, Fax: 7353353
Jahn und Partner GmbH
Postfach 1230, 86407 Mering, Tel.: 08233-38090, Fax: 30556
Reisemobil-Versicherungsdienst
Lindenweg 7, 16727 Schwante, Tel.: 033055-9850, Fax: 70693
RMV Reisemobilversicherung
Postfach 1367, 52517 Heinsberg, Tel.: 02452-4890, Fax: 21619
www.rmv-versicherung.de
Andreas Schwarz GmbH
Lübecker Straße 24, 30880 Laatzen, Tel.: 05102-2222, Fax: 6398
Wengert GmbH
Weberstr. 8, 72609 Nürtingen, 07022-8081, Fax: 8085
Fa. WOMO-Verlag (Reiseführer, Auto- und Wander-Karten)
Wiesenweg 4-6, 98634 Mitteldorf/Rhön, Tel.: 036946-20691, Fax: 20692
verlag@womo.de, www.womo.de
Fa. Wynen (Gastanks, Tankflaschen)
Freiheitsstraße 242, 41712 Viersen, Tel.: 02162-356699, Fax: 02162-14040
gastechnik@wynen-gas.de, www.wynen-gas.de

Wohnmobilhersteller & Importeure
I=Integrierte, TI=Teilintegrierte, A=Alkoven, K=Kastenausbau

Fa. AAC (K), Ludolfstraße 7, 20249 Hamburg, Tel.: 040-4808485
Fa. Adria Deutschland - Reimo GmbH (A, TI)
Boschring 10, 63329 Egelsbach, Tel.: 06103-40050, Fax: 400577
www.adria-deutschland.com, www.reimo.com
Fa. Ahorn Service GmbH (Elnagh, Mirage, Ahorn, A, TI, I)
Heidelberger Str. 2 a, 74746 Höpfingen, Tel.: 09383-22700, Fax: 227059
info@ahorn-wohnmobile.de; www.ahorn-wohnmobile.de
Fa. Alpha & Car (Carls-Aue, Alpha, A, I)
Gewerbestraße 30, 55546 Pfaffen-Schwabenh., Tel.: 06701-8258, Fax: 8253
www.alpha-by-barth.de
Arca - Trigano GmbH (Challenger, A, TI, I)
Katzheide 2a, 48231 Warendorf, Tel.: 02581-921830, Fax: 9271859
www.caravans-international.de, www.caravans.international.it
Artica (Pickup-Wohnkabinen)
Dirkes GmbH, info@dirkes-gruppe.de, www.dirkes-gruppe.de

Fa. Arwo (K)
Leimberg 6, 52222 Stolberg, Tel.: 02402-22072, Fax: 22073
Autostar - Fa. Koch Freizeit-Fahrzeuge GmbH
Steinbrückstraße 15, 25524 Itzehoe, Tel.: 04821-68050, Fax: 68052
www.Koch-Freizeit-Fahrzeuge.de
Fa. Auto-Trail Vertrieb
Katzheide 2, 48231 Warendorf, Tel.: 02581-9271830, Fax: 9271859
Fa. Bauer (K, A)
Riedhofweg 2, 86949 Windach, Tel.: 08193-5129
Fa. Baumgartner (La Strada, K), Am Sauerborn 19, 61209 Eichzell
Tel.: 06008-91110, Fax: 911120, baumgartner@la-strada.de
Fa. Bavaria-Camp Freizeitmobile GmbH (K)
Elias-Holl-Str. 2, 86836 Obermeitingen, Tel.: 08232-959610, Fax: 959615
vertrieb@bavariacamp.de, www.bavariacamp.de, www.multifun.de
Fa. Bawemo Barnickel GmbH (I)
Sebastianstraße 27, 91058 Erlangen-Tennenlohe
Tel.: 09131-60001, Fax: 604400, www.bawemo.de
Fa. Beca Reisemobile
Hannoversche Straße 49 a, 28857 Syke-Heiligenfelde
Tel.: 04240-95000, Fax: 95001, becamobil@t-online.de, www.becamobil.de
Fa. Beier Spezialmobile GmbH (I)
Hochstadenstraße 1-5, 47809 Krefeld-Ürdingen
Tel.: 02151-470057, Fax: 470059, www.reisemobile-beier.de
Fa. Beisl (A)
Schloßstraße 3, 84085 Langquaid-Adlhausen, Tel.: 09452-1321, Fax: 2123
Fa. Belding (Pickup-Kabinen)
Zum Klopp 30 a, 66578 Schiffweiler, Tel.: 06824-2095, Fax: 2050
Benimar - Benica GmbH (A, TI)
Hauptstraße 31, 56244 Goddert, Tel.: 02626-7351, Fax: 5498
info@benica.de, www.benica.de
www.benica.com, www.benica.es
Fa. Berger, Fritz (Mirage, Boös, A)
Regerstraße 2, 92318 Neumarkt, Tel.: 09181-3300, Fax: 330159
Fa. Bimobil von Liebe GmbH (A, Pickup-Kabinen)
Aich 15, 85667 Oberpframmern, Tel.: 08106-29888, Fax: 29880
info@bimobil.com, www.bimobil.com
Fa. Bocklet GmbH (Leerkabinen, A, I)
Marienfelder Straße 3, 56070 Koblenz, Tel.: 0261-802504, Fax: 805624
Fa. Bürstner Caravan GmbH (A, TI, I)
Weststraße 33, 77694 Kehl, Tel.: 07851-850, Fax: 85201
info@buerstner.com, www.buerstner.com
Fa. Burow (K)
Am Mühlanger 13, 86415 Mering, Tel.: 08233-4500, Fax: 4880
Fa. Camper World (Triple E, Bigfoot, A, Pickup-Kabinen)
Neusser Straße 102, 41353 Jüchen, Tel.: 02165-877, Fax: 1239
Fa. Caramo oHG
Glashütter Damm 283, 22851 Norderstedt, Tel.: 040-52950966, Fax: 52950965
Fa. Carthago Reisemobilbau GmbH (K, A, I)
Gewerbegebiet Okatreute, 88213 Ravensburg-Schmalegg
Tel.: 0751-791210, Fax: 94543, www.carthago.com
Chausson (A, TI, I) - siehe Autostar

Challenger (A, TI) - siehe Arca
City-Caravan GmbH
Feldstraße 3, 23858 Reinfeld, Tel.: 04533-8061, Fax: 8064
CI-CaravansInternational - siehe Arca
CI-Wilk - Caravans International Wilk
Sandweg 1, 88213 Sinntal-Mottgers, Tel.: 06664-89232, Fax: 89198
www.ci-wilk.de
Fa. Cockburn Holdsworth (A, K)
Alte Hünxer Straße 111, 46562 Voerde, Tel.: 0281-42671, Fax: 46209
Concorde - SKW Fahrzeugbau GmbH (A, I)
Concorde Straße 2-4, 96132 Aschbach, Tel.: 09555-92250, Fax: 922544
info@concorde-reisemobile.com, www.concorde-reisemobile.com
Fa. Cristall Reisemobile GmbH (A, TI, K)
Rauchstraße 2, 88316 Isny, Tel.: 07562-97170, Fax: 971740
info@cristall.de, www.cristall.de
Fa. CS-Reisemobile Oltmanns KG (K)
Krögerskoppel 5, 24558 Henstedt-Ulzburg, Tel.: 04193-76230, Fax: 762262
info@cs-reisemobile.com, www.cs-reisemobile.com
Dehler Mobile (K)
Autohaus Nord, Neubeckumer Straße 74 c, 59269 Beckum
Tel.: 02521-93990, Fax: 939933, www.dehlermobil.de
Fa. Dethleffs GmbH (A, TI, I)
Rangenbergweg, 88316 Isny
Tel.: 07562-9870, Fax: 987101, info@dethleffs.de, www.dethleffs.de
Fa. Dipa Dieterich & Pasler (K)
Steigstraße 57, 72644 Oberboihingen, Tel.: 07022-65901, Fax: 61056
Fa. Dopfer (K)
Sudetenstraße 7, 86476 Neuburg, Tel.: 08283-2610, Fax: 2663
dopfer.reisemobile@t-online.de, www.dopfer-reisemobile.de
DueErre - Nordheide Reisemobile GmbH
Steinbecker Straße 104, 21244 Buchholz, Tel.: 04181-33583, Fax: 4985
www.dueerremobile.de
Eifelland, Camo Fahrzeug GmbH (A, TI)
Rosenaustr. 2, 94118 Jandelsbrunn, Tel.: 08583-2140, www.eifelland.de
Elnagh - siehe Ahorn
Esterel - GA Deutschland (I)
Friedrich-Hölderlin-Weg 17, 88471 Laupheim, Tel.: 07392-911177, Fax: 911179
Fa. Eura Mobil GmbH (A, TI, I)
Kreuznacher Straße 78, 55576 Sprendlingen
Tel.: 06701-203200, Fax: 203210, info@euramobil.de, www.euramobil.de
Euro-Liner - Müller's Motorhomes (US-Mobile, A, I)
Frankfurter Str. 58, 64331 Weiterstadt, Tel.: 06150-51246, Fax: 55168
www.muellers-american-motorhomes.de
ESW Freizeit- und Reisemobilbau
Holzbruckweg 4, 91187 Röttenbach, Tel.: 09172-668223, Fax: 668224
esw-mobile@t-online.de, www.esw-mobile.com
Fa. Fehlner (Leerkabinen, Ausbauten)
Neudeker Str. 5, 93073 Neutraubling, Tel.: 09401-3590, Fax: 80513
Fa. Fehn (Leerkabinen)
Im Gewerbegebiet 6 a, 26842 Ostrhauderfehn, Tel.: 04952-4001, Fax: 4070

Fa. Fendt Caravan GmbH (A, TI, I)
Gewerbepark Ost 26, 86690 Mertingen, Tel.: 09078-96880, Fax: 406
Fa. Ferber (K), Industriestraße 22, 21493 Schwarzenbek
Tel.: 04151-870885, Fax: 870886, www.ferber-reisemobile.com
Fa. Fischer Wohnmobile (K)
Lembergstraße 50, 72766 Reutlingen, Tel.: 07121-44540, Fax: 45842
fischer-wohnmobile@t-online.de, www.fischer-wohnmobile.de
Flair - siehe Niesmann & Bischoff
Fa. Ford AG (Nugget, K)
Henry-Ford-Straße 1, 50735 Köln, Tel.: 0221-901, Fax: 9012987, www.ford.de
Fortuna-Freizeitfahrzeuge GmbH (K), Gewerbestr. 6, 84416 Inning am Holz
Tel.: 08084-3404, Fax: 3523, fortuna@efortuna.de, www.efortuna.de
Fa. Fox (Eurofox, A, K)
Wiesbadener Straße 89, 55252 Mainz-Kastel, Tel.: 06134-3041, Fax: 3045
Frankia Fahrzeugbau Pilote GmbH & Co. oHG
Berneckerstraße 12, 95509 Marktschorgast
Tel.: 09227-7380, Fax: 73849, www.frankia.de
Fa. Gelderland (Arca, I)
47549 Geldern, Tel.: 02831-86574, Fax: 98226
Fa. GKL (K)
Wartburgstraße 21, 44579 Castrop-Rauxel
Tel.: 02305-890180, Fax: 890181
Granduca - siehe Arca
Fa. Happy-Wohnmobil GmbH (K)
Tel.: 04321-907316, Fax: 907318, www.happy-wohnmobil.de
Fa. Hehn Mobil Wohnwagenwerk (A, TI)
Schauenstraße 30, 47228 Duisburg, Tel.: 02065-77160, Fax: 66402
info@hehnmobil.de, www.hehnmobil.de
Fa. Heku Fahrzeugbau GmbH (A, TI)
Bunzlauer Straße 6, 33719 Bielefeld, Tel.: 0521-200066, Fax: 203857
info@heku-fahrzeugbau.de, www.heku-fahrzeugbau.de
Fa. Hobby Wohnwagenwerk (A, TI)
Schafredder 28, 24787 Fockbek, Tel.: 04331-6060, Fax: 606400
service@hobby-caravan.de, www.hobby-caravan.de
Fa. H. R. Z. (K)
Stettiner Straße 27, 74613 Öhringen, Tel.: 07941-986860, Fax: 986869
Fa. Hymer AG (K, A, TI, I)
Holzstraße 19, 88339 Bad Waldsee, Tel.: 07524-9990, Fax: 999220
info@hymer.com, www.hymer.com
Fa. Jedamzik (Pickup-Kabinen)
Auf dem Broich 2, 51519 Odenthal, Tel.: 02174-743964, Fax: 743965
Fa. Karmann-Mobil Vertriebs GmbH (A)
Kreuznacher Straße 78, 555/6 Sprendlingen, Tel.: 06701-203800, Fax: 203809
info@karmann-mobil.de, www.karmann-mobil.de
Fa. Knaus Caravan GmbH (A, TI, Pick-Up)
Helmut-Knaus-Straße 1, 94118 Jandelsbrunn, Tel.: 08583-211, Fax: 21387
www.knaus.de
Fa. K + W
Einecker Straße 15 a, 49514 Welver-Einecke, Tel.: 02384-5764
Fa. Laika
Via B. Cellini 210, I-50028 Tavarnelle, Val di Pesa
Tel.: 0039-558070141, www.laika.it/deutsch

Fa. Langer & Bock
Kuhnbergstraße 27, 73037 Göppingen-Voralb, Tel.: 07161-811460
La Strada - Baumgartner Reisemobil GmbH
Am Sauerborn 19, 61209 Echzell, Tel.: 06008-91110, Fa: 911120
www.la-strada.de
Fa. LMC Caravan GmbH (A, I)
Rudolf-Diesel-Straße 4, 48336 Sassenberg, Tel.: 02583-270, Fax: 27138
contact@lmc-caravan.com, www.lmc-caravan.de
Fa. Luna
Ginsterweg 19, 42781 Haan, Tel.: 02129-31077, Fax: 31661
Fa. Lyding
Westerweide 41, 58456 Witten-Herbede, Tel.: 02302-72096, Fax: 7 23 62
Fa. Mabu
Am Vorort 31, 44894 Bochum, Tel.: 0234-280488, Fax: 280478
mabu@planet-interkom.de, www.mabu-leerkabinen.de
Fa. Maess (A) www.maess.be
Reinholz Reisemobile, Siedlung 26, 37431 Bad Lauterberg, Tel.: 05524-6431
Fa. Mannßhardt
Hauptstraße 82, 77866 Rheinau-Freistett, Tel.: 07844-2001, Fax: 2325
Fa. Mercedes-Benz AG (James Cook, Marco Polo, K)
Plieninger Str. 148 a, 70546 Stuttgart
Tel.: 0711-1791686, Fax: 1791738
www.mercedes-benz.com/cars/freizeit.htm
Mirage siehe Ahorn
Mobilvetta Design (A, TI, I)
Via di Novoli 38, I-50021 Barberino Val d'Elsa
Tel.: 0039-55 80 75 006, Fax: 55 80 75 627, www.mobilvetta.de
Moncayo, Fa. Wilhelm Olbertz, Merziger Str. 11, 66701 Beckingen-Saarfels
Tel.: 06835-8830, Fax: 2990, www.moncayo.de
Fa. Niesmann & Bischoff (Flair, Clou, Arta, A, I)
Cloustraße 1, 56751 Polch, Tel.: 02654-9330, Fax: 933100
info@niesmann-bischoff.com, www.niesmann-bischoff.com
Fa. Nordstar (Pickup-Kabinen)
Sattlerweg 4, 51789 Lindlar, Tel.: 02266-470140, Fax: 470142
www.nordstar.de
Fa. Ormocar (A, TI, I, Leerkabinen)
In der Zeil 24, 76889 Dörrenbach, Tel.: 06343-3911, Fax: 8064
Pegaso - siehe Arca
Phoenix, Schell Fahrzeugbau KG, Sandweg 1, 96132 Schlüsselfeld-Aschbach
Tel.: 09555-92290, Fax: 922929, www.phoenix-reisemobile.de
Pilote - siehe Frankia
Fa. Pleitner (Robel, A, TI)
Laerstraße 16, 33775 Versmold, Tel.: 05423-3088, Fax: 43311
Pössl Sport- und Freizeit GmbH, Gewerbestr. 5, 83404 Ainring
Tel.: 08654-485163, Fax: 485164, www.poessl-mobile.de, www.caravania.de
Rapido - siehe Esterel, infos@rapido.fr, www.rapido.fr
Fa. Reimo (K), Boschring 10, 63329 Egelsbach
Tel.: 06103-400520, Fax: 40059, www.reimo.com, www.reimo.de
Fa. Rimor (A)
Drostenstr. 20, 48336 Sassenberg, Tel.: 02583-940462, Fax: 940463
Keller-Sassenberg@t-online.de, www.freizeit-service.de

Fa. RMB Pilote GmbH (Pilote, I)
Grimmenstein 13, 88362 Wolfegg, Tel.: 07527-9690, Fax: 5347
info@rmb-reisemobile.de, www.rmb-reisemobile.de, www.rmb-pilote.com
Fa. Robel-Mobil Fahrzeugbau GmbH (A)
Wankelstraße 1, 48488 Emsbüren, Tel.: 05903-939933, Fax: 939999
info@robel.de, www.robel.de
Roller Team - siehe Arca
Fa. Sauber (K)
Birkenstraße 8, 91224 Pommelsbronn, Tel.: 09154-8684, Fax: 8143
Fa. Scholz Fahrzeugbau, Hetzweger Weg 1, 27356 Rotenburg
Tel.: 04261-63644, Fax: 5899, www.scholz-fahrzeugbau.de
Fa. Schrempf & Lahm GmbH (K, Naturholz)
Dr.-Max-Hoffmann-Str. 3, 83059 Kolbermoor, Tel.: 08031-29350, Fax: 293535
schrempf-lahm@t-online.de, www.schrempfundlahm.de
Fa. Schroeder (A, I, Expeditionsmobile)
Glonner Straße 11, 85667 Oberpframmern, Tel.: 08093-2105, Fax: 4830
Fa. SKW Fahrzeugbau GmbH - siehe Concorde
Schwabenmobil GmbH (K, A)
Kirchheimer Str. 170, 73265 Dettingen, Tel.: 07021-50700, Fax: 507070
www.schwabenmobil.de
Fa. Sonnental
Friedrichsburger Straße 90, 31840 Hess. Oldendorf, Tel.: 05152-51978
Fa. Stauber GmbH (Benimar, A)
Hauptstraße 31, 56244 Goddert, Tel.: 02626-7351, Fax: 5498
service@stauber-motorhomes.com, www.stauber,motorhomes.com
Fa. Sunmobil (Riva, A)
Lieth 6, 21684 Agathenburg/Stade, Tel.: 04141-63031, Fax: 600550
Fa. Syro-Becker, Max-Planck-Straße 15 b, 59423 Unna, Tel.: 02303-8421
Tabbert - siehe CI-Wilk
Fa. T.E.C. Caravan GmbH & Co.(A)
Rudolf-Diesel-Straße 4, 48336 Sassenberg, Tel.: 02583-93060, Fax: 930699
www.tec-caravan.de
TIAG Produktionsgesellschaft mbH
Sandweg 1, 36391 Sinntal-Mottgers, Tel.: 06664-890, Fax: 89198
Fa. Tischer Freizeitfahrzeuge (A, Pickup)
Frankenstraße 23, 97892 Kreuzwertheim, Tel.: 09342-8159, Fax: 5089
mail@tischer.ch, www.tischer.ch
Fa. Trans Mobil (Safariways, A, TI)
Theodor-Heuss-Straße 17, 66130 Saarbrücken, Tel.: 0681-8760040
Fa. TSL (Rockwood, I, US-Mobile)
Breniger Str. 19, 53913 Swisttal-Heimerzheim, Tel.: 02254-82061, Fax: 81064
tsl-rockwood-motorhomes@t-online.de, www.lsl-motorhomes.dc
Fa. Unicat
Wittumstraße 6, 76707 Hambrücken, Tel.: 07255-9763
Fa. US-Vans & Motorhomes (K, A, US-Mobile)
Am Wilhelmshof 13, 63266 Dreieich, Tel.: 06103-68115, Fax: 65215
Fa. Vario Mobil (A, I)
Bremer Straße 125, 46193 Bohmte, Tel.: 05471-95110, Fax: 951159
www.vario-mobil.com
Fa. Varius
Ettishoferstraße 8, 88250 Weingarten, Tel.: 0751-41155

Fa. Volkner-Mobil GmbH (I)
Simonshöfchen 41, 42327 Wuppertal, Tel.: 0202-273350, Fax: 732899
www.volkner-mobil.de
Fa. Volkswagen AG (California, K)
Mecklenheidestr. 74, 30419 Hannover, Tel.: 0511-7983831, Fax: 7983967
www.vwn.de
Fa. von Beck Design
Kapellenweg 10, 82328 Berg, Tel.: 08151-51693
Fa. Wanner (Silverdream, Mini, Marino)
Lindengarten 16-18, 73265 Dettingen, Tel.: 07021-980200, Fax: 9802029
info@wanner-gmbh.de * www.wanner-gmbh.de
Fa. Weiß, Hannelore (Gulf Stream Coach, I, US-Mobile)
Weberstraße 27, 51491 Overrath, Tel.: 02206-4087, Fax: 83159
Weinsberg - siehe CI-Wilk (www.weinsberg.com, www.caravania.de)
Fa. Weippert Wohnwagenwerk GmbH
Am Hasselweg 1-5, 47647 Kerken, Tel.: 02833-580, Fax: 5850
Fa. Westfalia GmbH (K)
Am Sandberg 45, 33378 Rheda-Wiedenbrück, Tel.: 05242-15255, Fax: 15470
info@westfalia-van.de, www.westfalia-van.de
Fa. Weippert Wohnwagenwerk GmbH
Am Hasselweg 1-5, 47647 Kerken, Tel.: 02833-580, Fax: 5850
Fa. Wingamm Reisemobile K & W GmbH
Einecker Str. 15 a, 59514 Welver-Einecke, Tel.: 02384-5764, Fax: 603
Wilk - siehe CI-Wilk
Fa. Winnebago Europe (A, TI, I)
Neuenkirchner Straße 41, 66459 Kirkel, Tel.: 06849-900613, Fax: 900630
Winner - www.intercaravaning.de
Fa. Wittke
Oudenarder Straße 4, 13347 Berlin, Tel.: 030-4567771
Fa. Wochner Reisemobil GmbH (A)
Planckstraße 7, 88677 Markdorf, Tel.: 07544-95906-0, Fax: 95906-29
info@wochnermobil.de, www.wochnermobil.de
Fa. Woelcke (K, Leerkabinen, Behindertenfahrzeuge)
Schafwäsche 2, , 71296 Heimsheim, Tel.: 07033-390994, Fax: 390982
woelcke.reisemobilbau@t-online.de, www.woelcke.de
Fa. Zooom Manufaktur für Reisefahrzeuge GmbH
Am Lerchenberg 5, 86504 Merching, Tel.: 08233-736201, Fax: 736225
www.zooom.biz, info@zooom.biz

Nachträge:

_____
_____
_____
_____
_____
_____
_____

Autogastankstellen in Deutschland
(zum Füllen von Gastanks und Tankflaschen)

Teil 1 – nahe der Autobahn:

A 1 Hamburg-Oldenburg, Abfahrt Nr. 21 (Bad Schwartau):
23554 Lübeck, Posener Straße 20, Avia-Tankstelle, Mo-Do 8-17, Fr 8-14
A 1 Hamburg-Lübeck, Abfahrt Nr. 32 (HH-Öhendorf):
22117 HH-Billstedt, Merkenstr. 27, Fa. Niemeier, Mo-Sa 8.30-12/14.30-18, Sa 8.30-12
A 1 Hamburg-Bremen, Abfahrt Nr. 37 (HH-Stillhorn):
21107 Hamburg, Hohe-Schaar-Str. 6, Fa. Progas, Mo-Do 7.30-14.45, Fr 7.30-13.15
A 1 Hamburg-Bremen, Abfahrt Nr. 55 (Bremen-Hemelingen):
28309 Bremen, Arberger Hafendamm 8, Fa. Progas, Mo-Do 7-16, Fr 7-14
A 1 Osnabrück-Bremen, Abfahrt Nr. 63 (Cloppenburg):
49685 Emstek, Otto-Hahn-Str. 5, K 1 Tankstelle, Mo-Sa 5.30-22, So 8-22
A 1 Osnabrück-Bremen, Abfahrt Nr. 64 (Vechta):
49377 Vechta, Lohner Str. 20, Bosch-Service, Mo-Do 7-16, Fr 7-12
A 1 Dortmund-Osnabrück, AB-Kreuz Münster Süd (Nr. 2/78):
48151 Münster, Weseler Str. 212-214, Westfalen-Tankstelle, tgl. 0-24
A 1 Dortmund-Köln, Abfahrt Nr. 79 (Ascheberg):
59387 Ascheberg, Steinfurter Str. 72, BP-Station, Mo-Fr 7-20, Sa 7.30-20, So 10-19
A 1 Dortmund-Köln, Abfahrt Nr. 93 (Wuppertal-Langerfeld):
42389 Wuppertal, Dieselstr. 88, Fa. Caratgas, Mo-Fr 8-17
A 1 bei Köln, Abfahrt Nr. 100 (Köln-Niehl):
50735 Köln, Boltensternstr. 350, Dea-Station, tgl. 0-24
A 1 südl. Köln, Abfahrt Nr. 111 (Wißkirchen):
53894 Mechernich-Kommern, Kölner Str. 137, Fa. Mahlberg, Mo-Fr 8-18.30, Sa 8-13
A 2 bei Gelsenkirchen, Abfahrt Nr. 5 (Essen/Gladbeck):
45966 Gladbeck, Karl-Schneider-Str. 12, Fa. Pieper, Mo-Fr 8-18, Sa 8-13
A 2 bei Gelsenkirchen, Abfahrt Nr. 6 (Gelsenkirchen-Buer):
45894 Gelsenkirchen, Buschgrundstr. 6, Fa. Progas, Mo-Do 7-16, Fr 7-14
A 2 Dortmund-Hannover, Abfahrt Nr. 19 (Hamm-Uentrop):
59510 Lippetal-Lippborg, Dolberger Straße 82, Fa. Vehling, Mo-Fr 8-18, Sa 9-15
A 2 Dortmund-Hannover, Abfahrt Nr. 20 (Beckum):
59269 Beckum, Neubeckumer Str. 53, Bosch-Service, Mo-Fr 7.30-17.30, Sa 8-12
A 2 Dortmund-Hannover, Abfahrt Nr. 27 (AK Bielefeld-Zentrum):
33611 Bielefeld, Brüggemannstraße, Stadtwerke, Mo-Sa 7.30-16
A 2 Dortmund-Hannover, Abfahrt Nr. 42 (Herrenhausen):
30419 Hannover, Hansastr. 54, Fa. Progas, Mo-Fr 6.30-15.15
A 2 Berlin-Hannover, AB-Raststätte Nähe Abfahrt Nr. 52 (Peine):
38176 Autobahnraststätte "Zweidorfer Holz Nord", tgl. 0-24
A 2 bei Magdeburg, Abfahrt Nr. 69 (Olvenstedt):
39126 Magdeburg, Saalestr. 5, Fa. Mundt & Thomas, Mo-Fr 7-17, Sa 8-12
A 3 Arnheim-Oberhausen, Abfahrt Nr. 3 (Emmerich):
47533 Kleve, Sommerdeich 41, Fa. Rübo-Gas, Mo-Fr 8-18, Sa 8-13
A 3 Arnheim-Oberhausen, Abfahrt Nr. 6 (Wesel):
46485 Wesel, Am Schornacker 39, Fa. Rheingas, Mo-Fr 7.15-17.30, Sa 8-12
A 3 bei Bonn, Abfahrt Nr. 30 (Rösrath):
53639 Königswinter-Ittenbach, Königswinterer Str. 289, Dea-Tankstelle, tgl. 0-24
A 3 bei Bonn, Abfahrt Nr. 33 (Siebengebirge):
53797 Lohmar/Burg Sülz, An der Burg, Mundorf, tgl. 0-24
A 3 Köln-Frankfurt, Abfahrt Nr. 46 (Niederhausen):
65817 Eppstein-Bremthal, Valterweg, Dea-Tankstelle, Mo-Fr 6-21, Sa/So 8-21
A 3 Frankfurt-Aschaffenburg, Abfahrt Nr. 55 (Seligenstadt):
63500 Seligenstadt, Steinheimer Str. 111, Fa. Sattler, Mo-Fr 7-18.30, Sa 7-16
A 3 Frankfurt-Nürnberg AB-Raststätte Würzburg bei Abf. Nr. 70 (Heidingsfeld):
97084 Würzburg-Süd, Autobahnrast- und Tankstätte "Würzburg", tgl. 0-24
A 3 Würzburg-Nürnberg, Abfahrt Nr. 84 (Tennenlohe):
91058 Tennenlohe/Erlangen, Sebastianstraße 28, DKV-Autohof, DEA, tgl. 0-24

A 4 Erfurt-Chemnitz, Abfahrt Nr. 50 (Apolda):
99441 Mellingen, Umgehungsstr. B 27, Total-Fina-Station, tgl. 0-24
A 4 Erfurt-Chemnitz, Abfahrt Nr. 58 (Gera):
06712 Göbitz-Torna, Industriepark 2000, Fa. Progas, Mo-Do 7-16, Fr bis 14.30
A 4 Gera-Chemnitz, Abfahrt Nr. 62 (Meerane):
08371 Glauchau, Grenayer Str. 1, Autohaus B+L, Mo-Fr 7-19, Sa 9-13
A 4 Gera-Chemnitz, Abfahrt Nr. 65 (Hohenstein-Ernstthal):
09355 Gersdorf, Hauptstr. 237 , Autohaus Eisermann, Mo-Fr 8-18, Sa 8-12
A 4 Gera-Chemnitz, Abfahrt Nr. 69 (Chemnitz-Nord):
09232 Chemnitz-Hartmannsdorf, Chemnitzer Str. 47, Fa. Extra Gas, tgl. 8-19
A 4 Gera-Chemnitz, Abfahrt Nr. 71 (Chemnitz-Ost):
09648 Altmittweida, Kirchstr. 2, Citroen-Autohaus, Mo-Fr 7-18, Sa 8-15
A 4 bei Aachen, Abfahrt Nr. 4 (Würselen):
52146 Würselen, Palmestr. 10, Reifen-Bachström, Mo-Fr 8-18, Sa 8-14
A 5 Gießen-Frankfurt, Abfahrt Nr. 9 (Reiskirchen):
35418 Buseck, Edekastraße 7, Drachen-Gas, Mo-Do 7.30-12.15/13-16.30, Fr bis 15
A 5 Gießen-Frankfurt, Abfahrt Nr. 12 (Butzbach):
35510 Butzbach, Philip-Reis-Str. 6, Freie Tankstelle, Mo-Fr 7-20, Sa 7-18, So 9-16
A 5 Gießen-Frankfurt, Abfahrt Nr. 13 (Bad Nauheim):
61231 Bad Nauheim, Auf der Laukert 9, Fa. Valentin, Mo-Mi 7.30-16.30, Do/Fr 7.30-16
A 5 Frankfurt-Darmstadt, Abfahrt Nr. 25 (Weiterstadt):
64331 Weiterstadt-Gräfenhausen, Frankfurter Str. 58, Fa. Müller, Mo-Fr 9-20, Sa 9-16
A 5 Darmstadt-Karlsruhe, Abfahrt Nr. 42 (Bruchsal/Karlsdorf):
76689 Karlsdorf, Bruchsaler Straße, Elf-Tankstelle, Mo-Fr 5-22, Sa 7-22, So 8-22
A 5 Karlsruhe-Basel, Abfahrt Nr. 56 (Lahr):
77933 Lahr, Einsteinallee 2, Günther Energie & Service, Mo-Sa 5.30-23, So 8-23
A 5 Karlsruhe-Basel, Abfahrt Nr. 63 (Freiburg-Süd):
79111 Freiburg, Basler Landstr. 120, Esso-Tankstelle, Mo-Sa 7-21, So 8-21
A 6 Walldorf-Heilbronn, Abfahrt Nr. 33 (Sinsheim):
74889 Sinsheim, Bunsenstr. 2 (Industriegebiet), Volvo, Mo-Fr 8-12/13-18, Sa 9-12
A 6 Walldorf-Nürnberg, Abfahrt Nr. 36 (Heilbronn/Untereisesheim):
74076 Heilbronn, Kalistraße 25-27, Betz-Brennstoffe, AGA, Mo-Fr 7-12/13-17, Sa 8-12
A 6 Heilbronn-Nürnberg, Abfahrt Nr. 49 (Dorfgütingen):
91555 Feuchtwangen, Dorfgütingen 43, Fina-Tankstelle, tgl. 6-22
A 7 Hamburg-Flensburg, Abfahrt Nr. 2 (Flensburg/Harrislee):
24941 Flensburg, Schäferweg 12, Renault-Autohaus, Mo-Fr 8-17, Sa 9-13
A 7 Hamburg-Flensburg, Abfahrt Nr. 2 (Flensburg/Harrislee):
24941 Flensburg, Westerallee 143, Fa. Gas-Service Flensburg, Mo-Fr 8-17, Sa 8-12
A 7 Hamburg-Hannover, Abfahrt Nr. 39 (Thieshope):
21438 Brackel, Bahnhofstr. 18, Koch-Tankstelle, Mo-Fr 6-22, Sa 7-22, So 8-22
A 7 Hamburg-Hannover, Abfahrt Nr. 49 (Westenholz):
29693 Hodenhagen, Am Flugplatz 8, Fa, Ermo, Mo-Fr 8-16, Sa 9-12
A 7 Hamburg-Hannover, Raststätte "Allertal" bei Abfahrt Nr. 50 (Schwarmstedt):
29690 Engehausen, ARAL Tank und Rast GmbH, Allertal West A 7, tgl. 0-24
A 7 Hannover-Kassel, Abfahrt Nr. 65 (Bockenem):
31167 Bockenem, Hauptstr. 2, Autogas-Bockenem, tel. Absprache: 0171-5228447
A 7 Hannover-Würzburg, Abfahrt Nr. 77 (Kassel-Nord/Niestetal):
34123 Kassel, Heiligenröder Str. 55-57, Freie Tankstelle, Mo-Sa 7.30-20, So 9.30-17
A 7 Kassel-Würzburg, Abfahrt Nr. 89 (Niederaula):
36272 Niederaula, Hattenbacher Str. 3, Opel-Sattler, Mo-Fr 8-12/13.15-16.30, Sa 8-12
A 7 Ulm-Kempten, Abfahrt Nr. 129 (Memmingen-Süd):
87700 Memmingen, Dickenreis 17, Fa. Wohnwag.-Stetter, Mo-Fr 9-12/13-18, Sa 9-12
A 8 Stuttgart-München, Abfahrt Nr. 57 (Kirchheim/Teck-Ost):
73265 Dettingen/Teck, Fa. Caravania, Mo-Fr 10-12.30/13.30-18, Sa 9-13
A 8 Stuttgart-München, Abfahrt Nr. 62 (Ulm-West):
89160 Dornstadt, Lerchenbergstraße 1, Jet-Tankhof Dornstadt, tgl. 6-23.45
A 8 Stuttgart-München, Rasthof Leipheim, bei Abfahrt Nr. 66 (Leipheim):
89340 Leipheim, Autobahn-Rast- und Tankstelle, tgl. 0-24
A 8 Stuttgart-München, Abfahrt Nr. 73 (Augsburg-Ost):
86163 Augsburg, Meringer Str. 86, Gas-Egger GmbH, Mo-Fr 7-12/12.30-16

A 8 Stuttgart-München, Abfahrt Nr. 73 (Augsburg-Ost):
86444 Mühlhausen/Augsburg, Seeweg 6, Lech-Camping am See, Mo-Fr 9-12/14-17
A 8 Stuttgart-München, Abfahrt Nr. 74 (Dasing):
86551 Aichach, Industriestr. 41, Esso-Station, Mo-Fr 5-24, Sa/So 6-24
A 8 Ulm-München, Autobahnende München:
81247 München, Verdistraße 124, Mergen Tankstation, Sommer 7-20, Winter 7-19
A 9 Berlin-Leipzig, Abfahrt Nr. 4 (Brück):
14822 Brück, Lindenstraße 64, Auto-Blisse, Mo-Fr 7.30-18, Sa 7.30-13
A 9 Berlin-Leipzig, Abfahrt Nr. 8 (Coswig):
06869 Coswig, Antonienhüttenweg 2, Fa. Tycka-Minol, Mo-Fr 8-12/12.30-16
A 9 Berlin-Leipzig, Abfahrt Nr. 9 (Fockerode):
06786 Griesen/Wörlitz, Dorfstr. 33, Fa. Winkler, Mo/Do/Fr 8-16, Di 8-18
A 9 Leipzig-Nürnberg, Abfahrt Nr. 23 (Bad Klosterlausnitz):
07639 Bad Klosterlausnitz, An der Autobahn, Dea-Tankstelle, tgl. 0-24
A 9 Leipzig-Nürnberg, Abfahrt Nr. 25 (Hermsdorf-Süd):
07629 St. Gangloff, Am Wachtelberg 16, Reisemobile Eberhardt, Mo-Fr 9-18, Sa 9-12
A 9 Leipzig-Nürnberg, Abfahrt Nr. 29 (Lobenstein):
07356 Lobenstein, Lobensteiner Str. 16, Apel-Autoservice, Mo-Fr 8-18, Sa 8-14
A 9 Nürnberg-München, Abfahrt Nr. 57 (Greding):
91171 Greding, Zur Achmühle 3, BayWa-Tankstelle, Mo-Fr 7-21, Sa/So 8-21
A 9 Nürnberg-München, Abfahrt Nr. 61 (Ingolstadt-Nord):
85098 Großmehring, Max-Planck-Str. Progas GmbH, Mo-Do 7-16, Fr 7-14.30
A 9 Nürnberg-München, Abfahrt Nr. 71 (Garching-Süd):
85748 Garching-Hochbrück, Carl-Zeiss-Str. 4, Fa. Böhm, Di-Fr 10-18.30, Sa 10-14
A 9 Nürnberg-München, Abfahrt Nr. 73 (Freimann):
80939 München, Maria-Probst-Str. 45, Drachen-Propangas, Mo-Fr 7.30-12/13-16.30
A 10 Berliner Ring, AB-Raststätte "Seeberg" Nähe Abfahrt Nr. 3 (Marzahn):
15345 Seeberg, Raststätte "Seeberg", tgl. 0-24
A 10 Berliner Ring, Abfahrt Nr. 4 (Hellersdorf):
15366 Dahlwitz-Hoppegarten, Industriestr. 8, Fa. Progas, Mo-Fr 6-16.30
A 10 Berliner Ring, Abfahrt Nr. 10 (Königs-Wusterhausen):
15745 Wildau, Chausseestraße, Sprint-Tank, tgl. 0-24
A 10 Berliner Ring, Abfahrt Nr. 15 (Ludwigsfelde-West):
14974 Ludwigsfelde, Am Birkengrund, Autoservice Lange, Mo-Fr 7-19, Sa 8-12
A 12 Berlin-Frankfurt(Oder), Abfahrt Nr. 5 (Fürstenwalde-Ost):
15517 Fürstenwalde, Lindenstr. 45, Fa. Geppert-Propan, Mo-Fr 9-18, Sa 9-12
A 12 Berlin-Frankfurt(Oder), Abfahrt Nr. 9 (Frankfurt(Oder)-Süd):
15234 Frankfurt, Berliner Chaussee 101 a, Fa. Geppert-Propan, Mo-Fr 7-18, Sa 9-12
A 13 Berlin-Cottbus, Abfahrt Nr. 8 (Duben):
15907 Lübben, Am Südbahnhof, Fa. Tyczka, Mo-Fr 7-16
A 13 Dresden-Berlin, Abfahrt Nr. 16 (Ruhland):
04932 Prösen (bei Elsterwerda), Großhainer Str. 31, Lausitz Propan GmbH
A 14 Halle-Leipzig, Abfahrt Nr. 15 a (Schkeuditz):
04435 Schkeuditz, Am Roßberg 1, Autohaus Strauch, tgl. 0-24
A 14 Dresden-Leipzig, Abfahrt Nr. 26 (Döbeln-Nord):
01594 Seerhausen, Meißner Str. 7, Fa. Stahlbau, Mo/Mi 7-15, Di 7-17.30, Fr 7-14
A 14 Dresden-Leipzig, Abfahrt Nr. 28 (Nossen-Nord):
01683 Ketzerbachtal-Bodenbach, Meißner Weg 4, Fa. Progas, Mo-Do 7-16, Fr 7-14.30
A 19 Rostock-Berlin, Abfahrt Nr. 14 (Krakow):
18292 Charlottenthal, Gütrower Str. 9, Fa. Heureka, Mo Fr 7-17
A 24 Hamburg-Berlin, Abfahrt Nr. 12 (Ludwigslust):
19300 Grabow, Neu-Karstädter Weg 13, Autohaus Matern, Mo-Fr 7.15-18, Sa 9-12
A 24 Hamburg-Berlin, Abfahrt Nr. 14 (Neustadt-Glewe):
19306 Neustadt-Glewe, An der Autobahn 50, Hoyer-Energie, Mo-Fr 7.30-19, Sa 8-11
A 29 Oldenburg-Wilhelmshaven, Ausfahrt Nr. 14 (Oldenburg-Ohmstede):
26122 Oldenburg, Stau 169-171, Fa. Dea GmbH, Mo-Do 8-12.30/13-17, Fr bis 15.15
A 30 Bad Oeynhausen-Osnabrück, Abfahrt Nr. 32 (Kreuz Bad Oeynhausen):
32547 Bad Oeynhausen, Robert-Bosch-Str. 4, Autogas-GmbH, tgl. 0-24
A 30 Bad Oeynhausen-Osnabrück, Abfahrt Nr. 27 (Bünde):
32257 Bünde, Osnabrücker Str. 72, Shell-Autohof, tgl. 0-24

A 30 Osnabrück-Hengelo, Abfahrt Nr. 7 (Rheine-Nord):
48432 Rheine, Gutenbergstr. 16, Winter Solar, Mo-Fr 8.30-17, Sa 8.30-13
A 30 Osnabrück-Hengelo, Abfahrt Nr. 18 (Osnabrück-Nahe):
49084 Osnabrück, Hannoversche Str. 20, Westfalen-Tankstelle, Mo-Fr 8-17
A 39 Braunschweig, Abfahrt Nr. 17 (Lebenstedt-Nord):
38229 Salzgitter-Engelnstedt, Peiner Str. 217, Fa. FAS, Mo-Fr 8-17, Sa 9-12
A 44 bei Krefeld, Abfahrt Nr. 23 (Münchheide):
47877 Willich-Anrath, Hausbroicher Str. 22, Roeben-Gas, Mo-Fr 7.15-12/13-16.15
A 44 Kassel-Dortmund, Abfahrt Nr. 66 (Breuna):
34479 Breuna, Kasseler Str. 28, BP-Station, Mo-Sa 6-21, So 6-20
A 49 Kassel-Fritzlar, Abfahrt Nr. 3 (Industriepark):
34123 Kassel-Waldau, Gobietstr. 14, Fa. Progas, Mo-Do 7-16, Fr 7-14
A 49 Kassel-Fritzlar, Abfahrt Nr. 14 (Fritzlar):
34560 Fritzlar, Am Wildauer Kreuz, Freie Tankstelle, tgl. 6-24
A 49 Kassel-Fritzlar, Abfahrt Nr. 15 (Wabern):
34590 Wabern-Unshausen, Heideweg 50, Car-Gas, Mo-Fr 8-17, Sa 9-13
A 49 Kassel-Fritzlar, Abfahrt Nr. 16 (Borken):
34582 Borken-Singlis, Main-Weser-Str. 19, Fa. Wentow, Mo-Fr 8-19, Sa 9.30-14
A 61 Kerpen-Ludwigshafen bei Abfahrt Nr. 32 (Niederzissen):
56659 AB-Raststätten "Brohltal-West" und "Brohltal/Ost", tgl. 0-24
A 70 Schweinfurt-Bamberg, Abfahrt Nr. 8 (Schweinfurt-Ost):
97422 Schweinfurt, Alte Bahnhofstraße 4, bft-Tankstelle, Mo-So 6-22
A 72 Hof-Dresden, Abfahrt Nr. 2 (Hof-Nord):
95189 Köditz/Hof, Talstraße 2, Westfalen AG, Mo-Fr 7.30-16.30
A 81 Stuttgart-Singen, Abfahrt Nr. 34 (Rottweil):
78628 Rottweil, Tuttlinger Str. 38, BFT-Heimburger Oel GmbH, Mo-Fr 7-22, Sa/So 8-22
A 81 Stuttgart-Singen, Abfahrt Nr. 36 (Tuningen):
78609 Tuningen, Gewerbestr. 4, Wohnwagen Irion, Mo-Fr 9-12/14-18, Sa 9-14
A 93 Hof-Regensburg, Abfahrt Nr. 7 (Schönwald):
95173 Schönwald, Lindenweg 31 a, Honda-Autohaus, Mo-Fr 8-18, Sa 8-12
A 93 Regensburg-München, Abfahrt Nr. 21 (Neustadt a. d. Waldnaab):
92665 Altenstadt, Windischeschenbacher Str. 8, Fa. Troglauer, Mo-Fr 7-18, Sa 7-12
A 93 Regensburg-München, Abfahrt Nr. 31 (Schwarzenfeld):
92269 Fensterbach-Freihöls, Gewerbegebiet, Tyczka, Mo-Do 7.30-16.30, Fr 7.30-14
A 95 München-Garmisch, Abfahrt Nr. 6 (Wolfratshausen):
82538 Geretsried, Blumenstr. 5, Tyczka, Mo-Do 8-12/13-16, Fr 8-12/13-14
A 100 Berlin Stadtautobahn West, Ausfahrt Nr. 6 (Spandauer Damm):
14059 Berlin-Charlottenburg, Sophie-Charlottenstr. 5, Fa. Fernhol, Mo-Fr 7-18, Sa 7-14
A 100 Berlin Stadtautobahn Süd, Ausfahrt Gradestraße:
12347 Berlin-Britz, Gradestraße 74-90, Tyczka-Minol, Mo-Fr 7.30-16
A 288 bei Krefeld, Abfahrt Krefeld-Linn:
47809 Krefeld, Carl-Sonnenschein-Str. 104, Fa. Primagas, Mo-Do 7.30-16.30, Fr 8-15
A 352 Hannover, Abfahrt Nr. 2 (Langenhagen):
30853 Hannover, Westfalenstr. 10, Tanktreff Langenhagen, tgl. 0-24
A 643 bei Mainz, Abfahrt Mainz-Mombach:
55120 Mainz-Mombach, Rheinallee 187, Fa. Valentin, Mo-Fr 7.30-16.30, Sa 8.30-13
A 661 Frankfurt-Darmstadt, Abfahrt Hanauer Landstraße:
60314 Frankfurt/Main, Dieselstr. 18, Drachengas, Mo-Do 6.30-12.30/13-15.15, Fr 7-14

Teil 2 – "auf dem Lande":

01099 Dresden, Am Kohlenplatz/Industriegelände, Fa. Tyczka-Minol, Mo-Fr 7-17
01099 Dresden, Königsbrücker Str. 75, Fa. Rheingas, k. A.
01099 Dresden, Kötzschenbroder Str. 125, Fa. Schaffer-Mobile, Mo-Fr 8-18, Sa 8-14
01844 Langburkersdorf, Dorfstr. 47 a, Fa. Götzl & Heinze, Mo-Fr 7-18, Sa 9-11.30
02625 Bautzen, Niederkainaer Str. 33, Fa. Ludwig, Mo 7-15, Di-Do 7-18, Fr 7-16
02959 Schleife, Friedensstr. 58, Fa. Lohr, Mo-Do 7-17, Fr 7-15, Sa 9-11.30
02977 Hoyerswerda, Industriestr. E Nr. 6 a, Fa. Beyer-Elektrik, Mo-Fr 8-18, Sa 8-12
02979 Elsterheide, Bergener Str. 5, Fa. Schulz, Mo-Fr 7-18

03172 Guben, Gewerbestraße 25, Autohaus Kalmutzki, Mo-Fr 7-18, Sa 7-13
03172 Guben, Groß-Breesener Straße 156, Gas-Klein, Mo-Fr 6.30-15.30
04329 Leipzig, Portitzer Allee 10 a, Fa. Rheingas, Mo-Fr 8-17, Apr.-Sept. Sa 8-11
04509 Döbernitz/Delitzsch, H.Schreyer-Str. 2/4, Opel-Autohaus, Mo-Fr 7-18, Sa 9-13
04808 Wurzen, Dresdener Str. 73 a, Fa. Tegas, Mo-Fr 6.30-18, Sa 8-12
04838 Eilenburg, Karl-Liebknecht-Siedl. 38, Fa. Colditz, Mo-Fr 6.30-16.30, Sa 8-11
04932 Prösen, Großhainer Str. 31, Lausitz-Propan, Mo-Fr 7.30-17, Sa 9-12
06132 Halle-Ammendorf, Eisenbahnstraße 9, Rheingas, Mo-Fr 8-16 Mi/Fr bis 18
06408 Ilberstedt, Am Bahnhof 3, Schröder-Gas, Mo-Fr 7.30-16.30
06484 Quedlinburg, Schmökeberg 1, Fa. Wärmetechnik, Mo-Fr 7-16, Sa 8-11
06647 Bad Bibra, Steinbacher Str. 1, Fa. Tycka-Minol, Mo-Mi 7-16, Di bis 18, Sa 9-11
07368 Ebersdorf-Friesau, Am Bahnhof, Fa. Wurzbacher, Mo-Fr 7-18, Sa 7-12
09669 Frankenberg, Ederstr. 1, Autohaus Richter, Mo-Fr 8-18, Sa 8-12
12683 Berlin-Biesdorf, Alt-Biesdorf 52, Flüssiggas-Service, Mo-Do 7-17, Fr 7-15, Sa 9-12
13599 Berlin-Spandau, Nonnendammallee 43, Sprint-Tank, tgl. 0-24
14467 Potsdam-Babelsberg, Neuendorfer Anger 10, Fa. Scholz, Mo/Mi 8-18, Fr. 8-16
14547 Buchholz, Chausseestr. 51, Fa. Gürtler, Mo-Fr 7-18, Sa 8-12
14612 Falkensee, Dyrotzer Weg 33, Fa. Trepczik-Propan, Mo-Fr 7-18, Sa 8-14
14776 Brandenburg, Krakauer Straße 58, Auto-Karpow, Mo-Fr 7-18
14943 Luckenwalde, Berkenbrücker Chaussee, Sprint-Tank, tgl. 0-24
15344 Strausberg, Schillerstr. 18, Fa. Geppert-Propan, Mo-Do 7-18, Fr 7-14, Sa 9-12
16244 Finowfurt, Walzwerkstr. 58, Fa. Favags, Mo-Fr 6.30-16, Sa 9-11.30
16259 Bad Freienwalde, Eberswalder Str. 54 b, Fa. Geppert, Mo-Fr 9-18, Sa 9-12
17033 Neubrandenburg, Am Gartenbau 36, Autohaus Duchow, Mo-Fr 7-18, Sa 8-12
17033 Neubrandenburg, Demminer Str. 75, Autohaus Vogt, Mo-Fr 7-18, Sa 7-16
17033 Neubrandenburg, Woldegker Str. 41, Ford-Autohaus, Mo-Fr 7-18, Sa 8-12
17192 Waren (Müritz), Raiffeisenstr. 14, Bosch-Service, Mo-Fr 7-20, Sa 8-16
17192 Waren (Müritz), Zum Kiebitzberg 2, Autohaus Köhne, Mo-Fr 7-18, Sa 8-12
17347 Templin, Lychener Straße, B & P Automobile, Mo-Fr 7.30-18, Sa 7.30-13
17389 Anklam, Friedländer Landstr. 20 b, VW-Autohaus, Mo-Fr 7-18, Sa 8-12
17424 Seebad Heringsdorf, Am Bahnhof, Bauhof, Mo-Fr 6-15
17454 Zinnowitz, Ahlbecker Str. 24, Autohaus Zinnowitz, Mo-Fr 8-16, Sa 9-12
18182 Rostock-Rövershagen, Waldweg 17, Schröder-Gas, Mo-Fr 7.30-16.30
18437 Stralsund, Am Feldrain 23, Propangas-Vertrieb, Mo-Fr 7.30-18, Sa 8-13
18442 Martensdorf, Team-Tankstelle, tgl. 0-24
18528 Bergen (Rügen), Tilzower Weg 43, Rügen Haustechnik, Mo-Fr 7-18, Sa 9-11.30
19370 Parchim, Ludwigsluster Chaussee 2, Auto-Mulsow, Mo-Fr 7-18, Sa 8-12
21035 Hamburg-Bergedorf, Helmut-Nack-Str. 6, Fa. Flügas, Mo-Do 7-16, Fr 7-12
22767 Hamburg-Altona, Eschelsweg 8, Propan-Ges., Mo-Do 7.30-16, Fr 7.30-15
24306 Plön, Behler Weg 1-3, Renault-Autohaus, Mo-Fr 8-16.30, Sa 9-12
25524 Heiligenstedten, Blomstr. 6, Fa. Färber-Haustechnik, Mo-Fr 7.30-16.30
26382 Wilhelmshaven, Am Handelshafen 11, Fa. Unckenbolt, Mo-Fr 8-18
27404 Zeven, Böttcherstraße 8-10, Fa. Cziossek-Mobile, Mo-Fr 9-18, Sa 8-14
29227 Celle-Westercelle, Dasselsbrucher Str. 2, Bosch-Service, Mo-Fr 7.30-17
31008 Elze, Am Stadion 7, Ziesener GmbH, Mo-Fr 9-18, Sa 9-13
31737 Rinteln, Im Emerten 14, Bosch-Dienst, Mo-Do 7.45-16.15, Fr bis 14.30, Sa 8-12
31785 Hameln, Hastenbecker Weg 37, Autohaus Rose, Mo-Fr 8-18, Sa 9-14
32423 Minden, Werftstraße 40, Drachen Propangas GmbH, Mo-Do 7-15.30, Fr 7-14
32759 Detmold, Am Gelskamp 27, Fiat Altenkrüger KG, Mo-Fr 8-12/13-17
34497 Korbach, Flechtendorfer Straße 39, Fa. Bielig, Mo-Fr 8-12.30/13.30-17, Sa 9-12
37235 Hess. Lichtenau-Fürstenhagen, Leipziger Str. 13, Fa. Walenta, Mo-Fr 7.30-18
37603 Holzminden, Lüchtringer Weg 37, Fa. Progas, Mo-Do 7-16.15, Fr 7-13.15
38667 Bad Harzburg, Ilsenburger Str. 6, Opel-Wiggert, Mo-Fr 7.30-18, Sa 9-13
38678 Clausthal-Tellerfeld, Andreasberger Str. 10, Fa. Schütz, Mo-Fr 7-18.30, Sa 7-12
38855 Wernigerode, Dornbergsweg 19, Opel-Autohaus, Mo-Fr 6.30-18, Sa 9-12
38855 Wernigerode, Dornbergsweg 49, Aral-Tankstelle, tgl. 0-24
38877 Benneckenstein, Lehmkuhlen, Brockengas, Mo-Fr 7.30-12.30/13.30-17, Sa 8-12

39106 Magdeburg, Sieverstorstr. 44, Nordfront GmbH, Mo-Fr 7-17, Di bis 18
39340 Haldensleben, Nathusiusstr. 12 a, Fa. Kraus & Rotte, Mo-Fr 9-18, Sa 9-13
39435 Unseburg, Bahnhofstr. 7 b, Autohaus Lotzing, Mo-Fr 7.30-18, Sa 8-12
39576 Stendal-Borstel, Osterburger Str. 197, Fa. Thomas Weise, Mo-Fr 7-16
45326 Essen-Altenessen, Hundebrinckstr. 20, Fa. Knauber, Mo-Fr 7-17
48565 Steinfurt, Karl-Benz-Str. 2, Westfalen-Tankstelle, tgl. 0-24
48599 Gronau, Max-Planck-Str. 4a (Gewerbegebiet), Mo-Fr 8-18.30, Sa 8-12.30
49084 Osnabrück, Mindener Str. 189, Alco-Tankstelle, k. A.
49328 Melle-Riemsloh, Bruchmühlener Str. 49, Automobile Reinders, k. A.
49716 Meppen/Nödike, Schwefinger Str. 13, bft-Tankstelle, Mo-Sa 6.30-21, So 7-21
49762 Lathen/Ems, Melstruper Str. 32, Toyota-Winkel, Mo-Sa 8-19
50321 Brühl-Vochem, Fischenicher Str. 23, Propan Rheingas, tgl. 0-24
50825 Köln-Ehrenfeld, Oskar-Jäger-Str. 166, Fa. Knauber, Mo-Fr 7.30-12.30/13-17
52525 Heinsberg-Dremmen, Erkelenzer Str. 53, Freie Tankstelle, Mo-Fr 8-18, Sa 8-15
53115 Bonn, Endenicher Str. 92, Fa. Dea-Knauber, tgl. 0-24
53121 Bonn-Endenich, Immenburgstraße 40, Fa. Knauber, Mo-Fr 7.30-18, Sa 8-12
53567 Asbach, Im Steinchen 1, Tankstelle Vorteilcenter, Mo-Fr 9-19.30, Sa 8-14
53572 Unkel/Rhein, Alter Kiesweg 2, Vorteilcenter, Mo-Fr 8-20, Sa 8-16
53572 Unkel/Rhein, Am hohen Weg, Vorteilcenter, Mo-Fr 9-19.30, Sa 8-14
54294 Trier, Luxemburger Str. 38, Westfalen GmbH, Mo-Fr 7.30-12.15/13-16.15
54441 Temmels/Mosel, Schloßstr. 6, Fa. Müller, Mo-Fr 8-18.30, Sa 8-13
56865 Blankenrath, Hesweilerstr. 2, Ford-Autohaus, Mo-Fr 8-12.30/13-16.30, Sa 11-12
57368 Lennestadt-Langenei, Karlshütte, Autohaus Sonntag, Mo-Fr 8-16.30, Sa 8-12
59556 Lippstadt, Ostlandstr. 65, BP-Tankstelle, tgl. 0-24
59556 Lippstadt-Benninghausen, Ünnighauser Str.70, Fa. Lange, Mo-Fr 7-17
59759 Arnsberg-Hüsten, Am Siegenbittel 14, Fa. Fehlau, Mo-Fr 8-16.30, Sa/So 8-12
59964 Medebach, Oberstr. 82, Calpam-Tankstelle, Mo-Fr 7.30-20, Sa 8-20, So 9-20
63303 Dreieich, Rostädter Str. 14 a, US Motorhomes, Mo-Fr 9-12/13-17, Sa 9-12
64832 Babenhausen, an der B 26, Fa. Autogas Bender, Mo-Fr 8-12/14-16
65582 Diez, Industriestr. 14, Propan-Fischer, Mo-Do 7.30-16.30, Fr bis 15
66802 Altforweiler, Landstr. 7a, Shell-Tankstelle, Mo-Fr 8-17, Sa 9-12
66862 Kindsbach, Hirtenpfad 57, Fa. Westfa GmbH , Mo-Do 7.30-16.15, Fr bis 14.45
67063 Ludwigshafen, Industriestr. 32-34, Fa. Progas, Mo-Do 7.30-16.20, Fr 7.30-14
67112 Mutterstadt, Neustadter Str. 75, Freie Tankstelle, nach tel. Vereinb. 06234-7511
68159 Mannheim, Landzungenstraße 8, Tyczka Autogas, Mo-Fr 7.30-12/13-15.30
72359 Dotternhausen, Dormettinger Str. 13, bft-Tankstelle, Mo-So 6-24
78224 Singen, Güterstr. 11, Götte & Tubach GmbH, Mo-Sa 6-22, So 8-22
82549 Königsdorf-Wesen, Kiefernstr. 3, Krenn-Tankshop, Mo-So 7-22
86633 Neuburg/Donau, Siedlerweg 38, Fa. Rupp, Mo-Fr 8-19, Sa 8-13
88079 Kressbronn/Bodensee, Argenstraße 76, Kölle GmbH, Mo-Fr 9-17, Sa 8-13
88161 Lindenberg, Goßholz 19, Fa. Runde Automobile, Mo-Fr 9-12/13-18, Sa 8-12
90427 Nürnberg, Gießener Straße 32, A & R GmbH, Mo-Fr 9-18, Sa 9-13
93426 Fronau, Seigen 3, Fa. Biebl, Mo-Sa 7-22
94152 Neuhaus am Inn, Straßfeld 2, Auto-Koller, Mo-Fr 8-16
94369 Rain/Straubing, Point 1, Agip-Tankstelle, Mo-Fr 6-20.30, Sa 7.30-20, So 9.30-17
97080 Würzburg, Nördliche Hafenstr. 8, Tyczka-Autogas, Mo-Do 7.30-16, Fr 7.30-14
98544 Zella-Mehlis, Talstraße 103/Nähe B 247/B 280, Fa. Stötzer, Mo-Fr 7-18, Sa 9-11
98547 Kühndorf, Hauptstr. 34, Fa. Caravan-Center, Mo-Fr 8-18
98617 Sülzfeld, Ringstr. 1, Freie Tankstelle, Mo-Fr 5-22, Sa 7-20, So 8-20
98634 Wasungen, Am Räschen, Fa. GWT GmbH, Mo-Do 7-18, Fr 7-16
99086 Erfurt, Salzstr. 8 Fa. May Flüssiggas, Mo-Fr 7-16
99734 Nordhausen, Hesseröder Str. 58 a, Gas-Schäfer, Mo-Do 8-17, Fr 8-15, Sa 9-12
99897 Tambach, Lohmühle 4, Fa. Bana GmbH, Mo-Fr 7-18, Sa 8-12

Nachträge:

Gasinformation Ausland

Autogastankstellen gibt es in vielen Ländern Europas – aber wie findet man sie? Komplette Verzeichnisse haben wir nicht in Deutschland entdeckt, aber in Holland und in Italien!
Den "LPG Gids - LPG-tankstations in Europa" bestellt man bei: Uitgeverij Remarca B.V., Tel.: 0031(0)40-2393777, www.lpg-gids.nl, remarca@lpg-gids.nl, auch als Download.
Den "GPL GasAuto Italia Europa" mit Kartenübersicht bekommt man von:
Euro GeoGrafiche Mencattini, Via Po 45, I-52100 Arezzo, Tel.: 0039-0575900010, Fax: 0039-0575911161, eurogeo@egm.it, www.egm.it (auch zum Herunterladen aus dem Internet).
Gastankstellenverzeichnisse im Internet gibt es unter: www.gas-tankstellen.de * www.gas-tankstellen.info www.autogastanken.de
Die Gas-Tankstellen im Ausland haben nicht unbedingt den in Deutschland üblichen Anschluss, die nötigen Adapter sind nicht immer vorrätig (große Probleme vor allem in Italien)!
Wer auf Nummer sicher gehen will, kauft sich einen eigenen Adapter (www.tankflasche.de, www.amr-outdoorwelt.de).

Belgien:	sehr dichtes Versorgungsnetz (634)
Bulgarien	ausreichendes Versorgungsnetz (36)
Dänemark:	sehr dichtes Versorgungsnetz (465)
Frankreich:	sehr dichtes Versorgungsnetz (1003)
Griechenland:	nur wenige Gastankstellen (ca. 20)
Großbritannien:	dichtes Versorgungsnetz (130)
Irland:	sehr dichtes Versorgungsnetz (260)
Italien:	sehr dichtes Versorgungsnetz (1830)
Kroatien:	nur wenige Gastankstellen (16)
Luxemburg:	sehr dichtes Versorgungsnetz (12)
Niederlande:	sehr dichtes Versorgungsnetz (1700)
Norwegen:	gutes Versorgungsnetz (33)
Österreich:	dichtes Versorgungsnetz (46)
Polen:	dichtes Versorgungsnetz (204)
Portugal:	gutes Versorgungsnetz (27)
San Marino:	sehr dichtes Versorgungsnetz (5)
Schweden:	nur wenige Gastankstellen (10)
Schweiz:	nur wenige Gastankstellen (12)
Slowakei:	nur wenige Gastankstellen (25)
Slowenien:	nur wenige Gastankstellen (6)
Spanien:	nur wenige Gastankstellen (39)
Tschechien	sehr dichtes Versorgungsnetz (420)
Ungarn:	ausreichendes Versorgungsnetz (44)

Internet-Adressen für Wohnmobilurlauber
(siehe im Internet unter: www.womo.de/links.htm)

WOMO- UND CAMPINGZEITSCHRIFTEN / CAMPINGFÜHRER
WOMO-, CAMPING-, AUTO-CLUBS
WOMO-PRODUZENTEN
WOMO-HÄNDLER / WOMO-VERMIETER
WOMO-ZUBEHÖR
GEFÜHRTE WOMO-TOUREN
FÄHRLINIEN usw.
REISETIPPS / STRASSENZUSTAND / CAMPINGPLÄTZE
FREMDENVERKEHRSÄMTER / LÄNDERINFOS

WOMO- UND CAMPINGZEITSCHRIFTEN / CAMPINGFÜHRER
www.camping-cars-caravans.de * Infos einer Campingzeitschrift
www.campingfuehrer.at * Österreichischer Internetcampingführer
www.campingplatzfinder.de * Übersicht über Campingplätze weltweit
www.kohlbach.org * Campingplätze in Marokko
www.promobil.de * Werbeseite einer Campingzeitschrift
www.reisemobil-international.de * Gebrauchtmobilkauf, Stellplatztipps,usw.
www.reisemobil-international.de/clubs * Infos über WOMO-Clubs

WOMO-, CAMPING-, AUTO-CLUBS
www.adac.de * ADAC-Infos zum Wohnmobilkauf, Straßenzustand uvm.
www.busfreaks.de * WOMO-Club für Selbstausbauer
www.camping-club.ch * Country Camping Club Switzerland
www.camping-club.de * Infos des Deutschen Camping-Clubs e.V.
www.clou-freunde.de * Club der Clou-Freunde
www.cocev.de * Camping-Oldie Club e.V.
www.emhc.de * EURO MOTORHOME CLUB.e.V.
www.euramobilclub.de * Euramobilclub
www.flairfreunde.de * Infos des Flairfreunde-Clubs
www.hme-ev.de * HME - Hymer Mobil Eignerkreis
www.lmc-club.de * LMC-Club-Deutschland i.G.
www.karmann-mobil-club.de * Karmann-Mobil-Club
www.kastenwagenforum.de * Forum der Kastenwagenfahrer
www.lt-freunde.de * LT-Freunde
www.mobile-ruhrtaler.de * Mobile Ruhrtaler Hattigen/Ruhr und Umgebung
www.reisemobil-union.de * Der Dachverband der Wohnmobilclubs gibt Infos
www.reisemobilclub.de * I. A. Reise-Mobil-Club Schleswig-Holstein e.V.
www.rmcschweiz.ch * Reise-Mobil-Club Schweiz
www.rmv.visselhoevede.de * WOMO-Club in 27374 Visselhövede

WOMO-PRODUZENTEN
www.adria-deutschland.com * Infos eines WOMO-Produzenten
www.Ahorn-Wohnmobile.de * Infos eines Wohnmobilherstellers/-importeurs
www.bavaria-camping-car.com * Infos eines Reisemobil-Produzenten
www.bawemo.de * Infos eines großen Wohnmobilproduzenten
www.bimobil.com * Alles über Bimobil-Wohnmobile
www.bresler-mobile.de * Infos eines Reisemobil-Produzenten
www.buerstner.com * Infos eines großen WOMO-Produzenten
www.bustechnik.de * baut BM-Busse (406-613) aus, um und repariert sie.
www.carado.de * WOMO-Produzent (Hymer-Tochter)
www.caramo.de * WOMO-Ausbau-Firma spez. VW (22851 Norderstedt)
www.reisemobile-challenger.de * Infos eines französischen WOMO-Herstellers

www.-chausson-reisemobile.de * Infos eines französischen WOMO-Herstellers
www.concorde-reisemobile.com * Infos eines WOMO-Produzenten
www.cs-reisemobile.de * Alles über cs-Reisemobile (824558 Henstedt)
www.dethleffs.de * Infos eines großen WOMO-Produzenten
www.dipa-Reisemobile.de * Infos über Dipa-Wohnm. (72644 Oberboihingen)
www.elnagh.it * Infos eines italienischen WOMO-Produzenten
www.fischer-wohnmobile.de * Infos eines WOMO-Produzenten
www.frankia.de * Infos eines großen Wohnmobilproduzenten
www.hehnmobil.de * Infos eines großen Wohnmobilproduzenten
www.hobby-caravan.de * Infos eines großen Wohnmobilproduzenten
www.hrz-reisemobile.de * Infos eines WOMO-Produzenten
www.hymer.com * Infos eines großen Wohnmobilproduzenten
www.karmann-mobil.de * Infos eines großen WOMO-Produzenten
www.knaus.de * Alles über Knaus-Wohnmobile
www.laika.it * Infos eines italienischen WOMO-Produzenten
www.lastrada-mobile.de * Infos eines WOMO-Produzenten
www.LMC-Caravan.com * Alles über LMC-Wohnmobile
www.mobilvetta.it * Infos über die italienischen Mobilvetta-Wohnmobile
www.niesmann-bischoff.com * Infos eines großen Wohnmobilproduzenten
www.nordstar.de * Schwedischer Pick-up-Hersteller
www.phoenix-reisemobile.de * Alles über Phoenix- Wohnmobile
www.pilote.fr/de/ * Infos eines großen französischen WOMO-Produzenten
www.poessl-mobile.de * Infos eines großen WOMO-Produzenten
www.rapido.fr * Infos eines französischen WOMO-Produzenten
www.rimor.it * Infos eines großen italienischen Wohnmobilproduzenten
www.rmb-pilote.com * Infos eines großen Reisemobilproduzenten
www.rollerteam.it * Infos eines großen italienischen Wohnmobilproduzenten
www.rolli-mobil.de * Wohnmobile für Behinderte
www.schwabenmobil.de * Infos eines WOMO-Produzenten
www.sunlight-caravaning.de * Infos eines großen Wohnmobilproduzenten
www.tec-caravan.com * Infos eines WOMO-Produzenten
www.tischer-pickup.com * Infos eines großen Pickup-Produzenten
www.togo-reisemobile.de * WOMO-Produzent und -vermieter (21423 Stove)
www.vario-mobil.com * Infos eines großen Wohnmobilproduzenten
www.volkner-mobil.com * Infos eines großen WOMO-Produzenten
www.weinsberg.com * Infos eines WOMO-Produzenten

WOMO-HÄNDLER / WOMO-VERMIETER

www.1a-Wohnmobilvermietung.de.tf * WOMO-Händler/Vermieter (97769 Bad Brückenau)
www.ardelt.com * WOMO-Händler/Vermieter/Service (48493 Wettringen)
www.auf-achse-afw.de * WOMO-Ausbau, Vermietung, Service, Zubehör (33442 Herzebrock)
www.autohaus-dietz.de * WOMO-Händler/Service (96106 Ebern)
www.autohaus-hollenstedt.de * WOMO-Vermieter (21279 Hollenstedt)
www.autohaus-nord-online.de * WOMO-Händler/Vermieter/Service (59269 Beckum)
www.autohaus-pauli.de * WOMO-Händler (42855 Remscheid)
www.bastuck-reisemobile.de * WOMO-Händler & -vermieter Raum Schleswig-Holstein
www.bauor-caravan.de * WOMO-Händler (86444 Affing)
www.becamobil.de * WOMO-Händler (28857 Syke)
www.billhardt.com * WOMO-Händler/Vermieter (Berlin)
www.bootsmarkt.com * WOMO/Auto/Boot-Händler (44809 Bochum)
www.camper24.org * WOMOs kostenlos inserieren und suchen
www.camperland-bong.de * US-Motorhomes (53359 Rheinbach)
www.camperworld.de * Infos eines großen USA-Mobil-Importeurs
www.camping-berger.de * Infos eines großen Wohnmobilproduzenten
www.camping-center-lauchringen.de * WOMO-Händler, Zubehör (79787 Lauchringen)
www.camping-center.de * WOMO-Händler/Zubehör (56637 Plaidt/Koblenz)
www.camping-krings.de * Infos eines großen WOMO-Händlers
www.camping-kuhn.de * Händler/Vermieter/Zubehör (77656 Offenburg)

www.camping-muenz * WOMO-Händler/Zubehör (53359 Rheinbach bei Bonn)
www.camping-muenz.de * WOMO-Händler/Zubehör (53359 Rheinbach b. Bonn)
www.camping-rent-rheinland.com * WOMO-Vermieter (Zierheidchen 30, 53577 Neustadt)
www.camping-voelpel.de * WOMO-Händler/Zubehör (65462 Gustavsburg)
www.campingcaravan.de * WOMO-Händler (53424 Remagen)
www.campingland.de * WOMO-Händler/Vermieter (74257 Untereisesheim)
www.campmobil.de * WOMO-Händler/Vermieter (49479 Ibbenbüren)
www.caravan-brandl.de * Gebraucht-WOMO-Händler/Vermieter (28816 Stuhr)
www.Caravan-Canter-Luetz.de * WOMO-Händler/Vermieter in 53757 St. Augustin
www.caravan-center-bocholt.de * WOMO-Händler (46395 Bocholt)
www.caravan-matner.de * WOMO-Händler (15366 Dahlwitz-Hoppegarten)
www.caravan4you.de * Anzeigenmarkt für WOMOs (gebraucht+neu)
www.caravania.de * WOMO-Händler, -vermieter, Service (73265 Dettingen)
www.caravaning-center-schmidtmeier.de * WOMO-Händler (71065 Sindelfingen)
www.carbotec.de * WOMO-Händler/Vermieter (15749 Gallun)
www.carthago-reisemobile.de * WOMO-Händler (21279 Hollenstedt)
www.carthago-steringer.de * WOMO-Händler/Vermieter (57368 Lennestadt)
www.cco-gmbh.de * WOMO-Händler/Vermieter/Zubehör (79111 Freiburg)
www.chaussonreisemobile.de * WOMO-Händler (97259 Greußenheim)
www.club-mobil.de * WOMO-Vermietverbund (06164 Dieskau)
www.deckstein.de * Infos eines Eura-Mobil-Händlers (72770 Reutlingen)
www.destinationusa.net * Wohnmobil in den USA mieten
www.dore-reisemobile.de * WOMO-Händler (53783 Eitorf)
www.duerrwang.de * WOMO-Händler (44263 Dortmund)
www.ebel-reisemobile.de * WOMO-Händler/Vermieter (Hamburg-Maschen)
www.ernst-caravan.de * WOMO-Händler/Vermieter/Service (77955 Ettenheim)
www.euch.de * WOMO-Händler/Vermieter (67126 Hochdorf)
www.eurocamper.de * WOMO-Händler/Vermieter/Service (49843 Uelsen)
www.euromobil.de * WOMO-Vermietung an 2000 Stationen
www.federau.de * günstiger WOMO-Händler/Vermieter (53489 Sinzig)
www.finkenberg.de * WOMO-Händler/Vermieter/Service (27283 Verden)
www.FM-Reisemobile.de * WOMO-Vermieter, -händler (66497 Contwig)
www.freizeit-kg.de * WOMO-Händler/Vermieter (Bielefeld)
www.freizeitmobile-sande.de * WOMO-Händler (26452 Sande)
www.fti-campermarkt.de * WOMOs mieten in USA, CAN, AUS, Neuseeland
www.gelderland-mobile.com * WOMO-Händler/Vermieter (47608 Geldern)
www.glueck-freizeitmarkt.de * WOMO-Händler/Zubehör (81243 München)
www.grafhardenberg.de * WOMO-Händler (78267 Aach/Hegau)
www.greece-miet-mobile.de * Wohnmobile mieten in Griechenland
www.grimm-wohnmobile.de * WOMO-Händler (76887 Oberhausen)
www.h-meiergmbh.de * WOMO-Händler/Vermieter/Zubehör (86753 Möttingen)
www.hagemann-reisemobile.de * WOMO-Händler/Vermieter (38350 Helmstedt)
www.harrys-extratouren.de * Preiswerter Wohnmobilvermieter (91334 Hemhofen/Nürnberg)
www.hass.de * Infos eines großen Wohnmobilvermieters (41460 Neuss)
www.havelland-caravan.de * WOMO-Händler/Vermieter/Service (14542 Werder)
www.heiss-center.com * WOMO-Händler/Zubehör (83512 Wasserburg)
www.hobbyland-hexel.de * WOMO-Händler/Service (44149 Dortmund)
www.holiday-heinz.de * WOMO-Händler/Vermieter/Zubehör (31535 Neustadt)
www.holidayundtours.de * WOMO-Händler/Vermieter/Service (36355 Grebenhain)
www.hr-fahrzeugvermietung.de * WOMO-Vermieter (29643 Neuenkirchen)
www.huelpert.de * WOMO-Händler (44379 Dortmund)
www.hymer-zentrum-becker.de * WOMO-Händler (34233 Fuldatal)
www.hymer-zentrum-dorfmark.de * Händler/Vermieter (29683 Dorfmark)
www.intercaravaning.de * Gemeinschaft von Caravaningfachhändlern
www.isaria-wohnmobile.de * WOMO-Vermieter (82024 Taufkirchen)
www.je-reisemobile.de * WOMO-Vermieter in 82216 Maisach bei München
www.jochen-find.de * WOMO-Händler/Vermieter (73230 Kirchheim/Teck)
www.josuweck.de * WOMO-Händler/Vermieter/Service (58454 Witten)

www.karlack.de * WOMO-Händler/Vermieter/Zubehör (36251 Bad Hersfeld)
www.klinke-automobile.de * WOMO-Händler/Vermieter (Loxstedt-Nesse)
www.koch-freizeit-fahrzeuge.de * Infos eines großen WOMO-Händlers
www.koelle-reisemobile.de * WOMO-Händler/Verm./Service/Gas (88079 Kressbronn)
www.krueger-mobil.de * WOMO-Vermieter (65462 Ginsheim) Nähe Mainz/Wiesbad
www.kuno-mobil.de * WOMO-Händler/Vermieter/Service (34295 Edermünde/Kassel)
www.lehmann-eura.de * WOMO-Händler/Vermieter (59821 Arnsberg)
www.lisa-assmann.de * WOMO-Händler (44809 Bochum)
www.merkenmobile.de * WOMO-Vermieter (53424 Remagen)
www.mh-wohnmobile.de * WOMO-Vermietung in Süddeuschland (Remshalden)
www.mi-mobile.de * Infos eines großen Wohnmobilvermieters
www.miet-mobil.de * Wohnmobilvermieter
www.mobil-urlaub.de * WOMO-Vermietung (66459 Kirkel)
www.mobilefreizeit.de * WOMO-Händler/Vermieter (65201 Schierstein/Wiesbaden)
www.moser-wohnwagen.de * Händler/Vermieter (55129 Mainz-Hechtsheim)
www.motorhome-touring.de * WOMO-Vermieter (38444 Wolfsburg Hattorf)
www.niesmann.de * WOMO-Händler (Polch/Koblenz)
www.nuthetal-caravan.de * WOMO-Händler/Vermieter/Service (14552 Saarmund)
www.nvr.ca * WOMO-Vermieter in Niagara Falls, Kanada
www.obek-online.de * WOMO-Händler (67166 Otterstadt/Speyer)
www.peters-reisemobile.de * WOMO-Händler (52428 Jülich)
www.rall.de * WOMO-Händler/Vermieter/Service (71065 Sindelfingen)
www.rc-reisemobile.de * Infos eines großen WOMO-Händlers
www.reimo-pan.de * WOMO-Händler/Zubehör (44805 Bochum)
www.reisemobil-center-molzberger.de * Händler/Vermieter (63303 Dreieich)
www.reisemobil-centrum.de * WOMO-Händler/Vermieter (47623 Kevelaer)
www.reisemobil-hofgeismar.de * WOMO-Händler/Vermieter (34369 Hofgeismar)
www.reisemobil-kiel.de * WOMO-Händler (24148 Kiel)
www.reisemobilcenter-lankes.de * Händler/Vermieter (58511 Lüdenscheid)
www.reisemobile-berens.de * WOMO-Händler (50825 Köln-Ehrenfeld)
www.reisemobile-fischer.de * WOMO-Händler/Vermieter (72622 Nürtingen)
www.reisemobile-franke.de * Wohnmobilhändler/-vermieter in 31515 Wunstorf
www.reisemobile-jumpertz.de * WOMO-Händler/Vermieter (52428 Jülich)
www.reisemobile-kastenholz.de * Händler/Vermieter/Service (50999 Köln)
www.reisemobile-kauper.de * WOMO-Händler (92348 Berg-Unterölsbach)
www.reisemobile-klooth.de * WOMO-Vermieter (74182 Obersulm/Affaltrach)
www.reisemobile-loffing.de * Händler/Vermieter/Zubehör (33449 Langenberg)
www.reisemobile-plus.de * WOMO-Händler (46539 Dinslaken)
www.reisemobile-schneider.de * WOMO-Händler (90530 Wendelstein)
www.reisemobile-staudt.de * WOMO-Händler/Zubehör (68519 Viernheim)
www.reisemobile.com * WOMO-Händler (67731 Otterbach)
www.rmz-reisemobile.de * WOMO-Händler (München)
www.rolli-mobil.de * Rollstuhlgerechte Wohnmobile und Minivans
www.rutenkolk.de * WOMO-Händler (60389 Frankfurt)
www.rvm-reisemobile.de * WOMO-Händler (23863 Kayhude)
www.schneidercaravaning.de * WOMO-Händler/Vermieter/Service/Gas (Heidelberg)
www.schrenk-wohnmobile.de * WOMO-Händler (61169 Friedberg)
www.servo-reisemobile.com * WOMO-Händler (82515 Wolfratshausen)
www.sessler-caravans.de * WOMO-Händler/Vermieter (92318 Neumarkt)
www.sperrfechter.caravaning.de * Händler/Vermieter/Zubehör (74080 Heilbronn)
www.spuerkel.de * WOMO-Händler/Zubehör (44809 Bochum)
www.storbeck.de * WOMO-Händler (22851 Norderstedt)
www.stotz-caravaning.de * WOMO-Händler/Vermieter (72336 Balingen)
www.TIKA-Wohnmobile.com bzw. net * WOMO-Händler/-vermieter (WÜ-Heidingsfeld)
www.tirge.de * WOMO-Händler (30916 Hannover)
www.togo-reisemobile.de * WOMO-Händler/Vermieter/Service (21423 Stove b. HH)
www.usa-camper.de * WOMO-Händler/Vermieter (USA-Wohnmobile)
www.usa-wohnmobile.ch * USA-Wohnmobilhändler (CH-6370 Stans)

www.veregge-welz.de * WOMO-Händler (49143 Osnabrück)
www.wanner-gmbh.de * WOMO-Händler/Vermieter (73265 Dettingen)
www.webcamping.at * WOMO-Händler, Onlineshop in A-6200 Wiesing
www.wermter-reisemobile.de * WOMO-Händler/-vermieter (Freiburg)
www.westfalia-van.de * Reisemobile und Zubehör direkt von Westfalia
www.westmeier.de * WOMO-Händler/Vermieter (56271 Kleinmaischeid)
www.wiest-reisemobile.de * WOMO-Händler/Vermieter/Service (78465 Konstanz)
www.windisch-wohnmobile.de * WOMO-Vermieter (34246 Vellmar)
www.winkler-caravaning.de * WOMO-Händler (Stuttgart-Weilimdorf)
www.winnebago-deutschland.de * Händler (64331 Darmstadt-Gräfenhausen)
www.wmv-buesum.de * WOMO-Vermieter (Büsum), günstig für DK, S, N
www.wohn-mobil.de * WOMO-Vermieter im Norden von Köln
www.wohnmobil-muenchen.de * WOMO-Vermieter (München)
www.wohnmobile-bleckmann.de * WOMO-Händler/Vermieter (32278 Kirchlengern)
www.wohnmobile-franken.de * WOMO-Vermieter im Großraum Nürnberg
www.wohnmobile.gasch.de * WOMO-Händler/Vermieter (85640 Putzbrunn)
www.wohnmobile-gelnhausen.de * WOMO-Händler (Gelnhausen)
www.wohnmobile-nrw.de * WOMO-Vermieter in NRW (41352 Korschenbroich)
www.wohnmobile-nrw.de * WOMO-Vermieter in NRW (41352 Korschenbroich)
www.wohnmobile-wohnwagen.net * kostenloser Anzeigenmarkt für WOMOs und WOWAs
www.wohnmobilverleih-franken.de * WOMO-Vermieter (90574 Roßtal)
www.wohnmobilvermietung-buesum.de * WOMO-Vermietung in Buesum
www.wohnmobilvermietung-echtle.de * WOMO-Vermieter (77723 Gengenbach)
www.wohnmobilvermietung-goetz.de * WOMO-Vermieter im Südschwarzwald
www.wohnwagen-brendes.de * WOMOs kaufen und verkaufen
www.wohnwagen-winkler.de * WOMO-Händler/Vermieter/Zubehör (70499 Stuttgart)
www.womika.de * WOMO-Händler/Vermieter (58455 Witten)
www.wvd.com * Infos eines großen Campinghändlers (79108 Freiburg)
www.wwkaiser.de * WOMO-Händler (24235 Stein)
www.ziesener.de * WOMO-Händler/vermieter (31008 Elze)

WOMO-ZUBEHÖR

www.A-Linnepe.de * Diverses WOMO-Zubehör
www.ahk-preisbrecher.com * Anhängerkupplungen, -träger für WOMOs
www.Al-Ko.de * Fahrzeugtechnik
www.Alba-Engel.de * WOMO-Ausbau, Zubehörkatalog
www.aqua-terra.de * Infos über Toilettenentkeimung
www.asumobil.de * WOMO-Antennen und Zubehör
www.autogas-forum.de * Autogas/Flüssiggas-Tankstellen in Europa
www.autogastanken.de * Infos über alle Gastankstellen in Deutschland
www.autogas.nl * Infos über Autogas in Europa
www.camper-shop.de * Komplettes Zubehörprogramm für Camping
www.campershop24.de * WOMO-Zubehör rund um die Uhr kaufen
www.camping-berger.de * komplettes Zubehörprogramm für Camping
www.camping-heinz.de * Online-Shop für Camping, Caravan, WOMO
www.camping-welt.com * Onlineshop für Camping & Freizeit
www.campingcomfort.de * 10.000 Campingartikel online einkaufen
www.certisil.de * Infos über Trinkwasserentkeimung
www.crystop.de * Infos über Sat-Antennen usw.
www.dieseltec.de * Leistungssteigerung für alle Diesel
www.dr.keddo.de * Infos über WOMO-Chemie
www.dvml.de * Campingshop mit Sonderkonditionen
www.esomatic.de * Preiswerte Solarmodule
www.frankana.de * Komplettes Zubehörprogramm für Camping
www.Freizeitkatalog.de * Info-Katalog für Freizeitgestaltung
www.fritz-berger.de * Infos von Europas größtem Spezialversandhaus
www.gas-tankstellen.info * Infos über Gastankstellen in ganz Europa
www.Goldschmitt.de * WOMO-Federung, Auflastung (74746 Höpfingen)

www.herzog-freizeit.de * komplettes Zubehörprogramm für Camping
www.indv.de * Vermietsoftware für Wohnmobile und Caravans
www.InterCamping.de * Infos eines Camping-Fachhändler-Rings
www.kfz-auskunft.de * Alles rund ums Auto; große Linkliste.
www.knackerschreck.de * Die Diebstahlsicherung für Wohnmobile
www.mobile.de * Internetkauf und -verkauf von Fahrzeugen
www.mobil-safe.net * bietet WOMO-Tresore verschiedener Größe an
www.multiman.de * Infos über Trinkwasserentkeimung usw.
www.myschaumstoff.de * Schaumstoff-Zuschnitte für WOMO-Ausbau
www.objektorder.de * Europaweite Positionsbestimmung für WOMOs.
www.oeko-energie.de * Freizeitzubehör, speziell Solarzubehör
www.ormistor.com * WOMO-Markisen usw.
www.pieper-freizeit.de * komplettes Zubehörprogramm für Camping
www.pik-gmbh.de * komplettes Zubehörprogramm für Camping
www.pik-shop.de * WOMO-Zubehör online kaufen.
www.polsterei-schleh.de * Sitzpolster und WOMO-Teppiche (79787 Lauchringen)
www.quick-safe.de * Sicherungssysteme für Wohnmobile
www.reimo.com * Komplettes Zubehörprogramm für Camping
www.reusolar.de * Solaranlagen, Einbau
www.rp-solartechnik.de * Solare Energieversorgung für WOMOs
www.schaumstoffparadies.de * Schaumstoffe und Zuschnitte aller Art
www.vschnaeppchen-boerse.de * WOMO-Zubehör verkaufen im Internet
www.sog-dahmann.de * Infos über Campingclo-Entlüftung
www.stein-caravaning.de * WOMO-Händler, -vermieter (Magdeburg, Ostharz)
www.tatonka.com * Zubehörkatalog für Freizeitaktive
www.tec-power.de * Chiptuning für WOMOs
www.thetford-europe.com * Infos über Toiletten-Chemie
www.tillmann-elektronik.de * Spezialist für Video-Rückfahrsysteme
www.tirol.com/womocenter * Großer Campingfachmarkt in Westösterreich
www.truma.com * Infos über WOMO-Heizung usw.
www.vdwh.de * Wissenswertes aus der Campingbranche
www.waeco.com * großes Zubehörprogramm für Camping
www.westfalia.de * Electronic, Werkzeug, Fahrzeugzubehör
www.wohnmobil-carport.de * Carportbausätze aus Leimholz (bis 4,50 m Höhe)
www.wohnmobile-kundendienst.de * Wohnmobilkundendienst und Zubehör mit Montage
www.womo-design.com * Individuelle WOMO-Gestaltung (außen)
www.womo.de * Reiseführer für WOMO-Urlauber, Auto-Karten, Sprachführer, Wanderführer, WOMO-Spezialzubehör.
www.womotec.de * Auflastung, Motorradträger, Solaranlagen usw.

GEFÜHRTE WOMO-TOUREN
www.buerstner-travelland.de * Geführte WOMO-Touren
www.dr-ammon-tours.de * Geführte WOMO-Touren nach Marokko
www.dreyer-campingreisen.de * Geführte WOMO-Touren
www.intouristik.com * Geführte WOMO-Touren
www.mafratours.com * Geführte WOMO-Touren
www.mir tours.de * Geführte WOMO-Touren
www.paynes.de * Geführte WOMO-Touren
www.re-el-touren.de * Geführte Wohnmobilreisen durch Rumänien
www.reisemobil-reisen.de * Geführte WOMO-Touren
www.we-wo.de * Geführte WOMO-Touren
www.wiky-tours.de * Geführte WOMO-Touren
www.wohnmobiltour.de * Geführte WOMO-Touren

FÄHRLINIEN usw.
www.anek.gr * nach Griechenland ab Venedig und Ancona (Camp. an Bord)
www.bluestarferries.com * Griechenlandfähre ab Ancona
www.brittany-ferries.de * Fähre von Frankreich nach England/Irland

www.campinganbord.de * Infos über Camping an Bord, Fährbüro
www.color-line.de/colorline.com * Norwegenfähre
www.corsicaferries.com * Korsika- und Sardinienfähre
www.dfdsseaways.de * Fähre nach England von D und NL
www.euronautic.de * Fähren online buchen
www.faehre-online.de * Übersicht über (fast) alle Fährlinien
www.faehre-vff.de * beim Verband der Fährschifffahrt online buchen
www.faehrpassage.de * Sardinienfähren
www.ferries.gr * Übersicht über alle Griechenlandfähren
www.ferrylines.com * Gute Übersicht über (fast) alle Fährlinien
www.ferryworld.de * Fähren Online buchen
www.finnlines.de * fährt von D nach FIN und RUS
www.fjordline.de/fjordline.com * Norwegenfähre direkt nach Egersund/Bergen
www.fun.informare.it/ferry/sardde.asp * Infos zu Sardinienfähren
www.gnv.de * Grand Navi Veloci * fährt u.a. Genua - Olbia und Palermo
www.greekferries.gr * Gemeins. Internetportal vieler Griechenlandfähren
www.hoverspeed.com * Schnellfähre von F nach England
www.irishferries.com * Fähre von F und GB nach Irland
www.kystlink.de * fährt von Hirtshals nach Langesund (DK - N)
www.lineadeigolfi.it * Sardinienfähre mit Camping an Bord
www.marmaralines.com * Türkeifähre Ancona/Brindisi - Cesme
www.minoan.gr * nach Griechenland ab Venedig und Ancona (Camp. an Bord)
www.mll.gr * GR/TR-Fähre ab Brindisi
www.mobylines.de * Korsika- und Sardinienfähre Online buchen
www.nordoe-link.de * fährt von D nach DK
www.ocean24.de * Fähren Online buchen, z.B. nach Marokko
www.oresundskonsortiet.com * Infos über den Öresund-Tunnel (DK - S)
www.poferries.com * Fähre nach England von F, B, NL
www.scandlines.de * Schwedenfähre
www.seafrance.com * Fähre von Calais nach Dover (F - GB)
www.siljaline.de * Finnlandfähre
www.smyrilline.de /smyril-line.com * Einzige Färlinie nach Island
www.sncm.de * fährt u.a. von Nizza/Toulon/Marseille nach Korsika
www.stena-Line.de/stenaline.de * Schwedenfähre, GB-Fähre
www.storebaelt.dk * Infos über die dänische Storebelt-Brücke
www.superfast.com * fährt nach Schottland, Griechenland und Finnland
www.tirrenia.it * mit Tirrenia Navigazione von Civitavecchia nach Olbia
www.TTLine.de * Schwedenfähre
www.UnityLine.pl * Schwedenfähre ab Polen
www.ventouris.gr * Griechenlandfähre ab Bari (mit Camping an Bord)
www.vikingline.de * fährt von Stockholm nach Turku (S - FIN)

REISETIPPS / STRASSENZUSTAND / CAMPINGPLÄTZE
www.arboe.or.at * Mautrechner (Europa) über "Reise"
www.auswaertiges-amt.de * Infos über Botschaften, Konsulate in aller Welt
www.bmv.de * Baustellen- und Stauservice des Bundesverkehrsministeriums
www.breidi.de * private Reiseberichte, WOMO-Links
www.camper.netsurf.it * Umfangreiche ital. Stellplatzliste (Sosta Camper)
www.campercontact.nl * Umfangreiche Seite für WOMO-Fans, Stellplätze
www.camperweb.it * Umfangreiche ital./europ. Stellplatzlisten
www.campingfreunde.de * Große Linksammlung
www.campworld.de * offenes Datenbanksystem für WOMO-Fahrer
www.cas-software.de * Routenplanung in Deutschland
www.dk-camp.dk * Campingplätze in Dänemark, Übersichtskarte
www.dk-camperstop.dk * Über 70 kostenpfl. WOMO-Stellplätze in Dänemark
www.ducatoforum.de * Diskussionsforum: Fiat Ducato und Wohnmobile
www.ecamp.com * Campingplätze in Europa

www.erich-ehl.de * private Reiseberichte, WOMO-Links
www.europa-womotouren.de * Berichte über WOMO-Touren
www.ferienplanet.de * interaktives Reiseportal, Verzeichnisse, Datenbanken
www.fit-for-travel.de * Alles über Reisekrankheiten, Impfungen, Wetter, usw.
www.gbruckhoff.de * Private Reiseberichte, WOMO-Links, Stellplätze
vgriechenland4you.de * Beschreibung von Griechenlandreisen, schöne Fotos
www.katalog.com * Kostenloser Katalogversand, u.a. Urlaub, Fähren
www.mobiletouren.de * Viele Stellplatztipps, Reiseberichte und Infos.
www.nordhytte.de * Reise-Infos für Nordlandfahrer
www.reisemarkt.de * Infos zu Reisezielen, Veranstaltern, Bücher
www.route.web.de * schneller Routenplaner
www.silvicamp.de * Große Linksammlung, Händler, Vermieter, usw.
www.swr-online.de/verkehr * aktuelle Staumeldungen
www.taccuinodiviaggio.it * Umfangreiche Links zu freien Stellplätzen
www.turismoitinerante.com * Umfangreiche ital. Stellplatzliste (Sosta Camper)
www.Wohnmobil-tips.de * Tipps rings ums WOMO
www.wohnmobile.de * Tipps rings ums WOMO
www.wohnmobile.net * Diskussionsforum für Wohnmobilurlauber
www.Wohnmobilreisen-Online.de * Tipps rings ums Verreisen im WOMO
www.zoonetz.de * u.a. Infos fürs Reisen mit dem Hund

AUSLÄNDISCHE FREMDENVERKEHRSÄMTER/LÄNDERINFOS
BALTIKUM
www.baltic-info.de * Fremdenverkehrsamt von Lettland, Litauen, Estland
www.gobaltic.de * Infos über Estland, Lettland, Littauen
BELGIEN
www.flandern.com * Infos über Nord-Belgien
DÄNEMARK
www.daenemark.de.dk * Infos über Dänemark
www.daenemark.dt.dk * Infos des dänischen Fremdenverkehrsamtes
FINNLAND
www.finnland-ferien.com * Infos über Finnland
FRANKREICH
de.rendezvousenfrance.com
frankreich.tourismus.de
www.bretagne.com * kommerzielle Webseite, aber viele Infos
www.franceguide.com * Infos des franz. Fremdenverkehrsamtes
GRIECHENLAND
www.gnto.gr * Infos des griech. Touristikamtes (nur engl.)
www.griechenland-infos.de * Infos über Griechenland
www.griechenland.de * Infos über Urlaub in Griechenland
www.griechenlandinformation.de * Infos des griech. Informationsamtes
www.in-greece.de * Umfangreiche Griechenland-Infos, Chat.
www.kreta-reise.info * Infos für Kreta-Reisende
GROSSBRITANNIEN
www.visitbritain.com * Infos über Urlaub in Großbritannien
www.visitbritain.de * Fremdenverkehrsamt von Großbritannien
IRLAND
www.goireland.ie * Fremdenverkehrsbüro in Irland
www.irland-ferien.de * Infos über Urlaub in Irland
www.irland-infos.de * viele Irland-Links
www.irland-urlaub.de * Irisches Fremdenverkehrsbüro in Deutschland
ISLAND
www.eldey.de * Infos der deutsch-isländischen Gesellschaft
www.geysir.com * Island-Informationsdienst
www.husavik.de * Infos über Walbeobachtung/Walfang in Island
www.iceland-2000.de * Island-Reisebericht mit schönen Bildern
www.icetourist.de * Isländisches Fremdenverkehrsamt

www.islandreise.info * Vieles über Island mit Forum
www.lundipress.de * Sehr umfangreiche Info-Seite über Island

ITALIEN

www.apulien-reisen.de * Reich bebilderte Infos über den Südosten Italiens
www.meranerland.com * Italien
www.provinz.bz.it * Italien
www.sardinien.com * Italien
www.sardinien.com/tipstricks * Italien
www.sardinien.de * Italien
www.sudtirol.com * Italien

KANADA

www.kanada-info.de * Fremdenverkehrsamt von Kanada

KROATIEN

www.kroatien-net.de * Infos für Ihren Kroatienurlaub
www.kroatien.de * Infos über Kroatien

NIEDERLANDE

www.holland.com * Fremdenverkehrsamt der Niederlande
www.nnbt.nl * Nord-Niederländisches Büro für Tourismus

NORWEGEN

www.aktiv-urlaub.com * Infoseite des norweg. Fremdenverkehrsamtes
www.kungsleden.de * Infos über einen der schönsten norw. Wanderwege
www.norwegen-freunde.de * Infos und Chat über Norwegen
www.norwegeninfo.com * Norwegen
www.tourist.no * Norwegen
www.visitnorway.com * Infoseite des norweg. Fremdenverkehrsamtes

ÖSTERREICH

www.austria-info.at * Fremdenverkehrsamt von Österreich
www.austria-tourism.at * Fremdenverkehrsamt von Österreich

POLEN

www.polen-info.de * Fremdenverkehrsamt von Polen
www.urlaub-polen.de * Infos über das Urlaubsland Polen

PORTUGAL

www.portugal-ferien.net * Infos für Ihren Portugalurlaub
www.portugal-inside.de * Fremdenverkehrsamt von Portugal
www.portugal-links.de * Infos über Portugal
www.portugal-reiseinfo.de * Infos für Portugalreisende

SCHWEDEN

www.infoschweden.de * Viele Schwedeninfos
www.schweden-urlaub.de * Schwedisches Fremdenverkehrsamt
www.schweden.org * Infos der Schwedischen Botschaft in Berlin
www.visit-sweden.com * Viele Infos für Ihren Schwedenurlaub

SCHWEIZ

www.myswitzerland.de * Infos über das Urlaubsland Schweiz
www.switzerlandtourism.ch * Fremdenverkehrsamt der Schweiz

SLOWENIEN

www.slowenien.de * Infos über das Reiseland Slowenien

SPANIEN

www.spanien-abc.com * Infos über Spanien

TSCHECHEI

www.visitczech.cz * Fremdenverkehrsamt der Tschechei

TÜRKEI

www.reiseland-tuerkei.info * Infos für Ihren Türkeiurlaub

TUNESIEN

www.tourismtunisia.com * Fremdenverkehrsamt von Tunesien

UNGARN

www.ungarn-tourismus.de
www.ungarn-reisen.de

USA
www.usa.de * Fremdenverkehrsamt der USA
ZYPERN
www.cyprustourism.org * Fremdenverkehrsamt von Zypern
DIVERSES
www.skandinavien.de * Fremdenverkehrsämter von DK, S, N, Island, Finnland

> Dies ist natürlich nur ein spärlicher Anfang. Deshalb freuen wir uns besonders über Lesertipps – am liebsten selbstverständlich per eMail: verlag@womo.de

Die Suche ist Ihnen zu mühsam oder Sie haben nicht das Passende gefunden?
Dann haben wir noch ein besonderes Online-Angebot für Sie:

Das WOMO-Internet-Forum!

Zwar sind wir bemüht, Ihnen alle Fragen rings ums Wohnmobil per Telefon, Fax oder eMail zu beantworten.
Aber "nobody is perfect" - und Viele wissen mehr als Wenige! Deshalb haben wir das WOMO-Forum gestartet und laden Sie herzlich ein, sich dort einzutragen.

Wie wird man Mitglied im Forum?

Gehen Sie im Internet auf die Homepage der WOMO-Verlages (**www.womo.de**) und klicken Sie auf WOMO-Forum. Sie bekommen per eMail eine Zugangsnummer (die Sie auch verändern dürfen). Dann können Sie sofort teilnehmen.

Was macht man im Forum?

Hier dikutieren WOMO-Freunde über alle Themen rings ums Wohnmobil und den Wohnmobilurlaub. Nicht zuletzt kann man auch Lob oder Kritik über die WOMO-Reiseführer loswerden und Verbesserungsvorschläge machen.
In erster Linie ist das Forum aber Ratgeber in allen wohnmobilen Lebenslagen.

Es ist gegliedert in folgende Themen:

Allgemcin:	**WOMO:**
Urlaubsziele	WOMO-Technik
WOMO-Bücher	WOMO-Miete/Kauf
(Lob, Kritik, Korrekturen)	WOMO-Clubs
Stellplatztipps	WOMO-Küche
Urlaub mit Kindern	WOMO-News
Urlaub mit Haustieren	Umwelt/Multimedia
Recht & Verkehr	Gasversorgung

...und besonders beliebt: Die WOMO-Quasselecke

Zum Schluss:
IN EIGENER SACHE – ODER DER SACHE ALLER!?

Urlaub mit dem Wohnmobil ist etwas ganz besonderes. Man kann die Freiheit genießen, ist ungebunden, dennoch immer zu Hause, lebt mitten in der Natur – **wo man für sein Verhalten völlig selbst verantwortlich ist!**

Seit nunmehr 30 Jahren geben wir Ihnen mit unseren Reiseführern eine Anleitung für diese Art Urlaub mit auf den Weg. Außer den umfangreich recherchierten Touren haben wir viele Tipps allgemeiner Art zusammengestellt, unter ihnen auch solche, die einem WOMO-Urlauber eigentlich selbstverständlich sein sollten, denn weil wir als Wohnmobiler die Natur in ihrer ganzen Schönheit und Vielfalt hautnah erleben dürfen, haben wir auch besondere Pflichten ihr gegenüber, die wir nicht auf andere abwälzen können.

Jährlich erhalten wir viele Zuschriften, Grüße von Lesern, die mit unseren Reiseführern einen schönen Urlaub verbracht haben und sich herzlich bei uns bedanken. Wir erhalten Hinweise über Veränderungen an den beschriebenen Touren, die von uns bei der Aktualisierung der Reiseführer Berücksichtigung finden.
Aber: Wir erhalten auch Zuschriften über das Verhalten von Wohnmobilurlaubern, die sich **egoistisch, rücksichts- und verantwortungslos** der Natur und ihren Mitmenschen – nachfolgenden Urlaubern und Einheimischen – gegenüber verhalten.
In diesen Briefen geht es um die Themen Müllbeseitigung, Abwasser- und Toilettenentsorgung. Es soll immer noch Wohnmobilurlauber geben, die ihre Campingtoilette nicht benutzen, dafür lieber den nächsten Busch mit Häufchen und Toilettenpapier "schmücken", die den Abwassertank nicht als Tank benutzen, sondern das Abwasser unter das WOMO trielen lassen, die ihren Müll neben dem Wohnmobil liegenlassen und davondüsen, alles frei nach dem Motto: **"Nach mir die Sintflut!"**

Liebe Leser!
Wir möchten Sie im Namen der gesamten WOMO-Familie bitten: Helfen Sie aktiv mit, diese Schweinereien zu unterbinden! Jeder Wohnmobilurlauber trägt eine große Verantwortung, und sein Verhalten muss dieser Verantwortung gerecht werden.

Sprechen Sie Umweltferkel an, weisen Sie sie auf ihr Fehlverhalten hin und machen Sie mit dem WOMO®-Urlaubs-Aufkleber deutlich: **Ich verhalte mich umweltgerecht!**

Der nächste freut sich, wenn er den Stellplatz sauber vorfindet, denn auch er hat sich seinen Urlaub verdient!
Vor allem aber: Wir erhöhen damit die Chance, dass uns unsere über alles geliebte Wohnmobil-Freiheit noch lange erhalten bleibt.

**Helfen Sie mit, den Ruf der Sippe zu retten! Verhindern Sie, dass einzelne ihn noch weiter in den Schmutz ziehen!
Wir danken Ihnen im Namen aller WOMO-Freunde –**

Ihr WOMO-Verlag

Stichwortverzeichnis

Abgasschornstein 222
Abschleppstange 152, 289
Absenkbett 15
Absorber-Kühlschrank 34
Absperrventil 40
Abstandswarner 145
Abwasser 91
Abwasserentsorgung 218, 221
Abwasserschlauch 60
Abwassertank 220
Akku-Ladegerät 158
Alarmanlage 153, 165
Alkoven 13
Anfahrhilfe 235, 286
Angst 71
Antirutschmatte 65
Armaturen 59
Astra 160
Auffahrhilfe, -keil 150
Auflastung 144
Ausdrehstützen 150
Außendusche 151
Außenmaße 22
Autobahngebühren 184
Autofähren 41
Autogastankstellen 311
Baby Autositz 263
Baby-Sitz 205
Babys 264
Batterie-Hauptschalter 155
Belästigungen 72
Benutzungsvollmacht 189
Bergwandern 196
Blattfederverstärkung 144
Boiler 44
Boilerkamin 45
Camping-Gaz 244
Camping-Zubehör 301
Campingtoilette 61, 224
Campingübernachtung 209
CB-Funkgerät 158
CEE-Einspeisestecker 28
Checkliste 146, 268
Chemikalien 67
Chlor 216
Controlboard 26
Dachreling 147
Dampftopf 244
Dänemark 172
DC-AC-Spannungswandler 158
DC-DC-Wandler 160
Devisen 182, 183
Diebstahl 164, 236
Diesel 21
Dieseladditiv 288
Digitalkamera 158
DRM 161
Druckwasserpumpe 30, 58
Druckwasserversorgung 53

Duomatic 46
Durchschnittsbreite, -länge 232
Dusche 151
Duschsteckdose 151
Duschvorhang 65
DVB-T 160
DVD-Player 162
Eberspächer 48
ec-Karte 183
Einzug 63
Elektro-Installation 25
Elektronischer Wachhund 154
Elektrostützen 150
Entkeimung 55
Entkeimungsmittel 69
Entleerungsregeln 58
Entsorgung 60
Entsorgungsstationen 214
Espressomaschine 262
Essen 244
EU-Heimtierpass 271
Eurocheque 183
Fährenbenutzer 209
Fahrradständer 91
Faltkanister 57
Fauna 199
Fernseher 158
Fertigbrei 265
Feuerlöscher 156
Filmen 198
Filtersieb 57
Finnland 178
Flaschenfüllset 51
Flaschentrage 65
Flora 199
Fotografieren 198
Frankreich 164, 165
Freibad 88
Freie Übernachtungen 228
Freies Camping 163, 228
Fremdenverkehrsamt 88, 325
Fremdenverkehrsverbände 73
Friedhöfe 213
Frischwassertank 216
Frischwasserversorgung 212
Frühjahr 274
Füllungszustand 60
Garmin 162
Gas-Installation 39
Gastank 52
Gasflasche 39, 50
Gasgrill 50, 244
Gasheizung 45
Gasinformation 301
Gaslicht 49
Gasregler 42
Gasschlauch 40
Gassteckdose 49
Gastank 39, 52

„Was gibt's Neues?" 329

Gastankstellen 52, 301
Gaswarngerät 157
Gebrauchtmobilkauf 18
Geheim-Sprache 268
Geheimschalter 156
Geröllpiste 233
Geruchskiller 60
Gewebebeutel 64
GFK Wafflebord 234
Gießkanne 57
Gourmet-Rezepte 244
GPS-Gerät 158, 161
GPS-Koordinaten 241
Griechenland 171
Großbritannien 176
Gulli 219
Handpumpe 235
Handy 162
Hängehintern 144
Hängetasche 64
Heizung 45
Herbst 274
Holzkiste 147
Holzrahmenbauweise 13
Hund 270
Insektenkiller 195
Integrierte 12
Internet-Adressen 301, 318
Internetanschluss 158
Irland 179
Isoliervorhang 15
Italien 166
Kanister 57
Kartenmaterial 88
Kastenausbau 14
Katadyn-Verfahren 67
Ketten 235
Kinder 263
Kindersitz 205
Kinderunterhaltung 266
Klappspaten 226
Kläranlage 60, 219
Klebehaken 63
Kleinkinder 268
Klimaanlage 151
Knackerschreck 73, 332
Kochbuch 262
Kocher 44
Kohlendioxid 49, 157
Kohlenmonoxid 157
Kompressorkühlschrank 36
Kondenswasser 283
Koordinaten 161
Krank im Urlaub 192
Kroatien 170
Kühlschranksicherung 32
Kühlschranktest 34
Kurzwellenradio 158
Ladegerät 29, 32
Ladezustand 31
Lampe 64
Laptop 158
Lecksuchspray 40

LED-Leuchten 64
Leichtlauföl 289
Lenkrad-Krückstock 155
Lichtmaschine 25, 26
Literatur 185
Literaturtipps 199
Lüfter 37
Luftfedern 144
Lüftungsgitter 43
Mailing-Liste 301
Manometer 39
Markise 147
Marokko 180
Messen 21
Mieten 22
Mikrochip 271
Miniwörterbuch 239
Mittelsdorf 142
Mobildusche 152
Mücken 194
Mückenpiepser 195
Müllbeuteltechnik 227
Mülleimer 65
Multimeter 31
Nachlese 144
Narkosegas 157
Nasenbär 11, 13
Neukauf 20
Norwegen 167
Notebook 158
Österreich 173
Packliste 200
Panikschalter 64
Panne 238
Party-Grill 244
PCMCIA-Karte 160
Petroleumlampe 25
Pfannengerichte 251
Pickup 16
Platzsuche 163, 206
Playstation 158
Polen 175
Portugal 177
Probewohnen 67
Propangasflasche 39
Quallen 194
Radwanderkarten 88
Räucherspiralen 195
Rauchwarngerät 157
Rechtsschutzversicherung 153
Reisemobil-Union 291
Reiseplanung 185
Relais 27
Rezepte 244
Rolltisch 147
Rückfahrvideo 146
Rückfahrwarner 145
Rückschlagventil 60
Salzverlust 265
Sand und Schlamm 231
Sandbleche 231
Sandpiste 233
Saughaken 63

Schlafen 205
Schlafplätzchen 207
Schlangen 196
Schlauchbruchsicherung 40
Schluckimpfung 195
Schneeketten 235, 285
Schnellkochtopf 244
Schotter- und Lehmpiste 231
Schottland 176
Schweden 169
Schweiz 174
Schwerpunkt 68
Secumotion 52
Seeigel 193
Selbstausbau 17
Selbstentladung 32
Sicherheitslinse 145
Sicherungs-Automat 28
Siphon 60
Slowenien 181
Solaranlage 148
Solardusche 152
Solarmodul 33
Solarpaneel 283
Solarplatine 37
Sonnensegel 147
Spanien 168
Spannungsabfall 32
Spannungswandler 158, 160
Spannungszustand 31
Spielekonsole 161
Standheizung 282
Starterbatterie 26
Starthilfekabel 152, 289
Stolperverse 267
Stromgenerator 148
Stromkabel 69
Tagebuch 239
Tankflasche 53
Tankkapazität 144
Taschenwörterbuch 189
Tauchpumpe 29, 60
Teilintegrierte 11, 14
Temperaturübersicht 276
Thermometer 65
Toilette 281
Toilettenentlüftung 223
Toilettenentsorgung 222, 223
Toilettenraum 13
Tollwut 272
Transistorleuchte 64
Travellerscheck 183
Tresor 237
Trichter 57
Trinkwasser 55
Trinkwasserquelle 213
Trinkwasserversorgung 212, 225
Triomatic 46
Truma-Boiler 44
Trumatic C 46
Türhakenleiste 63
TV-Tuner 160
Überdruck 62

Überfälle 164, 236
Übernachtungsplatz 88, 94, 203
Umluftanlage 284
Umluftgebläse 47
Umstecktechnik 281
Un-Saison 274
Unfall 238
Unterflurabwassertank 59
Unterlegbretter 43
Unterstellböcke 150
Urlaubs-Partner-Service 299
Urlaubsplagen 193
Urlaubstagebuch 239
Urlaubsvorbereitung 163
USB-Surf-Stick 162
Videokamera 158, 162
Vollkaskoversicherung 153
Voltmeter 31
Vorsichtsmaßnahmen 73
Vorspeisen 245
VW-Bus-Typ 11
Wasser-Installation 53
Wasserentkeimungsmittel 67, 216
Wassermangel 217
Wasserpumpe 25, 29
Wasserwaage 43, 149
Webasto 48
Wechselrichter 158
Wiederverkaufswert 21
Winter-Iso-Matte 284
Winterabenteuer 279
Wintercamping 287
Wintersport 278
Wochenende 70
Wochenendplätzchen 70
Wohnmobil 10
Wohnmobil-Küche 244
Wohnmobil-Typ 8
Wohnmobilclubs 290
Wohnmobilhaushalt 66
Wohnmobilhersteller 301, 304
Wohnmobilkauf 7
Wohnmobilmärkte 19
Wohnmobilmiete 7
Wohnmobiltyp 19
Wohnmobilwahl 12
Wohnwagen 9
WOMO-Forum 327
WOMO-Knackerschreck 73, 154
WOMO-Quasselecke 327
WOMO-Verlag 142
WOMO-Zapfschlauch 56
Wörterbuch 189, 239
Wörterkette 267
Wunddesinfektionsmittel 66
WUPS 299
www.womo.de 299
Zapfschlauch 56, 69
Zecken 271
Zubehör 144
Zuladung 21
Zündsicherung 40, 41
Zweitbatterie 26, 34

Der WOMO®-Knackerschreck

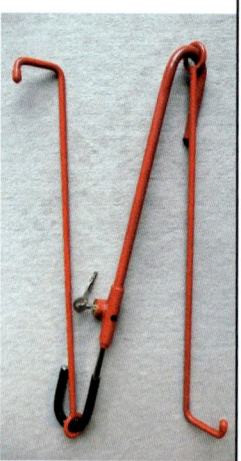

* ist die universelle und **sofort sichtbare Einbruchssperre**.
* Wird einfach in die beiden Türarmlehnen eingehängt, zusammengeschoben und abgeschlossen. (tagsüber unter Einbeziehung des Lenkrades, nachts direkt, somit ist Notstart möglich).
* Passend für Ducato, Peugeot, Renault Master, MB Sprinter und VW (alle Typen).
* Krallen aus 10 mm massivem Stahl, d. h. nahezu unverwüstlich.

Ab 49,90 € – und nur bei WOMO!

Der WOMO®-Aufkleber

* passt mit 14 cm Breite auch auf Ihr Wohnmobil.
* ist das weit sichtbare Symbol für alle WOMO-Freunde.

0,00 € – und nur bei WOMO!

Der WOMO®-Leserservice

Passend zu unseren Reiseführern bieten wir in unserem Online-Buchshop unter **www.womo.de** an:

* Die besten **Autokarten** von Michelin, Freytag & Berndt, Reise-know-how, die garantiert die komplette Reiseroute abdecken.
* Die Kauderwelsch-**Wörterbücher** für jede Sprache unserer Reiseländer.
* Von jedem Reiseland mindestens einen Rother-**Wanderführer** über die schönsten Wanderregionen.
* Eine **GPS-CD** für jeden Reiseführer mit allen Koordinaten zur schnellen Übertragung auf Ihr Navi (Garmin, TomTom, Falk).

Info-Blatt für das WOMO-Buch: Handbuch '16
(ausgefüllt erhalte ich 10% Info-Honorar auf Buchbestellungen direkt beim Verlag)

Stellplatz: Seite: PLZ:

○ unverändert   ○ gesperrt/geschlossen   ○ folgende Änderungen:

Stellplatz: Seite: PLZ:

○ unverändert   ○ gesperrt/geschlossen   ○ folgende Änderungen:

Stellplatz: Seite: PLZ:

○ unverändert   ○ gesperrt/geschlossen   ○ folgende Änderungen:

Stellplatz: Seite: PLZ:

○ unverändert   ○ gesperrt/geschlossen   ○ folgende Änderungen:

Stellplatz: Seite: PLZ:

○ unverändert   ○ gesperrt/geschlossen   ○ folgende Änderungen:

Stellplatz: Seite: PLZ:

○ unverändert   ○ gesperrt/geschlossen   ○ folgende Änderungen:

Meine sonstigen Tipps und Verbesserungswünsche:

Info-Blatt für das WOMO-Buch: Handbuch '16
(ausgefüllt erhalte ich 10% Info-Honorar auf Buchbestellungen direkt beim Verlag)

Lokalität: _____ **Seite:** ___ **Datum:** ___
(Stellplatz, Campingplatz, Wandertour, Gaststätte, usw.)

○ unverändert ○ gesperrt/geschlossen ○ folgende Änderungen:

_____

Lokalität: _____ **Seite:** ___ **Datum:** ___
(Stellplatz, Campingplatz, Wandertour, Gaststätte, usw.)

○ unverändert ○ gesperrt/geschlossen ○ folgende Änderungen:

_____

Lokalität: _____ **Seite:** ___ **Datum:** ___
(Stellplatz, Campingplatz, Wandertour, Gaststätte, usw.)

○ unverändert ○ gesperrt/geschlossen ○ folgende Änderungen:

_____

Lokalität: _____ **Seite:** ___ **Datum:** ___
(Stellplatz, Campingplatz, Wandertour, Gaststätte, usw.)

○ unverändert ○ gesperrt/geschlossen ○ folgende Änderungen:

_____

Lokalität: _____ **Seite:** ___ **Datum:** ___
(Stellplatz, Campingplatz, Wandertour, Gaststätte, usw.)

○ unverändert ○ gesperrt/geschlossen ○ folgende Änderungen:

_____

Lokalität: _____ **Seite:** ___ **Datum:** ___
(Stellplatz, Campingplatz, Wandertour, Gaststätte, usw.)

○ unverändert ○ gesperrt/geschlossen ○ folgende Änderungen:

_____

Meine Adresse und Tel.-Nummer:
Nur <u>komplett</u> ausgefüllte, <u>zeitnah</u> eingesandte Infoblätter können berücksichtigt werden!

_____

Wir bestellen zur sofortigen Lieferung: (Alle Preise in €[D], Preisänderungen vorbehalten)

Titel	Preis		Titel	Preis		Titel	Preis
☐ Wohnmobil Handbuch	19,90 €	☐	Ligurien	17,90 €	☐	Schottland	18,90 €
☐ Wohnmobil Kochbuch	12,90 €	☐	Loire-Tal/Paris	17,90 €	☐	Schwarzwald	17,90 €
☐ Heitere WOMO-Geschichten	6,90 €	☐	Languedoc/Roussillon	19,90 €	☐	Schweden (Nord)	18,90 €
☐ Albanien	19,90 €	☐	Marokko	19,90 €	☐	Schweden (Süd)	19,90 €
☐ Allgäu	17,90 €	☐	Namibia	19,90 €	☐	Schweiz (Ost)	19,90 €
☐ Auvergne	17,90 €	☐	Neuseeland	24,90 €	☐	Schweiz (West)	18,90 €
☐ Baden-Württemberg	19,90 €	☐	Niederlande	19,90 €	☐	Sizilien	18,90 €
☐ Baltikum	20,90 €	☐	Nord-Frankreich	18,90 €	☐	Slowenien	17,90 €
☐ Bayern (Nordost)	19,90 €	☐	Normandie	17,90 €	☐	Spanien (Nord/Atlantik)	19,90 €
☐ Bayern (Südost/Oberbayern)	19,90 €	☐	Norwegen (Nord)	19,90 €	☐	Spanien (Ost/Katalonien)	18,90 €
☐ Belgien & Luxemburg	18,90 €	☐	Norwegen (Süd)	19,90 €	☐	Spanien (Süd/Andalusien)	17,90 €
☐ Bretagne	18,90 €	☐	Österreich (Ost)	19,90 €	☐	Südafrika (Krüger NP)	19,90 €
☐ Burgund	17,90 €	☐	Österreich (West)	18,90 €	☐	Süditalien (Ost/Apulien)	19,90 €
☐ Dänemark	19,90 €	☐	Ostfriesland	19,90 €	☐	Süditalien (West/Kalabrien)	17,90 €
☐ Elsass	18,90 €	☐	Peloponnes	18,90 €	☐	Süd-Tirol	18,90 €
☐ England	18,90 €	☐	Pfalz	18,90 €	☐	Thüringen	19,90 €
☐ Finnland	18,90 €	☐	Piemont/Aosta-Tal	19,90 €	☐	Toskana & Elba	19,90 €
☐ Franz. Atlantikküste (Nord)	17,90 €	☐	Polen (Nord/Masuren)	17,90 €	☐	Trentino/Gardasee	17,90 €
☐ Franz. Atlantikküste (Süd)	17,90 €	☐	Polen (Süd/Schlesien)	17,90 €	☐	Tschechien	18,90 €
☐ Griechenland	19,90 €	☐	Portugal	17,90 €	☐	Tunesien	17,90 €
☐ Hessen (Norden + Osten)	19,90 €	☐	Provence & Côte d'Azur (Ost)	18,90 €	☐	Türkei (West)	18,90 €
☐ Hessen (Mitte + Süden)	19,90 €	☐	Provence & Côte d'Azur (West)	18,90 €	☐	Türkei (Mitte-Kappadokien)	17,90 €
☐ Hunsrück/Mosel/Eifel	19,90 €	☐	Rumänien	19,90 €	☐	Umbrien & Marken mit Adria	18,90 €
☐ Irland	19,90 €	☐	Pyrenäen	19,90 €	☐	Ungarn	17,90 €
☐ Korsika	17,90 €	☐	Sachsen	17,90 €	☐	Venetien/Friaul	19,90 €
☐ Latium/Rom/Abruzzen	18,90 €	☐	Sardinien	19,90 €	☐	Wales	18,90 €
☐ Kroatien / Montenegro	19,90 €	☐	Schleswig-Holstein	19,90 €		... und jährlich werden's mehr!	

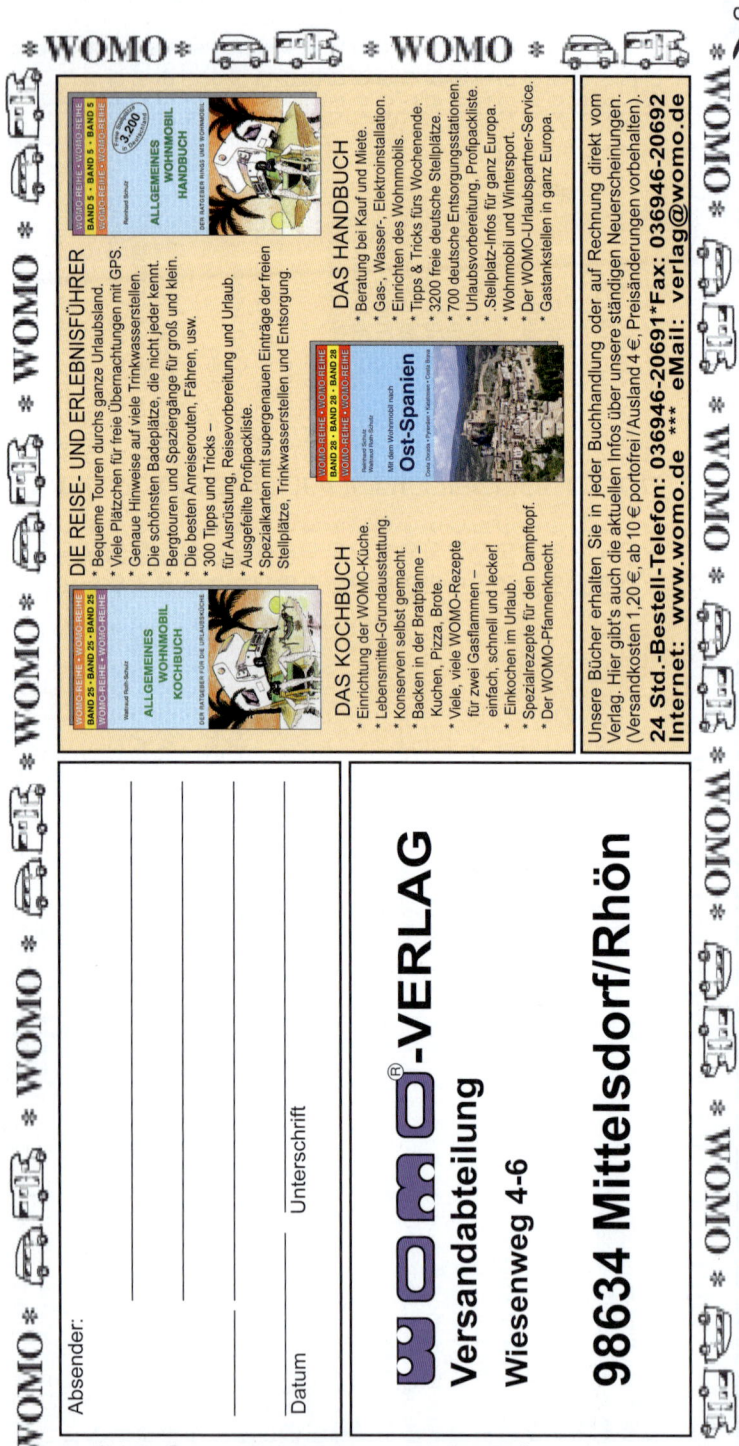